INDIVIDUALIZAÇÃO
DA PENA

O GEN | Grupo Editorial Nacional – maior plataforma editorial brasileira no segmento científico, técnico e profissional – publica conteúdos nas áreas de concursos, ciências jurídicas, humanas, exatas, da saúde e sociais aplicadas, além de prover serviços direcionados à educação continuada.

As editoras que integram o GEN, das mais respeitadas no mercado editorial, construíram catálogos inigualáveis, com obras decisivas para a formação acadêmica e o aperfeiçoamento de várias gerações de profissionais e estudantes, tendo se tornado sinônimo de qualidade e seriedade.

A missão do GEN e dos núcleos de conteúdo que o compõem é prover a melhor informação científica e distribuí-la de maneira flexível e conveniente, a preços justos, gerando benefícios e servindo a autores, docentes, livreiros, funcionários, colaboradores e acionistas.

Nosso comportamento ético incondicional e nossa responsabilidade social e ambiental são reforçados pela natureza educacional de nossa atividade e dão sustentabilidade ao crescimento contínuo e à rentabilidade do grupo.

GUILHERME DE SOUZA **NUCCI**

INDIVIDUALIZAÇÃO
DA PENA

8.ª revista,
edição atualizada
e reformulada

■ O autor deste livro e a editora empenharam seus melhores esforços para assegurar que as informações e os procedimentos apresentados no texto estejam em acordo com os padrões aceitos à época da publicação, e todos os dados foram atualizados pelo autor até a data de fechamento do livro. Entretanto, tendo em conta a evolução das ciências, as atualizações legislativas, as mudanças regulamentares governamentais e o constante fluxo de novas informações sobre os temas que constam do livro, recomendamos enfaticamente que os leitores consultem sempre outras fontes fidedignas, de modo a se certificarem de que as informações contidas no texto estão corretas e de que não houve alterações nas recomendações ou na legislação regulamentadora.

■ Fechamento desta edição: *20.06.2022*

■ O Autor e a editora se empenharam para citar adequadamente e dar o devido crédito a todos os detentores de direitos autorais de qualquer material utilizado neste livro, dispondo-se a possíveis acertos posteriores caso, inadvertida e involuntariamente, a identificação de algum deles tenha sido omitida.

■ **Atendimento ao cliente: (11) 5080-0751 | faleconosco@grupogen.com.br**

■ Direitos exclusivos para a língua portuguesa
Copyright © 2022 by
Editora Forense Ltda.
Uma editora integrante do GEN | Grupo Editorial Nacional
Travessa do Ouvidor, 11 – Térreo e 6º andar
Rio de Janeiro – RJ – 20040-040
www.grupogen.com.br

■ Reservados todos os direitos. É proibida a duplicação ou reprodução deste volume, no todo ou em parte, em quaisquer formas ou por quaisquer meios (eletrônico, mecânico, gravação, fotocópia, distribuição pela Internet ou outros), sem permissão, por escrito, da Editora Forense Ltda.

■ A Editora Forense passou a publicar esta obra a partir da 6.ª edição.

■ Capa: Fabricio Vale

■ **CIP – BRASIL. CATALOGAÇÃO NA FONTE.**
SINDICATO NACIONAL DOS EDITORES DE LIVROS, RJ.

Nucci, Guilherme de Souza
Individualização da pena / Guilherme de Souza Nucci. – 8. ed. – Rio de Janeiro: Forense, 2022.

Inclui bibliografia e índice
ISBN 978-65-5964-578-7

1. Direito penal – Brasil. 2. Pena (Direito) – Brasil. I. Título.

22-78331   CDU: 343.8(81)

Meri Gleice Rodrigues de Souza – Bibliotecária – CRB-7/6439

abdr
ASSOCIAÇÃO BRASILEIRA DE DIREITOS REPROGRÁFICOS
Respeite o direito autoral

SOBRE O AUTOR

Livre-docente em Direito Penal, Doutor e Mestre em Direito Processual Penal pela PUC-SP.

Professor Associado da PUC-SP, atuando nos cursos de Graduação e Pós-graduação (Mestrado e Doutorado).

Desembargador na Seção Criminal do Tribunal de Justiça de São Paulo.

www.guilhermenucci.com.br

APRESENTAÇÃO À 8ª EDIÇÃO

Em 2004, apresentei a minha tese de livre-docência (*Individualização da Pena*), na Pontifícia Universidade Católica de São Paulo, perante banca, sendo aprovado. Na sequência, a obra foi publicada e, atualmente, atinge a 8ª edição. Temos a esperança de que esse estudo científico possa ser utilizado pelos operadores do Direito, bem como pelos estudantes de graduação e pós-graduação, inclusive porque inserimos uma pesquisa de campo indicando como os magistrados fixam as penas concretamente.

O caminho percorrido no cenário da aplicação da pena, no Brasil, aprimorou-se de maneira exponencial, desde a promulgação da Constituição Federal de 1988 – onde foi incluído o princípio da individualização da pena de modo expresso (art. 5.º, XLVI, primeira parte). Houve um percurso relevante para os estudos acadêmicos e, igualmente, para os profissionais.

Neste trabalho, procuramos tecer linhas aprofundadas ligadas à teoria da individualização da pena, mas sem descurar da visão jurisprudencial a respeito. Cuida-se de um fator destacado a alteração comportamental dos magistrados brasileiros em relação à aplicação da pena, aprimorando-a de maneira substantiva. Embora não haja, ainda, a mais adequada individualização da sanção penal, pode-se reconhecer o avanço nessa tão relevante atividade judicial.

Individualizar uma pena representa consagrar o princípio da isonomia – tratar desigualmente os desiguais –, pois a cada réu deve-se ponderar as suas características especiais, tanto no tocante à sua pessoa quanto no que se refere ao crime.

Se não levarmos em consideração a individualização de cada sanção penal, jamais haveria a concretização da justiça, visto que autores de crimes, embora incidam no mesmo tipo penal, são diferentes e necessitam de uma visão peculiar dos tribunais.

A atual obra reforçou os alicerces doutrinários e acrescentou todas as alterações jurisprudenciais contemporâneas para demonstrar ao leitor como se encontra a aplicação da pena no Brasil, em vários tribunais.

Esperamos que esta edição atualizada e modificada possa servir de lastro para o operador do direito e para o estudante.

Agradecemos à Editora Forense pela confiança em nós depositada.

Ao leitor, desejamos o melhor entrelaçamento possível com as linhas deste livro.

São Paulo, junho de 2022.

O Autor

SUMÁRIO

1.	**PRINCÍPIOS DE DIREITO PENAL**	1
1.1	Conceito, alcance e relevância dos princípios	1
1.2	Princípios regentes: dignidade da pessoa humana e devido processo legal	2
1.3	Princípios constitucionais e infraconstitucionais	4
1.4	Princípios explícitos e implícitos	5
2.	**PRINCÍPIO CONSTITUCIONAL DA INDIVIDUALIZAÇÃO DA PENA**	7
2.1	Conceito e importância	7
2.2	Correlação com os demais princípios aplicáveis à pena	9
	2.2.1 Princípio da legalidade	9
	2.2.2 Princípio da isonomia	11
	2.2.3 Princípio da proporcionalidade	12
	2.2.4 Princípios da responsabilidade pessoal e da culpabilidade	13
	2.2.5 Princípio da humanidade	14
2.3	Individualização judiciária da pena	16
3.	**CONCEITO DE CRIME**	17
3.1	Considerações preliminares e delimitação do enfoque	17
3.2	Tipicidade	18
3.3	Ilicitude	18
3.4	Culpabilidade	19
4.	**PENA**	23
4.1	Conceito	23

4.2	Funções e finalidades da pena	24
4.3	Panorama histórico da pena e escolas penais	26
4.4	Epílogo	37

5. LEGISLAÇÃO COMPARADA 47

5.1	Itália	48
5.2	Alemanha	52
5.3	França	55
5.4	Espanha	58
5.5	Portugal	60
5.6	Chile	63
5.7	Paraguai	65
5.8	Argentina	68
5.9	Venezuela	70
5.10	Estados Unidos	73
5.11	Inglaterra e País de Gales	77

6. APLICAÇÃO DA PENA 83

6.1	Conceito e natureza jurídica	83
6.2	Circunstâncias que envolvem o crime	85
	6.2.1 Tipo básico e tipo derivado	85
	6.2.2 Circunstâncias judiciais	88
	6.2.3 Circunstâncias legais	89
	6.2.3.1 Agravantes e atenuantes	89
	6.2.3.2 Causas de aumento e diminuição	90
	6.2.3.3 Qualificadoras e privilégios	93
	6.2.3.4 Existência de duas ou mais qualificadoras	94
	6.2.3.4.1 Circunstâncias sujeitas a apreciação em fases diversas, evitando-se o *bis in idem*: a questão do crime de extermínio de seres humanos	95
	6.2.3.4.2 Circunstâncias sujeitas a apreciação em fases diversas, evitando-se o *bis in idem*: a questão do feminicídio	96
	6.2.3.5 Importância da abrangência do elemento subjetivo	97
6.3	Fases da aplicação da pena	98
	6.3.1 Primária: eleição do *quantum* da pena prevista no preceito sancionador do tipo	98
	6.3.1.1 Conceito de pena-base	98
	6.3.1.2 O indevido *bis in idem* e o caráter residual da circunstância judicial	98
	6.3.1.3 Métodos bifásico e trifásico	100
	6.3.1.3.1 Exceção quanto à pena de multa	102
	6.3.2 Secundária: opção pelo regime de cumprimento da pena privativa de liberdade	103

6.3.3	Terciária: substituição da pena privativa de liberdade por restritivas de direitos ou multa, ou opção pela suspensão condicional da pena...	103

7. FASE PRIMÁRIA, SEGUNDO O MÉTODO TRIFÁSICO 105

7.1 Fixação da pena-base 105

  7.1.1 Critério genérico: culpabilidade como elemento fundamentador e limitador da pena 105

    7.1.1.1 Intensidade do dolo e grau da culpa 108

  7.1.2 Critérios específicos referentes ao autor 109

    7.1.2.1 Antecedentes 112

    7.1.2.2 Conduta social 117

    7.1.2.3 Personalidade 121

    7.1.2.4 Motivos 129

  7.1.3 Critérios específicos referentes ao fato e existência de mais de uma qualificadora 134

    7.1.3.1 Circunstâncias do fato criminoso 134

    7.1.3.2 Consequências do crime 135

    7.1.3.3 Comportamento do ofendido 137

  7.1.4 A quantidade de pena aplicável, dentro dos limites previstos, bem como valoração da circunstância judicial 140

7.2 Aplicação das agravantes e atenuantes e seu *quantum* 143

  7.2.1 Alcance das agravantes 144

  7.2.2 Espécies de agravantes 144

    7.2.2.1 Reincidência 144

    7.2.2.2 Reincidência específica 149

    7.2.2.3 Motivo fútil 150

    7.2.2.4 Motivo torpe 153

    7.2.2.5 Facilitação ou asseguração da execução, ocultação, impunidade ou vantagem de outro crime 154

    7.2.2.6 Traição, emboscada, dissimulação ou outro recurso que dificulte ou torne impossível a defesa do ofendido 155

    7.2.2.7 Emprego de veneno, fogo, explosivo, tortura ou outro meio insidioso ou cruel ou de que pode resultar perigo comum 156

    7.2.2.8 Ofendido ascendente, descendente, irmão ou cônjuge 157

    7.2.2.9 Abuso de autoridade ou prevalência de relações domésticas, de coabitação ou de hospitalidade, ou com violência contra a mulher na forma da lei específica 157

    7.2.2.10 Abuso de poder ou violação de dever inerente a cargo, ofício, ministério ou profissão 158

    7.2.2.11 Ofendido criança, maior de 60 anos, enfermo ou mulher grávida... 160

    7.2.2.12 Ofendido sob imediata proteção da autoridade 162

    7.2.2.13 Ocasião de incêndio, naufrágio, inundação ou qualquer calamidade pública ou de desgraça particular do ofendido 162

INDIVIDUALIZAÇÃO DA PENA – NUCCI

7.2.2.14 Embriaguez preordenada.. 163

7.2.2.15 Agravantes em crimes envolvendo vários autores...................... 163

    7.2.2.15.1 Crítica ao título legal 163

    7.2.2.15.2 Autor intelectual ou dirigente da atividade criminosa 163

    7.2.2.15.3 Autor coator ou indutor da execução material do crime....... 164

    7.2.2.15.4 Autor instigador ou determinante do cometimento do crime por alguém sujeito à sua autoridade ou não punível em virtude de condição ou qualidade pessoal.................................... 164

    7.2.2.15.5 Autor executor ou partícipe de crime cometido mediante paga ou promessa de recompensa.. 165

7.2.3   Alcance das atenuantes 165

    7.2.3.1   Atenuantes nominadas e inominadas............................... 165

    7.2.3.2   Espécies de atenuantes nominadas 165

    7.2.3.2.1   Autor menor de 21 e maior de 70 anos 165

    7.2.3.2.2   Desconhecimento da lei.. 166

    7.2.3.2.3   Motivo de relevante valor social ou moral 167

    7.2.3.2.4   Arrependimento... 168

    7.2.3.2.5   Coação resistível 170

    7.2.3.2.6   Cumprimento de ordem de autoridade superior 170

    7.2.3.2.7   Influência de violenta emoção provocada por ato injusto da vítima 171

    7.2.3.2.8   Confissão espontânea 171

    7.2.3.2.8.1 Outras variantes no contexto da confissão 173

    7.2.3.2.9   Influência de multidão em tumulto não provocado 176

    7.2.3.3   Atenuante inominada.. 176

7.2.4   Compensação e *quantum* das agravantes e atenuantes 179

7.2.5   Compensação das circunstâncias judiciais e legais............................ 181

7.2.6   Limite da pena quando incidentes atenuantes e agravantes 182

7.3   Aplicação das causas de aumento e diminuição da pena........................ 183

7.3.1   Causas de aumento da Parte Geral 183

7.3.2   Causas de diminuição da Parte Geral.. 183

    7.3.2.1   Critério de diminuição da pena na tentativa....................... 183

7.3.3   Causas de aumento e de diminuição da Parte Especial 184

7.3.4   Compensação de causas de aumento e diminuição 185

7.3.5   Concurso de crimes.. 186

8. FASE SECUNDÁRIA: REGIMES DE CUMPRIMENTO DA PENA PRIVATIVA DE LIBERDADE 187

8.1   Regimes fechado, semiaberto e aberto... 187

8.1.1   Regime fechado 187

    8.1.1.1   Regime disciplinar diferenciado 189

8.1.2   Regime semiaberto... 191

8.1.3	Regime aberto	192
8.2	Critérios de eleição do regime	193
8.3	Regime fechado previsto na Lei dos Crimes Hediondos	199
8.3.1	Inconstitucionalidade do regime fechado inicial	201

9. FASE TERCIÁRIA: PENAS ALTERNATIVAS E SUSPENSÃO CONDICIONAL DA PENA 205

9.1	Conceito e natureza jurídica das penas alternativas	205
9.2	Penas restritivas de direitos	207
9.2.1	Prestação de serviços à comunidade ou a entidades públicas	207
9.2.2	Limitação de fim de semana	209
9.2.3	Interdição temporária de direitos	210
9.2.3.1	Proibição do exercício de cargo, função ou atividade pública, bem como de mandato eletivo	210
9.2.3.2	Proibição do exercício de profissão, atividade ou ofício que dependam de habilitação especial, de licença ou autorização do poder público	210
9.2.3.3	Suspensão da autorização ou de habilitação para dirigir veículo	210
9.2.3.4	Proibição de frequentar determinados lugares	210
9.2.3.5	Proibição de inscrever-se em concurso, avaliação ou exame público	211
9.2.4	Prestação pecuniária	211
9.2.5	Perda de bens e valores	213
9.2.6	Reconversão em privativa de liberdade	213
9.3	Multa substitutiva	214
9.4	Suspensão condicional da pena (*sursis*)	215
9.4.1	Conceito e natureza jurídica	215
9.4.2	Condições	216
9.4.3	Importância e critério de eleição do benefício	216

10. PARÂMETROS DA INDIVIDUALIZAÇÃO DA PENA 219

10.1	Política de aplicação da pena mínima	219
10.2	Possibilidade de fixação da pena em grau máximo	223
10.3	Limite máximo de cumprimento da pena privativa de liberdade e inadequação do sistema penal para lidar com a delinquência perigosa	228
10.4	Penas alternativas e multa: prós e contras	232
10.5	Individualização da medida de segurança e juízo de periculosidade	238
10.6	Fundamentação da individualização da pena na sentença	241
10.7	*Habeas corpus* e dosimetria da pena	244
10.8	Revisão criminal e dosimetria da pena	245
10.9	Individualização executória da pena	246
10.9.1	Conceito e natureza jurídica da execução penal	246
10.9.2	Progressão de regime	248

10.9.2.1	Critérios objetivos	248
10.9.2.2	Critérios subjetivos e outras regras	251
10.9.2.3	Progressão por saltos e falta de vagas	255
10.9.2.4	Procedimento para o livramento condicional, indulto e comutação de penas	256
10.9.2.5	Aspectos peculiares do regime aberto	256
10.9.3	Regressão de regime	258

10.10 A busca da pena justa 261

10.11 Conclusão sintética articulada 269

11. A INDIVIDUALIZAÇÃO DA PENA NA AÇÃO PENAL 470 (MENSALÃO) E A POSIÇÃO DO SUPREMO TRIBUNAL FEDERAL 271

11.1 Aspectos gerais da dosimetria da pena 271

11.2 Fixação da pena em colegiado 273

11.3 Fixação do *quantum* da pena no caso *Mensalão*: enfoques teóricos e práticos 274

    11.3.1 As circunstâncias judiciais formadoras da pena-base 274

    11.3.2 Agravantes e atenuantes na formação do *quantum* da pena 282

    11.3.3 Causas de aumento e diminuição da pena 283

11.4 Fixação da pena de multa 285

11.5 Escolha do regime de cumprimento da pena no caso *Mensalão* 286

11.6 Opção por benefícios cabíveis 287

11.7 Estabelecimento de indenização civil pelo dano causado pelo crime 288

11.8 Política da pena mínima 289

11.9 Conclusão 291

BIBLIOGRAFIA 293

APÊNDICE: PESQUISA REALIZADA NA VARA DAS EXECUÇÕES CRIMINAIS DE SÃO PAULO 305

1. Cominação da pena 306
2. Fundamentação da aplicação da pena 307
3. Forma de cumprimento da pena 310
4. *Sursis* 311
5. Pena alternativa 312
6. Penas privativas de liberdade 314
7. Multas 318
8. Restrição da liberdade 321
9. Agravantes/atenuantes 322

OBRAS DO AUTOR 327

1

PRINCÍPIOS DE DIREITO PENAL

1.1 Conceito, alcance e relevância dos princípios

Princípio, no sentido jurídico, significa uma ordenação que se irradia e imanta o sistema normativo, proporcionando alicerce para a interpretação, integração, conhecimento e eficiente aplicação do direito positivo. Não olvidando existirem princípios aplicáveis a todos os ramos do Direito, como o da igualdade de todos perante a lei, voltaremos o enfoque àqueles que interessam à área penal e, essencialmente, ao campo da pena. É conveniente destacar, desde logo, constituírem os princípios de Direito Penal a face orientadora da aplicação das normas abstratamente previstas em lei aos casos concretos emergentes dos conflitos sociais, legitimadores da interveniência do poder repressivo estatal, aplicando, como decorrência, a mais grave das sanções, a penal, formatada através da pena, em suas múltiplas feições.

Os princípios penais merecem conviver em harmonia, sem haver a superposição de um sobre outro, nos mesmos moldes atualmente sustentados pela doutrina para os demais princípios de Direito, mormente os constitucionalmente assegurados. Não é demais ressaltar constituírem muitos princípios autênticas garantias humanas fundamentais, como ocorre com o mais tradicional deles, que é o da legalidade (não há crime sem prévia lei que o defina, nem tampouco pena sem prévia cominação legal, art. 5.º, XXXIX, CF), motivo pelo qual não podem ser ignorados pelo aplicador da norma penal infraconstitucional; ao contrário, devem ser cultuados, servindo de parâmetros e modelos.

Extenso deve ser o alcance dos princípios penais, pois permitem a harmonia do sistema, conferindo coerência às normas criadas pelo legislador, nem sempre com boa técnica e permitindo aplicação sensata. Socorre-se, então, o magistrado do princípio condutor para sanar dúvidas e contradições, ultrapassando obstáculos e garantindo que o Direito Penal cumpra seu papel de interventor – embora em caráter subsidiário – nos conflitos existentes em sociedade, punindo os infratores que causaram significativas lesões a bens juridicamente tutelados.

Se os princípios servem de limitação e inspiração ao intérprete da lei penal, que deles se valerá para afirmar e garantir a simetria do sistema, também devem sinalizar ao legislador sua viável esfera de atuação. De nada adiantaria, por exemplo, o cultivo ao princípio da legalidade pelo juiz, caso pudesse o criador da lei penal feri-lo gravemente ao permitir a composição de um tipo penal incriminador vago, sem a devida descrição da conduta proibida, esvaziando a função garantidora apregoada pelo princípio da taxatividade. Este último princípio determina, como nítida consequência e garantia maior da legalidade, devam os tipos penais, mormente os incriminadores, ser completos no que toca à descrição da conduta, jamais deixando espaços em claro com o fito de tornar insegura a aplicação da lei penal. Diante disso, caso o legislador ultrapasse seu poder criador, cujas fronteiras são estabelecidas pelo princípio da taxatividade, caberia ao Poder Judiciário proclamar a inconstitucionalidade da norma penal recém-nascida.[1]

Os princípios penais, norteadores da aplicação da lei, cumprem papel de destaque no imenso universo de normas escritas, cotidianamente interpretadas e aplicadas aos casos concretos pelos profissionais do Direito.

1.2 Princípios regentes: dignidade da pessoa humana e devido processo legal

O sistema criminal compõe-se da junção do Direito Penal e do Processo Penal, possibilitando a aplicação da lei penal ao caso concreto, asseguradas as garantias processuais indispensáveis.

Por isso, os princípios penais e processuais penais, norteadores dos caminhos seguidos pelo legislador e pelo juiz, devem ser visualizados em conjunto, acolhendo-

---

1. O Poder Judiciário, no Brasil, não tem tradição para declarar a inconstitucionalidade de lei penal incriminadora, por ferir o princípio da legalidade, no seu enfoque da taxatividade, considerando inaplicável determinada norma por ter sido construída em termos extremamente vagos. Não é por falta de exemplos, mas por ausência de atuação eficaz nesse sentido. Note-se, *v.g.*, o crime de *redução a condição análoga à de escravo* (art. 149), cuja descrição era a seguinte: "reduzir alguém a condição análoga à de escravo", com pena de reclusão de 2 a 8 anos. Naturalmente, sempre foi de difícil, quase impossível, aplicação pela sua vagueza. Delito semelhante (*plagio*), na lei italiana, foi considerado inconstitucional pela Corte Constitucional, em 9 de abril de 1981, cuja descrição era a seguinte: "quem submeter uma pessoa ao próprio poder, de modo a reduzi-la a estado de total sujeição, é punido com reclusão de 5 a 15 anos". Aliás, buscando reparar o equívoco de décadas na redação do mencionado art. 149 do Código Penal, com o advento da Lei 10.803, de 11 de dezembro de 2003, deu-se nova redação ao tipo penal: "Reduzir alguém a condição análoga à de escravo, quer submetendo-o a trabalhos forçados ou a jornada exaustiva, quer sujeitando-o a condições degradantes de trabalho, quer restringindo, por qualquer meio, sua locomoção em razão de dívida contraída com o empregador ou preposto: Pena – reclusão, de dois a oito anos, e multa, além da pena correspondente à violência. § 1.º Nas mesmas penas incorre quem: I – cerceia o uso de qualquer meio de transporte por parte do trabalhador, com o fim de retê-lo no local de trabalho; II – mantém vigilância ostensiva no local de trabalho ou se apodera de documentos ou objetos pessoais do trabalhador, com o fim de retê-lo no local de trabalho".

-se a confluência existente entre eles, sob a regência de princípios maiores, que são a dignidade da pessoa humana e o devido processo legal.

A dignidade humana é uma das principais bases do Estado Democrático de Direito (art. 1.º, III, CF), servindo de horizonte para todas as áreas do Direito. Caracteriza-se por duplo aspecto: objetivo e subjetivo. Sob o ponto de vista objetivo, centraliza-se na garantia do *mínimo existencial* ao ser humano, devendo-se atender as suas vitais necessidades, como reconhecido pelo art. 7.º, IV, da Constituição Federal, ao cuidar do salário mínimo (moradia, alimentação, educação, saúde, lazer, vestuário, higiene, transporte, previdência social). Sob o prisma subjetivo, trata-se do sentimento de respeitabilidade e autoestima do ser humano, presentes desde o nascimento, conduzindo à formação da personalidade e permitindo o desenvolvimento individual pleno e feliz.

Inexiste dignidade humana, caso não se assegure ao indivíduo as mínimas condições de vivência, associadas ao respeito à pessoa, privilegiando-se o seu amor-próprio. Cuida-se, pois, de princípio regente de todos os direitos e garantias humanas fundamentais.

O devido processo legal advém, nitidamente, do princípio da legalidade, pois, na Magna Carta, de 1215, assegurava-se que ninguém seria preso ou perderia seus bens, caso não estivesse a decisão de acordo com a *lei da terra* (*by the law of the land*). Essa lei nada mais era do que os costumes, advindos da sociedade. Portanto, não prevaleceria a *vontade do soberano* para a aplicação da punição, mas o costume reinante em sociedade. Após, transmudou-se a redação desse dispositivo para *devido processo legal* (*due process of law*), representando, na essência, a mesma garantia, ou seja, ninguém deve ser preso senão em virtude da vontade soberana do povo, seja expressa por lei ou por costume.

O tempo incumbiu-se de ampliar o sentido da expressão *devido processo legal*, de modo a transcender o campo penal, atingindo o cenário do processo penal. Hoje, o referido princípio rege todos os demais – penais e processuais penais – consubstanciando o parâmetro garantista ideal para a concretude da punição, sob o Estado Democrático de Direito.

Seguindo-se todos os princípios penais e processuais penais, pode-se dizer que se respeitou, fielmente, o devido processo legal.

Diante disso, é indispensável que sejam colocados, acima de todos, os princípios da dignidade humana e do devido processo legal para servirem de base e de objetivo na lida com o poder punitivo estatal.

▶ Dignidade da pessoa humana

Supremo Tribunal Federal

- "Arguição de descumprimento de preceito fundamental. Interpretação conforme à constituição. Artigos 23, inciso II, e 25, *caput* e parágrafo único, do Código Penal e art. 65 do Código de Processo Penal. 'Legítima defesa da honra'. (...) 3. Tese violadora da dignidade da pessoa humana, dos direitos à vida e à igualdade entre homens e mulheres (art. 1.º, inciso III, e art. 5.º, *caput* e inciso I, da CF/88), pilares da ordem constitucional brasileira. A ofensa a esses direitos concretiza-se, sobretudo, no estímulo à perpetuação da violência contra a mulher e do feminicídio. O acolhimento da tese tem a potencialidade de estimular práticas violentas contra as mulheres ao exonerar seus perpetradores da devida sanção. 4. A 'legítima defesa da honra' não pode ser invocada como argumento inerente à plenitude de defesa própria do tribunal do júri, a qual não pode constituir instrumento de salvaguarda de práticas ilícitas. Assim, devem *prevalecer a dignidade da pessoa humana*, a vedação a todas as formas de discriminação, o direito à igualdade e o direito à vida, tendo em vista os riscos elevados e sistêmicos decorrentes da naturalização, da tolerância e do incentivo à cultura da violência doméstica e do feminicídio. (...) 6. Medida cautelar parcialmente concedida para (I) firmar o entendimento de que a tese da legítima defesa da honra é inconstitucional, por *contrariar* os princípios constitucionais da *dignidade da pessoa humana* (art. 1.º, III, da CF), da proteção à vida e da igualdade de gênero (art. 5.º, *caput*, da CF)" (ADPF 779 MC-Ref, Tribunal Pleno, rel. Dias Toffoli, 15.03.2021, v.u. – grifamos).

- "Há, lamentavelmente, no Brasil, no plano do sistema penitenciário nacional, um claro, indisfarçável e anômalo 'estado de coisas inconstitucional' resultante da omissão do Poder Público em implementar medidas eficazes de ordem estrutural que neutralizem a situação de absurda patologia constitucional gerada, incompreensivelmente, pela inércia do Estado, que descumpre a Constituição Federal, que ofende a Lei de Execução Penal, que vulnera a essencial dignidade dos sentenciados e dos custodiados em geral, que fere o sentimento de decência dos cidadãos desta República e que desrespeita as convenções internacionais de direitos humanos (como o Pacto Internacional sobre Direitos Civis e Políticos, a Convenção contra a Tortura e outros Tratamentos ou Penas Cruéis, Desumanos ou Degradantes, a Convenção Americana de Direitos Humanos e as Regras Mínimas das Nações Unidas para o Tratamento de Reclusos – 'Regras de Nelson Mandela' –, entre outros relevantes documentos internacionais). O Estado brasileiro, agindo com absoluta indiferença em relação à gravidade da questão penitenciária, tem permitido, em razão de sua própria inércia, que se transgrida o direito básico do sentenciado de receber tratamento penitenciário justo e adequado, vale dizer, tratamento que não implique exposição do condenado (ou do preso provisório) a meios cruéis, lesivos ou moralmente degradantes (CF, art. 5.º, incisos XLVII, 'e', e XLIX), fazendo-se respeitar, desse modo, um dos mais expressivos fundamentos que dão suporte ao Estado Democrático de Direito: a *dignidade da pessoa humana* (CF, art. 1.º, III)" (HC 172.136, 2.ª T., rel. Celso de Mello, 10.10.2020, v.u. – grifamos).

1.3 Princípios constitucionais e infraconstitucionais

Há princípios possuidores de substrato constitucional, considerados, portanto, fundamentais, pois "historicamente objetivados e progressivamente introduzidos na consciência jurídica e que encontram uma recepção expressa ou implícita no texto constitucional".[2] Na realidade, são alguns dos princípios gerais de Direito eleitos para figurar na Constituição de um povo, de modo a servir de parâmetro e condutor da legislação infraconstitucional, informando a própria aplicação das normas constitucionais.[3] Em matéria penal, encon-

---

2. CANOTILHO, *Direito constitucional*, p. 171.

3. BONAVIDES, *Curso de direito constitucional*, p. 262.

tram-se elencados expressamente no texto constitucional os princípios da legalidade (ou reserva legal), da anterioridade da lei penal, da retroatividade da lei penal benéfica, da responsabilidade pessoal, da individualização da pena, dentre outros.

Não se pode deixar de considerar, no entanto, os princípios informadores de determinado ramo do Direito, tidos por gerais, mas não constantes no Texto Fundamental. Exemplo disso é o princípio processual da busca da verdade real, utilizado largamente pelas partes no processo criminal, permitindo, inclusive, o abrandamento da aplicação da lei, em função do referido princípio. Assim, exemplificando, ainda que a parte não mais possa arrolar testemunhas, seja porque não o fez no tempo certo, seja porque seu rol já atingiu o limite fixado em lei, a fim de produzir prova de algum fato alegado, pode solicitar – e deve o juiz aceitar – a oitiva de alguém, com base no princípio da busca da verdade real.[4] É o que se faz em seguimento ao princípio norteador do sistema processual penal.

1.4 Princípios explícitos e implícitos

Há princípios expressamente situados na Constituição Federal, *v. g.* princípio da retroatividade da lei penal benéfica (art. 5.º, XL), e outros previstos expressamente em lei ordinária, como o princípio da culpabilidade (não há crime sem dolo e sem culpa, art. 18, CP).[5] Entretanto, existem aqueles que estão implícitos, seja na Constituição seja em legislação infraconstitucional. É o caso do princípio da taxatividade (tipos penais devem ser claros e bem elaborados, evitando-se dúvida na sua aplicação), que decorre logicamente da legalidade, constitucionalmente assegurado. De nada resolveria a definição vaga de um crime, pois o cumprimento à reserva legal (não há crime sem lei que o defina) seria meramente formal.

Os princípios explícitos e constitucionais são, sem dúvida alguma, os mais importantes, merecedores de aplicação sem contestação tanto pelo legislador, quanto pelo juiz. Nem sempre, na prática, tal ocorre. Analise-se, como ilustração, o princípio da humanidade, prevendo que as penas, no Brasil, não serão cruéis, embora, no cotidiano das prisões, encontre-se justamente o oposto.

Por outro lado, ainda que implícitos ou infraconstitucionais, os princípios têm lugar de destaque reservado no momento de criação da lei e, fundamentalmente, quando ela houver de ser aplicada ao caso concreto.

---

4. Sabemos ser polêmica a existência do princípio processual da busca da verdade real ou material, pois parte da doutrina sustenta ser ele um princípio comum a todo o processo, sem, portanto, diferençar verdade material de verdade formal, mas preferimos considerá-lo distintamente no contexto do processo penal, como já abordamos em nosso *Código de Processo Penal comentado*, nota 1-1.1.

5. Embora também se situe, implicitamente, na Constituição Federal, como veremos em tópico posterior.

2

PRINCÍPIO CONSTITUCIONAL DA INDIVIDUALIZAÇÃO DA PENA

2.1 Conceito e importância

Individualizar significa tornar individual uma situação, algo ou alguém, quer dizer particularizar o que antes era genérico, tem o prisma de especializar o geral, enfim, possui o enfoque de, evitando a estandardização, distinguir algo ou alguém, dentro de um contexto.

A *individualização da pena* tem o significado de eleger a justa e adequada sanção penal, quanto ao montante, ao perfil e aos efeitos pendentes sobre o sentenciado, tornando-o único e distinto dos demais infratores, ainda que coautores ou mesmo corréus. Sua finalidade e importância é a fuga da padronização da pena, da "mecanizada" ou "computadorizada" aplicação da sanção penal, prescindindo da figura do juiz, como ser pensante, adotando-se em seu lugar qualquer programa ou método que leve à pena preestabelecida, segundo um modelo unificado, empobrecido e, sem dúvida, injusto. Como diz JOSÉ ANTONIO PAGANELLA BOSCHI, o princípio da individualização da pena, que "visa a resguardar o *valor do indivíduo* – precisa ser juridicamente considerado. A atitude implica reposicionamento do intérprete e do aplicador da lei penal perante o caso concreto e seu autor, vedadas as abstrações e as generalizações que ignoram o que o *homem tem de particular*".[1]

---

1. *Das penas e seus critérios de aplicação*, p. 47. Não se deve olvidar que "o âmbito da medida da pena é um âmbito particularmente sensitivo à tensão entre necessidade de defesa social, por um lado, e proteção dos direitos fundamentais do cidadão, por outro, e onde, então, em mais do que qualquer outro, sem tergiversar, se tem de optar por garantias concretas" (RODRIGUES, Anabela Miranda, *A determinação da medida da pena privativa de liberdade*, p. 312).

Há basicamente quatro modos de se individualizar a pena: a) pena determinada em lei, sem margem de escolha ao juiz;[2] b) pena totalmente indeterminada, permitindo ao juiz fixar o *quantum* que lhe aprouver;[3] c) pena relativamente indeterminada, por vezes fixando somente o máximo, mas sem estabelecimento do mínimo,[4] bem como quando se prevê mínimos e máximos flexíveis, adaptados ao condenado conforme sua própria atuação durante a execução penal;[5] d) pena estabelecida em lei dentro de margens mínima e máxima, cabendo ao magistrado eleger o seu *quantum*. Este último é, sem dúvida, o mais adotado e bem afeiçoado ao Estado Democrático de Direito.[6]

A individualização da pena desenvolve-se em três etapas distintas. Primeiramente, cabe ao legislador fixar, no momento de elaboração do tipo penal incriminador, as penas mínima e máxima, suficientes e necessárias para a reprovação e prevenção do crime. É a individualização legislativa.[7] Dentro dessa faixa, quando se der a prática da infração penal e sua apuração, atua o juiz, elegendo o montante concreto ao condenado, em todos os seus prismas e efeitos. É a individualização judiciária. Finalmente, cabe ao magistrado responsável pela execução penal determinar o cumprimento individualizado da sanção aplicada. Ainda que dois ou mais réus, coautores de uma infração penal, recebam a mesma pena, o progresso na execução pode ocorrer de maneira diferenciada. Enquanto um deles pode obter a progressão do regime fechado ao semiaberto em menor tempo, outro pode ser levado a aguardar maior período para obter o mesmo benefício. Assim também

---

2. É o que ocorre, por exemplo, com a imposição da pena de morte ou de prisão perpétua, para certos crimes, em sistemas como o americano, no primeiro caso, e no italiano, no segundo. Narra Von Liszt que somente no Século XIX as penas passaram a comportar, como regra, na maior parte dos ordenamentos jurídicos europeus, a possibilidade de fixação da pena pelo juiz dentro de critérios estabelecidos pelo legislador entre um mínimo e um máximo (penas relativamente determinadas). O antigo Direito Penal tinha penas fixas, não admitindo qualquer discricionariedade do magistrado (*Tratado de derecho penal*, v. III, p. 336).

3. Cuida-se do padrão existente em alguns Estados americanos, em especial no que se refere a penas alternativas à prisão.

4. É o padrão de parte do sistema de penas do Código Penal francês.

5. Trata-se do sistema recentemente adotado em Portugal para criminosos considerados de alta periculosidade, como será visto no capítulo do direito comparado (capítulo 5).

6. Cf. Lamo Rubio, Penas y medidas de seguridad en el nuevo Código, p. 244.

7. Aníbal Bruno, cuidando do tema, escreve que "na fixação da pena, a lei tem em vista o valor que a ordem do Direito atribui ao bem jurídico que se pretende proteger. Desse modo, realiza uma primeira individualização da medida penal em referência ao aspecto social-jurídico do crime, isto é, adapta a natureza e quantidade da pena ao valor do bem objeto da proteção legal" (*Das penas*, p. 90). Há, pois, sempre uma culpabilidade mínima e máxima idealizada pelo legislador (cf. Crespo, *Prevención general e individualización judicial de la pena*, p. 41).

CAP. 2 • PRINCÍPIO CONSTITUCIONAL DA INDIVIDUALIZAÇÃO DA PENA | 9

ocorre com a aplicação de outros instrumentos, como, exemplificando, o livramento condicional ou o indulto coletivo ou individual. É a individualização executória.[8]

Vale destacar, derradeiramente, o ensinamento de Carmen Salinero Alonso: "os três estágios na concreção e individualização penal, ainda que diversos, estão presididos e mediatizados pela finalidade que se persiga com a imposição da pena. Desse modo, dependendo de quais sejam os fins que se atribuam à pena nos três momentos – cominação, imposição e execução da pena – a determinação da mesma variará de forma substancial. Isso evidencia que o pressuposto prévio para o sistema e para o conteúdo da determinação da pena é a postura que se mantenha a respeito dos fins da pena, porque somente a partir desse prévio posicionamento poder-se-á desenhar o modelo de determinação penal".[9]

▶ **Conceito de individualização da pena**

Superior Tribunal de Justiça

- "3. A individualização da pena é uma atividade vinculada a parâmetros abstratamente cominados na lei, sendo, contudo, permitido ao julgador atuar discricionariamente na escolha da sanção penal aplicável ao caso concreto, após o exame percuciente dos elementos do delito, e em decisão motivada. Dessarte, às Cortes Superiores é possível, apenas, o controle da legalidade e da constitucionalidade na dosimetria" (HC 619.776/DF, 5.ª T., rel. Ribeiro Dantas, 20.04.2021, v.u.).

▶ **Livre convencimento do juiz**

Superior Tribunal de Justiça

- "4. A dosimetria da pena é o procedimento em que o magistrado, utilizando-se do sistema trifásico de cálculo, chega ao *quantum* ideal da pena com base em suas convicções e nos critérios previstos abstratamente pelo legislador. 5. O cálculo da pena é questão afeta ao *livre convencimento do juiz*, passível de revisão *em habeas corpus* somente nos casos de notória ilegalidade, para resguardar a observância da adequação, da proporcionalidade e da individualização da pena" (AgRg no HC 706.140/SP, 5.ª T., rel. João Otávio de Noronha, 29.03.2022, v.u. – grifamos).

2.2 Correlação com os demais princípios aplicáveis à pena

2.2.1 *Princípio da legalidade*

Estabelece o art. 5.º, XXXIX, da Constituição Federal, que "não há crime sem lei anterior que o defina, nem *pena sem prévia cominação legal*" (grifamos), demonstrando a evidente intenção de circunscrever a sanção penal a parâmetros fixados em lei, distantes do abuso e do arbítrio de quem quer que seja, inclusive e especialmente

---

8. Cf. Molina Blasquéz, *La aplicación de la pena*, p. 57.

9. *Teoría general de las circunstancias modificativas de la responsabilidad criminal y artículo 66 del Código Penal*, p. 136.

do juiz, encarregado de aplicá-la ao infrator. Dessa forma, para a individualização da pena dar-se de maneira legítima, é indispensável haver pena cominada em lei de antemão, bem como sejam previstos, expressamente, todos os critérios orientadores para a sua quantificação e execução.

O princípio da legalidade, em matéria penal, equivale à reserva legal, isto é, somente a lei penal (lei em sentido estrito como norma emanada do Congresso Nacional) proporciona o nascimento da figura abstrata do crime, em sentido formal, que nos interessa, bem como o surgimento da pena. Há autores dando primazia a considerar a legalidade o gênero, do qual são espécies a reserva legal, a taxatividade, a irretroatividade da lei penal e a proibição da analogia em matéria penal.[10] Parece-nos, entretanto, deva ser a legalidade considerada o gênero quando se leva em consideração o disposto no art. 5.º, II, da Constituição Federal, ou seja, que ninguém é obrigado a fazer ou deixar de fazer alguma coisa senão em virtude de lei. Abrange, nessa hipótese, todos os ramos do Direito. Mas, em foco penal, a legalidade quer dizer apenas a inexistência de crime ou pena sem lei.

A partir daí, outros princípios, sem dúvida conectados ao da legalidade, considerado principal, adquirem importância, porém com vida autônoma: taxatividade, anterioridade e irretroatividade da lei penal.

O primeiro diz respeito à necessidade de que os tipos penais incriminadores sejam minuciosamente construídos, evitando-se terminologia dúbia e fomentando-se a insegurança na sua aplicação. Afinal, a Constituição prevê a inexistência de crime sem lei que o *defina*, querendo demonstrar ser imprescindível uma correta *enunciação*, coibindo-se os eventuais abusos do Poder Judiciário. Como lembram FIANDACA e MUSCO, uma norma penal tem o objetivo de ser respeitada e obedecida, mas tal não ocorrerá caso o destinatário não tenha a possibilidade de conhecer o seu conteúdo com suficiente clareza.[11]

Quanto à anterioridade, trata-se de corolário natural da legalidade, pois, sem ela haveria total inutilidade para a reserva legal. De nada valeria exigir-se lei para a configuração do crime se a figura típica pudesse ser criada após a prática do fato. A segurança seria iníqua e frustrante. Por isso, juntamente com a legalidade está inserido no mesmo inciso XXXIX do art. 5.º o princípio da anterioridade (não há crime sem *prévia* lei, nem pena sem *prévia* cominação).[12]

O terceiro decorre, igualmente, da garantia de não se poder aplicar leis retroativamente, mormente penais, o que representaria perigo certo para o destinatário da norma. Assim, estabelece-se no inciso XL do mencionado art. 5.º a possibilidade exclusiva de retroatividade da lei penal benéfica.

Na relação entre individualização e legalidade, esclarece ANABELA MIRANDA RODRIGUES: "o que em regra se passa é que o juiz é chamado a determinar a pena em

---

10. Cf. FIANDACA e MUSCO, Diritto penale – Parte generale, p. 50; FIORE, Diritto penale – Parte generale, p. 61.

11. *Diritto penale* – Parte generale, p. 68.

12. Cf. FIORE, Diritto penale – Parte generale, p. 70 e 81-83.

uma medida compreendida entre um máximo e um mínimo predeterminado na lei, no singular preceito incriminador. Solução que, se por um lado, como se viu, satisfaz as atuais exigências do princípio da legalidade da pena, por outro lado garante as exigências de individualização, numa confluência de interesses a que não é estranha a relativização que sofreram os postulados básicos das Escolas clássica e positiva, inspiradores de concepções extremas."[13] E complementam MARINUCCI e DOLCINI dizendo que o ponto de equilíbrio entre os princípios da legalidade e da individualização da pena reside na predeterminação legal, para cada figura de infração penal, de uma *moldura de pena*, ou seja, um mínimo e um máximo, dentro do qual o juiz deve escolher a pena adequada ao caso concreto.[14]

2.2.2 Princípio da isonomia

Embora pudéssemos tratar o tema sob o enquadramento do princípio da igualdade, que, em primeira análise, parece ser o adotado pela Constituição Federal ("todos são iguais perante a lei, sem distinção de qualquer natureza...", art. 5.º, *caput*), parece-nos mais adequado cuidar do princípio sob a denominação de isonomia, com uma significação mais ampla e harmônica, inclusive objetivando o estudo da individualização da pena.[15] São os seres humanos naturalmente desiguais. Desse modo nascem e nessa perspectiva crescem, desenvolvem-se e morrem, devendo o Direito tratá-los todos de maneira igualitária, significando prever, nas normas, quando possuírem os mesmos destinatários, critérios garantidores para cada um receber o que é seu, bem como, quando necessário, tratar desigualmente os desiguais, fórmula mais próxima do ideal de isonomia material e não meramente formal. A igualdade *perante* a lei, portanto, é um princípio que se volta ao legislador e ao aplicador do Direito, determinando ao primeiro a construção de um sistema de normas viáveis de modo a garantir, no momento da aplicação, que as diferenças naturais entre os destinatários dessas normas sejam respeitadas, viabilizando a concretização da isonomia.

No campo penal não é diferente. O legislador deve construir tipos penais incriminadores, valendo a todos os brasileiros, pois não haveria sentido em se acolher como criminosa uma determinada conduta para uns, não o fazendo para outros, desde que preencham as mesmas características e estejam inseridos em idêntico contexto. Assim, *matar alguém* é crime (homicídio) para qualquer indivíduo que delibere eliminar a vida alheia. Entretanto, sob diversas óticas, diferenças podem existir. Aquele que mata em legítima defesa será tratado diferentemente, não sendo condenado, por se tratar de ato considerado necessário, logo, lícito. Então, nem toda pessoa que mata é consequentemente criminosa. E mais, quanto à aplicação da pena, consagra-se a isonomia. Os réus são iguais perante a lei, mas tratados por esta desigualmente, quando em posição de desigualdade. É o campo de individualização da pena. Tivesse o homicídio a mesma reprimenda a qualquer um, deixaríamos de

---

13. *A determinação da medida da pena privativa de liberdade*, p. 60-61.

14. *Corso di diritto penale*, v. I, p. 220.

15. No prisma de que o princípio da isonomia envolve a igualdade substancial e a igualdade formal, constituindo o gênero, cf. BASTOS, *Curso de direito constitucional*, p. 179-182.

considerar as diferenças naturais e inafastáveis existentes entre os seres humanos. Por isso, a quem mata destina o legislador, de modo isonômico, um montante variável de pena – reclusão, de seis a vinte anos (na forma simples). Caberá ao juiz a eleição do *quantum* compatível com a situação concreta do fato e de seu autor. Do exposto, pode--se concluir ser o princípio da igualdade *perante* a lei ou isonomia respeitado, caso um certo réu termine apenado, por homicídio simples, a seis anos de reclusão, enquanto outro, porque em condições pessoais diversas, finde o processo com condenação de oito anos, por exemplo. Embora, para os efeitos legais, ambos tenham cometido um homicídio na forma simples, a cada um destinou o Estado a justa medida repressiva, tratando desigualmente os naturalmente desiguais.[16]

É responsabilidade do magistrado atenuar as desigualdades sociais na aplicação da lei penal, empreendendo menor rigor a condutas desesperadas de pessoas economicamente desfavorecidas, num contexto de delito patrimonial, por exemplo, mas se mantendo em posição mais rígida quando se deparar com a mesma conduta proveniente de pessoas financeiramente privilegiadas. Outra não é a função do princípio constitucional da individualização da pena, visando à concretização da igualdade *perante* a lei, mas desigualando, na prática, os desiguais, rendendo culto à isonomia.

2.2.3 Princípio da proporcionalidade

Proporcionalidade é o que se espera da harmônica aplicação dos princípios constitucionais e das normais infraconstitucionais. Por isso, o princípio esparge-se por todos os ramos do Direito, adquirindo especial relevo na esfera penal. Não teria o menor sentido, levando-se em conta a proteção subsidiária assegurada pelo Direito Penal aos conflitos sociais, sustentando-se na adequada posição de intervenção mínima, prever penas exageradas para determinados delitos considerados de menor importância, bem como estipular sanções ínfimas para aqueles que visam à proteção de bens jurídicos considerados de vital relevo.

Ao elaborar tipos penais incriminadores, deve o legislador inspirar-se na proporcionalidade, sob pena de incidir em deslize grave, com arranhões inevitáveis a preceitos constitucionais. Não teria sentido, a título de exemplo, prever pena de multa a um homicídio doloso, como também não se vê como razoável a aplicação de pena privativa de liberdade elevada a quem, com a utilização de aparelho sonoro em elevado volume, perturba o sossego de seu vizinho. Francisco Javier Álvarez García, cuidando dos critérios a permear o estabelecimento dos marcos penais pelo legislador, enumera os seguintes: a) respeito à proporcionalidade; b) posição do

---

16. José Afonso da Silva, cuidando da igualdade perante a lei penal, diz: "essa igualdade não há de ser entendida, já dissemos, como aplicação da mesma pena para o mesmo delito. Mas deve significar que a mesma lei penal e seus sistemas de sanções hão de se aplicar a todos quantos pratiquem o fato típico nela definido como crime. Sabe-se por experiência, contudo, que os menos afortunados ficam muito mais sujeitos aos rigores da justiça penal que os mais aquinhoados de bens materiais. As condições reais de desigualdade condicionam o tratamento desigual perante a lei penal, apesar do princípio da isonomia assegurado a todos pela Constituição (art. 5.º)", (*Curso de direito constitucional positivo*, p. 203).

CAP. 2 • PRINCÍPIO CONSTITUCIONAL DA INDIVIDUALIZAÇÃO DA PENA | 13

sujeito no cenário do ordenamento jurídico; c) conclusões extraídas do princípio da fragmentariedade ou da intervenção mínima; d) função da norma penal; e) grau de participação do agente no delito; f) finalidades preventivo gerais; g) periculosidade do sujeito ativo do crime.[17]

A tarefa do criador da norma penal é, baseando-se na proporcionalidade das sanções penais destinadas aos crimes praticados, estipular as penas. Outro não é o desejo expressado na Constituição Federal, quando elaborou uma escala de penas, no mesmo cenário em que previu a individualização da pena, sinalizando para a sua harmonização às infrações praticadas. Preceitua o art. 5.º, XLVI, que "a lei regulará a individualização da pena e adotará, entre outras, as seguintes: a) privação ou restrição da liberdade; b) perda de bens; c) multa; d) prestação social alternativa; e) suspensão ou interdição de direitos".

A individualização será feita, então, na elaboração do tipo penal, dentro dos critérios de proporcionalidade fixados de antemão pelo constituinte.[18]

2.2.4 Princípios da responsabilidade pessoal e da culpabilidade

A pena não passará da pessoa do delinquente é a regra constitucional estabelecida no art. 5.º, XLV, voltada a evitar os males do passado, quando o Estado considerava eficaz a punição de parentes e amigos do criminoso, especialmente quando este fugia ou morria antes de expiar a pena a ele reservada. Não somente lesava a proporcionalidade e a razoabilidade, regentes da atuação do Estado na repressão ao crime, como evidenciava flagrante desvio dos mais comezinhos princípios de garantia da inocência do ser humano até prova em contrário de sua culpa.

Assim, a individualização da pena tem por finalidade dar concretude ao princípio de que a responsabilidade penal é sempre pessoal, jamais transcendendo a pessoa do criminoso. E quanto a este, deve a sanção ser aplicada na justa e merecida medida.

Ressalva-se, no entanto – e com razão –, na própria Constituição, que tal proteção não abrange o dever de reparar o dano e o perdimento dos bens, quando considerados produto ou proveito do delito. Tais medidas não envolvem a aplicação da pena, ao contrário, são efeitos positivos de sua existência. O crime não deve produzir lucro, o que afronta o princípio geral de direito voltado ao impedimento do enriquecimento sem causa, motivo pelo qual o parente de um delinquente morto não pode beneficiar--se da prática do delito, cabendo ao Estado confiscar-lhe os bens herdados, desde que apurada a origem ilícita. Diga-se o mesmo do direito do ofendido de perceber a reparação pelo dano causado, ainda que se volte contra o sucessor do criminoso falecido, respeitado o limite do patrimônio transferido.

Como decorrência da responsabilidade pessoal, aponta a doutrina que, implicitamente, encontra-se previsto o princípio da culpabilidade, vale dizer, não há crime

---

17. *Consideraciones sobre los fines de la pena en el ordenamiento constitucional español*, p. 199-201.

18. Sobre a origem histórica do princípio da proporcionalidade, consultar o capítulo referente ao *panorama histórico da pena* (capítulo 4).

sem dolo e sem culpa (*nullum crimen sine culpa*). Se a pena se relaciona diretamente ao agente do fato criminoso, é de suma importância exigir-se a atuação deste com dolo ou com culpa, evitando-se a malfadada responsabilidade penal objetiva, ao menos como regra geral.

Por outro lado, o princípio da culpabilidade decorre, ainda e principalmente, da garantia conferida pela Constituição à dignidade da pessoa humana, meta geral do Estado Democrático de Direito. Seria arbitrária a atuação estatal buscando punir pessoas que causam danos ou criam situações de perigo fortuitamente, obra do acaso, sem desejar, nem atuar com falta do dever de cuidado objetivo. Assim, preservando-se a esfera de intimidade do ser humano, levando-se em conta ser o Direito Penal a *ultima ratio* (princípio da intervenção mínima ou da subsidiariedade), devendo ser o instrumento punitivo utilizado quando outro se torne ineficaz ou inadequado ao ilícito cometido, não se pode admitir, como regra, o Direito Penal sem culpa. Explica Crespo que o princípio da culpabilidade, que também não está explicitado na Constituição espanhola, deve ser buscado na legislação ordinária, analisada no conjunto das normas de imputação, além de decorrer naturalmente da consagração da dignidade da pessoa humana, como fundamento da ordem política e da paz social, solução já acolhida pelos tribunais.[19]

Aliás, o princípio da culpabilidade inspira a caracterização do crime, fundamenta e limita a aplicação da pena, em atuação sincronizada com os fins aos quais se vincula, isto é, o de que a pena é personalíssima, não podendo ultrapassar a pessoa do delinquente e a medida da reprovação social por ele merecida.

2.2.5 Princípio da humanidade

Adotou a Constituição Federal o princípio da humanidade das penas, significando deva o Estado, através da utilização das regras de Direito Penal, pautar-se pela benevolência na aplicação da sanção penal, buscando o bem-estar de todos na comunidade, inclusive dos condenados, que não merecem ser excluídos somente porque delinquiram, observando-se constituir uma das finalidades da pena a sua ressocialização (art. 1.º, Lei 7.210/1984). Determina-se, então, que não haverá penas "de morte, salvo em caso de guerra declarada, nos termos do art. 84, XIX", "de caráter perpétuo", "de trabalhos forçados", "de banimento", "cruéis" (art. 5.º, XLVII), além de se estabelecer que ao preso deve ser assegurado o respeito à integridade física e moral (art. 5.º, XLIX).

Ressalte-se ser a *crueldade*, na realidade, o gênero, do qual são espécies as penas de morte, de prisão perpétua, de trabalhos forçados e de banimento. Por isso, segundo cremos, melhor teria sido prever, em lugar de penas cruéis, a proibição a penas de castigos corporais. De toda forma, a alínea "e" do inciso XLVII (penas cruéis) deve ser entendida como residual, isto é, quando a pena não estiver prevista nas alíneas anteriores, ainda assim podendo-se caracterizar como cruel não deve ser assimilada pelo sistema penal.

A individualização da pena encontra vínculo com o princípio da humanidade, especialmente no que concerne à individualização executória da sanção penal, pois

---

19. *Prevención general e individualización judicial de la pena*, p. 217. No mesmo prisma, Jescheck, Tratado de derecho penal – Parte generale, p. 25.

CAP. 2 • PRINCÍPIO CONSTITUCIONAL DA INDIVIDUALIZAÇÃO DA PENA | 15

não é segredo serem as condições carcerárias no Brasil, em grande parte, deixadas ao abandono, gerando estabelecimentos infectos e lotados, sem qualquer salubridade, o que, na prática, não deixa de se configurar autêntica crueldade. Cabe, pois, ao juiz da execução penal zelar para se fazer o cumprimento da pena de modo humanizado, podando os excessos causados pelas indevidas medidas tomadas por ocupantes de cargos no Poder Executivo, cuja atribuição é a construção e administração dos presídios.

Enquanto forem indispensáveis as penas privativas de liberdade, realidade inconteste atualmente, deve-se buscar, ao menos, garantir condições dignas de sobrevivência no cárcere, não significando isso a mantença, ao condenado, de um padrão de vida superior ao cidadão honesto, fora do presídio, mas, em verdade, que possa deter seu *status* de pessoa humana, o que não ocorrerá se o princípio da humanidade ficar apenas na letra fria do papel das leis e da própria Constituição.[20] O Estado brasileiro investe-se do perfil de protetor dos direitos humanos, ao menos porque apregoa no texto constitucional (art. 5.º, XLVII) a vedação de penas consideradas cruéis em sentido lato. Entretanto, o investimento necessário para garantir o *cárcere humanizado* caminha sempre a passos lentos, enquanto parte da doutrina penal, olvidando a própria realidade, verbera a pena privativa de liberdade, acoimando-a de *falida* e *ultrapassada*. Ora, na medida em que não se encontrou ainda nenhuma medida eficiente para combater e punir autores de crimes graves, especialmente os que se forram de violência e grave ameaça contra a pessoa, pouca valia têm tais reclamos. Caminha-se em círculos sem buscar a saída e esta, invariavelmente, passa pela humanização do presídio, reconhecendo-o como existente, válido, legítimo e, infelizmente, indispensável para determinados criminosos.[21]

Quanto à aplicação de penas alternativas, dedicamos capítulo específico (capítulo 9) para analisá-las e comentar sua utilidade e amplitude. Ninguém, em sã consciência, pode ser contra a fixação de penas restritivas de direitos para delinquentes iniciantes,

---

20. Lembra-nos, com razão, Jescheck, a despeito da adoção do princípio da humanidade, que o "Direito Penal não pode equiparar-se ao direito da assistência social. Serve, num primeiro plano, à justiça distributiva e deve fazer valer a responsabilidade do autor pela infração ao Direito, de modo que experimente a resposta da comunidade jurídica ao fato por ele cometido. Por isso, não se pode renunciar aos prejuízos e sofrimentos, sobretudo no caso de penas privativas de liberdade". Devem estas, apenas, ser inspiradas pelo princípio da humanidade (*Tratado de derecho penal – Parte generale*, p. 30, traduzi).

21. Explica Carnelutti que a verdadeira dificuldade, nesse contexto, é mais econômica do que técnica, referindo-se aos gastos necessários para proporcionar aos presídios os meios, pessoais e materiais, idôneos para que os funcionários tenham conhecimento suficiente dos condenados, valorizando, pois, o cumprimento humanizado da pena (*El problema de la pena*, p. 83). Acrescente-se que a individualização da pena não deve relacionar-se às condições do presídio ou ao número de vagas que o Estado forneça, pois é obrigação sua prover, condignamente, o número necessário aos condenados pelo Judiciário. Não cabe a este Poder de Estado a política de criação de vagas em presídios. Logo, se não se deve aumentar as penas porque sobram vagas, por exemplo, também não se pode deixar de aplicar a pena justa porque elas estão em falta (cf. Von Hirsch, *Censurar y castigar*, p. 75-76).

autores de crimes de menor potencial ofensivo, não violentos, enfim, não chocantes, nem intensamente agressores ao bom senso, à ética e aos bons costumes da sociedade.

No mais, torna-se mais adequado e acertado, ao menos, aplicar o que há muito se prega para a civilização das condições carcerárias, seguindo-se aquilo que não é inédito em Direito Penal, como se constata na lição de MICHEL FOUCAULT e suas sete máximas das boas condições de um presídio: a) princípio da correlação: a finalidade primordial da condenação é a transformação do comportamento do indivíduo; b) princípio da classificação: detentos devem ficar isolados ou, pelo menos, divididos conforme a gravidade do delito que tenham cometido, mas também quanto à sua idade, suas particulares disposições, bem como quanto às técnicas de correção que cada um mereça; c) princípio da modulação das penas: necessita-se assegurar que, durante a execução, haja adaptação do sistema punitivo, conforme os resultados obtidos – positivos ou negativos; d) princípio do trabalho como obrigação e como direito: ao preso deve ser, sempre, proporcionada oportunidade de trabalho e é seu dever trabalhar para fundamentar seu processo de recuperação; e) princípio da educação penitenciária: a educação do detento é dever do Poder Público, no interesse direto da sociedade; f) princípio do controle técnico da detenção: o Estado deve garantir, nos presídios, a atuação de pessoal preparado, com capacidade moral e técnica para zelar pela boa formação do preso; g) princípio das instituições anexas: além do encarceramento, o Estado deve assegurar o acompanhamento de medidas de controle e assistência até que a readaptação definitiva possa ocorrer. E arremata o autor: "palavra por palavra, de um século a outro, as mesmas proposições fundamentais se repetem".[22]

2.3 Individualização judiciária da pena

O enfoque deste trabalho volta-se, principalmente, à individualização judiciária da pena. A proposta é ressaltar o método e a larga margem discricionária do juiz ao escolher o *quantum* a aplicar ao condenado, dentre os limites previamente estabelecidos pelo legislador no tipo penal, além de eleger o regime de cumprimento da pena privativa de liberdade, quando for o caso, bem como decidir a respeito das propostas de substituição de penas por outras mais brandas ou aplicar um período de suspensão.

---

22. *Vigiar e punir*, p. 224-225.

3

CONCEITO DE CRIME

3.1 Considerações preliminares e delimitação do enfoque

Ingressaremos na análise do conceito de crime pela necessidade de estabelecer o alcance da culpabilidade – um de seus elementos – no tocante à fixação da pena. Não há intenção de esgotar o tema, ao contrário, pretendemos enumerar os seus conceitos fundamentais para então abordar as diversas fases pelas quais passa a culpabilidade, tanto na teoria do crime quanto na teoria da pena.

O crime pode ser conceituado sob três prismas: material, formal e analítico. O conceito material envolve a concepção da sociedade acerca do crime, estabelecendo os parâmetros sobre o que deve e o que não deve ser penalmente proibido. Os atos ilícitos podem ser encontrados nos variados ramos do Direito, reservando-se ao campo penal as condutas consideradas mais graves, violadoras dos bens jurídicos mais caros à sociedade. É o critério sinalizador ao legislador de que determinada conduta necessita ser transformada em ilícito penal. Como ensina ROBERTO LYRA, "todos hão de saber, porque sentirão, o que devemos exprimir pela palavra *crime*. Julgamos criminologicamente, quando irrompe dentro de nós, diante de certos fatos, a sentença: 'Isto é um *crime*'! Este clamor provém da civilização que não se limita a 'invólucro dentro do qual arde a paixão selvagem do homem' (Carlyle). Há até uma sistematização subjetiva lançada na consciência humana através de um direito natural que ficou no verbo e agora será conquista, convicção, ação".[1]

O conceito formal é a concepção legal do delito, ou seja, a conduta lesiva a um bem jurídico tutelado, merecedora de pena, devidamente prevista em lei. A partir desse

---

1. *Criminologia*, p. 62-63.

conceito, surge o analítico, que é a visão científica do fenômeno, permitindo-se dividir, apenas para estudo, o crime em seus elementos fundamentais. Embora polêmica a eleição do melhor critério, visto que a doutrina se divide em várias posições, preferimos conceituá-lo na ótica tripartida, isto é, fato típico, antijurídico e culpável,[2] abaixo analisada.

3.2 Tipicidade

Tipo penal é a descrição abstrata de uma conduta, que pode ser proibida (tipo penal incriminador), permitida (tipo penal permissivo) e obrigatória (tipo penal devido). Para a conceituação de crime, interessa-nos a análise do tipo penal incriminador, o modelo abstrato descritivo de uma conduta proibida, sob ameaça de pena. O tipo é apenas o resultado de um processo legislativo voltado a captar, como regra, na sociedade, o anseio de que determinada conduta ilícita seja punida com uma pena, elaborando o modelo. Não *cria* a conduta, apenas a valora, transformando-a em *crime*.

Tipicidade, por sua vez, é a adequação do fato concreto da vida ao modelo legal de conduta proibida.

O primeiro passo para a verificação de ocorrência ou não de um delito é o preenchimento do tipo penal incriminador, fazendo-se, pois, o juízo de tipicidade. Nessa fase, na ótica finalista, deve-se verificar a ocorrência de dolo ou culpa, já que a *conduta* é sempre finalística, isto é, tem um objetivo, uma meta. E, assim sendo, desde logo podemos verificar se há dolo (vontade de concretizar o tipo penal incriminador) ou culpa (infringência do dever de cuidado objetivo, provocando um dano involuntário). Caso nenhum deles esteja presente, conclui-se pela atipicidade da conduta.[3]

3.3 Ilicitude

Ilicitude é a contrariedade de uma conduta com o ordenamento jurídico, provocando lesão efetiva a um bem jurídico tutelado. Preenchida a tipicidade, tudo leva a crer ser o fato igualmente ilícito, afinal, somente determinadas condutas lesivas a bens jurídicos, eleitas pelo legislador, transformam-se em crimes por meio da criação de tipos penais.

Mas, não é menos verdade que certas normas penais permitem a prática de condutas típicas (tipos penais permissivos), até pelo fato de serem situações excepcionais, tal como ocorre com a legítima defesa, o estado de necessidade, o exercício regular de direito, o estrito cumprimento do dever legal, dentre outras. Portanto, o segundo passo a constatar se o fato típico tende a ser considerado realmente ilícito penal, sujeito a punição, é a verificação de sua ilicitude, o que se faz por exclusão. Não havendo qualquer excludente de ilicitude aplicável, dentre as previstas em lei, faz-se o juízo de ilicitude.

---

2. Sobre as várias posições doutrinárias, consultar nosso *Código Penal comentado*, introdução ao Título II, nota 1, e nota 24 ao art. 180.

3. A respeito das diferenças entre finalismo e causalismo, consultar nosso *Código Penal comentado*, nota 9 ao art. 13.

3.4 Culpabilidade

É um juízo de reprovação social, incidente sobre o fato e seu autor, devendo o agente ser imputável, atuar com consciência potencial de ilicitude, bem como ter a possibilidade e exigibilidade de atuar de outro modo.[4] Trata-se de uma ótica finalista. Como explica ASSIS TOLEDO, "se indagarmos aos inúmeros seguidores da corrente finalista o que é a culpabilidade e onde pode ela ser encontrada, receberemos esta resposta: 1.ª) culpabilidade é, sem dúvida, um juízo valorativo, um juízo de censura que se faz ao autor de um fato criminoso; 2.ª) esse juízo só pode estar na cabeça de quem julga, mas tem por objeto o agente do crime e sua ação criminosa".[5] Embora reconheçamos que existem inúmeras outras correntes, analisando a culpabilidade, um dos mais polêmicos e intrincados temas do Direito Penal, preferimos a conceituação que expusemos acima. Na visão causalista, acrescenta-se ao conceito referido o dolo ou a culpa, exigindo-se que o agente imputável atue com dolo, que contém a consciência de ilicitude, ou culpa.

A culpabilidade é *fundamento* e *limite* da pena, integrativa do conceito de *crime* e não mero *pressuposto* da pena, como se estivesse fora da conceituação. *Pressuposto* é fato ou circunstância considerado antecedente necessário de outro, mas não, obrigatoriamente, elemento integrante. Considerar a culpabilidade como *pressuposto da pena* significa retirar o seu caráter de *fundamento* da pena, pois *fundamento* é base, razão sobre a qual se ergue uma concepção, ou seja, é verdadeiro motivo de existência de algo. Logo, culpabilidade, se presente, fornece a razão de aplicação da pena e o crime nada mais é do que o fato típico e antijurídico, merecedor de punição, tendo em vista ser o tipo incriminador formado – e isto é inegável – pela descrição de uma conduta, seguida de uma pena (ex.: "matar alguém: pena – reclusão, de seis a vinte anos", constituindo o homicídio). Assim, torna-se incabível, a nosso ver, desmembrar a pena da conduta legalmente proibida, acreditando que uma subsista sem a outra, no universo dos tipos penais incriminadores, ou seja, no contexto do crime. Um fato típico e antijurídico, ausente a culpabilidade, não é uma infração penal, podendo constituir-se em ilícito de outra natureza. Sem a reprovação da conduta, deixa de nascer o crime. Pensar de modo diverso equivale ao esvaziamento do conceito de delito.[6]

---

4. O conceito é extraído de entendimento já exposto em nosso *Código Penal comentado*, nota 98 ao art. 22.

5. *Princípios básicos de direito penal*, p. 229-230.

6. Em igual prisma, admitindo a culpabilidade como fundamento e limite da pena, está a posição de DAVID TEIXEIRA DE AZEVEDO, *Dosimetria da pena: causas de aumento e diminuição*, p. 69. E cuidando da majoritária tendência tanto da doutrina alemã, quanto da italiana, de acolher a existência da culpabilidade como *fundamento* da pena (culpabilidade fundamentadora) e como elemento de graduação da pena (culpabilidade graduadora), verifique-se a posição de VENEZIANI, citando ainda outros autores como FIANDACA, PADOVANI, PULITANÒ, MONACO, PALAZZO, DOLCINI, MOCCIA, ALESSANDRI, MILITELLO e PAGLIARO (*Motivi e colpevolezza*, p. 188). Em contrário, destaca-se a posição de JORGE DE FIGUEIREDO DIAS, para quem a culpabilidade exerce o papel único de limitar o má-

A culpabilidade, como elemento do crime, é um juízo de censura voltado ao fato criminoso (típico e antijurídico), realizado apenas quando o autor for imputável, agir com consciência potencial de ilicitude e com possibilidade e exigibilidade de atuar conforme determina o Direito.[7] Ausente um dos seus elementos – imputabilidade, consciência potencial de ilicitude ou exigibilidade de atuação – não se faz a reprovação da conduta, ainda que típica e antijurídica. Deixa de haver delito.

Verificada a existência de infração penal, no entanto, passa-se à fixação da pena, quando, então, despe-se a culpabilidade de outros elementos, já analisados para efeito de consideração da existência do crime, revelando-se como juízo de reprovação social, fundado em outros elementos, fornecidos pela própria lei.[8] Em várias etapas da

---

ximo inultrapassável da pena, mas jamais o mínimo. Este somente pode ter por base as exigências mínimas de defesa do ordenamento jurídico, que é aspecto da prevenção geral positiva (*Temas básicos de direito penal*, p. 110).

7. Embora existam opiniões em sentido contrário, argumentando que o elemento *exigibilidade de comportamento conforme o Direito* é mera ficção, pois não se pode comprovar que o autor do injusto penal teve, efetivamente, noção de que havia opção de escolha entre o lícito e o ilícito, elegendo, por sua conta e risco, este último caminho, parece-nos importante esse fator de culpabilidade. Liga-se, em última análise, à própria estrutura da personalidade, que se desenvolve em três níveis básicos – consciente, pré-consciente e inconsciente. Ora, tendo em vista que as condutas penalmente relevantes estão no campo do consciente (no máximo, do pré-consciente), logo, passíveis de controle pelo ego, é de se exigir, sem dúvida, que o agente controle seus impulsos e instintos perversos e prazerosos, quando contrários às regras impostas pelo ordenamento jurídico, pautando-se por opções harmônicas com o lícito. Valendo-nos da lição de CARL JUNG, que definiu o mais poderoso arquétipo do ser humano com o nome de *sombra*, depósito dos instintos animais básicos e primitivos, podemos afirmar que "os comportamentos que a sociedade considera maldosos e imorais residem na sombra e esse lado obscuro da natureza humana deve ser domado se as pessoas quiserem conviver harmoniosamente. Nós temos de restringir, superar e nos defender desses impulsos primitivos. Se não o fizermos, a sociedade provavelmente nos punirá" (SCHULTZ, Duane, SCHULTZ, Sydney, *Teorias da personalidade*, p. 98). E reafirmando a validade desse requisito da culpabilidade, confira-se a lição de BACIGALUPO: "uma boa parte das críticas se baseiam na suposição de que a culpabilidade pressupõe liberdade de vontade e que esta não é demonstrável. Grande parte dessa crítica se responde com a comprovação de que tampouco está evidenciado o contrário. De todo modo, não se pode negar que no caso concreto a culpabilidade somente pode ser demonstrada mediante a comparação do autor com nossa experiência geral sobre a livre determinação" (*Principios de derecho penal – Parte general*, p. 110, traduzi).

8. No mesmo prisma, confira-se a lição de DAVID TEIXEIRA DE AZEVEDO: "primeiramente o magistrado, no juízo de reprovabilidade, determina-lhe a existência, afirmando culpado o acusado. Num segundo momento dimensiona a culpabilidade pela maior ou menor intensidade da censura penal, apresentando sempre os argumentos e elementos probatórios que operaram seu convencimento" (*Dosimetria da pena: causas de aumento e diminuição*, p. 79). Cf. ainda CRESPO, *Prevención general e individualización judicial de la pena*, p. 239. Em sentido contrário, encontra-se BOSCHI, para quem a culpabilidade que se analisa na fase de fixação da pena é exatamente a mesma que constitui elemento

aplicação da pena, a censura pode ser maior ou menor, embora sempre com enfoques diferenciados. Inicialmente, a culpabilidade vem estampada no art. 59, calcada na análise dos vários requisitos nele previstos: antecedentes, conduta social, personalidade, motivos, circunstâncias e consequências do crime e comportamento da vítima. Depois, volta-se a mencioná-la nos contextos das penas alternativas, para verificar se é viável a substituição da pena privativa de liberdade por restritiva de direitos (art. 44, III, CP), bem como no cenário da multa (art. 60, § 2.º, CP). Para a concessão do *sursis*, torna-se a fazer referência à culpabilidade (art. 77, II, CP).

Não cremos, no entanto, devam os componentes da culpabilidade analisada como *elemento* do crime, voltar à análise por ocasião da aplicação da pena. Voltaremos ao tema ao cuidarmos da fixação da pena-base.

---

do crime: "Figurando em primeiro lugar no corpo de art. 59, a culpabilidade, com o sentido de *reprovação* ou de *censura*, não é *outra*, e sim, a *mesma* culpabilidade que fundamenta o juízo de condenação" (*Das penas e seus critérios de aplicação*, p. 188).

4

PENA

4.1 Conceito

Trata-se da sanção imposta pelo Estado, valendo-se do devido processo legal, ao autor da infração penal, como *retribuição* ao delito perpetrado e *prevenção* a novos crimes.

Essa definição de pena certamente já faz uma abordagem genérica dos seus fundamentos, funções e finalidades, ao conceituá-la como sanção penal voltada à retribuição e prevenção de crimes. Entretanto, há autores que preferem defini-la à margem dessa polêmica discussão (se é uma forma de retribuição e qual tipo de prevenção deve prevalecer), como é o caso de BLANCO LOZANO: "é a consequência jurídica, característica do Direito Penal, consistente na privação ou restrição dos mais relevantes direitos individuais e que se impõe a uma pessoa física que tenha cometido ou participado do cometimento de um fato que a lei penal tipifique como delito ou contravenção, e cuja responsabilidade criminal não tenha sido excluída pela ocorrência de alguma causa legal de justificação, exculpação ou absolvição".[1] Tal conceito é simplista e serve apenas para fugir da polêmica consistente nas funções e finalidades da sanção penal.

---

1. *Derecho penal – Parte general*, p. 460.

4.2 Funções e finalidades da pena

A sanção penal, denominada *pena*, possui duas funções e três finalidades.[2] Em primeiro lugar, devem-se diferenciar a *função* e a *finalidade* da pena. Considera-se *função* a razão pela qual ela existe e a maneira como é prevista e aplicada no ambiente penal, representando o instrumento adequado para que possa atingir suas finalidades. De tal ponto de vista, a pena tem as funções retributiva e ressocializadora; a primeira simboliza uma aflição para despertar a consciência do condenado de que agiu de maneira equivocada, e a segunda indica a possibilidade de rever os seus valores, adaptando-se às normas legais, existentes em sociedade, obrigatórias a todos.

Se essas funções forem cominadas de modo adequado, em lei, aplicadas e cumpridas satisfatoriamente, há uma razoável probabilidade de que o apenado não torne a delinquir e retome o seu convívio social. É importante destacar que a função retributiva é imposta pelo Estado obrigatoriamente, mas, quanto à reeducação, os órgãos públicos devem ofertar as oportunidades e os instrumentos para isso, como trabalho e estudo, dependendo-se da autodeterminação do sentenciado para revisar os seus valores e alterar o seu comportamento.

A função retributiva simboliza o dever estatal de impor um alerta vigoroso, não dizendo respeito à *vingança* ou ao *mal pelo mal*, embora não se possa exigir da sociedade e da vítima que não pensem desse modo. A função retributiva da pena vem expressa em lei, como se vê no disposto no art. 59: "O juiz, atendendo à culpabilidade, aos antecedentes, à conduta social, à personalidade do agente, aos motivos, às circunstâncias e consequências do crime, bem como ao comportamento da vítima, estabelecerá, conforme seja *necessário* e *suficiente* para *reprovação* e prevenção do crime: I – as penas aplicáveis dentre as cominadas; II – a quantidade de pena aplicável, dentro dos limites previstos; III – o regime inicial de cumprimento da pena privativa de liberdade; IV – a substituição da pena privativa de liberdade aplicada, por outra espécie de pena, se cabível" (grifamos). Além disso, não é demais citar o disposto no art. 121, § 5.º, do Código Penal, salientando ser possível ao juiz aplicar o perdão judicial, quando as consequências da infração atingirem o próprio agente de maneira *tão grave* que a sanção penal se torne *desnecessária*, evidenciando o caráter retributivo da pena. É relevante interpretar esses dispositivos como parcelas da *função* da pena.

Ademais, o aspecto retributivo é um fator de estabilidade e equilíbrio no contexto da proporcionalidade entre a lesão gerada pelo delito e a sanção correspondente. Desvincular todo e qualquer lado punitivo da sanção pode produzir efeito inverso, permitindo que o Estado comine penas muito mais rigorosas do que a gravidade do crime cometido, visando, por exemplo, apenas a critérios preventivos. Não se vivencia mais, em quadros democráticos, a ideia de uma pena rancorosa, representando uma nítida desforra, para impor igual ou maior sofrimento ao delinquente do que o dano

---

2. Havíamos sustentado que a pena teria várias finalidades; entretanto, após a publicação da nossa obra *Criminologia* (2021), enfrentando várias posições doutrinárias nesse cenário, seguida de reflexões a respeito, passamos a apontar que a pena possui duas funções e três finalidades. O conjunto das suas funções e finalidades permite extrair o seu fundamento de existência.

CAP. 4 • PENA | 25

produzido pela sua atitude criminosa. Fosse assim, o homicídio deveria ser punido pela morte, quiçá precedida de tortura; o estupro teria por consequência idêntica violação sexual ao agente; o roubo, cometido com violência, demandaria igual expressão, com ferimento dolorido ao autor; enfim, se no passado este era o pensamento, na atualidade, alterou-se para funções e finalidades compatíveis com a dignidade da pessoa humana. Tanto é verdade que a Constituição Federal brasileira impõe o dever judicial de individualizar a pena (art. 5.º, XLVI), evitando-se a sanção puramente padronizada e, por isso, injusta, na medida em que as pessoas são diferentes, e, ainda que cometam o mesmo crime, podem fazê-lo por motivos completamente díspares e valendo-se de meios de execução diversos.[3]

Na sequência, a função ressocializadora: "assistência social tem por finalidade amparar o preso e o internado e *prepará-los para o retorno à liberdade*" (art. 22, Lei de Execução Penal – grifo nosso). Outro destaque pode ser indicado no art. 10, *caput*, da Lei de Execução Penal: "a assistência ao preso e ao internado é dever do Estado, objetivando *prevenir* o crime e *orientar o retorno à convivência* em sociedade" (grifo nosso). Contudo, tanto a função retributiva, que serve de alerta, quanto a busca de ressocialização, propiciando instrumentos para o apenado revisar o seu comportamento, podem não dar certo e haver reincidência. O Estado não tem um remédio definitivo e absoluto contra o crime. Não se deve almejar a pena milagrosa, mas somente a sanção disponível, dentro dos meios existentes a cada época da história.

A reeducação do sentenciado, modificando a sua forma de pensar e agir, para atuar dentro dos parâmetros legais, é uma proposta ou oportunidade ofertada pelo Estado, que pode ser aceita ou rejeitada. Por isso, a ressocialização não deve ser considerada uma finalidade da pena, pois, atingida ou não, findo o cumprimento da pena, o condenado deve ser liberado. Instrumentaliza-se a pena para permitir que o criminoso tenha variadas opções para seguir a vida ao terminar a execução da sanção imposta. Não se trata de um objetivo a ser concretizado, pois depende da vontade do sentenciado, mas um meio para se chegar à prevenção de novos delitos.

Analisando as três finalidades buscadas pela cominação, aplicação e efetivo cumprimento da pena, pode-se apontar o seguinte: a) *finalidade legitimadora do direito penal*, cujo objetivo é demonstrar à sociedade a eficiência estatal para combater o crime, além de que as normas penais devem ser respeitadas, pois constituem legítimos instrumentos punitivos, criados por lei; b) *finalidade intimidante*, representando o

---

3. Pelo prisma retributivo da pena: "o delito não somente constitui uma lesão a um dos membros da comunidade de pessoas, mas também à lei dessa comunidade de pessoas. Altera o equilíbrio em dois planos: o individual e o social. A reparação pertence ao primeiro, a retribuição ao segundo (...). E o que sucede ao autor do delito é precisamente a pena como retribuição da comunidade de pessoas que se viu ameaçada pelo seu ato. E a retribuição da pena é uma retribuição negativa, porque pretende negar o delito (...). A comunidade de pessoas deve reafirmar-se ante cada manifestação de uma vontade que pretenda negá-la, dando uma resposta uniforme, única e última. (...) Não há igualdade de direitos entre a comunidade de pessoas e cada um dos seus membros. Por isso, quando a comunidade 'golpeia' não há um 'golpe' em retorno. Por isso a pena é pena e não vingança" (Ana Messuti, *El tiempo como pena*, p. 16-18 – tradução livre).

modo pelo qual o Estado faz a sociedade enxergar, antes do cometimento do crime, quais são as condutas penalmente intoleráveis e exatamente quais as punições para elas previstas. Há um aspecto de intimidação, dentro do quadro civilizado de toda e qualquer sociedade, que não opera somente com leis penais, mas, igualmente, com ilícitos civis, trabalhistas, tributários, processuais, ambientais, administrativos etc., acompanhados de suas sanções devidamente cominadas em leis extrapenais; c) *finalidade protetora*, simbolizando a indispensabilidade de aplicar, para crimes graves, a pena de reclusão, em regime inicial fechado, segregando o indivíduo do convívio social por um período. Nem todas as sanções penais precisam ser isolantes, consistentes em efetivo claustro, pois existem inúmeras outras penas em regime de liberdade vigiada, assistida ou fiscalizada, bem como as sanções restritivas a outros direitos diversos da liberdade e as pecuniárias.

Em tradicional abordagem, há quem aponte duas finalidades básicas para a pena: retribuição e prevenção. No campo da prevenção, seriam quatros finalidades: a) preventivo-geral positiva (legitimação do direito penal); b) preventivo-geral negativa (intimidação); c) preventivo-especial positiva (reeducação); d) preventivo-especial negativa (segregação). Sob esse enfoque, as visões doutrinárias variam bastante, havendo os que neguem, peremptoriamente, a "finalidade" retributiva, os que adotam apenas uma finalidade preventiva e os que compõem as finalidades.

Preferimos visualizar duas funções e três finalidades, embora todas sejam cabíveis à pena. Não aquiescemos com a ideia de possuir a pena somente uma finalidade, como a prevenção geral positiva, pois qualquer delas, isoladamente considerada, não é suficiente para fundamentar de modo justo a aplicação da sanção penal em decorrência da prática do crime.

4.3 Panorama histórico da pena e escolas penais

O ser humano sempre viveu agrupado, enfatizando seu nítido impulso associativo e lastreando, um no outro, suas necessidades, anseios, conquistas, enfim, sua satisfação.[4] Ensina CARRARA que "é falsa a transição de um estado primitivo, de absoluto isolamento, para outro, modificado e artificial. (...) O estado de associação é o único primitivo do homem; nele a própria lei natural o colocou desde o instante de sua criação".[5] Na mesma ótica, está a lição de ANÍBAL BRUNO.[6]

E, desde os primórdios, o ser humano violou as regras de convivência, ferindo os semelhantes e a própria comunidade onde vivia, tornando inexorável a aplicação de uma punição. Sem dúvida, não se entendia o panorama das variadas formas de castigo como se fossem *penas*, no sentido técnico-jurídico que hoje possuem, embora não passassem de embriões do sistema vigente. Inicialmente, aplicava-se a sanção como fruto da libertação do clã da ira dos deuses, em face da infração cometida,

---

4. A exposição histórica apresentada neste tópico foi desenvolvida, em menor amplitude, em nosso *Código Penal comentado*, nota 1-C ao Título I.

5. *Programa do curso de direito criminal*, v. I, p. 18.

6. *Direito penal* – Parte geral, t. I, p. 67.

quando a reprimenda consistia, como regra, na expulsão do agente da comunidade, expondo-o à própria sorte.

Acreditava-se nas forças sobrenaturais, que, por vezes, não passavam de fenômenos da natureza, como a chuva ou o trovão, motivo pelo qual, quando a punição era concretizada, imaginava o povo primitivo a possibilidade de acalmar os deuses. O vínculo existente entre os membros de um grupo era dado pelo totem, que, na definição de FREUD "é um animal (comível e inofensivo, ou perigoso e temido) e mais raramente um vegetal ou um fenômeno natural (como a chuva ou a água), que mantém relação peculiar com todo o clã. Em primeiro lugar, o totem é o antepassado comum do clã: ao mesmo tempo, é o seu espírito guardião e auxiliar, que lhe envia oráculos, e embora perigoso para os outros, reconhece e poupa os seus próprios filhos".[7] Na relação totêmica, instituiu-se a punição quando houvesse a quebra de algum tabu.[8] Não houvesse a sanção, acreditava-se que a ira dos deuses atingiria todo o grupo.

Avançou-se, em uma segunda fase, para a chamada *vingança privada*, como forma de reação da comunidade contra o infrator. Na realidade, a *justiça pelas próprias mãos* nunca teve sucesso, pois implicava, na essência, em autêntica forma de agressão. Diante disso, terminava gerando uma contrarreação e o círculo vicioso tendia a levar ao extermínio de clãs e grupos. O vínculo totêmico (ligação entre os indivíduos pela mística e mágica) deu lugar ao vínculo de sangue, que implicava na reunião dos sujeitos possuidores da mesma descendência. Vislumbrando a tendência destruidora da *vingança privada*, adveio o que se convencionou denominar de *vingança pública*, quando o chefe da tribo ou do clã assumiu a tarefa punitiva.

A centralização de poder fez nascer uma forma mais segura de repressão, sem dar margem ao contra-ataque. Nessa época, prevalecia o critério do talião (como explica

---

7. *Totem e tabu*, p. 13. Completam, ainda, PESSAGNO e BERNARDI que o totem "era um animal, uma força sobrenatural (ou uma planta, mas preferencialmente, um animal) e se considerava vinculado, de modo particular, aos indivíduos integrantes de uma tribo, uma família, uma casta ou um setor da comunidade, que poderiam, ou não, ser transmitidos hereditariamente, quando individualizados. Isto porque, ao lado dos totens individuais, existiam os de grupo, de membros da comunidade, do clã a estabelecer-se entre eles uma hierarquia e graduação" (PIERANGELI, Das penas: tempos primitivos e legislações antigas, *Escritos jurídico-penais*, p. 340).

8. *Tabu* é um termo polinésio, significando "sagrado", "consagrado", "misterioso", "perigoso", "proibido", "impuro". Como ensina FREUD, "a fonte do tabu é atribuída a um poder mágico peculiar que é inerente a pessoas e espíritos e pode ser por eles transmitido por intermédio de objetos inanimados. (...) Os tabus podem ser permanentes ou temporários. Entre os primeiros estão os ligados a sacerdotes e chefes, bem como a pessoas mortas e a qualquer coisa que lhes pertença. Os tabus temporários podem evitar estar vinculados a certos estados particulares, como a menstruação e o parto, a guerreiros antes e depois de uma expedição, ou a atividades especiais como a caça e a pesca. (...) A palavra 'tabu' denota tudo – seja uma pessoa, um lugar, uma coisa ou uma condição transitória – que é o veículo ou fonte desse misterioso atributo. Também denota as proibições advindas do mesmo atributo. E, finalmente, possui uma conotação que abrange igualmente 'sagrado' e 'acima do comum', bem como 'perigoso', 'impuro' e 'misterioso'." (*Totem e tabu*, p. 28-32).

PIERANGELI, o vocábulo vem de *talis*, expressão de origem latina, cujo significado é dever a sanção ser tal qual o atentado ou o dano provocado, implicando no *olho por olho, dente por dente*[9]), acreditando-se que o malfeitor deveria padecer o mesmo mal causado a outrem. Não é preciso ressaltar serem as sanções dessa época brutais, cruéis e sem qualquer finalidade útil, a não ser apaziguar os ânimos da comunidade, acirrados pela prática da infração grave. Entretanto, não é demais ressaltar constituir a adoção do talião uma evolução no Direito Penal, uma vez que houve, ao menos, maior equilíbrio entre o crime cometido e a sanção destinada ao seu autor.[10]

No Oriente Antigo, fundava-se a punição em caráter religioso, castigando-se o infrator duramente para aplacar a ira dos deuses. Notava-se o predomínio do talião, cujo mérito consistiu em reduzir a extensão da punição e evitar a infindável onda de vingança privada. Na Grécia Antiga, como retrataram os filósofos da época, a punição mantinha seu caráter sacro e continuava a representar forte tendência expiatória e intimidativa. Em uma primeira fase, prevalecia a vingança de sangue, que terminou cedendo espaço ao talião e à composição.

O Direito Romano, dividido em períodos, contou, de início, com a prevalência do poder absoluto do *pater familias*, aplicando as sanções que bem entendesse ao seu grupo. Na fase do reinado, vigorou o caráter sagrado da pena, firmando-se o estágio da vingança pública. No período republicano, perdeu a pena o seu caráter de expiação, pois se separou o Estado e o culto, prevalecendo, então, o talião e a composição. Havia, para tanto, a possibilidade de se entregar um escravo para padecer a pena no lugar do infrator, desde que houvesse a concordância da vítima – o que não deixava de ser uma forma de composição, como bem lembra PIERANGELI.[11]

A Lei das XII Tábuas teve o mérito de igualar os destinatários da pena, configurando autêntico avanço político-social. Durante o Império, a pena tornou-se novamente mais rigorosa, restaurando-se a pena de morte e instituindo-se os trabalhos forçados. Se na República a pena tinha caráter predominantemente preventivo, passou-se a vê-la com o aspecto eminentemente repressivo. Mas foi também a época de significativos avanços na concepção do elemento subjetivo do crime, diferenciando-se o dolo de ímpeto do dolo de premeditação, entre outras conquistas. Continuavam a existir, no entanto, as penas infamantes, cruéis, de morte, de trabalhos forçados e de banimento.

O Direito Germânico, de natureza consuetudinária, caracterizou-se pela vingança privada e pela composição, havendo, posteriormente, a utilização das ordálias ou juízos de Deus (provas que submetiam os acusados aos mais nefastos testes de culpa, como caminhar pelo fogo, ser colocado em água fervente, submergir num lago com uma pedra amarrada aos pés; em caso de sobrevivência seriam inocentes, do contrário

---

9. Op. cit., p. 343.

10. "É a lei de talião, em que o arbítrio da vingança cega e ilimitada é substituído pelo princípio moderador da igualdade perfeita e absoluta entre a severidade do castigo e a gravidade da ofensa. O *olho-por-olho, dente-por-dente*, se já era uma lei bárbara pela sua implacável crueldade, é todavia o produto do desenvolvimento social em que já palpita e se descobre um evidente fundo de equidade" (ARAGÃO, *As três escolas penais: Clássica, Antropológica e Crítica – Estudo comparativo*, p. 26).

11. Op. cit., p. 366-368.

a culpa estaria demonstrada, não sendo preciso dizer o que terminava ocorrendo nessas situações) e também dos duelos judiciários, onde terminava prevalecendo a *lei do mais forte.*

O Direito Canônico, predominando na Idade Média, perpetuou o caráter sacro da punição, que continuava severa, mas havia, ao menos, o intuito corretivo, visando à regeneração do criminoso.[12] A religião e o poder estavam profundamente ligados nessa época e a heresia implicava crime contra o próprio Estado. Surgiram os manifestos excessos cometidos pela Santa Inquisição, que se valia, inclusive, da tortura para extrair a confissão e punir, exemplarmente, com medidas cruéis e públicas, os culpados. Inexistia, até então, qualquer proporcionalidade entre a infração cometida e a punição aplicada.

O destino da pena, até então, era a intimidação pura, propiciando o advento da obra *Dos delitos e das penas*, de Cesare Bonesana. Contrário à pena de morte e às penas cruéis, pregou o Marquês de Beccaria o princípio da proporcionalidade da pena à infração praticada, dando relevo ao dano que o crime havia causado à sociedade.[13] O caráter humanitário presente em sua obra foi um marco para o Direito Penal, até porque se contrapôs ao arbítrio e à prepotência dos juízes, sustentando a fixação de penas pelas leis, não cabendo aos magistrados interpretá-las, mas somente aplicá-las tal como postas. Insurgiu-se contra a tortura como método de investigação criminal e pregou o princípio da responsabilidade pessoal, buscando evitar que as penas pudessem atingir os familiares do infrator, algo corriqueiro até então. A pena, segundo defendeu, além do caráter intimidativo, deveria sustentar-se na missão de regenerar o criminoso.

O processo de modernização do direito penal somente teve início com o Iluminismo, a partir das contribuições de Bentham (Inglaterra), Montesquieu e Voltaire (França), Hommel e Feuerbach (Alemanha), Beccaria, Filangieri e Pagano (Itália). Houve preocupação com a racionalização na aplicação das penas, combatendo-se o reinante arbítrio judiciário. A inspiração contratualista voltava-se ao banimento do terrorismo punitivo, uma vez que cada cidadão teria renunciado a uma porção de liberdade para delegar ao Estado a tarefa de punir, nos limites da necessária defesa social. A pena ganha um contorno de utilidade, destinada a prevenir delitos e não simplesmente castigar.[14]

Esses princípios espalharam-se pela Europa, registrando-se a denominada reforma leopoldina de 1786, introduzida na Toscana, mitigando penas e conferindo proporcionalidade entre delito e sanção, eliminando a tortura e o sistema da prova legal. Consagra-se o pensamento iluminista na Declaração dos Direitos do Homem

---

12. Cf. Albacete, Fernando. *El nacimiento da la pena privativa de libertad*, p. 279.

13. Narram Miguel Clemente e Pablo Espinosa que a proporcionalidade na aplicação das penas surgiu, primeiramente, no Código da Dinastia Chon, por volta de 1122, antes de Cristo, embora tenha sido definitivamente consagrada, nos meios jurídicos, a partir da obra *Dos delitos e das penas* de Beccaria (Delincuencia, agresividad y violencia, *La mente criminal*, p. 14).

14. Cf. Fiandaca e Musco, *Diritto penale – Parte generale*, p. XVI-XIX.

e do Cidadão de 1789. Como narra Paolo Prodi, "das obras de grandes pensadores iluministas e elaboradores de princípios iluminados no projeto de uma sociedade baseada na razão e nas reformas penais nascem as grandes indicações sobre a soberania da lei, sobre a defesa dos direitos subjetivos e, em particular, sobre as garantias necessárias no processo penal e sobre a oportunidade de racionalizar as penas numa relação o mais objetiva possível com a gravidade do delito e o dano infligido à sociedade, repudiando a barbárie da pena como vingança".[15]

Destaque-se o surgimento da prisão, como pena privativa de liberdade, apenas a partir do Século XVII, consolidando-se no Século XIX. Até essa época, utilizava-se a prisão como meio de guardar os réus, preservando-os fisicamente até haver o julgamento.[16] Esses sistemas penitenciários, consagradores das prisões como lugares de cumprimento da pena, foram, principalmente, os surgidos nas colônias americanas.

Embora existam menções de que, antes do sistema americano, outros modelos de prisão celular foram implantados na Europa, como o ocorrido em 1677 com o cárcere de Murate, em Florença, ou os estabelecimentos de Amsterdã entre os anos de 1595 e 1597,[17] na realidade, começou-se a implementar, de fato, esse sistema de 1681 em diante, idealizado por Guilhermo Penn, fundador da colônia da Pensilvânia, cumprindo despacho do Rei Carlos II, que proscreveu a severidade das prisões inglesas, generalizando-se, então, a partir daí, as penas privativas de liberdade como formas de buscar a ressocialização.

Criou-se em 1818 a *Western Pennsylvania Penitentiary* e, na sequência, em 1829, a *Eastern State Penitentiary*.[18] Era o denominado *sistema pensilvânico*, onde havia isolamento completo do condenado, sem poder receber visitas, a não ser dos funcionários, membros da Associação de Ajuda aos Presos e do sacerdote. O pouco trabalho realizado era manufaturado. Vigorava a lei do silêncio, separando-se os presos em celas individuais, o que não deixava de ser uma vantagem se comparado à promiscuidade das celas coletivas dos dias de hoje.[19]

Posteriormente, surgiu o *sistema auburniano*, com a prisão de Auburn, que tomou pulso com a indicação do Capitão Elam Lynds como diretor (1823). Preocupava-se, essencialmente, com a obediência do criminoso, com a segurança do presídio e com a exploração da mão de obra barata. Adotou a regra do silêncio absoluto, voltado ao

---

15. *Uma história da justiça*, p. 430.
16. Cf. Bitencourt, Falência da pena de prisão – Causas e alternativas, p. 4, 58-59, 71-73; Dotti, Bases e alternativas para o sistema de penas, p. 32.
17. Cf. Welzel, *Derecho penal alemán*, p. 291.
18. Registra-se que os sistemas de prisão celular tiveram origem em Walnut, na Filadélfia, em 1790, sob a influência dos *quakers* (cf. Luís Francisco Carvalho Filho, *A prisão*, p. 25). Para Bitencourt, entretanto, a *Walnut Street Jail* foi erguida em 1776 (*Op. cit.*, p. 59).
19. Cf. Barja De Quiroga, Jacobo López. *Teoría de la pena*, p. 33-34. Como anota Luís Francisco Carvalho Filho, pretendia-se estimular o arrependimento, a meditação e a oração, afinal, os presos estavam distantes do mundo exterior, protegidos das más influências, somente podendo ler a bíblia (op. cit., p. 25).

controle dos condenados,[20] mas fomentou, diferentemente do pensilvânico, o trabalho do preso durante o dia.

Nos dois, como explica Cezar Roberto Bitencourt,[21] havia a proibição de contato durante a noite, pois estavam separados em celas individuais. Ambos adotaram, basicamente, a visão punitiva e retributiva da pena.

Esse sistema de privação da liberdade, com trabalho imposto aos condenados, também tinha a finalidade de sustentar o capitalismo, com mão de obra barata e sem o poder de reivindicação dos trabalhadores livres, caracterizando um período denominado de *utilitarista*.[22] Entrou em declínio quando os sindicatos americanos passaram a desenvolver ações impeditivas à compra dos produtos fabricados pelos presos, pois consideravam uma *concorrência desleal*.[23]

Por volta de 1787, com sua célebre série de cartas, Jeremy Bentham sugeriu a criação do presídio ideal, denominado "O Panóptico" ou "Casa de Inspeção".[24] Todas as celas voltavam-se para o centro do presídio e o condenado passava praticamente todas as horas do dia em constante vigilância. Sobre esse modelo, escreve Michel Foucault que o efeito mais importante do Panóptico era "induzir no detento um estado consciente e permanente de visibilidade que assegura o funcionamento automático de poder. Fazer com que a vigilância seja permanente em seus efeitos, mesmo se é descontínua em sua ação; que a perfeição do poder tenda a tornar inútil a atualidade de seu exercício; que esse aparelho arquitetural seja uma máquina de criar e sustentar uma relação de poder independente daquele que o exerce; enfim, que os detentos se encontrem presos numa situação de poder de que eles mesmos são os portadores. (...) O Panóptico é uma máquina de dissociar o par *ver-ser visto*: no anel periférico, se é totalmente visto, sem nunca ver, na torre central, vê-se tudo, sem nunca ser visto (...). O Panóptico é um zoológico real; o animal é substituído pelo homem, a distribuição individual pelo grupamento específico e o rei pela maquinaria de um poder furtivo".[25]

---

20. "O modelo de Auburn prescreve a cela individual durante a noite, o trabalho e as refeições em comum, mas, sob a regra do silêncio absoluto, os detentos só podendo falar com os guardas, com a permissão destes e em voz baixa. Referência clara tomada ao modelo monástico..." (Foucault, *Vigiar e punir*, p. 200).

21. *Falência da pena de prisão* – Causas e alternativas, p. 63-80.

22. "A privação da liberdade, portanto, atuava no utilitarismo unicamente como condição *sine qua non* ou de possibilidade para poder tornar efetiva essa obrigação durante um tempo determinado. Por isso, podemos partir do princípio de que embora estivesse em vigor a ideologia e a prática do utilitarismo, desde meados do Século XVI até meados do Século XIX, em que o Estado simplesmente 'usava' os delinquentes como fizera com os escravos cativos, a história da execução penal é, na essência, a história das diversas formas de utilização da população carcerária" (Burillo Albacete, *El nacimiento de la pena privativa de libertad*, p. 280, traduzi).

23. Cf. Barja de Quiroga. *Teoría de la pena*, p. 36.

24. Cf. Bentham, *O panóptico*, p. 11-75. A origem do termo advém de "pan-óptico", ou seja, aquilo que permite uma visão total.

25. *Vigiar e punir*, p. 166-168.

Para BENTHAM a pena tinha a função de prevenção particular, aplicável ao delinquente individual, e a prevenção geral, voltada a todos os membros da comunidade. Como diz ANTONIO MONIZ SODRÉ DE ARAGÃO, "em relação a um delinquente dado, pode-se prevenir a reincidência do delito de três maneiras: 1ª.) Tirando-lhe o poder físico de o cometer; 2ª.) Fazendo-o perder o desejo; 3ª.) Tirando-lhe a audácia. No primeiro caso, o homem não *pode* mais cometer o delito; no segundo, não o *quer* mais; no terceiro, ele pode querê-lo ainda, porém, não o *ousa* mais. No primeiro caso, há incapacidade física; no segundo, reforma moral; no terceiro, intimidação".[26]

Não é demais ressaltar, ainda, o surgimento do sistema progressivo de cumprimento da pena privativa de liberdade na Europa. Mencione-se a colônia penal de Norfolk, ilha situada entre a Nova Zelândia e Nova Caledônia, em 1840, onde o capitão inglês Maconochie distribuiu vales ou marcas aos condenados, conforme o seu comportamento e rendimento no trabalho, de modo a alterar positivamente a sua condição, podendo diminuir a pena. Era possível passar do sistema inicial de isolamento celular diurno e noturno, com árduo trabalho e pouca alimentação, para um trabalho em comum, em silêncio, com isolamento noturno. O terceiro estágio era o da liberdade condicional. Foi transposto, em face do seu sucesso, para a Inglaterra.[27]

Aprimorado na Irlanda por Walter Crofton, o sistema passou a dividir o encarceramento em estágios, conforme o merecimento, passando do isolamento celular ao trabalho comum, com período de semiliberdade (colônia agrícola) até atingir a liberdade sob vigilância no final da pena.[28] Vale citar, ainda, a experiência de Montesinos, no presídio de Valência, bem como de Ober-Mayer, em Munique.[29] Tal modelo até hoje exerce influência em nossa legislação.

Tornando à doutrina europeia, registra-se, a partir do Iluminismo, o predomínio de duas teorias contrapostas: teoria da retribuição (absoluta) e teoria da prevenção (relativa).

A primeira (CARRARA, ROSSI, KANT, HEGEL, entre outros), denominada *absoluta*, defendia a finalidade eminentemente retributiva da pena, voltada ao castigo do criminoso. O fundamento da pena era a justiça e a necessidade moral, pouco interessando sua efetiva utilidade. KANT sustentava ser a pena a retribuição justa desprovida de finalidade, representando a causação de um mal como compensação à infração penal cometida. Se o ser humano pode ser considerado moralmente livre, com capacidade de se autodeterminar, natural se torna sofrer punição pelo que faz de errado. HEGEL, por sua vez, embora inserido na mesma corrente, possuía visão diferenciada, afirmando dever a pena ser considerada retribuição apenas no sentido de que se contrapunha ao crime.[30]

---

26. *As três escolas penais*: Clássica, Antropológica e Crítica (estudo comparativo), p. 217.
27. Cf. Luís Francisco Carvalho Filho. *A prisão*, p. 27.
28. Cf. BRUNO, Aníbal. *Das penas*, p. 59.
29. Cf. BARJA DE QUIROGA. *Teoría de la pena*, p. 37.
30. Cf. LESCH, *La función de la pena*, p. 9 et seq., destacando-se que o autor apoia a reconstrução da teoria funcional da retribuição, conforme apregoado por HEGEL (p. 51-52).

A segunda (BECCARIA, FEUERBACH, CARMIGNANI, entre outros), considerada *relativa*, entendia dever a pena ter um fim utilitário, consistente na prevenção geral e especial do crime.

A escola clássica[31] encontrou seu grande representante e consolidador em CARRARA, que se manifestou contrário à pena de morte e às penas cruéis, afirmando ser o crime fruto do livre-arbítrio do ser humano, devendo haver proporcionalidade entre o crime e a sanção aplicada.

Os clássicos visualizavam a responsabilidade penal do criminoso com base no livre-arbítrio. Nas palavras de ANTONIO MONIZ SODRÉ DE ARAGÃO, "o criminoso é *penalmente responsável*, porque tem a *responsabilidade moral e é moralmente responsável* porque possui o *livre-arbítrio*. Este livre-arbítrio é que serve, portanto, de justificação às penas que se impõem aos delinquentes como um castigo merecido, pela ação criminosa e livremente voluntária".[32]

A responsabilidade penal passou a fundar-se na responsabilidade moral, justamente porque se deu ênfase ao livre-arbítrio. O crime passou a ser tratado como um *ente jurídico* e não como simples *fato do homem*. O escopo da pena era retribuir o mal do crime com o mal da sanção, embora pudesse haver – e até fosse desejável que ocorresse – a emenda do infrator. Essa situação, no entanto, não concernia ao Direito Penal. E diz CARRARA: "o espetáculo de um delinquente emendado é edificante, é utilíssimo à moral pública: nisso convenho. E por isso abomino e me oponho à pena de morte; porque acredito firmemente na força moralizadora do espetáculo de um delinquente emendado; e não acredito, absolutamente, na força, que com temerário cinismo ouvi chamar *moralizadora*, do espetáculo de uma cabeça decepada, exibida ao povo. Nessa cena de circo eu vejo, ao invés, todos os *embriões* da depravação do povo. Um criminoso emendado, porém, ao preço da atenuação da pena merecida é uma excitação à delinquência; é um escândalo político. Considero, pois, utilíssima a reforma do réu, a ser procurada com toda diligência, mas completamente fora do círculo do magistério penal".[33]

Com a publicação do livro *O homem delinquente* (1876), de CESARE LOMBROSO, cravou-se o marco da linha de pensamento denominada *escola Positiva*. LOMBROSO sustentou poder o ser humano nascer criminoso, submetido a características próprias, originárias de suas anomalias físico-psíquicas. Dessa forma, o homem nasceria delinquente, ou seja, portador de caracteres impeditivos de sua adaptação social, trazendo como consequência o crime, algo naturalmente esperado. Não haveria livre-arbítrio, mas simples atavismo. A escola Positiva deslocou o estudo do Direito Penal para o campo da investigação científica, proporcionando o surgimento da antropologia criminal, da psicologia criminal e da sociologia criminal. FERRI e GAROFALO foram discípulos de LOMBROSO e grandes expoentes da escola Positiva, sobretudo o primeiro. Defendeu

---

31. O nome de *escola Clássica* surgiu somente depois de sua existência consolidada, visando contrapor-se à denominada *escola Positiva* (cf. FIANDACA e MUSCO, *Diritto penale – Parte generale*, p. XXII).

32. Op. cit., p. 59.

33. *Programa do curso de direito criminal*, v. II, p. 92.

FERRI que o ser humano seria responsável pelos danos causados simplesmente porque vivia em sociedade. Negou terminantemente o livre-arbítrio, defendido pela escola clássica. Assim, o fundamento da punição era a defesa social. A finalidade da pena consubstanciava-se, primordialmente, na prevenção a novos crimes.

Como ensina ANTONIO MONIZ SODRÉ DE ARAGÃO, "a escola Antropológica baseia-se no método positivo. A observação rigorosa e exata dos fatos é a fonte única e o fundamento racional das suas conclusões indutivas. O assunto primordial dos seus estudos é a pessoa real e viva do delinquente, e não a figura abstrata e jurídica do crime. Este é estudado, em sua origem e seus efeitos, também como um fenômeno natural e social, essencialmente complexo. Na investigação das suas causas, era indispensável fazer-se a história natural do criminoso, de cuja natureza ele é dependente; observá-lo nos laboratórios, sujeitá-lo a dissecações anatômicas, a experiências fisiológicas e a um exame completo da sua personalidade psíquica". Não aceita o livre-arbítrio e nega a responsabilidade moral dos indivíduos. Diz que a "aceitação, portanto, da hipótese do livre-arbítrio importa na negação absurda das duas leis científicas fundamentais: a lei da conservação da força e a lei da causalidade natural".[34]

A escola Positiva exerceu forte influência sobre o campo da individualização da pena, princípio regente do Direito Penal até hoje, levando em consideração, por exemplo, a personalidade e a conduta social do delinquente para o estabelecimento da justa sanção.

Ambas as escolas merecem críticas, justamente por serem radicalmente contrapostas. Enquanto a Clássica olvidava a necessidade de reeducação do condenado, a Positiva fechava os olhos para a responsabilidade resultante do fato, fundando a punição no indeterminado conceito de periculosidade, conferindo poder ilimitado ao Estado, ao mesmo tempo em que não resolveu o problema do delinquente ocasional, portanto, não perigoso.

Várias outras escolas surgiram após a Clássica e a Positiva, buscando conciliar os princípios de ambas, mas nenhuma delas atingiu o grau de consistência das primeiras. Denominaram-se escolas Ecléticas ou Críticas. Apreciando as inúmeras escolas penais, professa FREDERICO MARQUES que, na escola Clássica, houve excesso de preocupação com o homem abstrato, sujeito de direitos, elaborando suas ideias com o método dedutivo do jusnaturalismo, enquanto na escola Positiva houve uma hipertrofia naturalista, preocupando-se em demasia com as leis físicas que regem o universo, em detrimento da espiritualidade da pessoa humana. A escola Eclética denominada técnico-jurídica, por sua vez, baseou-se na hipertrofia dogmática, sem grande conteúdo. Enfim, conclui, "o Direito Penal deve estudar o criminoso como espírito e matéria, como pessoa humana, em face dos princípios éticos a que está sujeito e das regras jurídicas que imperam na vida social, e também ante as leis do mundo natural que lhe afetam a parte contingente e material".[35]

---

34. Op. cit., p. 34-35 e 67.
35. *Tratado de direito penal*, v. I, p. 110-111.

Após a Segunda Guerra Mundial, surge a escola da defesa social,[36] a partir dos estudos de GRAMATICA que, em 1945, fundou o Centro Internacional de Estudos da Defesa Social. As ideias defendidas calcavam-se nos seguintes postulados: a) nega-se a existência de um direito a castigar por parte do Estado, devendo-se procurar a socialização do delinquente, aplicando medidas de defesa social, preventivas, educativas e curativas, conforme a personalidade do agente;[37] b) a defesa social deve concentrar-se no grau de antissocialibidade subjetiva do agente, além de ser essencial para garantir a individualização das medidas, evitando-se injustiças humanas e a desproporção de uma condenação; c) a sanção penal não pode ser um fim em si mesma, devendo atender mais racionalmente à defesa da sociedade e, para atingir esse objetivo, o ideal é investir na recuperação do infrator e no desaparecimento das causas que o tornaram antissocial; d) indica-se a abolição da responsabilidade penal, substituindo-a pela antissociabilidade subjetiva, suprimindo-se, igualmente, a pena, como mecanismo de impor um castigo e gerar temor, bem como de seus critérios mecanizados de aplicação, para que emerjam as medidas de defesa social preventivas, curativas e educativas;[38] e) a medida de defesa social precisa adequar-se ao criminoso, em perspectiva concreta, vinculando-se à sua personalidade, e não em razão do dano causado pelo delito;[39] f) em suma, privilegia-se a prevenção geral, como fim do Direito de Defesa Social, substituindo o Direito Penal.[40]

A defesa social propõe um sistema concentrado no grau de periculosidade apresentado pelo indivíduo, cuja verificação se dá por meio da sua conduta, reputada *antissocial*, aplicando-se medidas de defesa social, mesmo antes de se comprovar qualquer dano efetivo a um bem jurídico tutelado. Por esse viés, assemelha-se à teoria lombrosiana, visando à análise do grau de antissociabilidade do agente do crime. Assim sendo, a culpabilidade seria substituída pela antissociabilidade – termo similar a periculosidade.

Sob tais pressupostos, seriam declarados em estado perigoso os vagabundos, rufiões, homossexuais, prostitutas, traficantes de pornografia, mendigos, ébrios habituais e toxicômanos.41 Essa visão não se coaduna com um direito penal baseado em culpabilidade pelo fato, estendendo sua punição ao contexto de uma culpabilidade de autor, fundada em quem o agente é, e não com base no que ele fez.

---

36. Alguns se referem à *defesa social* apenas como um movimento, com novas ideias. No entanto, parece-nos seguir a tendência de formar uma escola, com entendimentos diferenciados das tradicionais escolas clássica e positiva, mesmo podendo ser denominada como uma escola mista ou eclética.

37. MOLINA (*Tratado de criminologia*, p. 507); ANTONIO SÓLON RUDÁ (*Breve história do direito penal e da criminologia*, p. 389).

38. GRAMATICA, *Principios de defensa social*, p. 28-29.

39. GRAMATICA, op. cit., p. 31.

40. GRAMATICA, op. cit., p. 53, 54, 57.

41. GRAMATICA, op. cit., p. 188.

Na sequência, emerge a escola da nova defesa social,[42] lastreada nas lições de ANCEL, voltando-se a uma política criminal humanista, com a meta de proteger a comunidade por meio de estratégias fora do campo penal, partindo-se do conhecimento científico da personalidade do infrator, procurando neutralizar a sua periculosidade de modo individualizado e humanitário. Desenvolve-se a ideia de ressocializar o criminoso.[43]

A nova defesa social é uma reação ao sistema retributivo da pena, visando à prevenção do crime e ao tratamento do criminoso.[44] Portanto, o problema efetivo não reside na supressão da lei penal, mas na utilização racional, no campo jurídico, dos variados fatores da criminologia. A justiça criminal deve proteger a sociedade contra o crime, prevenindo outras ocorrências, por meio da neutralização ou cura do delinquente.[45] Essa escola mantém a contrariedade a qualquer ingrediente metafísico, como o acolhimento do livre-arbítrio para fundamentar a prática do delito, afastando-se a ideia de constituir a pena a justiça absoluta.[46]

Os postulados relevantes da nova defesa social fundamentam-se no respeito à dignidade humana, garantindo-se a liberdade individual, com a preservação de um regime de legalidade, sem aceitação da aplicação de medidas de segurança preventivas antes da ocorrência de um fato criminoso.

Portanto, o magistrado continuaria a julgar o crime, levando em consideração fatores subjetivos extraídos da personalidade do autor, envolvendo a sua constituição biológica, as suas reações psicológicas, a sua história e a sua situação social.[47] A partir disso, a individualização da pena é uma obrigação do julgador, imposta pela lei.

Na mesma linha da defesa social de GRAMATICA, ANCEL defende que a vadiagem, a mendicância ou a prostituição, para citar como exemplos, devem ser objeto de disposições legislativas que as englobem, resultando num regime de medidas preventivas no caso dessas periculosidades *ante delictum* particulares, o mesmo ocorrendo com alcoólatras e toxicômanos.[48]

A defesa social, em grau mais acentuado, e a nova defesa social caracterizam-se por estabelecer um parâmetro ligado à antissociabilidade ou periculosidade do agente do crime. A primeira corrente pretende eliminar a pena, substituindo-a por medidas preventivas; a segunda calca-se na aplicação da pena, embora com o propósito

---

42. Pode-se referir à *nova defesa social* como um movimento, com ideias particulares; entretanto, parece-nos seguir a tendência de formar uma escola, com entendimentos diferenciados das tradicionais escolas clássica e positiva, podendo ser denominada como uma escola mista ou eclética. Ademais, forma um nítido contraponto à escola da defesa social, razão pela qual é apontada como *nova* defesa social.

43. MOLINA, *Tratado de criminologia*, p. 508.

44. ANCEL, *A nova defesa social*, p. 8-10.

45. ANCEL, op. cit., p. 85-86.

46. ANCEL, op. cit., p. 232-233.

47. ANCEL, op. cit., p. 241 e 281-285.

48. Op. cit., p. 307.

CAP. 4 • PENA | 37

ressocializador, fundado em análise da personalidade, exigindo-se a individualização da pena pelo julgador.

Verifica-se que a evolução do direito penal, embora concreta e nítida, nunca trouxe uma solução completamente dissociada do caráter retributivo e da meta preventiva.

4.4 Epílogo

Mantemo-nos convencidos de ser a pena indispensável, ainda que se possa falar de um *mal*[49] *necessário*,[50] mas de suma importância no atual estágio imperfeito da humanidade, nada justificando, portanto, a adoção de teorias abolicionistas.[51]

O Estado, monopolizando a aplicação da punição em matéria penal, busca a paz social acima de tudo, pois, do contrário, vítimas e seus familiares sentir-se-iam levados a fazer "justiça com as próprias mãos", retornando-se à época da barbárie, com nítido descontrole social e exageros de toda ordem.

Notemos que o próprio Estado, através de seus órgãos de repressão, ainda que buscando justiça e imparcialidade em sua postura e em seus atos, não consegue implementar a meta de pacificação social, nem tampouco de plena recuperação dos delinquentes, ofensores de bens jurídicos fundamentais e tutelados. O que se dirá do particular que resolva punir o infrator? Certamente, há um sentimento de justiça ínsito em cada ser humano, merecedor de respeito, motivando o Estado a agir pronta e eficazmente quando a ordem jurídica é abalada pela conduta criminosa, não somente para reafirmar a prevalência da norma, mas também para acalmar a sociedade – e, em particular, a pessoa diretamente ofendida –, lesada ao tomar contato com o delito.

A pena jamais perderá a sua finalidade ou fundamento de servir de repressão ou castigo ao criminoso, satisfazendo o inconsciente coletivo de vingança primitiva.[52]

---

49. *Malum passionis, quod infligitur ob malum actionis*: trata-se de um castigo, de caráter aflitivo, coligado a uma reprovação moral (cf. Militello, *Prevenzione generale e commisurazione della pena*, p. 43).

50. O delito e a pena têm valor negativo, "por isso, a pena como retribuição a um mal não pode ser senão um mal. Do contrário, como seria possível comparar um mal com um bem?" (Messuti, *El tiempo como pena*, p. 21, traduzi). E também: Lesch, *La función de la pena*, p. 4.

51. "Conhecem-se todos os inconvenientes da prisão, e sabe-se que é perigosa quando não inútil. E entretanto não 'vemos' o que pôr em seu lugar. Ela é a detestável solução, de que não se pode abrir mão" (Foucault, *Vigiar e punir*, p. 196). E ainda: "Se a prisão degenera, não há quem sugira um cenário sem sua presença: os índices de criminalidade e a necessidade de segregar delinquentes perigosos, capazes de matar, assaltar, sequestrar, extorquir etc., conspiram contra essa utopia" (Carvalho Filho, *A prisão*, p. 71).

52. Comentando as teorias da prevenção geral positiva, Oswaldo Henrique Duek Marques observa que, "sem prejuízo das propostas dessas teorias preventivas progressistas, não pode ser afastada da pena sua função de veicular e canalizar a demanda primitiva por vingança, demanda essa que traduz uma realidade do inconsciente coletivo (...)". Muito embora tenha feito esse reconhecimento, o autor conclui que "a pena, contudo, em sua aplicação prática, necessita passar pelo crivo da racionalidade contemporânea, impedindo que o delinquente se torne instrumento de sentimentos ancestrais de represália e castigo.

Restabelece-se a ordem e o equilíbrio emocional daqueles que se sentiram prejudicados pelo delito, enaltecendo o valor do Direito. Pode a sociedade sentir-se de certa forma culpada por ser obrigada a impor soluções como o encarceramento de autores de infrações penais, mas, em grande parte, tal se dá por conta do estado atual dos presídios no Brasil, vítimas do descaso dos órgãos do Estado, encarregados de seu funcionamento e manutenção.

Destarte, porque prisões terminam em modelos mal-acabados de cárcere, assemelhando-se às antigas masmorras, não se deve extrair a conclusão de não ser viável, em retribuição ao crime, impor a pena. Por outro lado, falar em retribuição pode significar a expressão de um sentimento de vingança, no seu sentido pejorativo (ir à desforra, devolver o mal pelo simples prazer de fazê-lo), embora fiquem esquecidos outros de seus aspectos, como simplesmente punir (corrigir), reparar (emendar, consertar) ou servir de alerta. Se o ser humano, dentro de regras e modelos previamente estabelecidos, não puder aplicar castigo a outro, estaríamos conduzindo a sociedade a crer serem as punições divinas, ou seja, por pior que seja o delito perpetrado e o dano a bem jurídico protegido, caberia a Deus a punição, quando oportuno, algo incompatível com a própria existência do Direito. Logo, aplicar a pena pensando em retribuição é tarefa da civilização moderna, tanto quanto o era na Antiguidade, embora, no atual estágio, possa-se conjugar a função da punição a outros objetivos úteis, como a ideia de prevenção em todas as suas facetas.[53]

Sem castigo e sem limites, não se pode falar em adequada formação de uma sociedade civilizada. Quem desenvolve a personalidade necessita de fronteiras, além das quais enfrentará as consequências negativas, as sanções. Com isso, o *superego*

Só assim o Direito Penal poderá cumprir sua função preventiva e socializadora, com resultados mais produtivos para a ordem social e para o próprio transgressor" (*Fundamentos da pena*, p. 109-110). Aliás, o inconsciente coletivo, tal como descrito por Jung, é hereditário, presente na estrutura cerebral dos seres humanos, independentemente da experiência pessoal; "é formado pelas experiências remotas das espécies humanas e transmitido a cada indivíduo pela herança genética". O inconsciente coletivo contém os arquétipos (imagens primordiais comuns a todas as pessoas), que são as suas unidades básicas, funcionando como "instintos psíquicos", predispondo os seres humanos a vivenciar o mundo de um modo universal (apud Colinger, *Teorias da personalidade*, p. 87. No mesmo sentido, Schultz, *Teorias de personalidade*, p. 96-97); Cadoppi e Veneziani, *Elementi di diritto penale – Parte generale*, p. 432. Aplicada a teoria à função e finalidade da pena, constitui parte do inconsciente coletivo considerá-la meio de punição e castigo a quem desrespeita as regras de convivência social. Logo, por mais que se busque afirmar que a pena se destina à prevenção geral ou especial, jamais perderá o seu caráter de retribuição.

53. Ensina Jescheck que a linha da retribuição possui três pressupostos fundamentais: a) o Estado pode justificar a imposição da pena ao criminoso porque se pode reconhecer a superioridade moral da comunidade frente ao delinquente; b) existe sempre uma culpabilidade que é graduável conforme a gravidade do crime; c) é possível harmonizar o grau de culpabilidade com a extensão da pena promovendo, aos olhos da comunidade, a concretização da justiça (*Tratado de derecho penal – Parte generale*, p. 72).

forma-se como juízo crítico e delimitador, impedindo que, no futuro, o *id* possa dominar a personalidade, com seus instintos e atuações caprichosas e individualistas.

A tarefa do Estado é debater, em sociedade, através dos mecanismos institucionais, quais sanções devem existir, quais os seus limites mínimo e máximo e quais as metas a buscar com as penalidades, embora não possa abstrair-se do seu dever de punir e, quando o fizer, de aplicar a justa sanção, sem padronização comodista e desvirtuada do preceito constitucional da individualização da pena.

Diz José Antonio Paganella Boschi: "o Estado precisa utilitariamente aplicar a pena para que o ofendido e as outras pessoas da comunidade (eis aqui a finalidade!) não tenham que fazê-lo e, satisfeitos, sintam-se confiantes na ação de direito e das instituições de controle social que têm por função fazê-lo incidir nas situações concretas".[54] E continua: "Essa é a proposta do garantismo penal, para cuja corrente de pensamento a pena tem natureza *retributiva*, sem esgotar-se no castigo pelo castigo. Ela não se resume ao conteúdo da frase do mal da pena em oposição ao mal do crime, já que atua defendendo o autor do fato da reação da vítima e dos demais membros da coletividade, pois, se o Estado negligenciasse no seu dever de agir, se reabriria a porta à barbárie explícita".[55]

José Antonio Choclán Montalvo ressalta persistir o caráter retributivo da pena na atualidade, devendo a retribuição ser equivalente ao injusto culpável, funcionando a culpabilidade como limite e fundamento de sua aplicação.[56] Aliás, jamais se consegue eliminar da execução da pena o aspecto da vindita. Esta se encontra não somente no inconsciente coletivo, mas, sobretudo, na mente da vítima, que se apraz ao verificar o sofrimento vivenciado pelo autor da infração penal, abolindo, então, seu instinto ou propósito de fazer *justiça com as próprias mãos*. Por mais que se queira esconder o caráter retributivo da pena debaixo de teorias afirmativas da punição, não haverá quem possa negar a obviedade dessa situação de necessidade de repressão no atual estágio evolutivo da humanidade.[57]

---

54. *Das penas e seus critérios de aplicação*, p. 108.

55. Op. cit., p. 109.

56. Individualización judicial de la pena – Función de la culpabilidad y la prevención en la determinación de la sanción penal, p. 58-59. Em igual sentido, citando ainda a posição de Cerezo Mir, conferir Lamo Rubio, Penas y medidas de seguridad en el nuevo Código, p. 29.

57. Cf. Germano Marques Da Silva: "ainda que a doutrina penal se empenhe em considerar superada a retribuição como finalidade da pena que possa na atualidade prevalecer sobre outras orientações, certo é que a busca da compensação pelo crime mediante a segregação social do criminoso e o sentimento de vingança continuam enraizados na sociedade atual, sem que a maioria das forças políticas se esforce para evitar tal tipo de discurso, muito antes pelo contrário. (...) A pena criminal é na sua natureza retribuição ou repressão, constituir a reação jurídica ao crime. Ao mal do crime corresponde a pena, traduz a reação à culpabilidade do delinquente pelo mal do crime. Mas, em sendo repressão ou retribuição, pela sua própria natureza, ela há de servir para realizar as finalidades que a lei lhe assinala: proteção aos bens jurídicos e reintegração do agente na

INDIVIDUALIZAÇÃO DA PENA – NUCCI

O talião não deve ser buscado pelo Estado, perseguidor da justiça perfeita, humanizada e ética, mas não se pode negar a realidade, deixando de considerar o sentimento do ofendido e da própria sociedade, alarmados diante da prática de crimes.[58] Certo ou errado, independentemente da acadêmica discussão sobre o tema, a infração penal é e por muito será notícia interessante à coletividade. Sustenta-se o referido interesse na ânsia de perscrutar o destino a ser dado ao infrator como uma satisfação aos demais cumpridores da lei.[59]

Sobre o tema, PAULO JOSÉ DA COSTA JÚNIOR diz: "a pena encontra sua razão de ser na retribuição. (...) Nada tem a ver com a primitiva *vindicta*, que era instintiva e não correspondia à natureza racional do homem. Por outro lado, a reação pública ao crime, mediante a aplicação de uma pena retributiva, não se faz para atender exigências individuais ou familiares de vingança, olho por olho, dente por dente, mas para satisfazer reivindicações coletivas e portanto estatais. (...) Isto porque, como o delito nega o direito, a pena, enquanto nega o delito, reafirma o direito".[60] E acresce MIGUEL REALE JÚNIOR: "a pena é reconhecida como aflição e castigo, antes de tudo, como decorrência da própria *realidade*, pois desde a persecução penal, recaindo sobre o indiciado o aparato estatal para apuração do fato, até a execução, a pena é vista e sofrida pelo agente como um castigo e assim entendida pela sociedade, até mesmo depois de cumprida, quando permanece atuando na forma de rejeição do condenado".[61]

Em contrário, afirmam SHECAIRA e CORRÊA JUNIOR que a "retribuição compensadora, ademais, não é consentânea com o Estado Democrático de Direito – que respeita a dignidade humana –, pois é impensável que alguém possa pagar um mal cometido com um segundo mal, que é a expiação através da pena".[62]

Na verdade, não se trata de algo "impensável" mas simplesmente uma realidade, passível de verificação fática. O ser humano sofre castigos a vida toda, de variadas

---

sociedade. Estas finalidades são as chamadas finalidades de prevenção, geral e especial" (*Direito penal português – Parte geral*, III, p. 43-45).

58. Aliás, a imposição da pena fundada na absoluta reciprocidade seria até mesmo risível, como esclarece MESSUTI: "sua manifestação mais simples seria a lei de talião. Mas desde um ponto de vista prático esta leva a situações absurdas (furto por furto, roubo por roubo, olho por olho, dente por dente...)" (El tiempo como pena, p. 20, traduzi).

59. Não se desconhece, por certo, os críticos da finalidade retributiva da pena. Registre-se o seguinte ensinamento: "A crítica à retribuição é, assim, uma crítica que, como começamos por afirmar, não se basta com a crítica aos seus fundamentos absolutos, contrários a uma visão secularizada do direito penal e incompatível com os seus pressupostos. É uma crítica que visa sobretudo a falta de respeito pela dignidade humana que a nova dimensão retributiva conleva, bem patente no perigo que representa o sacrifício do homem à satisfação das necessidades de proteção da sociedade e que a teoria não afasta" (RODRIGUES, Anabela Miranda, *A determinação da medida da pena privativa de liberdade*, p. 206).

60. Prefácio da obra de RICARDO DIP e VOLNEY CORRÊA LEITE DE MORAES JÚNIOR, *Crime e castigo*, p. XVII.

61. *Instituições de direito penal*, v. II, p. 88.

62. *Teoria da pena*, p. 130.

maneiras, desde o berço até a fase madura, bastando, para isso, desviar-se do caminho considerado "correto" pelas inúmeras regras sociais, éticas, morais ou legais. A reprimenda sofrida pode diversificar-se, alternando-se desde uma simples advertência expressa ou tácita, passando por exclusões do meio social – naturais, sem qualquer participação do Estado –, atingindo certamente a sanção estatal, possuidora, também, de inúmeras facetas, constituindo a mais severa a de natureza penal. Por isso, não é "impensável" que a democracia imponha regras de convivência harmônica e pacífica – aliás, é justamente o sustentáculo de um Estado Democrático de Direito – mantendo, para tanto, punições ao infrator. A pena é um mal tanto quanto qualquer outra reprimenda extrapenal. Pode ser ainda um bem, justamente por buscar corrigir para emendar e, assim ocorrendo, a ressocialização torna-se viável.

Sob outro prisma, existe, também, nitidamente, a função preventiva da pena. Aplicando-se sanção penal ao delinquente objetiva-se demonstrar aos demais membros da sociedade que a ordem jurídica há de ser respeitada, sob ameaça de imposição da reprimenda mais grave admitida pelo Direito, abrangendo a possibilidade da privação da liberdade. Genericamente, emite-se a mensagem de que o violador da norma deve ser punido, desencorajando muitos outros pretendentes a seguir o mesmo caminho. Alguns não se deixam intimidar, até porque se sentem confiantes de não serem descobertos – é o sentimento de impunidade, muitas vezes real e verdadeiro – mas grande parte conforma-se em seguir o determinado em lei para não sofrer qualquer represália.

Há quem sustente não ter o Estado o direito de "criar um clima de terror, ou seja, quanto maior a pena, teoricamente seria mais eficaz a prevenção".[63] Assim não nos parece, pois o objetivo da pena, no seu aspecto de intimidação geral não significa necessariamente aumentar desmedidamente a intensidade da sanção penal, pois esta deve ser proporcional à gravidade do delito – o que deve ser assegurado pela individualização legislativa. Logo, sem qualquer clima de "terror", o fato de se prever uma pena de até 30 anos para o delito de homicídio qualificado simboliza a intimidação natural para aqueles que vacilam entre resolver um "problema" com seu adversário através da violência ou por intermédio dos órgãos judiciários do Estado. Tivesse o homicídio a pena máxima de 1 ano, com direito a benefícios, quantos se deteriam em exterminar o inimigo?[64]

Outro argumento utilizado contra o caráter intimidador da pena é que, a cada novo crime cometido, estar-se-ia demonstrando não haver intimidação suficiente. Ora, jamais o delito será extirpado da vida em sociedade, até porque pessoas cometem infrações penais por crerem na impunidade, embora temam a pena. Outros tantos

---

63. SHECAIRA e CORRÊA JUNIOR, *Teoria da pena*, p. 131.
64. Ensina ANÍBAL BRUNO, cuidando da prevenção geral negativa, que a indivíduos ajustados "às normas da vida social, de constituição genética equilibrada, com uma personalidade sem problemas, a ação preventiva da ameaça penal é desnecessária. Basta-lhes a consciência do dever e o respeito à estima pública para desviá-los de fatos contrários às normas do Direito. Mas há aqueles a quem realmente só a ameaça da punição pode afastar da delinquência. Ou ainda os desajustados e impulsivos, naturalmente inclinados a graves desvios de comportamento, que mesmo a ameaça penal dificilmente será capaz de deter diante do crime" (*Das penas*, p. 24).

deixam de praticar o delito pelo temor de enfrentar a sanção. Sem dúvida, inexistem dados estatísticos confiáveis sobre esta última afirmação, mas também não há em sentido diverso, bastando uma avaliação pessoal de cada um para analisar quantas vezes se deixa de praticar algo errado justamente por temer o castigo – qualquer que seja ele, independentemente de se tratar da aplicação de uma pena. É do senso comum, desde a educação infantil, que a imposição da ameaça do castigo forma verdadeiros limites a injustas agressões, produzindo maior harmonia na vida em sociedade. Não existe lugar no mundo sem regras e, consequentemente, sem sanções para os que as infringirem. Portanto, não se pode extirpar da pena o seu aspecto intimidatório, sem que isso queira dizer deva o Estado valer-se desse instrumento para impor o "terror". Este se impõe pelos que não acreditam na democracia; é obra dos seres humanos e não da pena ou de qualquer outra norma estabelecida pelo Direito Penal.

Logicamente, quando a pena guarda proporcionalidade com a infração penal – penas severas para crimes graves; penas brandas para delitos menores –, não deixa de reafirmar a vigência e a eficiência do ordenamento jurídico. Aliás, a reação estatal diante dos fatos puníveis, para manter viva a consciência social, como afirmam os defensores dessa corrente, precisa ser firme o suficiente para não se tornar figurativa e frágil, provocando outro tipo de consciência: descrédito e desconfiança no sistema penal estatal.

A ideia de legitimação do direito penal pode ser considerada como fundamento e finalidade da pena, sem dúvida. Busca-se, através da imposição da pena, restabelecer a confiança no direito como mecanismo regulador das condutas e formador da consciência jurídica coletiva. Não pode, no entanto, ser a única perspectiva da pena. No dizer de EDUARDO DEMETRIO CRESPO, "a meta preventivo-geral do Direito Penal não é a intimidação, mas a afirmação e asseguramento das normas básicas; porque as normas não se estabilizam nas pessoas e grupos pela intimidação, senão mediante a persuasão. (...) A prevenção geral positiva não se baseia, por conseguinte, assinala HASSEMER, no terror e no cálculo dos cidadãos inclinados a delinquir, mas no conhecimento por todas da irrenunciabilidade das normas penais e da seriedade de sua proteção".[65] Esse enfoque exclusivista é relativo, uma vez que a persuasão sugerida é apenas uma possibilidade para muitos, mas certamente não será para todos. Assim, a aplicação da pena termina por representar, ainda, a afirmação do Direito Penal pela força da intimidação que pode exercer.[66] Esta, sim,

---

65. *Prevención general e individualización judicial de la pena*, p. 125 (traduzi).

66. ROXIN, totalmente avesso à mantença de qualquer caráter retributivo a fundamentar a sanção penal, defendendo a teoria preventiva geral, salienta que há críticos sugerindo que a punição promovida contra os autores de delitos violentos da época do nazismo, quando atualmente são pessoas totalmente integradas à sociedade, somente poder-se-ia justificar pela teoria da retribuição. Diz ele, então, que não é assim. A punição se daria por critério de prevenção geral, ou seja, a impunidade dos nazistas poderia abalar fortemente a consciência jurídica geral (se tais assassinos permanecem sem castigo, então todo autor de homicídio, quando não houver perigo de reiteração também poderia ficar igualmente impune). Se tal se desse, haveria a relativização da vigência da proibição do homicídio e seu efeito preventivo geral (*Fin y justificación de la pena y de las medidas de seguridad*, p. 36). Permitimo-nos discordar, salientando que a punição tem e sempre teve finalidade autenticamente retributiva, nem um pouco preventiva,

é mais palpável do que a ótica do convencimento e da autoafirmação do sistema penal preventivo-geral.[67]

A prevenção não se esgota no aspecto geral, voltando-se ainda para o cenário individual. Retirando-se o condenado do convívio social, diante da imposição de pena privativa de liberdade, está-se, em verdade, prevenindo novos delitos, ao menos de autoria do detido. Pretende-se, então, com sua reeducação, tornar a prevenção eficiente e definitiva.[68] É a busca da reeducação e da ressocialização do condenado, afinal, é o expressamente disposto na Convenção Americana sobre Direitos Humanos: "As penas

---

no contexto dos nazistas, até porque a pena de morte era a mais aplicada. A situação ocorrida foi peculiar, ao longo de uma guerra, em momento anômalo da vida nacional, de modo que jamais a ausência de punição iria gerar o sentimento na população de que a norma proibitiva do homicídio enfraqueceu-se, a ponto de se poder concluir que outro homicida poderia igualmente, se reintegrado à sociedade, ficar impune. Geraria, isto sim, o sentimento de que justiça não fora feita, que é pura retribuição ao imenso mal causado. E mais: a credibilidade do sistema penal, tão apregoada pela teoria preventivo-geral, constrói-se efetivamente em bases de retribuição. Quanto mais eficiente esta se der, maior credibilidade a norma penal possui aos olhos da comunidade, registrando-se que a legislação penal destina-se aos leigos e não aos teóricos do direito. Estes até podem crer na reafirmação dos valores apregoados pelas normas; aqueles creem, de fato, na realização de justiça em face da retribuição ao mal provocado pelo crime. Por mais que se escreva a respeito, o sentimento ínsito em cada ser humano será prova cabal de que os fundamentos da pena não se concentram apenas no impalpável objetivo de "reforçar a confiança no ordenamento jurídico". A respeito, vale conferir a lição de JESCHECK: "o assassinato de prisioneiros nos campos de concentração não poderia ser punido com uma suspensão condicional da pena privativa de liberdade, ainda quando o autor viva, há muitos anos, completamente reintegrado na sociedade e a Humanidade haja sido instruída suficientemente pelo juízo inequívoco da História" (*Tratado de derecho penal – Parte general*, p. 27).

67. Aliás, o próprio DEMETRIO CRESPO admite que a teoria da prevenção geral positiva recupera posicionamentos das teorias da retribuição, embora com linguagem diferenciada (op. cit., p. 127).

68. É o que HEINZ ZIPF, citado por CHOCLÁN MONTALVO, chama de *triângulo mágico*: princípio da culpabilidade (retribuição ao fato antijurídico praticado) + prevenção individual (adaptação da sanção às condições pessoais do autor) + prevenção geral (necessidade de afirmação da ordem jurídica em seu conjunto) = aplicação da pena (*Individualización judicial de la pena – Función de la culpabilidad y la prevención en la determinación de la sanción penal*, p. 86). Em contrário, JAKOBS sustenta que não é possível a união das teorias da retribuição e da prevenção em uma única, pois a primeira deslegitima a segunda (*Sobre la teoria da la pena*, p. 33). Não nos parece haja impossibilidade de conciliação, uma vez que as teorias não necessitam ser puristas, pois a finalidade da pena jamais poderá comportar um só enfoque, visto que envolve complexos fatores, desde a ânsia de punição advinda do próprio ofendido, passando pelo inequívoco exemplo que representa à sociedade, não somente de que o crime deve ser considerado desvantajoso como de que o ordenamento jurídico necessita ser respeitado, até atingir a própria possibilidade de reeducação do condenado.

privativas de liberdade devem ter por finalidade essencial a reforma e a readaptação social dos condenados" (art. 5.º, 6).[69]

Críticos dessa visão argumentam haver condenados não necessitados de pena (sob o aspecto de neutralização pela prisão, com consequente reeducação), pois não tornarão a delinquir, como ocorre, muitas vezes, com os autores de delitos passionais. Sem dúvida, tal dedução é válida e, justamente por isso, a pena não tem somente o caráter ressocializador. Considera-se a face retributiva, que, como já afirmado, não pode ser olvidada, bem como a reafirmação dos valores da norma e do efeito intimidatório para os demais destinatários da norma.

Há autores, por outro lado, que divergem do objetivo de reeducação da pena, afirmando não ter o Estado o direito de impor conduta determinada a alguém, "reeducando-o" para que possa viver em sociedade, visto ser esta pluralista e democrática.[70] HEIKO H. LESCH diz não ser a ressocialização nem fim nem fundamento da pena, mas dever representar apenas uma oferta do Estado ao condenado, durante a execução da pena, respeitada a vontade livre do interessado.[71]

Em prisma similar, mas sem afastar a possibilidade de adotar a pena o caráter preventivo especial positivo (reeducação), salientam CADOPPI e VENEZIANI que referido aspecto (aliás, constando como meta da pena no texto constitucional italiano) deve ser apenas uma *oferta* do Estado ao condenado. Este, calcado em sua vontade livre (princípio da autodeterminação), *pode* aceitar o que o sistema tem a lhe oferecer para a sua reinserção social.[72]

---

69. A despeito de inúmeras críticas que a proposta de reeducação e ressocialização do condenado sofre, CHOCLÁN MONTALVO esclarece que, ainda que o tratamento penitenciário funcione somente para alguns delinquentes, isso já justifica a sua existência. E acrescenta que a reinserção não significa manipulação do indivíduo com base em uma escala de valores autoritariamente imposta, mas, sim, reorganização social do mesmo ambiente onde se produziu o conflito (*Individualización judicial de la pena – Función de la culpabilidad y la prevención en la determinación de la sanción penal*, p. 98-99).

70. BOSCHI elogia acórdão do Tribunal de Justiça do Rio Grande do Sul que menciona ser inadequado ao Estado impor orientação de vida e obrigação de alterar seu *modus vivendi*, reconhecendo o "direito à diferença" (*Das penas e seus critérios de aplicação*, p. 118). Assim também ANABELA MIRANDA RODRIGUES: "Seria totalmente incompatível com o direito penal de um Estado de direito democrático (...) a imposição coativa aos cidadãos de um sistema de valores a que, por vezes, se é alheio. O perigo que envolve uma atuação coativa quando ela se dirige à personalidade moral do delinquente generalizar-se-ia aqui a toda a comunidade. O que já se disse em relação à socialização individual – que o Estado não tem qualquer legitimidade para impor, pela força, crenças ou convicções internas – reafirma-se agora para a prevenção geral positiva. Se esta se entendesse como autorização para promover, por meio da pena, coativamente portanto, a adesão interna dos cidadãos ao direito, seria totalmente de recusar" (*A determinação da medida da pena privativa de liberdade*, p. 376).

71. *La función de la pena*, p. 39.

72. *Elementi di diritto penale – Parte generale*, p. 428.

CAP. 4 • PENA   45

Parece-nos, atualmente, ser a ressocialização uma proposta do Estado ao condenado. Se este não a aceitar, cumpre a sua pena e segue a sua vida, podendo retornar à prisão, caso novamente cometa infração penal.

A liberdade deve ser, sem dúvida, garantida, mas sem afastar a possibilidade de o Estado intervir para resgatar a ordem abalada, mormente quando ocorre a prática de um crime. O direito à diferença é salutar enquanto não prejudique terceiros, do contrário, é preciso impor limites.

Aliás, nessa ótica, repelindo argumentos no sentido de que o Estado não pode impor valores aos cidadãos, sob pena de violar sua liberdade de escolha de crenças e ideologias, professa Oswaldo Henrique Duek Marques não poder esse ponto de vista ser aceito, pois em qualquer espécie de educação não há neutralidade. O fundamental é que a educação seja benéfica a quem a recebe, nos aspectos "biológico, ético e social, segundo os parâmetros axiológicos, traçados pela comunidade científico--filosófica". E completa, afirmando ser uma das finalidades mais importantes da pena "reafirmar os valores ético-jurídicos da comunidade, contidos nas normas jurídicas, ou a de demonstrar o repúdio da sociedade internacional diante de crimes contra a humanidade".[73] Em posição similar, Mercedes García Arán entende que a meta estatal de reeducação e ressocialização do condenado não pode pretender alterar-lhe a personalidade, mas tão somente garantir que ele tenha, no futuro, conduta respeitosa à lei e aos direitos dos demais.[74]

Embora o Estado possa – e deva – ofertar a função ressocializadora para o condenado, esta nem sempre é atingida, pois, muitas vezes, o próprio sentenciado deixa de ser receptivo a qualquer processo de reeducação, mantendo-se firme no seu propósito de *vida fácil* ou *desregrada*, descompromissada, enfim, com os valores firmados pelo ordenamento jurídico.[75]

Não aquiescemos, ainda, com a postura de que a pena privativa de liberdade está "falida" ou é "totalmente inútil", a partir do ponto de que não basta criticar o *mal necessário* sem que se ofereça, em substituição, sistema confiável para punir quem

---

73. *Fundamentos da pena*, p. 83 e 85. Preconizando a possibilidade de coexistência do caráter preventivo da pena, nos enfoques geral e especial positivos, conferir em David Teixeira de Azevedo: "a sanção penal há de perseguir a finalidade de prevenir os delitos já pela infusão aos demais membros da comunhão social e ao próprio agente da fé no Direito, na validade e coercitividade de valores positivos do ordenamento jurídico, já pela segregação do criminoso e concomitante oportunidade de diálogo, visando à proposição de escala e pauta valorativa social e estatalmente aceita, numa verdadeira prevenção socializadora" (*Dosimetria da pena: causas de aumento e diminuição*, p. 69).

74. *Fundamentos y aplicación de penas y medidas de seguridad*, p. 37.

75. Sobre o tema: "Todavia, romantismos e ceticismos a gosto, cuidando-se de criminosos habituais ou reincidentes, máxime em delitos hediondos ou de gravidade notória, a expectativa no poder regenerativo da pena e no de recuperação do condenado ao convívio social não tem sido, infelizmente, nada encorajadora. Pode-se até lamentar a falta de investimentos, científicos e tecnológicos, nesse propósito. Todavia, o que se tem de concreto é que a ressocialização de condenados, nesses casos, não tem sido em nada alentadora" (Dip, *Crime e castigo*, p. 251).

pratica delitos violentos e gravíssimos, alarmantes à opinião pública e capazes de gerar, com rapidez incontrolável, o descrédito do ordenamento jurídico, gerando o malfadado sentimento de impunidade, provocador de reações das mais indesejáveis como ocorre com os ataques populares a pessoas acusadas da prática de uma infração penal (linchamentos, execuções sumárias etc.).

Pensamos não ser a pena privativa de liberdade a solução única para todos os delitos, mas uma das mais adequadas para crimes considerados graves, quando o Estado Democrático de Direito não quer valer-se de sanções drásticas e definitivas, como a pena de morte ou de castigos corporais de toda ordem. É cumprida de modo severo, sem dúvida, mas muito mais por culpa daqueles que têm o dever legal de aparelhar e sustentar a contento o sistema penitenciário do que por débito a ser imputado ao juiz ou ao legislador.[76]

Não vemos incompatibilidade em unir esforços para visualizar o conjunto das funções e finalidades da pena, sob todos os aspectos, como multifacetada ou multifatorial. Não há uma só função, nem mesmo somente uma finalidade; todas se irmanam e representam o fundamento da sanção penal.[77]

---

76. Ver ainda os comentários formulados sobre o regime fechado.
77. Igualmente: MARIA CONCEPCIÓN MOLINA BLÁZQUEZ. *La aplicación de la pena*, p. 24-25.

5

LEGISLAÇÃO COMPARADA

A análise do sistema penal de outros países, em relação às penas e ao modo como se viabiliza a sua aplicação, pode fornecer dados para uma comparação com o atual método, resultando em constatações positivas ou negativas a respeito das leis penais brasileiras. Há normas avançadas em relação a alguns institutos, mas está-se em nítido descompasso no tocante a tantos outros assuntos, em especial para o combate efetivo à criminalidade extremamente violenta e organizada.

Proporciona-se a visualização de onze modelos penais estrangeiros diversos, sem preocupação sistemática, no contexto da individualização da pena, para que se possa extrair, posteriormente, dados para compor as conclusões sustentadas neste trabalho.

Desde logo, pode-se registrar haver grandes semelhanças nos dispositivos penais de individualização da pena entre os sistemas citados e o brasileiro. Alguns se apresentam mais rigorosos – como o norte-americano e o italiano – enquanto outros são mais benignos – como o português e o espanhol. No geral, entretanto, nota-se haver maior discricionariedade do juiz estrangeiro para a fixação da pena. Embora o magistrado brasileiro também possa aplicar a pena valendo-se de discricionariedade juridicamente vinculada, tem maiores limitações, até porque há maior número de fatores a considerar. Outros sistemas preveem em menor escala a existência concomitante de circunstâncias judiciais, circunstâncias legais agravantes e atenuantes, circunstâncias legais de aumento e diminuição, além de circunstâncias legais de qualificação e privilégio. Nosso sistema de individualização da pena é trifásico, enquanto os demais sistemas são bifásicos ou monofásicos. O poder do juiz aumenta nesses últimos casos. Assim, se por um lado o juiz brasileiro dispõe de vasta faculdade para fixar a pena, embora dela faça pouco uso na prática, há muitos critérios legais que o limitam, enquanto outros juízes não padecem desse cerceamento – como ocorre com o francês, somente para exemplificar, em que não se estipula pena mínima, ou para tantos outros que podem, simplesmente, advertir o réu, sem lhe aplicar pena alguma.

Entretanto, a maioria dos sistemas penais analisados tem instrumentos mais eficientes para o combate da criminalidade realmente perigosa, faltando ao Brasil idênticos mecanismos. E, se é verdade que outros magistrados estrangeiros têm poderes de aplicar penas substitutivas às privativas de liberdade, em nenhum caso se atinge patamar tão elevado quanto no sistema do Código Penal brasileiro (para penas de até 4 anos de reclusão) e, o mais visível, as penas alternativas, na realidade, para a maior parte das situações, são autênticas penas acessórias, acompanhando a privativa de liberdade.

Em suma, em primeiro enquadramento, a norma penal brasileira é mais afável, atualmente, no trato com o crime, se feita uma análise global. Aliás, tomando-se como base o homicídio, verifica-se que o único país assemelhado ao Brasil na fixação da pena em abstrato é Portugal (sem contar que este possui a pena relativamente indeterminada para o criminoso perigoso). Todos os outros possuem penas severas, muitos deles de prisão perpétua para quem tira dolosamente a vida de outrem.[1]

5.1 Itália

As infrações penais dividem-se em crime, delito e contravenção, sempre se levando em conta a gravidade da pena a ser aplicada. Os crimes e delitos sujeitam-se às seguintes penas: a) prisão perpétua; b) reclusão; c) detenção. Às contravenções aplicam-se: a) arresto; b) multa.[2]

Existem penas acessórias para os crimes e para as contravenções. Para os crimes: a) interdição de atividade pública; b) interdição de profissão ou arte; c) interdição legal (aplicável à prisão perpétua e reclusão não inferior a 5 anos); d) interdição de atividades diretivas de pessoas jurídicas e empresas; e) incapacidade de contratar com a administração pública; f) proibição ou suspensão do exercício do pátrio poder. Para as contravenções: a) suspensão do exercício de profissão ou arte; b) suspensão da direção de pessoa jurídica ou empresa. Para delitos e contravenções: publicação da sentença condenatória.

A prisão perpétua será cumprida em estabelecimento adequado, com trabalho obrigatório e isolamento noturno, podendo haver trabalho externo, desde que não ofereça risco à sociedade. Não se aplica, por exemplo, ao crime organizado, cujo perigo é evidente.

A reclusão tem um mínimo de 15 dias e um máximo de 24 anos, com obrigação de trabalho e isolamento noturno. Ao cumprir pelo menos 1 ano, pode haver trabalho externo.

A multa possui valores mínimo e máximo em moeda, podendo ser aplicada a todo delito que implique intuito de lucro, mesmo não havendo expressa previsão no

---

1. A pesquisa sobre a legislação comparada foi realizada em 2004, integrando a nossa tese de livre-docência na PUC-SP e não foi atualizada. No entanto, é mantida para servir de parâmetro de comparação com as leis penais brasileiras.

2. O Código Penal vigente na Itália, denominado Código Rocco, foi promulgado em 19 de outubro de 1930, entrando em vigor em 1.º de julho de 1931.

tipo penal. A pena de multa pode, ainda, ser fixa ou proporcional. A primeira tem o valor expressamente estabelecido em lei; a segunda não tem limite máximo.[3]

O arresto acarreta prisão pelo tempo mínimo de 5 dias e máximo de 3 anos, com trabalho obrigatório e isolamento noturno.

As penas acessórias podem ser perpétuas ou temporárias, neste último caso variando de 1 a 5 anos. Como regra, não são aplicadas aos delitos culposos. A publicação da sentença é um bom exemplo do caráter preventivo geral negativo da pena, pois deve ser divulgada, quando se tratar de prisão perpétua, na cidade onde foi proferida, no local onde o delito foi cometido, no lugar onde o condenado teve sua última residência e, também, em jornal (ou jornais).

Na individualização da pena, o juiz age discricionariamente, devendo motivar a decisão, levando em consideração, para fixar a pena-base, o seguinte: a) gravidade do crime, composta pela natureza, espécie, meios, objetos, tempo, lugar e outras modalidades de ações; b) capacidade para delinquir, composta por: b1) motivos e caráter do réu; b2) antecedentes criminais e judiciários; b3) conduta e vida antecedente do agente; b4) conduta atual e posterior ao crime; b5) conduta de vida individual, familiar e social.

O sistema de fixação da pena é bifásico: primeiramente, o juiz elege a pena-base, entre o mínimo e máximo cominados no preceito secundário do tipo; em um segundo momento, aplica as agravantes e atenuantes indicadas na lei (Parte Geral ou Especial).[4]

No sistema italiano, as circunstâncias do crime dividem-se em agravantes (as que importam em aumento de pena) e atenuantes (as que demandam diminuição da pena, sempre considerando a cominação em abstrato feita em cada tipo incriminador). Por outro lado, dividem-se em circunstâncias comuns (agravantes ou atenuantes), as previstas na Parte Geral, podendo ser aplicadas a qualquer tipo de crime (fazendo um paralelo com o direito brasileiro, nesse caso, elas podem equivaler às agravantes/atenuantes ou às causas de aumento/diminuição do Código Penal), e as especiais, dizendo respeito a determinados tipos penais incriminadores, apenas da Parte Especial (nesse caso, traçando o mesmo paralelo, elas se constituem em autênticas qualificadoras/privilégios).

Separam-se as agravantes e atenuantes em objetivas, concernindo à natureza, à espécie, aos meios, ao objeto, ao tempo, ao lugar e outros modos de agir referentes ao crime, bem como em subjetivas, quando se referem à intensidade do dolo e grau da culpa, às condições e qualidades pessoais do agente, à relação existente entre agente e vítima, às outras condições pessoais do autor, também se levando em conta imputabilidade e reincidência.[5]

---

3. Destaca a doutrina italiana ser questionável a constitucionalidade do dispositivo prevendo a inexistência de limite máximo para a fixação desse tipo de pena de multa, mas a Corte Constitucional já se pronunciou pela validade da norma penal (cf. CADOPPI e VENEZIANI, *Elementi di diritto penale – Parte generale*, p. 454).

4. Cf. FIANDACA e MUSCO, *Diritto penale – Parte generale*, p. 393.

5. Cf. ZAZA, *Le circostanze del reato*, p. 29.

50 | INDIVIDUALIZAÇÃO DA PENA – Nucci

Quando a lei não especifica o exato aumento ou diminuição, mencionando apenas o máximo possível (um terço), é de se supor referir-se o mínimo a um dia. Logo, agravantes e atenuantes provocam aumentos ou diminuições variáveis de um dia a um terço da pena-base.[6] Não se pode superar o limite de 30 anos para reclusão, 5 anos para arresto e um determinado valor monetário para multa. Além disso, havendo mais de uma agravante, não se supera o triplo do máximo da pena. E, em caso de atenuantes, o mínimo não pode situar-se em valores menores que 20 a 24 anos no caso de aplicação de prisão perpétua (quando houver uma só atenuante) ou não pode ser inferior a 10 anos, também no caso de prisão perpétua (quando houver mais de uma atenuante). Noutros casos, a aplicação de uma só atenuante não pode reduzir a pena a quantidade inferior a 1/3 do mínimo e, no caso de mais de uma, não pode haver redução a quantidade inferior a 1/4 do mínimo.

As atenuantes e excludentes de responsabilidade penal devem ser levadas em conta pelo juiz ainda que o agente delas não tenha conhecimento ou quando, por erro, as repute inexistentes.

As agravantes, no entanto, são levadas em consideração somente se conhecidas do agente ou sejam ignoradas por culpa, bem como reputadas inexistentes em face de erro culposo. Por outro lado, se o autor supõe existente agravante ou atenuante, que, em verdade, não se perfaz, será desprezada. Caso o agente suponha existente causa de exclusão da pena, deve-se levar em consideração, salvo se houver erro derivado de culpa.

São agravantes genéricas, quando não constituem elementos do crime ou já não estejam previstas como específicas: a) motivo torpe ou fútil; b) cometer o crime para garantir a execução ou ocultação de outro, bem como para assegurar o produto ou o proveito do delito ou a impunidade; c) agir com culpa consciente; d) agir com emprego de tortura ou crueldade contra a pessoa; e) ter-se o agente aproveitado de circunstâncias de tempo, lugar ou do ofendido de modo a impedir a defesa pública ou privada; f) cometer o crime enquanto subtrai-se voluntariamente à execução de mandado de prisão expedido por crime anterior; g) nos crimes patrimoniais ou com efeitos patrimoniais ou motivados pelo intuito de lucro, ter causado à vítima um prejuízo de especial gravidade; h) ter agravado ou tentado agravar as consequências do delito; i) ter cometido o crime com abuso de poder ou com violação de dever inerente à função pública, serviço público ou ministério; j) ter cometido o crime contra funcionário público ou pessoa encarregada de serviço público ou investida da qualidade de ministro de culto católico, bem como de culto reconhecido pelo Estado, ou contra agente diplomático ou consular de Estado estrangeiro, no exercício da função; k) ter cometido o crime com abuso de autoridade ou de relação doméstica ou abuso de relação de trabalho, de prestação de serviço, coabitação ou hospitalidade.

São atenuantes genéricas, quando não constituem elementos do delito ou já não estejam previstas como específicas: a) agir por motivo de particular valor moral ou social; b) ter agido em estado de ira, determinado por fato injusto de outrem; c) ter agido por sugestão de uma multidão em tumulto, quando não se tratar de reunião

---

6. Idem, op. cit., p. 393.

ou assembleia vedada por lei ou pela autoridade e o culpado não é delinquente ou contraventor habitual, profissional ou por tendência; d) nos delitos patrimoniais ou com efeitos patrimoniais, ter causado dano de pouca monta, ou, nos crimes praticados com intuito de lucro, ter conseguido pouco lucro quando evento danoso ou perigoso seja igualmente de pouca gravidade; e) ter concorrido para causar o fato a atuação dolosa da vítima; f) ter, antes do recebimento da denúncia, reparado integralmente o dano, mediante ressarcimento e, quanto seja possível, mediante restituição; ou, antes do recebimento da denúncia, fora dos casos em que se dá arrependimento eficaz, ter agido espontaneamente e com eficiência para elidir ou atenuar as consequências danosas ou perigosas do crime.

Há previsão, ainda, para o reconhecimento de atenuantes genéricas inominadas. O juiz pode levar em consideração outras circunstâncias, desde que possam justificar uma diminuição da pena. Deve ser tomada em conta em cada caso uma só circunstância, que pode concorrer com uma ou mais circunstâncias atenuantes genéricas.

Os aumentos e diminuições, quando reconhecidos, incidem uns sobre os outros. Quando houver mais de uma agravante, aplica-se a mais grave. Em caso de mais de uma atenuante, aplica-se somente a produtora de pena mais leve. No concurso de agravantes e atenuantes, o magistrado deve utilizar as que considerar prevalentes. Se, no entanto, entender serem de igual peso, compensam-se.

A reincidência provoca várias consequências no sistema penal italiano. Quem comete um crime depois de já ter sido anteriormente condenado, deve sofrer o aumento de 1/6 da pena ou a elevação atinge 1/3 caso o novo crime seja: a) da mesma natureza do anterior; b) cometido dentro dos 5 anos depois da anterior condenação; c) tiver sido cometido durante ou depois da execução da pena ou fuga. Se houver mais de uma dessas três circunstâncias, o aumento será de metade.

Prevê, ainda, a figura do delinquente habitual, aquele que tiver sido condenado anteriormente à pena de reclusão superior a 5 anos, resultante de três delitos dolosos de igual natureza, tornando a cometer outro da mesma índole no período de 10 anos. O delinquente profissional, por sua vez, é aquele já considerado habitual, tornando a cometer novo crime. O delinquente por tendência é o sujeito que comete crime contra a vida e a incolumidade individual demonstrando perversidade.

Em todos esses casos aplica-se medida de segurança, por tempo indeterminado, enquanto durar a periculosidade, além da pena e para cumprimento depois desta (duplo binário).

Há previsão para aplicação de suspensão condicional da pena para crimes cuja condenação não seja superior a 2 anos ou a multa, por até 5 anos (para crime) e 2 anos (para contravenção). Há obrigações, como reparar o dano e promover a publicação da sentença. O livramento condicional também é previsto para o cumprimento de pena privativa de liberdade, desde que o sentenciado mostre condições de não tornar a delinquir, ultrapassado o prazo fixado em lei (variável, se o condenado é primário ou reincidente).

Quanto ao homicídio doloso, temos: a) forma simples: pena não inferior a 21 anos de reclusão; b) forma qualificada (ex.: contra ascendente ou descendente): pena de prisão perpétua; c) infanticídio: reclusão de 4 a 12 anos; d) homicídio consentido: reclusão de 6 a 15 anos.

5.2 Alemanha

As infrações penais dividem-se em delitos e contravenções. Os primeiros são apenados com prisão não inferior a 1 ano. As contravenções estão sujeitas a penas privativas de liberdade inferiores a 1 ano ou multa. Para efeito de classificar a infração como delito ou contravenção, não se computam as agravantes e atenuantes previstas na Parte Geral ou aquelas cominadas para determinados casos.[7]

As penas privativas de liberdade têm a duração mínima de 1 mês e máxima de 15 anos. Computam-se as penas inferiores a 1 ano em meses ou semanas completas. As penas iguais ou superiores a 1 ano são computadas em meses e anos completos.

A pena pecuniária é fixada em dias-multa, variando de 5 a 360. O valor do dia-multa levará em conta a situação pessoal e econômica do réu, possuindo um montante diversificado em moeda. Aliás, para a verificação da situação econômica, deve-se apurar a receita líquida que o autor possui, na média, em um dia, além de se levar em consideração fatores patrimoniais em geral. A multa pode ser imposta juntamente com a pena privativa de liberdade sempre que o crime provocar o enriquecimento do agente ou tiver este a intenção de enriquecer. Não se aplica a multa quando já houver previsão de pena patrimonial. Há possibilidade de concessão de prazo para o pagamento da multa, entretanto, a falta de quitação provoca a conversão em prisão pelo número de dias-multa estabelecido na sentença.

A pena patrimonial pode ser aplicada quando houver a fixação de prisão perpétua ou privação de liberdade superior a 2 anos, implicando na perda de bens em quantidade estabelecida pelo tribunal. Se não for paga, converte-se em prisão de 1 mês a 2 anos.

Cabem penas acessórias, que são: a) nos crimes de trânsito, apenados com prisão ou multa, haverá a proibição de dirigir na via pública, quando a carteira não tiver sido retirada, pelo prazo de 1 a 3 anos; b) no caso de aplicação de pena privativa de liberdade não inferior a 1 ano, ficará o condenado incapacitado para ocupar cargos públicos e obter direitos derivados de eleições públicas pelo prazo de 5 anos. Pode, ainda, o tribunal privar o réu de exercer outro cargo ou mandato pelo prazo de 2 a 5 anos, bem como impedi-lo de votar pelo mesmo período. Inicia-se a pena acessória quando findar a pena ou a medida de segurança que a acompanhou (duplo binário), mas pode ser incluído nesse cômputo o período de prova do *sursis*. É viável a reativação dos direitos perdidos pela reabilitação.

Na individualização da pena, o juiz deve levar em consideração a culpabilidade, que é seu fundamento. Consideram-se, ainda, os efeitos derivados da pena para a vida futura do autor em sociedade. Para balizar a culpabilidade, são circunstâncias ponderáveis: a) motivos e fins do agente; b) intenção e vontade de praticar o fato; c) grau de descumprimento de dever; d) modo de execução e efeitos do fato; e) antecedentes do autor e sua situação pessoal e econômica; f) conduta do autor após o fato, especialmente seus esforços para reparar o dano e a busca de compensação ao prejudicado. Não se levam em conta as circunstâncias que façam parte do tipo penal.

---

7. Estudo baseado no Código Penal alemão publicado em 10 de março de 1987.

Quanto à reparação do dano, deve-se observar o esforço sério do autor para compensar e reparar a maior parte do prejuízo, bem como se a indenização total ou parcial exigiu do agente a disposição de elevados valores ou sacrifício pessoal. Se tal situação for constatada, pode o juiz atenuar a pena ou, em caso de pena não superior a 1 ano ou multa, conceder o perdão.

Penas inferiores a 6 meses, como regra, não podem resultar em prisão, salvo, excepcionalmente, se circunstâncias especiais relativas ao fato ou à personalidade do autor assim determinarem, bem como para a garantia da defesa do ordenamento jurídico. Assim, quando a lei já não impuser multa ou não prever pena privativa de liberdade por 6 meses ou mais, cabe a aplicação de multa (desde que não seja indispensável a prisão nos termos supra referidos). Quando a lei impuser pena mínima superior a 1 mês, o mínimo da multa deve acompanhar esse aumento na proporção de 30 dias-multa por 1 mês de privação de liberdade.

Em caso de existência de atenuantes especiais, as penas serão reduzidas do seguinte modo: a) prisão perpétua: substituição por pena de, no mínimo, 3 anos; b) privativa de liberdade: o máximo de atenuação equivale a 3/4 do máximo em abstrato, valendo o mesmo para a multa; quanto ao mínimo a ser atingido, deve ser observada a seguinte escala: b1) de 5 ou 10 anos reduz-se para 2; b2) de 3 ou 2 anos reduz-se para 6 meses; b3) de 1 ano reduz-se para 3 meses; b4) nos demais casos, reduz-se para 1 mês. Assim, sempre que o preceito legal fizer referência à existência de atenuante especial, o tribunal pode situar a pena no mínimo possível ou substituí-la por multa. Havendo concorrência de atenuantes, pode-se levar em conta somente uma delas.

A detração é um benefício previsto na legislação, mas é facultativa, a depender da conduta do agente após a prática do crime.

Em lugar de se falar em suspensão condicional da pena, há o instituto da remissão da pena (incondicional ou condicional). Aplica-se a remissão incondicional a penas não superiores a 1 ano, quando se possa esperar que o condenado aceite realmente a condenação como advertência, a fim de, no futuro, não tornar a cometer delitos. Para isso, leva-se em conta sua personalidade, seus antecedentes, as circunstâncias do fato, sua conduta após o delito, sua situação e as consequências eventualmente advindas da remissão.

Concede-se remissão condicional a penas superiores a 1 ano até 2, devendo-se levar conta, conjuntamente, o fato e a personalidade do agente, bem como seu esforço em reparar o dano.

Para condenações de pelo menos 6 meses não se suspende o cumprimento da pena se a defesa do ordenamento jurídico assim exigir.

O período de prova da remissão condicional da pena será de 2 a 5 anos, podendo ser modificado durante o seu transcurso. Há obrigações e condições para a sua aplicação. São obrigações do condenado: a) reparar o dano; b) pagar montante em dinheiro a uma instituição pública, considerando-se o fato e a personalidade do agente; c) prestar serviços de utilidade pública; d) pagar determinada quantia ao Estado. Estas três últimas somente serão impostas se não prejudicar a reparação do dano à vítima, que é prioritária. São condições, desde que o juiz as repute necessárias para evitar o cometimento de outros delitos, respeitado o estilo de vida do condenado: a) disposições referentes a residência, instrução, trabalho, tempo livre ou organização econômica; b) apresentação em juízo ou em outro lugar em datas determinadas; c) não ter contato com certas pessoas ou grupo que possa oferecer oportunidade para a prática de posteriores delitos; d) não possuir, adquirir ou custodiar objetos que possam favorecer a prática de delitos; e) pagar alimentos; f) submeter-se a tratamento médico ou de desintoxicação (com sua concordância); g) permanecer em residência ou instituição apropriada (com sua concordância).

Há vigilância obrigatória para o período de prova, a fim de prevenir a prática de novos delitos, desde que a pena seja superior a 9 meses e o condenado tenha até 26 anos.

Pode-se conceder remissão durante o cumprimento da pena, desde que: *situação 1*: a) cumpridos 2/3 da pena, mas, no mínimo, 2 meses; b) haja prova de que não tornará a cometer crimes; c) exista concordância do condenado; d) leve-se em conta a personalidade do condenado, seus antecedentes, as circunstâncias do fato, sua conduta durante o cumprimento da pena, suas condições de vida e as consequências que se pode esperar da remissão; ou, *situação 2*: a) cumprida metade da pena, pelo menos 6 meses; b) seja a primeira vez que cumpre pena privativa de liberdade e esta não excede 2 anos *ou* haja condições pessoais favoráveis (personalidade e sua evolução durante o cumprimento da pena), existindo prova de que não tornará a delinquir e houver a concordância do condenado.

No caso de prisão perpétua, a remissão é sempre condicional, embora seja possível. O condenado precisa cumprir ao menos 15 anos da pena, a gravidade da culpa indicar ser razoável a medida, houver prova de que não tornará a delinquir e for colhida sua concordância. O prazo do período de prova será de 5 anos.

É viável a aplicação de advertência a condenados apenados a multa não superior a 180 dias-multa. Para isso, leva-se em conta que, no futuro, o condenado não mais cometerá delitos, avaliando-se em conjunto o fato e a personalidade do autor, bem como se preservando a defesa da ordem jurídica.

As medidas de segurança consistem em: a) internação em clínica psiquiátrica; b) internação em estabelecimento destinado a desintoxicação; c) internação em estabelecimento de segurança; d) vigilância orientadora; e) retirada da licença de conduzir veículo; f) proibição de exercer um ofício.

Ao inimputável ou semi-imputável destina-se a internação em clínica psiquiátrica, quando considerado perigoso à sociedade.

Ao imputável condenado por crime premeditado à pena privativa de liberdade de, pelo menos, 2 anos, o tribunal pode impor, juntamente com a pena, a internação em estabelecimento de segurança quando: a) o agente tiver sido condenado anteriormente por delitos premeditados a penas privativas de liberdade de, pelo menos, 1 anos cada uma; b) tenha cumprido por essas condenações anteriores pena privativa de liberdade por um tempo mínimo de 2 anos ou já tenha cumprido medida de segurança privativa de liberdade; c) resultar da apreciação conjunta do autor e do fato que o condenado constitua um perigo para a sociedade, com tendência para cometer crimes graves, especialmente similares aos que causou às vítimas danos psicológicos ou corporais, bem como graves danos econômicos. Aplica-se, também, medida de segurança quando o agente tenha cometido três delitos premeditados anteriormente, dos quais resultaram penas privativas de liberdade de, ao menos, 1 ano para cada um, sendo condenado por um ou vários crimes a penas privativas de liberdade de, pelo menos, três anos, levando-se em conta o fato e a personalidade do autor.

A medida de segurança de internação é executada antes da pena, como regra, embora o tribunal possa determinar o cumprimento primeiramente da pena ou de parte dela, se a finalidade da medida de segurança for mais facilmente alcançada. Após o cumprimento da medida de segurança, o tribunal pode remir condicionalmente o restante da pena. O internamento em estabelecimento de segurança não poderá exceder, na primeira vez, o prazo de 10 anos.

O sistema penal alemão não prevê agravantes nem atenuantes na Parte Geral. Em verdade, há circunstâncias judiciais para balizar a medida da pena, fundadas na culpabilidade. Quanto aos critérios de diminuição da pena, quando atenuantes forem previstas na Parte Especial, há previsão específica, embora seja equivalente às causas de diminuição do Código Penal brasileiro, uma vez que alteram o mínimo e o máximo da pena.

Tomando-se o homicídio doloso como base comparativa, há previsão para quatro hipóteses: a) assassinato: aquele que mata por prazer, por impulso sexual, por cobiça ou motivos inferiores, à traição ou cruelmente, bem como com a utilização de meios que causem perigo comum ou para possibilitar a execução ou ocultação de outro delito. A pena é prisão perpétua; b) homicídio simples: pena privativa de liberdade não inferior a cinco anos. Se o tribunal detectar particular gravidade, a pena será prisão perpétua; c) homicídio privilegiado: violenta emoção provocada por ato injusto da vítima contra o agente ou familiar seu, com pena de 6 meses a cinco anos de privação de liberdade; d) homicídio consentido: quando o homicídio for cometido com concordância sincera da vítima. A pena será de 6 meses a 5 anos.

5.3 França

As infrações penais dividem-se em crimes, delitos e contravenções. Existem penas de reclusão, para os crimes comuns, e detenção, destinada a crimes políticos graves contra interesses fundamentais da nação, importando em consequências acessórias e cumprimento em estabelecimento especialmente adequado.[8]

As penas dividem-se ainda em: a) penas criminais (mais graves): a1) perpétua; a2) máximo de 30 anos; a3) máximo de 20 anos; a4) máximo de 15 anos. Para todas elas, o mínimo é de 10 anos. Não se exclui a possibilidade de aplicação da multa e de penas acessórias; b) penas correcionais (menos graves): b1) prisão, b2) multa (quantidade fixa); b3) dias-multa (quantidade variável, admitindo conversão em prisão); b4) trabalhos em benefício da comunidade; b5) privação ou restrição de direitos; b6) penas acessórias. No caso de penas correcionais, a prisão varia nas seguintes escalas: 1.º grau) máximo de 10 anos; 2.º grau) máximo de 7 anos; 3.º grau) máximo de 5 anos; 4.º grau) máximo de 3 anos; 5.º grau) máximo de 2 anos; 6.º grau) máximo de 1 ano; 7.º grau) máximo de 6 meses.

---

8. O Código Penal francês foi editado pela Lei 92-683, de 22 de julho de 1992, entrando em vigor em 1.º de março de 1994.

A multa pode ser aplicada pelo juiz, além da pena de prisão, em dias-multa, cada dia valendo determinada quantia, conforme o rendimento do acusado, não podendo exceder 360 dias-multa.

São penas restritivas de direitos: a) suspensão de dirigir por até 5 anos; b) proibição de dirigir certos veículos por até 5 anos; c) anulação da permissão de conduzir por até 5 anos; d) confisco de veículo do condenado; e) imobilização do veículo por até 1 ano; f) privação do direito de ter e portar arma por até 5 anos; g) confisco de arma; h) retirada da permissão de caça por até 5 anos; i) privação de emissão de cheque e uso de cartão de crédito por até 5 anos; j) confisco dos instrumentos do crime, exceto em caso de crime de imprensa; l) inabilitação para exercer atividade profissional ou empresarial por até 5 anos (exceto mandato eletivo ou responsabilidade sindical).

A aplicação dessas penas vale para substituir pena privativa de liberdade ou multa.

O trabalho à comunidade deve desenvolver-se de 40 a 240 horas, não pode ser remunerado e voltar-se-á a pessoa jurídica de direito público ou associação autorizada a desenvolver atividades de interesse geral. Não se imporá esse tipo de pena quando o réu não concordar ou quando não comparecer à audiência admonitória.

A pena de prisão não será imposta juntamente com penas restritivas de direitos ou multa. Pode haver, no entanto, a fixação de mais de uma pena restritiva de direitos, quando não se tratar de prestação de serviços à comunidade.

As penas acessórias para crimes e delitos podem ser aplicadas quando previstas em lei: interdição, perda, suspensão e privação de direito, submissão a tratamento médico, imobilização ou confisco de bem, fechamento de estabelecimento, publicação da sentença, inclusive pela imprensa. A pena acessória prevista para o crime pode valer como pena principal e, quando a infração for castigada com várias penas acessórias, o juiz pode utilizar uma só delas ou inúmeras.

As penas contravencionais são a multa e a restrição de direitos. Nesses casos, o trabalho à comunidade deve ser feito até o limite de 18 meses, no lugar onde vive o condenado, guardando compatibilidade com sua atividade profissional. O Estado fica responsável por qualquer dano causado pelo condenado nessa tarefa.

O pagamento de dias-multa será exigido ao final do número de dias impostos e, não pago o valor total ou parcial, cabe a conversão em prisão pela metade do número de dias não pagos.

A condenação pode gerar a suspensão de direitos cívicos, civis e de família, por até 10 anos para crimes e, por até 5 anos, para delitos, embora não possa advir de sentença criminal, salvo quando expressamente previsto em lei.

A proibição do exercício de cargo, ofício ou profissão pode ser pena principal ou acessória, definitiva ou temporal (nesse caso por até 5 anos). Existem, ainda, a proibição de permanência em território francês e a proibição de residir ou frequentar determinados lugares.

O sistema penal prevê a denominada vigilância sociojudicial, quando prevista em lei, obrigando o condenado a ela se submeter, sob fiscalização do juiz da execução, voltada a prevenir a reincidência. Sua duração varia para crimes (até 20 anos) e delitos (até 10 anos). Em caso de descumprimento, pode acarretar prisão de até 5 anos para crimes e de até 2 anos para delitos. Não cabe vigilância quando for aplicável *sursis* condicionado a período de prova.

Para penas correcionais, a vigilância pode tornar-se pena principal.

A reincidência ocorrerá quando o agente cometer crime já tendo sido condenado anteriormente por crime ou delito punido com 10 anos de prisão pela lei. A punição, quando o máximo previsto em abstrato for de 20 ou 30 anos, passa a ser a prisão perpétua. O máximo vai para 30 anos quando o delito é punido com pena de 15 anos. O agente, condenado anteriormente por crime ou delito punido com 10 anos de prisão pela lei, cometendo outro crime, no prazo de 10 anos a contar do cumprimento ou extinção da pena, faz com que o delito punido com 10 anos passe a ter o máximo da pena dobrado. Quando condenado definitivamente por crime ou delito, punido pela lei com prisão de 10 anos, cometer outro, no período de 5 anos a contar do cumprimento ou extinção da pena, punido com pena de prisão superior a 1 ano e inferior a 10, o limite máximo da prisão e da multa será dobrado. O condenado definitivamente, por delito, cometendo, em 5 anos, a contar do cumprimento ou da extinção da pena, outro delito de igual natureza, provocará a mudança, para o dobro, do máximo da pena de prisão e multa.

O juiz deve sempre fixar expressamente as penas necessárias na sentença, podendo optar por aplicar várias ou apenas uma das sanções previstas para a infração penal.

Dentre seu imenso poder discricionário na aplicação da pena, pode o magistrado, quando a infração for castigada com reclusão ou detenção perpétua, impor reclusão ou detenção temporal ou pena de prisão não inferior a 2 anos. Quando a infração for punida com reclusão ou detenção temporal, pode optar por reclusão ou detenção inferior à estabelecida ou a pena de prisão não inferior a 1 ano. Quando a infração for punida com pena de prisão, pode eleger prisão com duração inferior à estabelecida. Quando a infração for punida com multa, pode o juiz impor montante menor que o previsto.

Há o denominado período de segurança durante o cumprimento de pena privativa de liberdade, consistindo em não receber benefício de execução penal (livramento condicional, permissão de trabalho, fracionamento da pena, semiliberdade, suspensão da pena) por certo tempo. No caso de condenação a pena de duração igual ou superior a 10 anos, fica sujeito a período de segurança, cuja duração será de metade da pena. Em se tratando de prisão perpétua, o período é de 18 anos. Pode ser aumentado o período de segurança para 2/3 da pena ou para até 22 anos (perpétua), bem como pode ser reduzido, a critério do juiz. Para penas superiores a 5 anos, sem *sursis*, o magistrado pode fixar um período de segurança de até 2/3 da pena ou 22 anos, em caso de prisão perpétua.

A individualização da pena deverá ser feita dentro dos limites estabelecidos pela lei, cabendo ao juiz ou tribunal a eleição do seu montante e regime, levando em conta as circunstâncias da infração e a personalidade do autor. Quando for imposta pena de multa, a quantia atenderá aos recursos e encargos do agente.

Cabe semiliberdade para penas iguais ou inferiores a 1 ano, devendo o condenado possuir atividade profissional, assistir a cursos e palestras de formação profissional, realizar um período de prática ou emprego temporário para reinserção social e participar da vida familiar, bem como, se for o caso, submeter-se a tratamento médico. Equivale ao regime em Casa do Albergado: fica fora durante o dia, em atividades profissionais, recolhendo-se quando não as estiver exercendo.

O fracionamento das penas implica cumpri-las em períodos divididos, quando se tratar de penas correcionais e houver motivo de doença, problemas familiares,

58 INDIVIDUALIZAÇÃO DA PENA – Nucci

profissionais ou sociais. Assim, para penas de até 1 ano, pode-se prever o seu fracionamento por até 3 anos, em períodos nunca inferiores a 2 dias.

A suspensão condicional da pena pode ser simples ou condicionada. É cabível para quem não tenha sido condenado antes, no período de 5 anos, a pena de reclusão ou prisão. A condenação sujeita a *sursis* não pode exceder 5 anos. A suspensão deve ser condicionada quando a condenação a pena de prisão não superior a 5 anos tiver origem em crime ou delito, com período de prova de 18 meses a 3 anos. Suas condições genéricas são: a) comparecimento em juízo quando solicitado pelo juiz ou pelo trabalhador social; b) recebimento do trabalhador social, comunicando-lhe as atividades. A designação de *trabalhador social* advém da Lei 516/00, substituindo a antiga denominação, que era agente da provação, em função da presunção de inocência e dos direitos da vítima; c) comunicação ao trabalhador social do emprego desenvolvido; d) comunicação ao trabalhador social de mudança de endereço ou viagens que durem mais de 15 dias; e) obtenção de autorização do juiz para viagem ao exterior. As condições especiais constituem-se de: a) trabalhar; b) morar em determinado lugar; c) submeter-se a tratamento médico; d) sustentar a família; e) reparar o dano; f) pagar as despesas do processo; g) abster-se de dirigir certos veículos, h) não exercitar determinadas atividades profissionais; i) não frequentar certos lugares; j) não fazer apostas; l) não frequentar bares; m) não visitar condenados, especialmente cúmplices; n) não se relacionar com certas pessoas, especialmente com a vítima; o) não ter nem portar arma.

Existe, ainda, a possibilidade de haver a dispensa de pena ou sua prorrogação. Quando se tratar de delitos sujeitos a penas correcionais ou contravenções penais, o agente pode declarar-se culpado e o juiz dispensar a aplicação da pena. Entretanto, pode manter o registro do antecedente criminal. O agente deve, ainda, reparar o dano. A prorrogação adia o cumprimento da pena quando se constata estar o autor do crime em vias de reparar o dano ou o prejuízo causado. Fixa-se, então, um prazo para haver decisão da causa. Seria o equivalente à suspensão condicional do processo.

Não existem atenuantes previstas no Código Penal, porquanto o poder do juiz para fixar a pena, rompendo, se quiser, o mínimo legal, é bastante amplo. Há agravantes: a) participar de organização criminosa; b) premeditação; c) valer-se de arrombamento; emprego de chave falsa, obtida indevidamente ou instrumento usado de modo fraudulento para abrir algo sem arrombamento; escalada; arma ou objeto usado para matar ou lesionar, valendo, inclusive, objeto que possa parecer arma para infundir temor e animal para matar, ferir ou ameaçar.

5.4 Espanha

Dividem-se as infrações penais em delito e contravenção penal. Existe ainda a medida de segurança, que se fundamenta na periculosidade criminal do agente exteriorizada pelo cometimento de fato previsto como delito, mas não se aplica aos imputáveis.[9]

Ao delito destinam-se penas graves e menos graves. À contravenção, somente penas leves. Consideram-se penas graves: a) prisão superior a 3 anos; b) inabilitação

---

9. O Código Penal espanhol foi aprovado pela Lei Orgânica 10/1995, de 23 de novembro, entrando em vigor em 25 de maio de 1996.

absoluta; c) inabilitação especial por tempo superior a 3 anos; d) suspensão de emprego ou cargo público por tempo superior a 3 anos; e) privação do direito de conduzir veículo por tempo superior a 6 anos; f) privação do direito de ter e portar arma por tempo superior a 6 anos; g) privação do direito de residir em determinados lugares ou frequentá-los por tempo superior a 3 anos. São penas menos graves: a) prisão de 6 meses a 3 anos; b) inabilitação especial por até 3 anos; c) suspensão de emprego ou cargo público por até 3 anos; d) privação do direito de conduzir veículo por tempo que varia de 1 ano e 1 dia a 6 anos; e) privação do direito de ter e portar arma por tempo que varia de 1 ano e 1 dia a 6 anos; f) privação do direito de residir em determinados lugares ou frequentá-los por tempo que varia de 6 meses a 3 anos; g) multa de mais de 2 meses; h) multa proporcional em qualquer quantia; i) arresto de 7 a 24 fins de semana; j) trabalhos em benefício da comunidade de 96 a 384 horas. São penas leves: a) privação do direito de dirigir veículo de 3 meses a 1 ano; b) privação de ter ou portar arma de 3 meses a 1 ano; c) multa de 5 dias a 2 meses; d) arresto de 1 a 6 fins de semana; e) trabalho em benefício da comunidade de 16 a 96 horas.

Quando impostas penas acessórias, terão a mesma duração da principal.

A privação de liberdade divide-se em prisão, arresto de fim de semana e responsabilidade pessoal subsidiária por pagamento de multa. A duração mínima da prisão é de 6 meses e a máxima, de 20 anos (salvo exceções previstas no Código Penal). A duração mínima do arresto é de 36 horas, que equivale a 2 dias de privação de liberdade e o máximo, a 24 fins de semana (salvo se substitui outra privação de liberdade).

O cumprimento do arresto deve dar-se às sextas, sábados e domingos, em estabelecimento penitenciário próximo ao domicílio do condenado.

A privação de direitos tem os seguintes prazos: a) inabilitação absoluta: 6 a 20 anos; b) inabilitação especial: 6 a 20 anos; c) suspensão do cargo: 6 meses a 6 anos; d) privação do direito de dirigir e porte de arma: de 3 meses a 10 anos; e) privação do direito de residir ou frequentar determinado lugar: de 6 meses a 5 anos; f) trabalhos comunitários: de 1 dia a 1 ano.

A inabilitação absoluta consiste na privação de todas as honras, emprego, cargo público ou mesmo eletivo, bem como na incapacidade para obter outro durante a condenação.

A multa leva em conta exclusivamente a situação econômica do réu. O número de dias-multa varia de 5 dias a 2 anos. Cada dia possui valor monetário específico. A multa que não for paga converte-se em prisão ou prestação de serviços à comunidade.

Na individualização da pena, o juiz deve levar em conta as condições pessoais do agente e a maior ou menor gravidade do fato, fundamentando. Havendo uma só atenuante, pode o magistrado reduzir a pena para a metade inferior. Quando concorrerem uma ou várias atenuantes ou uma só qualificada, o juiz pode reduzir, fundamentando, para a pena inferior em 1 ou 2 graus. Se concorrerem uma ou várias agravantes, o juiz pode aumentar para a metade superior. Não se utilizam agravantes e atenuantes que servem de elemento constitutivo do tipo.

Os termos superior e inferior são atingidos da seguinte forma: a) superior: parte-se do máximo previsto para o crime e soma-se a metade. Ex.: se o máximo é 10 anos, soma-se o montante de 5 anos, constituindo o termo superior a variação de 10 a 15 anos; b) inferior: parte-se do mínimo e diminui-se metade. Ex.: a pena mínima é de 6 anos; diminui-se o montante de 3 anos, constituindo o termo inferior a variação de 3 a 6 anos.

60 | INDIVIDUALIZAÇÃO DA PENA – Nucci

Na fixação da pena, não se ultrapassará o teto de 30 anos de prisão, 25 anos de inabilitação absoluta ou especial, 15 anos de privação de conduzir veículo ou portar arma, 36 meses de multa e 36 fins de semana de arresto.

A pena de prisão inferior a 6 meses pode ser substituída por restritiva de direitos. A suspensão condicional da pena vale para condenações de até 2 anos.

Outras substituições possíveis: a) prisão não excedente a 1 ano: arresto (uma semana de prisão = 2 arrestos) ou multa (1 dia de prisão = 2 cotas de multa). Tal se dá se as condições pessoais do condenado, a natureza do delito e o esforço para reparar o dano forem positivos e não sendo criminoso habitual; b) prisão não excedente a 2 anos, para réus não habituais, quando as circunstâncias do fato e do agente recomendem. O arresto pode transformar-se em trabalho comunitário ou multa.

São circunstâncias atenuantes: a) causas de exclusão da culpabilidade ou da ilicitude quando não presentes todos os requisitos permitindo eximir a responsabilidade criminal; b) agir sob efeito do álcool ou substância análoga; c) agir sob estímulo poderoso, que produza estados passionais; d) confessar antes de saber que há processo judicial; e) reparar o dano ou diminuir as consequências do seu ato; f) qualquer circunstância análoga.

São circunstâncias agravantes: a) executar o crime à traição, quando o agente volta-se contra a pessoa, empregando meios, modos ou formas que visem assegurá-lo, reduzindo a defesa do ofendido; b) executar o delito mediante dissimulação, abuso de superioridade ou aproveitando-se de circunstâncias de lugar, tempo ou auxílio de outras pessoas que debilitem a defesa do ofendido, facilitando a impunidade; c) executar o crime mediante preço, recompensa ou promessa; d) cometer o fato por motivos racistas, antissemitas ou outra classe de discriminação referente à ideologia, religião, crenças da vítima, etnia, raça, nação a que pertença, sexo ou orientação sexual, enfermidade ou deficiência; e) aumentar deliberadamente e de forma desumana o sofrimento da vítima, causando padecimentos desnecessários para a execução do crime; f) agir com abuso de confiança; g) prevalecer-se de cargo público; h) ser reincidente (quando o delinquente tenha sido condenado antes por delito compreendido no mesmo título do Código e da mesma natureza).

Pode atenuar ou agravar a pena, conforme a natureza, os motivos, os efeitos do delito, ser o ofendido cônjuge ou pessoa a quem se ligue de forma estável por análoga relação de afetividade, ascendente, descendente, irmão natural ou por adoção ou afinidade nos mesmos graus do ofensor.

5.5 Portugal

A lei penal portuguesa preceitua serem as finalidades da pena e da medida de segurança a proteção dos bens jurídicos, a defesa da sociedade e a prevenção a novos crimes, com a reintegração do agente na sociedade, preparando-o a levar vida de modo socialmente responsável.[10]

---

10. Jorge de Figueiredo Dias sustenta que o Código Penal português de 1995 adotou claramente a postura de considerar a pena nas suas finalidades preventivas apenas: geral – positiva e negativa – e especial – positiva e negativa, mas abandonando qualquer aspecto

A pena deve ser fixada na medida da culpabilidade e tem duração mínima de 1 mês e máxima de 20 anos. O limite máximo de cumprimento é de 25 anos.

Penas de prisão não superiores a 6 meses comportam substituição por multa ou outra pena não privativa de liberdade, exceto se a pena de prisão for o caminho adequado para evitar o cometimento de novos crimes.

Permite-se a prisão por dias livres, quando a pena não for superior a 3 meses e não houver substituição por multa ou outra pena. Os dias livres constituem a privação da liberdade por fins de semana em quantidade não superior a 18 (cada período dura de 36 a 48 horas, equivalendo a 5 dias de prisão contínua).

A semidetenção é aplicável para penas não superiores a 3 meses, quando não caibam dias livres, dependendo da concordância do condenado. Aplica-se privação da liberdade, mas permitindo-se ao sentenciado continuar na sua atividade profissional ou estudos, saindo do estabelecimento penitenciário para tanto. Equivale ao cumprimento em Casa do Albergado.

A multa é fixada em dias, variando de 10 a 360. Cada dia tem determinado valor, devendo ser calculado conforme a situação econômica do condenado. Quando não for paga converte-se em prisão pelo montante de 2/3 do total de dias-multa.

Cabe suspensão condicional da pena para condenações de até 3 anos, conforme a personalidade e outras condições pessoais do agente.

A prestação de serviços à comunidade pode ser aplicável a penas de prisão não superiores a 1 ano, valendo de 36 a 380 horas, a ser cumprida em dias úteis, sábados, domingos e feriados.

Existe, ainda, a admoestação, que substitui qualquer punição desde que seja cabível apenas multa não superior a 120 dias.

As penas acessórias – proibição do exercício de função, suspensão da função, proibição de dirigir veículo – são aplicáveis às penas principais.

Para a escolha entre pena privativa de liberdade e não privativa de liberdade, deve o juiz dar preferência a esta última sempre que adequada e suficiente para a finalidade da punição.

Na individualização da pena, a culpabilidade do agente e as exigências de prevenção serão fundamentais, além dos seguintes aspectos: a) grau de ilicitude do fato, modo de execução, gravidade das consequências, grau de violação dos deveres do agente; b) intensidade do dolo e da negligência; c) sentimentos manifestados no cometimento do crime, os fins e motivos que o determinaram; d) conduta pessoal do agente e sua situação econômica; e) condutas anterior e posterior ao delito, especialmente se reparou o dano; f) falta de preparo para manter conduta lícita manifestada no fato, quando esta falta deva ser censurada através da aplicação de pena.

São atenuantes: a) circunstâncias que diminuam de forma acentuada a ilicitude do fato, a culpabilidade do agente ou a necessidade de pena; b) ter atuado sob influência de ameaça grave ou ascendência de pessoa de quem dependa ou a quem deva

---

retributivo, não mais compatível, no seu entendimento, com os princípios do Estado de Direito democrático (*Temas básicos da doutrina penal*, p. 111). Foi aprovado pelo Dec.-lei 45/95, de 17 de fevereiro, entrando em vigor em 1.º de outubro do mesmo ano.

obediência; c) ter sido a conduta determinada por motivo honroso, forte solicitação ou tentação da própria vítima ou por injusta provocação ou ofensa imerecida; d) ter havido atos demonstrativos de arrependimento sincero do agente, especialmente reparação do dano, até onde isso lhe era possível; e) ter decorrido muito tempo da prática do crime, mantendo o agente boa conduta.

A atenuante, genérica ou especial, somente se leva em conta uma vez. Quando estiverem presentes, o limite máximo é reduzido de 1/3 e o limite mínimo, de 1/5, se igual ou superior a 3 anos. Reduz-se ao mínimo legal se for inferior a esse montante. Quanto à multa, seu limite máximo é reduzido em 1/3 e o piso vai ao mínimo legal.

Há possibilidade de o juiz dispensar a aplicação da pena, quando não ultrapassar o montante de 6 meses ou quando a multa não for superior a 120 dias. O tribunal declara o réu culpado e não aplica a pena, levando em conta a diminuta ilicitude do fato e culpabilidade do agente, bem como se o dano tiver sido reparado e não se opuserem razões de prevenção.

Se houver possibilidade de reparação do dano, o juiz pode adiar a sentença para reapreciar o caso dentro de um ano.

A reincidência configura-se quando alguém comete crime doloso punível com mais de 6 meses de prisão efetiva depois de já ter sido condenado com trânsito em julgado a pena efetiva superior a 6 meses por outro crime doloso, desde que a condenação anterior não tenha sido suficiente como advertência contra a prática do delito. Não se leva em conta a condenação anterior se já decorreu o prazo de 5 anos, não se computando as medidas processuais, o cumprimento da pena ou da medida de segurança. O aumento da pena em virtude da reincidência deve ser o seguinte: o limite mínimo é elevado em 1/3; o limite máximo não se altera. A agravação da pena por conta da reincidência não pode ser superior à medida da pena mais grave anteriormente imposta.

Em Portugal, existe a possibilidade de se efetivar a denominada pena relativamente indeterminada. Aquele que praticar crime doloso sujeito a pena efetiva e concreta de mais de 2 anos e tiver cometido antes dois ou mais crimes dolosos, cada qual com pena efetiva de mais de 2 anos deve ser punido com uma pena relativamente indeterminada, avaliando-se conjuntamente os fatos praticados e a personalidade do agente, que deve revelar propensão para o crime. A pena relativamente indeterminada atinge um mínimo de 2/3 da pena de prisão, que, concretamente, caberia ao crime e um máximo equivalente a esta pena adicionada de 6 anos. Ex.: homicídio, cuja pena varia de 8 a 16 anos. Se 12 anos for a pena concreta, a relativamente indeterminada varia de 8 a 18.

Outros casos para essa aplicação: a) quando for praticado crime doloso com prisão efetiva e anteriormente quatro ou mais delitos dolosos, cada qual com prisão efetiva. Se o agente for menor de 25 anos, só se aplica a pena relativamente indeterminada caso tenha cumprido pelo menos 1 ano; b) agente alcoólatra ou com tendência de abuso comete crime sujeito a pena efetiva e anteriormente cometeu outro também com prisão efetiva; c) o mesmo ocorre com drogados.

A medida de segurança é destinada a inimputáveis, não podendo exceder o máximo previsto para a pena correspondente no tipo penal. Entretanto, em caráter excepcional, pode seguir até onde seja necessário para combater o estado de periculosidade.

Quanto ao homicídio, pune-se a forma simples com pena de prisão de 8 a 16 anos. Na forma qualificada, a pena será de 12 a 25 anos.

5.6 Chile

As penas estão divididas em escala geral nos seguintes termos: 1) para os crimes: a) morte; b) presídio perpétuo; c) reclusão perpétua; d) presídio maior; e) reclusão maior; f) relegação perpétua; g) confinamento maior; h) deportação maior; i) relegação maior; j) inabilitação absoluta perpétua para cargos, ofícios públicos, direitos políticos e profissões; k) inabilitação especial perpétua para algum cargo ou ofício público ou profissão; l) inabilitação absoluta temporal para cargos e ofícios públicos e profissões; m) inabilitação especial temporal para algum cargo, ofício ou profissão; 2) para os delitos simples: a) presídio menor; b) reclusão menor; c) confinamento menor; d) deportação menor; e) relegação menor; f) desterro; g) suspensão de cargo, ofício público ou profissão; h) inabilitação perpétua para conduzir veículos a tração mecânica ou animal; i) suspensão para conduzir veículos a tração mecânica ou animal; 3) para contravenções: a) prisão; b) inabilitação perpétua para conduzir veículos a tração mecânica ou animal; c) suspensão para conduzir veículo a tração mecânica ou animal; 4) para crimes, delitos e contravenções: a) multa; b) perda ou confisco dos instrumentos ou proventos dos delitos; 5) penas acessórias dos crimes e delitos: a) incomunicabilidade com pessoas estranhas ao estabelecimento penal, conforme o Regulamento Carcerário; b) suspensão ou inabilitação para cargos e ofícios públicos, para o exercício dos direitos políticos e para profissões nos casos em que, não sendo impostas especialmente pela lei outras penas, sejam convenientes para aplicação em conjunto.[11]

A duração das penas temporais maiores é de 5 anos e 1 dia a 25 anos; a das penas temporais menores, de 61 dias a 5 anos. A inabilitação absoluta e especial temporal é de 3 anos e 1 dia a 10 anos; a suspensão de cargo, ofício ou profissão, de 61 dias a 3 anos. O desterro e a vigilância variam de 61 dias a 5 anos. A prisão tem duração de 1 a 60 dias. A multa possui os seguintes valores: a) para crime: até 30 unidades tributárias mensais; b) para delito: até 20 unidades tributárias mensais; c) para contravenção: até 5 unidades tributárias mensais.

As penas de morte (quando não executadas), prisão, reclusão e relegação perpétuas provocam necessariamente a inabilitação absoluta perpétua para cargos, ofícios, direitos políticos e submetem à vigilância. As penas de prisão, reclusão, confinamento, deportação e relegação maiores conduzem à aplicação de inabilitação perpétua para cargos, ofícios, direitos políticos e inabilitação absoluta para profissões durante a condenação. As penas de prisão, reclusão, confinamento, deportação e relegação menores acarretam a aplicação de inabilitação absoluta perpétua para direitos políticos e inabilitação absoluta para cargos e ofícios durante a condenação. As penas de prisão, reclusão, confinamento, deportação e reclusão menores em graus médio e mínimo, bem como desterro e prisão levam à suspensão de cargo ou ofício durante a condenação.

---

11. Cuida-se do Código Penal aprovado pelo Decreto 103, de 31 de janeiro de 1997.

64 | INDIVIDUALIZAÇÃO DA PENA – Nucci

A prisão é cumprida com trabalho obrigatório, mas a reclusão e a prisão por contravenção não têm trabalho. O confinamento é a expulsão do território chileno, com residência forçada em lugar determinado. A deportação implica na expulsão do território chileno para o lugar que o condenado quiser. A relegação é o traslado do condenado a um local habitado do Chile, com a proibição de sair dali, embora permaneça em liberdade. O desterro é a expulsão do condenado de algum lugar do Chile.

Multas que não sejam pagas provocam prisão de até 6 meses.

A aplicação da pena obedece a três graus: mínimo, médio e máximo. Levando em consideração as penas de presídio, reclusão, confinamento, deportação e relegação maiores, tem-se o seguinte quadro: a) toda a pena: 5 anos e 1 dia a 20 anos; b) grau mínimo: 5 anos e 1 dia a 10 anos; c) grau médio: 10 anos e 1 dia a 15 anos; d) grau máximo: 15 anos e 1 dia a 20 anos. Cada grau constitui pena distinta para efeito de concretização.

As circunstâncias agravantes e atenuantes são balizas para a elevação ou diminuição da pena, conforme as regras estabelecidas no Código Penal. Não se utiliza agravante que constitua parte do tipo penal, nem aquelas sem as quais o delito não se realizaria. Quando estiverem presentes no concurso de pessoas, somente podem ser aplicadas as referentes a motivo, relação pessoal entre ofendido e agente, bem como outra de natureza pessoal aos coautores, cúmplices e comparsas que nelas incidirem. Quanto às objetivas, como execução material do crime e meios utilizados, somente se aplica aos que delas tiveram conhecimento. Há várias regras para o concurso de agravantes e atenuantes, embora, em síntese, se possa registrar dever a pena ser escolhida em função do número de circunstâncias atenuantes e agravantes existentes e em relação à maior ou menor extensão do mal causado pelo crime.

São atenuantes: a) todas as excludentes cujos requisitos não foram suficientemente preenchidos para eximir a responsabilidade criminal (ex.: não se aplica a legítima defesa por ter havido excesso; cabe, então, atenuante); b) ter o ofendido provocado ou ameaçado antes do crime o agressor; c) executar o fato após ofensa grave ao autor, cônjuge, parentes legítimos por consanguinidade ou afinidade em linha reta e colateral até 2.º grau, inclusive pais e filhos naturais ou ilegítimos reconhecidos; d) atuar em virtude de poderosos estímulos que produzam violenta emoção ou paixão; e) se a conduta anterior do delinquente for irreparável; f) se o autor procurou com zelo reparar o mal causado ou impedir suas perniciosas consequências; g) se, podendo afastar a ação da justiça, por fuga ou ocultação, denunciou-se e confessou o crime; h) se do processo não resulta contra o processado outro antecedente à sua espontânea confissão; i) ter agido com sentimento de justiça.

São agravantes: a) ter cometido o crime contra pessoas agindo com falsidade ou traição; b) ter agido mediante preço, recompensa ou promessa; c) executar o crime por meio de inundação, incêndio, veneno ou outro artifício que possa ocasionar grandes estragos ou danos a outras pessoas; d) aumentar deliberadamente o mal do delito causando outros males desnecessários à sua execução; e) nos delitos contra pessoas, agir com premeditação conhecida ou empregar astúcia, fraude ou disfarce; f) abusar o delinquente da superioridade do seu sexo, de suas forças ou das armas em termos que o ofendido não possa defender-se com probabilidade de repelir a agressão; g) cometer o crime com abuso de confiança; h) prevalecer-se de cargo público; i) empregar meios ou fazer que concorram circunstâncias que aumentem a ignomínia dos efeitos do próprio delito; j) cometer o delito em ocasião de incêndio, naufrágio, rebelião, tumulto ou comoção popular ou outra calamidade ou desgraça; k) executar o crime com auxílio de pessoa armada ou de pessoas que assegurem ou proporcionem impunidade; l) executar o delito à noite ou em lugar ermo, dependendo do tribunal levar ou não em conta a circunstância, conforme a natureza do delito; m) executar o crime em desprezo ou com ofensa a autoridade pública ou no local em que atue; n) cometer o crime enquanto cumpre condenação ou depois de tê-la descumprido e dentro do prazo em que pode ser castigado pelo descumprimento; o) ter sido condenado antes por delito para o qual a lei preveja pena igual ou maior; p) ser reincidente em delito da mesma espécie; q) cometer o crime em lugar destinado ao exercício de culto permitido pelo Estado; r) executar o fato com ofensa ou desprezo à dignidade, autoridade, idade ou sexo do ofendido ou em sua residência; s) executar o crime por meio de arrombamento ou escalada; t) ser o ofendido cônjuge, parente legítimo por consanguinidade ou afinidade em linha reta ou na colateral até o 2.º grau, inclusive pai ou filho natural ou ilegítimo reconhecido pelo agressor. Neste último caso, conforme a natureza do delito, o tribunal leva em conta ou não a agravante.

Considera-se a reincidência em dois graus: genérica e específica, para efeito de aumento de pena, embora não se deva aplicá-la se decorridos 10 anos, quando se tratar de crimes, ou de 5 anos, quando se cuidar de delito simples.

No homicídio doloso, a pena é de presídio maior em graus mínimo a médio (5 anos e 1 dia a 15). Quando se tratar de homicídio contra um parente, a pena é de presídio maior em grau máximo à morte (o grau máximo é de 15 anos e 1 dia a 20). Quando houver homicídio qualificado (por exemplo, à traição) a pena é de presídio maior em grau médio a presídio perpétuo (o grau médio varia de 10 anos e 1 dia a 15).

5.7 Paraguai

O Código Penal consagra, logo no art. 3.º, terem as sanções penais por objetivo a proteção dos bens jurídicos e a readaptação do autor a uma vida sem tornar a delinquir.[12]

Estabelece como penas as seguintes: 1) principais: a) privativa de liberdade; b) multa; 2) complementares: a) pena patrimonial; b) proibição de dirigir veículo; 3) adicionais: a) composição; b) publicação da sentença.

A duração da pena privativa de liberdade é de, no mínimo, 6 meses e, no máximo, 25 anos. O objetivo da execução desse tipo de pena é obter a readaptação do criminoso e a proteção à sociedade. Durante a execução da pena, deve-se estimular a capacidade do condenado para responsabilizar-se por si mesmo e levar a vida em liberdade sem voltar a delinquir. Se o permitir a personalidade do sentenciado, poderão ser diminuídas as restrições à sua liberdade. Haverá trabalho útil, conforme as suas capacidades, embora seja obrigatório e remunerado.

---

12. O Código Penal paraguaio foi aprovado pela Lei 1.160/1997, de 26 de novembro.

Há previsão de prisão domiciliar, destinada a penas não superiores a 1 ano, voltada a mulheres com filhos pequenos ou incapazes e pessoas maiores de 60 anos. Por outro lado, é viável a postergação do cumprimento da pena, quando se tratar de mulher grávida, mãe de criança menor de 1 ano e pessoa gravemente enferma.

A suspensão condicional da pena está presente, destinada a penas não superiores a 2 anos, desde que seja a medida adequada conforme a personalidade do réu, conduta e condições pessoais de sua vida, esperando-se que não volte a delinquir. Não se concede *sursis* caso tenha havido condenação anterior nos 5 anos antes do fato a uma ou mais penas que, no total, somem 1 ano ou multa, bem como quando o novo fato seja realizado em período de prova anterior. Aliás, o período de prova do *sursis* varia de 2 a 5 anos. Deve ser condicionado a: a) reparação do dano, dentro de certo prazo, conforme as possibilidades do réu e os prejuízos causados; b) pagar determinada quantia em dinheiro a entidade assistencial; c) realizar outras prestações ao bem comum. Existe assessoria especializada para acompanhar o período de prova.

A liberdade condicional pode ser concedida, levando-se em conta a personalidade do condenado, a vida pregressa, as circunstâncias do crime, o comportamento durante a execução da pena, as suas condições de vida e os efeitos que a suspensão da pena pode ter para si. Não existe prazo certo para sua concessão.

A multa é fixada em dias-multa, variando de 5 a 360. Cada dia-multa tem um valor relativo ao salário mínimo, devendo o juiz levar em conta para sua fixação as condições econômicas do réu, sua receita, seu patrimônio e outros dados similares. A multa, embora não prevista no tipo, pode ser aplicada a todo delito que implicar em intuito de lucro. O pagamento pode ser dilatado ou parcelado, mas, não sendo efetuado, converte-se em prisão, à razão de um dia-multa para cada dia de prisão, sendo o mínimo de 1 dia. Existe possibilidade de substituir a pena de prisão por prestação de serviços à comunidade, valendo um dia-multa como um dia de trabalho.

A pena patrimonial é voltada a crimes cuja pena não ultrapasse 2 anos, aplicando-se quando expressamente prevista em lei e consiste no pagamento de soma em dinheiro, levando-se em conta o patrimônio do autor. Não são incluídos os benefícios auferidos pelo crime. O não pagamento implica em prisão não menor que 3 meses, nem maior que 3 anos.

A proibição de dirigir vale para crimes de trânsito e tem duração de 1 mês a 1 ano.

A pena adicional denominada *composição* significa o pagamento à vítima de quantia em dinheiro para restabelecer a paz social. O montante deve ser apurado conforme as consequências do ilícito e a situação econômica do autor. Não se exclui eventual acesso ao cível para pleitear complemento.

A publicação da sentença será feita quando expressamente prevista em lei.

Há, também, a possibilidade de haver advertência ou perdão da pena. No caso de aplicação de multa não superior a 180 dias-multa, o juiz está autorizado a condenar, fixar a pena e somente advertir o réu, suspendendo o cumprimento da condenação, sempre que julgar aconselhável, conforme seus dados pessoais, incluindo personalidade. O perdão também é viável a quem sofreu as consequências do fato de forma tão grave que seja desnecessária a sanção penal. Vale, neste caso, para penas privativas de liberdade não superiores a 1 ano.

A medida da pena se baseará na culpabilidade do autor e será por ela limitada, devendo-se atender primordialmente aos efeitos da pena em sua vida futura em sociedade. Ao fixá-la, deve o tribunal verificar as circunstâncias gerais em favor e contra o réu, particularmente: a) motivos e fins do agente; b) atitude em face do delito; c) intensidade do dolo; d) gravidade do crime, no tocante à violação do dever de agir ou não agir, conforme o caso; e) forma de realização, meios empregados, importância do dano e do perigo, bem como as consequências reprováveis do fato; f) vida anterior do autor e suas condições pessoais e econômicas; g) conduta posterior à realização do fato e, em especial, os esforços para reparar os danos, reconciliando-se com a vítima. Não serão consideradas as circunstâncias já previstas no tipo penal.

Toda pena privativa de liberdade não superior a 1 ano pode ser substituída por outra pena. A multa pode ser substituída por trabalho comunitário, à razão de um mês de trabalho para cada 30 dias-multa.

Quando o tipo penal se referir à aplicação de atenuante especial, leva-se em conta o seguinte critério para a diminuição: a) a pena principal não poderá exceder a 3/4 do limite máximo; b) o mínimo da pena privativa de liberdade reduz-se de: b1) 2 anos em caso de ser de 5 ou 10; b2) 1 ano se for de 2 ou 3; b3) ao limite mínimo nos demais casos. Exemplo: para o crime de abandono, quando o autor, antes da produção do dano, voluntariamente, desvia o perigo, a pena pode ser atenuada conforme esse critério.

Sempre que a lei permitir ao juiz reduzir a pena segundo o seu prudente critério, pode-se diminuí-la ao mínimo ou aplicar-se somente multa.

Há sanções penais, denominadas medidas, que são: a) vigilância: estabelecimento em determinado domicílio, proibição de frequentar lugares, obrigação de se apresentar aos órgãos especiais de vigilância; b) melhoramento: internação em hospital psiquiátrico ou em estabelecimento para desintoxicação; c) segurança: reclusão em estabelecimento de segurança, proibição de exercer profissão e cancelamento da autorização para dirigir.

Quanto à reclusão em estabelecimento de segurança, permite-se que, juntamente com a condenação a pena privativa de liberdade, não inferior a 2 anos, ordene-se a posterior reclusão do condenado quando: a) tenha sido condenado anteriormente duas vezes por crime doloso; b) tenha cumprido pelo menos 2 anos dessas condenações; c) atenda-se à sua personalidade e às circunstâncias do fato, deduzindo-se ter ele tendência a cometer crimes graves. A medida de segurança não excederá 10 anos.

Por outro lado, juntamente com a condenação por crime causador de perigo para a vida, ordena-se a reclusão independentemente dos pressupostos supramencionados, desde que se possa esperar outros crimes iguais ou similares por parte do condenado. A medida de reclusão consistirá na privação da liberdade em estabelecimentos especiais sob vigilância da sua ocupação e da sua vida. Serão proporcionadas ocupações correspondentes às suas inclinações ou capacidades, quando não prejudiciais à segurança.

As medidas podem ser revistas a qualquer tempo. Será obrigatória a revisão depois de 1 ano em estabelecimento de desintoxicação e de 2 anos de reclusão em estabelecimento de segurança, repetindo-se, em seguida, a cada 6 meses.

Permite-se a progressão na medida de internamento em hospital ou estabelecimento de desintoxicação para tratamento ambulatorial.

68 | INDIVIDUALIZAÇÃO DA PENA – Nucci

Em caso de liberação da medida, haverá período de prova não inferior a 2 anos, nem superior a 5, sem poder aumentar o seu limite máximo, que é de 10 anos. Nesse período, conforme o comportamento adotado, pode ser revogada a liberação.

Dentre as medidas não privativas de liberdade, a proibição do exercício de profissão ou ofício é aplicada a quem cometeu crime grave, abusando de sua profissão ou ofício, bem como violando gravemente os deveres inerentes a eles. Proíbe-se o seu exercício desde que a personalidade do autor e a presunção de que voltará a delinquir assim indicarem. Não pode ser inferior a 1 ano, nem superior a 5. Quando de alta periculosidade, pode atingir 10 anos, com revisões periódicas da sua utilidade. Não se aplica a proibição enquanto o condenado estiver preso, cumprindo pena.

O cancelamento da licença de dirigir veículo ocorre em crimes de trânsito, quando o fato e a personalidade do autor demonstrarem incapacidade para conduzir.

Pode haver a imposição de mais de uma medida de segurança conjuntamente e a internação em hospital ou estabelecimento para desintoxicação podem ser aplicadas ainda que o processo penal não tenha seguimento.

Quanto ao homicídio doloso, pune-se com pena de 5 a 15 anos, na forma simples. Se for qualificado, a pena varia de 5 a 25 anos (ex.: com intuito de lucro). A eutanásia é expressamente prevista, com pena de até 3 anos.

5.8 Argentina

As penas aplicáveis são: a) reclusão; b) prisão; c) multa; d) inabilitação. A de reclusão pode ser perpétua ou temporal. Nesses casos haverá trabalho obrigatório, inclusive em obra pública fora do presídio. Enfermos e maiores de 60 anos serão encaminhados a presídios com trabalhos especiais.[13]

A prisão pode ser perpétua ou temporal, com trabalho obrigatório. Quando o montante não ultrapassar 6 meses pode se dar em domicílio, apenas para mulheres honestas e para maiores de 60 anos.

A reclusão ou prisão de mais de 3 anos provoca a inabilitação absoluta pelo tempo de condenação. Quando for de até 3 anos, depende do juiz. Há, ainda, privação do pátrio poder, da administração dos bens e do direito de negociar. O preso fica sob curatela.

É possível conceder livramento condicional, nos seguintes termos: a) para penas de reclusão e prisão perpétua ao atingir 20 anos; b) para penas de reclusão e prisão de mais de 3 anos, quando atingir 2/3 do cumprimento; c) para reclusão e prisão de até 3 anos, após 1 ano, quando se tratar de reclusão e 8 meses, quando se referir a prisão, desde que haja bom comportamento carcerário. Não cabe livramento condicional aos reincidentes.

A inabilitação absoluta provoca a privação do emprego ou cargo público, ainda que resulte de eleição popular, a privação do direito de votar, a incapacidade para obter cargos ou empregos públicos e a suspensão do gozo de aposentadoria ou pensão, que passa aos parentes dependentes ou parte disso para a vítima e seus herdeiros.

---

13. Estudo baseado no Código Penal aprovado pelo Decreto 3.992, de 21 de dezembro de 1984.

A inabilitação especial acarreta a privação do cargo, emprego ou profissão e incapacitação para outro, bem como priva dos direitos políticos. O prazo é de 6 meses a 10 anos e é aplicada quando o delito é cometido com abuso ou incompetência no cargo ou emprego público, bem como com abuso de pátrio poder, tutela ou curatela e, ainda, quando houver incompetência ou abuso de profissão.

A multa fixada e não paga converte-se em prisão de, no máximo, 1 ano e meio. É aplicável, independentemente de previsão no tipo, a todo delito que seja cometido com intuito de lucro.

A suspensão condicional da pena é viável para a primeira condenação com pena não superior a 3 anos, desde que sejam favoráveis a personalidade moral do autor, a atitude posterior a crime, os motivos, a natureza do fato e outras circunstâncias, tudo a demonstrar ser inconveniente a prisão. O período de prova é de 4 anos e as condições são fixadas para um tempo variável de 2 a 4 anos: a) fixação de residência e submissão a fiscalização de patronato; b) abstenção de frequentar determinados lugares ou relacionar-se com certas pessoas; c) não utilização de drogas ou abuso de álcool; d) busca de escolaridade primária; e) realização de estudos para capacitação profissional; f) submissão a tratamento médico ou psicológico; g) adoção de ofício, arte, indústria ou profissão; h) realização de trabalho não remunerado em favor do Estado ou de instituições públicas. O juiz pode fixar algumas ou todas as condições, conforme o caso.

A reparação dos danos materiais e morais à vítima pode ser fixada desde logo na sentença condenatória.

Para a individualização da pena, o juiz deve atender, fundamentalmente, a natureza da conduta e os meios empregados para executá-la, bem como a extensão do dano e do prejuízo. Além disso, observará a idade, educação, costumes, conduta precedente do autor, a qualidade dos motivos que o levaram a delinquir, especialmente a miséria ou a dificuldade de ganhar sustento próprio necessário e aos seus, a participação no fato, as reincidências e outros antecedentes, as condições pessoais, os vínculos pessoais, a qualidade das pessoas e das circunstâncias de tempo, lugar, modo e ocasião que demonstrem maior ou menor periculosidade. O magistrado deve tomar conhecimento direto e *de visu* do réu, da vítima e das circunstâncias do fato, na medida requerida por cada caso.

A reincidência ocorre quando o autor cometer nova infração penal, sujeita à pena privativa de liberdade, após ter cumprido total ou parcialmente pena privativa de liberdade anterior. Pode-se levar em conta condenação ocorrida no exterior. Não se aplica aumento de pena por conta da reincidência se tiver decorrido tempo igual ao da pena cumprida, não inferior a 5, nem superior a 10 anos. Não se dá igualmente a consideração da reincidência para a prática anterior de crime político, militar próprio, delitos anistiados e cometidos por menores de 18 anos.

Vige o sistema do duplo binário, impondo-se reclusão por tempo indeterminado, como acessória à condenação, quando a reincidência for múltipla, desde que as penas anteriores envolvam: a) 4 penas privativas de liberdade, sendo uma maior de 3 anos; b) 5 penas privativas de liberdade de 3 anos ou menos. Pode o juiz deixar em suspenso a aplicação da medida de segurança acessória quando preenchidas as condições do *sursis*. Na medida acessória, após 5 anos, pode haver liberdade condi-

70 | INDIVIDUALIZAÇÃO DA PENA – Nucci

cional, caso haja a constatação de boa conduta, aptidão para trabalho e outros atos que façam presumir não constituirá o condenado perigo para a sociedade. E, após 5 anos de livramento condicional, pode o sentenciado pedir a liberdade definitiva. Essas medidas de segurança devem ser cumpridas em presídios federais.

Quanto ao homicídio doloso, a pena, na forma simples, varia de 8 a 25 anos. Se for qualificado, aplica-se reclusão perpétua e medida acessória.

5.9 Venezuela

As infrações penais dividem-se em delitos e contravenções. As penas, em corporais e não corporais. As primeiras são: a) presídio; b) prisão; c) arresto; d) relegação a colônia penitenciária; e) confinamento; f) expulsão do território nacional. As segundas são: a) sujeição a vigilância da autoridade pública; b) interdição civil em virtude de condenação penal; c) inabilitação política; d) inabilitação para exercer cargo, profissão ou indústria; e) perda do emprego; f) suspensão do emprego; g) multa; h) caução de não ofender ou lesionar; i) admoestação e advertência; j) perda dos instrumentos, armas ou proventos do crime; k) pagamento das custas.[14]

As penas podem ser principais, quando decorrem diretamente do castigo proporcionado pelo delito, e acessórias, quando a lei as prevê como aderentes à principal, sendo obrigatórias ou facultativas, conforme o caso.

A pena de presídio é cumprida em penitenciária, com trabalhos forçados, dentro ou fora do estabelecimento. Há um tempo de isolamento celular para quem ingressa nesse sistema. Os trabalhos devem ser proporcionais às forças do condenado. A essa pena, são acessórias obrigatórias: a) interdição civil durante o tempo de cumprimento da pena; b) inabilitação política enquanto durar a pena; c) sujeição à vigilância da autoridade durante o período equivalente a um quarto do tempo total da pena após o seu término.

A pena de prisão é cumprida nos cárceres nacionais, não sendo o trabalho obrigatório, a não ser em artes e ofícios por vontade do condenado, conforme suas aptidões. São penas acessórias: a) inabilitação política durante o tempo de condenação; b) sujeição à vigilância da autoridade pelo período equivalente a um quinto do total da pena após o seu término.

O arresto é pena privativa de liberdade a ser cumprida em cadeia local ou em quartéis da polícia, com trabalho facultativo. Como acessória, acarreta a suspensão do emprego.

A relegação à colônia penitenciária implica a obrigação de residir na colônia designada na sentença, não havendo trabalhos forçados. Equivale ao regime semiaberto do Brasil. Tem como pena acessória a suspensão do emprego.

A pena de confinamento significa residir em determinado Município indicado na sentença, não podendo ser a menos de 100 quilômetros do local do crime, do domicílio do réu à época do delito e da residência do ofendido.

---

14. O Código Penal venezuelano foi aprovado em 22 de junho de 1964, entrando em vigor a partir da publicação, que ocorreu em 30 de junho do mesmo ano.

A sujeição à vigilância da autoridade jamais será pena principal, constituindo pena acessória do presídio ou da prisão.

A interdição civil é apenas acessória e priva o réu da disposição, entre vivos, dos seus bens e da sua administração, bem como do pátrio poder e da autoridade marital. Fica interditado nos termos da lei civil.

A interdição política não pode ser pena principal, mas só acessória. Significa a privação de cargos, empregos públicos ou políticos, bem como incapacidade para obter outros durante o tempo de condenação. Não pode votar e ser votado, perdendo a dignidade ou a condecoração oficial que tenha recebido.

A inabilitação para o exercício profissional, indústria ou arte não pode ser perpétua nem absoluta, valendo, no entanto, como pena principal ou acessória.

A destituição do emprego público acarreta a possibilidade de retorno somente se houver nova eleição ou nomeação.

A suspensão do emprego impede o condenado, durante determinado tempo, de exercer sua função, embora admita o retorno.

A admoestação e a advertência são correções verbais, aplicadas pelo juiz e publicadas no Diário Oficial. Essas penas não estão sujeitas à incidência de agravantes e atenuantes.

A perda de instrumentos, proventos e armas do crime constitui sanção acessória apenas, assim como o pagamento das custas.

Na aplicação da pena, deve o juiz observar os limites mínimo e máximo previstos para o crime, devendo optar, como regra, pelo termo médio, que se constitui da somatória dos dois números, tomando-se a metade. Exemplo: mínimo de 2 anos e máximo de 8 = 5 anos é o termo médio. Esse termo médio encontrado pode ser reduzido ao mínimo ou elevado ao máximo conforme a análise das circunstâncias atenuantes ou agravantes, que concorram no caso concreto, devendo haver compensação entre elas, se for preciso.

Quando a lei dispuser expressamente, a pena será aplicada no seu limite mínimo ou máximo, bem como podem esses limites ser ultrapassados havendo disposição legal determinativa de aumento ou diminuição da pena. Pode a lei estabelecer exatamente quais os limites a atingir pela causa de aumento ou diminuição, devendo o tribunal fixar a pena, atento à maior ou menor gravidade do crime. Com relação ao exposto, tomando-se como exemplo o aumento previsto para o caso de embriaguez preordenada, vislumbra-se uma causa de elevação da pena de um quinto a um terço, desde que não ultrapasse o máximo fixado pela lei para o delito. Em caso algum será ultrapassado o limite máximo de 30 anos.

O Código Penal venezuelano, diversamente dos demais sistemas, prevê que o condenado maior de 70 anos, quando atingir o cumprimento de quatro anos de pena corporal, está automaticamente perdoado. Se tiver cumprido menos que quatro anos, ao atingir essa idade, será colocado em arresto até chegar aos referidos quatro anos, quando, então, será perdoado.

A multa, quando fixada e não paga, será convertida em prisão, até o máximo de 6 meses, ou arresto, até o máximo de 9 meses. Em se tratando de contravenção, o máximo é de 2 meses.

Há sistema progressivo de cumprimento da pena. A prisão, cumprida em cárcere local, pode transformar-se em confinamento, após o cumprimento de 3/4, com bom comportamento. Se for cumprida em cárcere nacional, após 3/4, com bom comportamento, pode transformar-se em relegação para colônia ou em confinamento.

Se for reincidente ou tiver praticado homicídio contra familiares ou com outras qualificadoras não tem direito à progressão.

Padecendo de doença mental durante o cumprimento da pena, será o preso levado ao hospital onde permanecerá até que se cure, pelo tempo restante da pena. Se houver cura, retorna à prisão.

As circunstâncias atenuantes, salvo disposição expressa da lei, não podem proporcionar redução da pena abaixo do mínimo previsto no tipo. Servem, pois, para diminuir a pena do termo médio, que é a fixação inicial do magistrado. São elas: a) ser o réu menor de 21 anos e maior de 18 quando cometeu o delito; b) não ter tido a intenção de causar um mal tão grave como o produzido; c) ter sido lesionado ou ameaçado pelo ofendido, quando não seja o caso de aplicar a causa de diminuição de pena; d) qualquer outra circunstância de igual valor que, a juízo do tribunal, minore a gravidade do fato.

As agravantes, do mesmo modo, não romperão o limite máximo. São as seguintes: a) executar o crime à traição; b) praticar o delito por paga, recompensa ou promessa; c) cometer o delito por meio de inundação, incêndio, veneno, explosão, encalhe de navio, avaria causada de propósito, descarrilamento de locomotiva ou por meio de outro artifício que possa proporcionar grandes estragos; d) aumentar deliberadamente o mal do crime, causando outros, desnecessários à sua execução; e) agir com premeditação; f) empregar astúcia, fraude ou disfarce; g) empregar meios ou permitir a concorrência de circunstâncias que aumentem a ignomínia aos efeitos próprios do delito; h) abusar da superioridade do sexo, da força, das armas, da autoridade ou empregar qualquer outro meio que debilite a defesa do ofendido; i) agir com abuso de confiança; j) praticar o fato aproveitando-se de incêndio, naufrágio, inundação ou outra calamidade semelhante; k) executar o crime com armas ou em união a outras pessoas que assegurem ou proporcionem a impunidade; l) executar o delito em local ermo ou à noite. Esta circunstância será devidamente avaliada pelo tribunal atendendo às condições pessoais do delinquente e aos efeitos do crime; m) praticar o crime desprezando ou ofendendo autoridade pública ou onde esta esteja exercendo suas funções; n) executar o delito ofendendo ou deixando de ter o respeito devido à dignidade, idade ou sexo do ofendido, ou em sua residência, quando este não haja provocado o ocorrido; o) praticar o crime mediante escalada, que se dá quando se ingressa em algum lugar por via não destinada a isso; p) executar o crime com rompimento de parede, teto ou chão ou com ruptura, sob qualquer forma, de parede, piso, portas, janelas, fechaduras, cadeados ou outros instrumentos ou utensílios que sirvam para fechar ou impedir o acesso; q) ser o ofendido cônjuge do agressor, ou seu ascendente, irmão legítimo, natural ou adotivo; ser cônjuge destes últimos; ser ascendente, descendente ou irmão legítimo de seu cônjuge; ou seu pupilo, discípulo, amigo íntimo ou benfeitor; r) em estado de embriaguez preordenada, seguindo-se a regra da causa de aumento; s) ser o agressor desocupado; t) possuir caráter agressivo.

As circunstâncias agravantes, segundo expressa disposição legal, devem ser levadas em conta para o cálculo da pena, proporcionando o aumento do termo médio, de onde parte o juiz, podendo dar margem à aplicação do máximo previsto no tipo ou, ainda, a elevação acima do máximo, desde que haja permissão específica. Não se levam em conta, entretanto, as agravantes que já sejam elementos constitutivos do delito.

A reincidência ocorre quando o agente comete o delito depois de já ter sido condenado e dentro do prazo de 10 anos do cumprimento ou extinção da pena. Deve haver elevação da pena entre o termo médio e o máximo. Se o novo crime for da mesma natureza, o aumento será de um quarto. Há previsão de aumento de metade da pena, se houver o cometimento de outra infração, quando já tenha sido condenado anteriormente duas ou mais vezes, desde que se trate de delitos da mesma espécie ou natureza.

Levando-se em conta o homicídio doloso, a pena para a figura simples é de 12 a 18 anos. Se houver qualificadoras, tem-se: a) de 15 a 25 anos, quando houver emprego de veneno, incêndio, afogamento, traição, motivação fútil ou torpe ou for cometido em curso de outros delitos, como o furto; b) de 20 a 26 anos, quando houver duas ou mais circunstâncias qualificadoras; c) de 20 a 30 anos, em caso de delito contra ascendente, descendente ou cônjuge, bem como contra o Presidente da República ou quem esteja no cargo; d) de 14 a 20 anos, quando cometido contra irmão ou contra autoridades.

5.10 Estados Unidos

O sistema norte-americano, fundado no direito consuetudinário (*common law*), diversamente dos sistemas europeu e latino-americano, baseados no direito codificado (*civil law*), confere imensos poderes ao juiz para a aplicação da pena, fornecendo apenas balizas mínimas para a atividade jurisdicional. Por outro lado, as penas são, para o padrão ocidental, bastante severas, incluindo, na maioria dos Estados, a pena de morte e, comumente, a prisão perpétua.

Os Estados possuem seus próprios Códigos Penais, com regras particulares, respeitando apenas princípios fornecidos pela Suprema Corte Americana, como, por exemplo, não se aplicar pena de morte sem um julgamento pelo Tribunal do Júri. Na Justiça Federal, cuidou-se de editar uma lei em 1984 (Lei Geral de Controle do Crime) com o fito de fornecer alguns padrões mínimos aos juízes federais, uma vez que, cuidando-se de crimes de interesse nacional, não teria sentido apenar, por exemplo, um roubo a banco federal em determinado juízo com 10 anos de reclusão e, em outro, com prisão perpétua. Quanto aos Estados, no entanto, a maior liberdade de ação ainda prevalece.

Predomina o critério de divisão entre a fase de colheita da prova e determinação da culpa, normalmente efetivada pelo Tribunal do Júri, para, em seguida, passar-se à fase da sentença, em audiência à parte, onde se pode discutir qual a melhor pena cabível ao réu considerado culpado, podendo este, inclusive, propor provas e ser representado por seu advogado. Aliás, entre o julgamento pelo júri e a audiência de sentença, funcionários do Estado buscam dados variados a respeito do réu, conversando com seus familiares, pesquisando sua vida, pedindo informes à polícia da cidade onde reside, indagando vizinhos, empregadores e quem possa fornecer elementos úteis para a verificação da sua personalidade. Esses dados são transmitidos ao juiz antes da audiência de sentença. Com a colheita dessas informações torna-se mais fácil selecionar a medida cabível ao condenado, desde a eleição do estabelecimento penal onde irá cumprir a pena de prisão, se for o caso, até a concessão da *probation* – instituto semelhante à suspensão condicional da pena, embora com o diferencial de ser aplicada após a condenação, mas antes da fixação da pena – e suas condições, bem como o grau de supervisão que será necessário viabilizar-se.

Esse sistema de, primeiramente, avaliar-se a culpa do réu pelo Tribunal Popular, para, depois, permitir que o juiz fixe a pena tem sido elogiado por vários especialistas, inclusive do direito europeu, tendo em vista não ter o júri condições de aplicar a pena por diversas razões, dentre as quais pode-se destacar as seguintes: a) haveria enorme disparidade entre as penas aplicadas a condenados ao mesmo tipo de delito, por cuidar-se de pessoas leigas; b) a sentença do juiz se baseia em dados completos sobre a vida do condenado, enquanto o júri decide apenas fundado no veredicto de "culpado" ou "inocente"; c) se fosse destinada a tarefa de eleger a pena ao júri, o custo de sua mantença aumentaria consideravelmente – e já é bem elevado – pois implicaria muito mais tempo disponível dos jurados; d) eventual desacordo entre jurados a respeito do *quantum* da pena levaria, em maior número, à dissolução do Conselho com designação de outro julgamento, o que oneraria os cofres públicos; e) sentenças bem elaboradas, ao menos na parte da aplicação da pena, dependem de conhecimentos técnicos especializados, incompatíveis com o nível de preparo dos jurados.

Nos Estados Unidos existe, ainda, a possibilidade, em muitos Estados, de se fixar a denominada *sentença indeterminada*, ou pelo menos de variação relativamente indeterminada.[15] O juiz estabelece limites mínimo e máximo e delega às autoridades que acompanham o desenrolar da execução da pena a fixação do valor exato, conforme o mérito apresentado pelo condenado. A recuperação de cada um pode variar, motivo pelo qual até mesmo para a análise da concessão de liberdade condicional (*parole*) essa margem de indeterminação pode ser válida.

Como já mencionado, o instituto da *probation* é amplamente utilizado no sistema norte-americano e, nas palavras de Hendler, foi instituído pela primeira vez no Estado de Massachusetts, em 1878, tendo por finalidade evitar o confinamento, dando oportunidade de reabilitação a delinquentes menos perigosos, que ficam sob a tutela de um funcionário especial, sujeito à autoridade do tribunal sentenciante, devendo o condenado respeitar condições, sob pena de ser apenado, enfrentando, provavelmente, sentença de encarceramento.[16] A aplicação da *probation*, como regra, implica o pagamento de multa, indenização à vítima e prestação de serviços à comunidade como condições. Certamente há vedação para sua aplicação quando o crime é considerado grave e prevê pena de morte ou prisão perpétua.

O juiz norte-americano tem imensa discricionariedade para *criar* punições alternativas, a serem impostas em lugar da prisão ou conjuntamente a esta. Conforme

---

15. Salientemos que, recentemente, Portugal adotou, com relação a criminosos perigosos, critério semelhante, o que se pode constatar no item próprio (item 5.5) deste capítulo.

16. *Derecho penal y procesal penal de los EE.UU.*, p. 133.

a região do país, as situações adquirem aspectos bizarros, como já ocorreu em Estados do Sul, mais rigorosos e menos apegados aos direitos humanos dos criminosos, aplicando-se, por exemplo, a obrigação de uma mãe ficar acorrentada, durante 24 horas do dia, por um mês, à sua filha, que se envolveu com drogas por conta da sua negligência na criação e fiscalização.

Há, ainda, a possibilidade de imposição de prisão domiciliar, para crimes mais leves, implicando na obrigação do condenado de permanecer 24 horas do dia confinado ou somente durante o período em que não está trabalhando e durante a noite, mas sempre com a fiscalização de sofisticados aparelhos eletrônicos, como a pulseira do condenado, que emite sinais em vários momentos para indicar a proximidade do portador ao artefato conectado à linha telefônica de sua casa.[17]

Quanto às espécies de infração penal, penas aplicáveis e métodos de individualização da pena, como expusemos acima, há grande discricionariedade conferida aos juízes, além de não existir um Código Penal único, como há no Brasil, razão pela qual se adota um padrão, não muito diverso dos demais Estados, que é o Código Penal do Alabama de 1975.

Nesse Estado, as infrações penais (*offenses*) dividem-se em: a) crime grave (*felony*); b) crime menos grave (*misdemeanour*) e contravenção (*violation*). O crime grave é sujeito a pena de prisão superior a 1 ano; o crime menos grave, a pena de prisão não superior a 1 ano; a contravenção, a pena de prisão não superior a 30 dias. Consideram-se crimes tanto *felony* quanto *misdemeanour*. A todos pode caber somente prisão, apenas multa ou ambos, conforme o livre critério judicial.

Se autorizado pela lei, pode ser aplicada a *probation* a qualquer deles. Como pena acessória, pode a Corte confiscar bens, dissolver empresa, suspender ou cancelar licença ou permissão, remover pessoa de qualquer emprego e aplicar outras sanções de natureza civil.

No quadro das espécies de infrações penais (*felonies, misdemeanors* e *violations*), cada uma tem sua classificação própria, conforme a gravidade: a) *felonies* dividem-se nas classes A, B e C; b) *misdemeanors*, nas classes A, B e C. *Violations* não possuem classificação.

Quem for condenado pela prática de um crime grave (*felony*) fica sujeito a trabalho obrigatório no presídio estadual e, conforme a classe, ser-lhe-á fixada a seguinte pena: a) classe A: prisão perpétua ou pena privativa de liberdade de 10 a 99 anos; b) classe B: pena privativa de liberdade de 2 a 20 anos; c) classe C: pena privativa de liberdade de 1 ano e 1 dia a 10 anos. Quando o crime for cometido com emprego de arma de fogo ou letal, temos: a) classe A: prisão mínima de 20 anos; b) classe B ou C: prisão mínima de 10 anos.

O condenado por crime menos grave (*misdemeanor* ou *violation*) cumprirá sua pena em cadeia local, podendo a prisão ser substituída por prestação de serviços à comunidade. A divisão dá-se da seguinte forma: a) classe A: pena privativa de liberdade não superior a 1 ano; b) classe B: pena privativa de liberdade não superior a 6

---

17. Cf. HENDLER, op. cit., p. 135-136.

meses; c) classe C: pena privativa de liberdade não superior a 3 meses. A condenação por contravenção (*violation*) implica pena não superior a 30 dias de prisão.

Os criminosos habituais, autores de delitos graves (*felonies*), ficam sujeitos a uma especial aplicação da pena. O quadro de suas penas fica assim dividido: a) condenado anteriormente por crime grave, cometendo, depois, outro crime grave: classe C será punido como se fosse classe B; classe B será punido como se fosse classe A; classe A será punido com prisão perpétua ou prisão de 15 a 99 anos; b) condenado anteriormente por dois crimes graves, cometendo outro crime grave: classe C será punido como se fosse classe A; classe B será punido com prisão perpétua ou de 15 a 99 anos; classe A será punido com prisão perpétua ou não inferior a 99 anos; c) condenado por três crimes graves, cometendo outro crime grave: classe C será punido com prisão perpétua ou de 15 a 99 anos; classe B será punido com prisão perpétua; classe A será punido com prisão perpétua sem livramento condicional (*parole*).

As penas de multa também obedecem a um critério gradativo, nos seguintes termos: I) quanto aos crimes graves: a) classe A: não mais que U$ 20.000,00; b) classe B: não mais de U$ 10.000,00; c) classe C: não mais que U$ 5.000,00. A aplicação da pena de multa não pode exceder o dobro do que o condenado auferiu em razão do crime ou do prejuízo causado para o ofendido, o que for maior; II) quanto aos crimes menos graves e contravenções: a) classe A: não mais que U$ 2.000,00; b) classe B: não mais que U$ 1.000,00; c) classe C: não mais que U$ 500,00. O mesmo se aplica no tocante ao limite supracitado.

O Código Penal do Alabama – como ocorre com os Códigos de outros Estados – especifica quais são as infrações capitais, isto é, aquelas que estão sujeitas à pena de morte e à prisão perpétua sem livramento condicional. Como exemplos, podemos citar os seguintes, salientando haver um extenso rol (todos referentes a homicídio): a) homicídio cometido durante sequestro em 1.º grau ou tentativa; b) homicídio durante roubo em 1.º grau ou tentativa; c) homicídio durante estupro em 1.º ou 2.º graus ou tentativa ou durante atentado violento pudor em iguais condições; d) homicídio durante furto em 1.º ou 2.º graus e tentativa; e) homicídio de policial ou outra autoridade, desde que o autor saiba ou deva saber tratar-se de pessoa investida no cargo ou função; f) homicídio durante o cumprimento da pena de prisão perpétua; g) homicídio cometido por paga ou com intuito de lucro; h) homicídio durante abuso sexual de 1.º ou 2.º graus ou tentativa.

São consideradas circunstâncias agravantes para a fixação da pena entre o mínimo e o máximo estipulados pelo legislador: a) se a infração capital foi cometida por pessoa em cumprimento de pena; b) se o agente foi anteriormente condenado por infração capital ou por crime grave envolvendo ameaça ou violência contra a pessoa; c) se o agente sabia estar criando um alto risco de morte para várias pessoas; d) se a infração capital foi cometida em associação criminosa voltada à prática de estupro, roubo, furto ou sequestro; e) se a infração capital foi cometida com o propósito de evitar ou prevenir prisão ou para escapar da prisão; f) se a infração capital foi cometida com intuito de lucro; g) se a infração capital foi cometida para impedir atividade governamental; h) se a infração capital foi cometida de modo particularmente cruel ou perverso.

São circunstâncias atenuantes para a fixação da pena entre o mínimo e o máximo previstos pelo legislador, embora não exclusivas: a) ser o agente primário, sem antecedentes; b) se a infração capital foi cometida sob domínio de violenta emoção; c) se a vítima consentiu ou tomou parte na ação do agente; d) se o agente foi partícipe de infração capital cometida por outra pessoa e sua colaboração foi de menor importância; e) se o agente atuou sob pressão ou dominação de outra pessoa; f) se a capacidade de compreensão do caráter ilícito do fato estava prejudicada; g) conforme a idade do agente à época do fato.

Como padrão, levando em conta o homicídio, no sistema norte-americano, *homicide* significa matar uma pessoa dolosa ou culposamente. Divide-se em: a) *murder*, que é o homicídio cometido com dolo direto de 1.º grau (com intenção de eliminar a vítima) ou dolo direto de 2.º grau (querendo matar o ofendido, mas adotando atitude de alto risco com nítida indiferença pela vida humana), bem como quando nos delitos de incêndio, furto, roubo, fuga, sequestro, estupro, atentado violento ao pudor há resultado morte. Cuida-se de infração catalogada como *class A felony*; b) *manslaughter*, que é o homicídio cometido com dolo eventual ou sob domínio de violenta emoção após provocação da vítima. Trata-se de infração catalogada como *class B felony*; c) *criminally negligent homicide*, que é o homicídio cometido com negligência (seria o equivalente ao nosso homicídio culposo), catalogado como *class A misdemeanour*.

5.11 Inglaterra e País de Gales

Os juízes e tribunais britânicos gozam de enorme poder discricionário – aliás, típico dos países de direito consuetudinário, como já mencionado – para a imposição de penas. Há muito, no entanto, debate-se na Inglaterra a eficiência da imposição de penas de prisão, constituindo atualmente consenso dentre penalistas e autoridades do Governo que elas devem ser limitadas ao máximo, a fim de evitar a superpopulação carcerária, bem como tendo por meta assegurar a ressocialização dos autores de crimes considerados menos graves. Por outro lado, ainda se convive, para os delitos mais sérios, com a imposição da pena de prisão perpétua. Nesse contexto, para quem praticar homicídio intencional a pena obrigatória é a prisão perpétua, inexistindo qualquer discricionariedade dos magistrados (é o que se chama *mandatory life sentence*).

Davies, Croall e Tyrer mencionam que não se desvencilhou o sistema penal inglês da tradicional finalidade punitiva da pena, lembrando dever o castigo imposto pelo Estado respeitar o devido processo legal, o que o diferencia da vingança privada, mas sem descurar da aflição envolvendo a punição, na esfera criminal, devendo ser aplicada a quem infringe a lei, em conduta voluntária, constituindo imposição estatal.[18]

A individualização da pena, por outro lado, é indispensável para que haja o impacto certo ao delinquente, levando-se em conta suas condições pessoais e o risco representado para a sociedade, além de se considerar a gravidade da infração cometida e o seu reflexo na desaprovação pública, merecendo, em qualquer situação, haver proporcionalidade entre o crime e a pena aplicada. Sentenças padronizadas são injustas, porque cada réu é uma individualidade e assim deve ser considerado.[19]

---

18. *Criminal justice*, p. 237.
19. Idem, op. cit., p. 240.

Não foi sempre dessa forma. Interessante quadro do desenvolvimento do poder discricionário do juiz inglês para a fixação da pena é traçado por DAVID THOMAS.[20] No passado, inexistia qualquer tipo de discricionariedade na aplicação da sanção penal padronizada, implicando, invariavelmente, na pena de morte (*mandatory death sentence*). No século XVII, teve início a doutrina denominada "benefício do clérigo". A regra era a seguinte: em atenção aos reclamos da Igreja, quando o ofensor fosse um sacerdote, não era punido pelo Estado, mas pelo bispo. Estendeu-se o método aos fiéis da Igreja, cuja prova, para conseguir o benefício, era extraída da realização da leitura de determinados trechos difíceis da bíblia.

A partir do século XVIII, tem início o aumento da discricionariedade, justamente porque cresceu a tendência para evitar a pena de morte, passando então os juízes a emitir sentenças de suspensão da execução, desde que o réu ou algum amigo seu obtivesse do soberano a clemência. E se assim fosse concedido, o caminho seria enviar o condenado para as colônias inglesas na América por um período estipulado pelo próprio soberano – o juiz não poderia fazê-lo. O que o magistrado estava habilitado a fazer, dentro de seu mais absoluto arbítrio, era optar entre a execução e a suspensão desta, permitindo ao réu tentar o perdão do soberano. Como não havia regra para esse procedimento, passou-se a denominar o sistema de "a loteria da justiça".

Aos poucos o benefício do clérigo caminhou para a extinção. Em seu lugar, formalmente, ingressou o sistema da suspensão da execução, mas, em poucos casos, poderia o próprio magistrado determinar o transporte do réu para a colônia. Entretanto, não se pode deixar de registrar ter sido nesse período o nascimento do procedimento discricionário de aplicação da pena (1820 a 1861).

A meta de reduzir drasticamente a aplicação da pena de morte fez com que fosse nomeada uma comissão para empreender estudos de aprimoramento do sistema penal e sugerir a criação de um Código. Anos se passaram em estudos, mas nenhuma solução foi oficialmente adotada, até que o Parlamento resolveu, por sua conta, reformar o sistema. E, como é usual, agiu sem critério nem lógica, criando situações de substituição da pena de morte por transporte para a colônia por período predeterminado, mas também por período a ser fixado pelo juiz, com limites preestabelecidos, enfim, o método era tão incerto que nasceu, finalmente, o poder do juiz para individualizar a pena.

No século XIX, dentre outras medidas, tornou-se conhecido o sistema idealizado por um magistrado de Gloucester, BARWICK LLOYD BAKER, consistente nos "três lances". Na primeira condenação, o réu recebia pena leve, de 6 meses de prisão; na segunda condenação, a pena deveria subir para 12 meses de prisão; na terceira condenação, a sentença seria de 7 anos de prisão. Houve enorme controvérsia para a aceitação desse sistema e muitos juízes passaram a aplicar regras próprias, por exemplo, impondo penas de 14 e 21 anos para a segunda e terceira condenações.

Desenvolveu-se, pois, o método de individualização da pena, criando-se a Corte Criminal de Apelo para buscar uma certa uniformidade em relação às várias sentenças criminais de primeiro grau. No século XX, voltou-se o sistema inglês para

---

20. *Judicial discretion in sentencing*. Exercising discretion, p. 50-54.

CAP. 5 • LEGISLAÇÃO COMPARADA | **79**

novas propostas, alternativas ao cárcere, como a *probation* (suspensão da aplicação da pena se cumpridas determinadas condições durante um certo período), obrigação de frequência a centros comunitários de tratamento e recuperação, detenção preventiva para delinquentes habituais, dentre outras. Assumiu-se, pois, ao lado do caráter retributivo e preventivo intimidativo da pena, a face de recuperação do delinquente.

Pode-se resumir, atualmente, o quadro de crimes no sistema inglês da seguinte forma: a) delitos intencionais provocadores de graves danos, inclusive os que envolvem a transmissão deliberada de doenças graves (*intentionally causing serious injury – indictable offences*), cuja pena máxima é a prisão perpétua; b) delitos praticados com culpa consciente, provocando graves lesões (*recklessly causing serious injury – indictable offences*), cuja pena máxima é de 7 anos de prisão; c) delitos intencionais ou culposos, mas com resultados menos graves (*intentional or recklessly injury – indictable offences*), cuja pena máxima é de 5 anos de prisão; d) infrações de menor potencial ofensivo (*assaults or batteries – summary offences*), cuja pena máxima é de 6 meses de prisão.

As sentenças criminais dividem-se nas seguintes possibilidades, sempre alterando o caráter retributivo, intimidatório (*deterrence sentences*) e ressocializador (exceto no arquivamento, cuja meta é apenas denunciar a ocorrência do crime): a) arquivamento (*discharge*), voltado a infrações leves e delinquentes primários, que pode ser absoluto (registra-se a condenação, mas nada ocorre ao infrator) ou condicional (registra-se a condenação, mas não se impõe pena alguma, desde que no período de até 3 anos o agente não seja considerado culpado da prática de outra infração penal. Caso seja, torna-se a este feito para que seja sentenciado. Equivale a uma *probation* sem condição alguma); b) multa (*financial penalty*), aplicável a delitos leves, variando do nível 1 (máximo de 200 libras) até o nível 5 (máximo de 5.000 libras). Em crimes econômicos ou ambientais, a multa pode variar de 20.000 a 50.000 libras; c) sentenças comunitárias, voltadas ao interesse maior de reabilitação do condenado, embora sem perder o aspecto de intimidação (ver as espécies no próximo parágrafo); d) prisão (*custodial sentences*), impondo o encarceramento em regime fechado.

As sentenças comunitárias separam-se em: a) *probation order* (atualmente, denominado *community rehabilitation order*): após a condenação, não se aplica a pena, colocando o sujeito em período de prova, variando de 6 meses a 3 anos, sob supervisão e condições, que podem ser a fixação de residência em local determinado, a obrigação de participar das atividades programadas pelo *Probation Service*, bem como a obrigação de se submeter a tratamento médico ou de desintoxicação; b) *community service order* (atualmente denominado *community punishment order*): é a prestação de serviços à comunidade, com a atribuição de tarefas gratuitas ao condenado, para cumprimento em, no máximo um ano, variando de 40 a 240 horas, voltada a infratores, com mais de 16 anos, sujeitos à prisão;[21] c) *combination order*: cuida-se de uma sanção conjunta, válida para maiores de 16 anos, sujeitos à pena de prisão. O tribunal pode achar conveniente aplicar conjuntamente a *probation*, no período de 12 meses a 3 anos, além de

---

21. A doutrina inglesa aponta satisfazer a prestação de serviços à comunidade, simultaneamente, todas as metas da pena, pois tem caráter punitivo simbólico perante a comunidade, serve de denúncia da prática do crime, implica em aflição ao condenado, pois há restrição de sua liberdade, além de favorecer à reabilitação.

prestação de serviços à comunidade de 40 a 100 horas, quando julgar indispensável à reabilitação e à prevenção de novos delitos; d) *curfew order*: é o recolhimento em algum lugar por determinado período do dia, sujeitando-se o condenado ao monitoramento eletrônico. Pode ser medida imposta sozinha ou acompanhada de outra, tendo sido introduzida no sistema em 1991. O recolhimento se dá pelo mínimo de duas e um máximo de 12 horas por dia, até o limite de 180 dias. Vale a combinação com prestação de serviços à comunidade de 20 a 100 horas. Se infringir a ordem, o condenado paga multa de até 1.000 libras ou presta serviços à comunidade no montante de até 60 horas (caso já não tenha atingido o limite máximo de 100 horas). Se as medidas impostas não forem eficientes, outra sentença pode ser dada, revendo a pena, implicando, inclusive, prisão; e) *attendance centre order*: é a obrigação de frequentar um lugar especializado em desenvolver atividades educativas e tratamentos psicológicos especializados. Destina-se, fundamentalmente, aos menores de 21 anos; f) *action plan order*: constitui-se em medida fixando obrigação de desenvolver algum plano de recuperação, como, por exemplo, desintoxicar-se.

O tribunal pode, ainda, a despeito de todas essas penalidades alternativas à prisão, impor, cumulativamente, o confisco de instrumentos e proventos do crime, além da perda patrimonial, bem como a proibição de dirigir veículo.

As sentenças impondo pena de prisão destinam-se a infrações graves, quando somente o encarceramento é considerado viável para o criminoso. Geralmente, o delito envolve violência contra a pessoa (incluindo a de natureza sexual), além de ter o réu solicitado e não lhe ter sido concedido o benefício da *probation order* ou da *supervision order* (*sursis*). Aliás, para a concessão da suspensão condicional da pena, deve haver condenação de, no máximo, 2 anos, sendo de 1 a 2 anos o período de prova do *sursis*.

Conhece, ainda, o sistema inglês o chamado *reforço de sentença*, cuidando da possibilidade de se aplicar a uma pena já formalizada um reforço, constituído de outra pena qualquer, desde que se perceba não estar o condenado cumprindo satisfatoriamente a primeira.

Registre-se não haver pena mínima, mas apenas o máximo possível, conferindo ao magistrado enorme discricionariedade, algo justificável se pensarmos na possibilidade que ele possui de, simplesmente, determinar o arquivamento do processo, com ou sem condições, caso julgue ser a medida adequada ao delinquente, evidentemente autor de crime de menor potencial ofensivo.

São consideradas circunstâncias agravantes, extraídas muito mais da jurisprudência do que de textos legais, cometer o crime: a) por motivo racial; b) em grupo; c) com abuso de profissão; d) com abuso de poder; e) mediante arrombamento; f) durante o período da fiança; g) ter antecedentes criminais; h) agir com premeditação; i) provocar grave dano à vítima; j) atacar vítima particularmente vulnerável; k) ser o ofendido funcionário público; l) atuar portando arma. São atenuantes: a) provocar prejuízo ínfimo; b) agir sem ameaça à pessoa; c) agir sem provocar dano ou perturbação à ordem pública; d) não causar arrombamento; e) cooperar com a polícia na investigação; f) pouca ou elevada idade do agente; g) condições físicas e mentais especiais do autor; h) arrependimento; i) ter reparado o dano; j) agir em violenta emoção após provocação.

Durante o cumprimento da pena privativa de liberdade, pode o condenado obter livramento condicional, ao atingir um terço da pena, desde que recomendado pelo *Parole Border*. Quando se tratar de prisão perpétua, o livramento condicional depende da autorização do Secretário do Interior, precedido de parecer positivo do *Parole Border*.

Levando-se em conta o homicídio, como padrão de análise, verifica-se que, em moldes muito semelhantes ao sistema norte-americano, divide-se o *homicide* em *murder* (intencional), *manslaughter* (cinco hipóteses: a) culposo; b) praticado em violenta emoção após provocação da vítima; c) cometido em estado de inimputabilidade; d) pacto de suicídio ou homicídio voluntário; e) durante a execução de outro crime) e *infanticide* (morte do filho, no primeiro ano de vida, provocada pela mãe em estado puerperal). A primeira hipótese, como já citado, pressupõe a aplicação obrigatória de pena de prisão perpétua.

Apresenta-se um panorama atualizado da aplicação das sanções penais na Inglaterra e País de Gales, verificando-se ser a multa a sanção mais aplicada, secundada pelas sentenças comunitárias (abrangendo prestação de serviços à comunidade, liberdade vigiada, *probation*, frequência a centros especializados, recolhimento domiciliar ou em estabelecimento adequado, ordem de reparação do dano, tratamento de desintoxicação, *sursis*). Em terceiro plano, estão os arquivamentos condicionais, para, somente depois, surgirem as penas privativas de liberdade.[22]

Aplicação das penas na Inglaterra e País de Gales (dados de 2000):

- Arquivamento incondicional (*absolute discharge*): 15.700

- Arquivamento condicional (*conditional discharge*): 106.100

- Multa (*fine*): 1.017.100

- Probation order: 56.700

- Supervision order: 11.600

- Prestação de serviços à comunidade: 50.200

- Frequência a centros especializados de atendimento (*attendance sentence order*): 7.100

- Penas comunitárias combinadas (*combination order*): 19.300

- Recolhimento em determinado lugar (*curfew order*): 2.600

- Reparação do dano (*reparation order*): 4.000

- Tratamento ou desintoxicação (*action plan order* e *drug treatment order*): 4.700

- Suspensão condicional da pena (*fully suspended imprisionment*): 3.100

- Penas privativas de liberdade (*unsuspended imprisionment*): 80.600

---

22. Cf. Uglow, *Criminal justice*, p. 338.

6

APLICAÇÃO DA PENA

6.1 Conceito e natureza jurídica

Trata-se de um processo de discricionariedade juridicamente vinculada,[1] por meio do qual o juiz, visando à suficiência para reprovação do delito praticado e prevenção de novas infrações penais, estabelece a pena cabível, dentro dos patamares determinados previamente pela lei.

Destarte, nos limites estabelecidos pelo legislador – mínimo e máximo abstratamente fixados para a pena – elege o magistrado o *quantum* ideal, valendo-se do seu livre convencimento (discricionariedade), embora com fundamentada exposição do seu raciocínio (juridicamente vinculada).[2] Na visão de LUIZ LUISI, "é de entender-se que na individualização judiciária da sanção penal estamos frente a uma 'discricionariedade juridicamente vinculada'. O Juiz está preso aos parâmetros que a lei estabelece. Dentre deles o Juiz pode fazer as suas opções, para chegar a

---

1. Cf. RODRIGUES, *A determinação da medida da pena privativa de liberdade*, p. 74; CRESPO, *Prevención general e individualización judicial de la pena*, p. 44; CADOPPI e VENEZIANI, *Elementi di diritto penale – Parte generale*, p. 450; JESCHECK, *Tratado de derecho penal – Parte general*, p. 938-939.
2. "O legislador, sendo impotente para fixar em linha geral e abstrata todos os aspectos dos valores e desvalores do singular episódio criminoso, viu-se obrigado a delegar ao juiz a tarefa de valorar todas as facetas do fato relevantes aos fins de um tratamento penal suficientemente individualizado" (FIANDACA e MUSCO, *Diritto penale – Parte generale*, p. 726, traduzi).

uma aplicação justa da lei penal, atendendo as exigências da espécie concreta, isto é, as suas singularidades, as suas nuanças objetivas e principalmente a pessoa a que a sanção se destina. Todavia, é forçoso reconhecer estar habitualmente presente nesta atividade do julgador um coeficiente criador, e mesmo irracional, em que, inclusive inconscientemente, se projetam a personalidade e as concepções de vida e do mundo do Juiz. Mas como acentua EMÍLIO DOLCINI, não existe uma irremediável e insuperável antinomia entre o 'caráter criativo e o caráter vinculado da discricionariedade', pois este componente emocional e imponderável pode atuar na opção do Juiz determinando-lhe apenas uma escolha dentre as alternativas explícitas ou implícitas contidas na lei".[3]

Diz a Exposição de Motivos do Código de Processo Penal: "A sentença deve ser *motivada*. Com o *sistema do relativo arbítrio judicial na aplicação da pena*, consagrado pelo novo Código Penal, e do *livre convencimento* do juiz, adotado pelo presente projeto, é a *motivação* da sentença que oferece garantia contra os excessos, os erros de apreciação, as falhas de raciocínio ou de lógica ou os demais vícios de julgamento. No caso de absolvição, a parte dispositiva da sentença deve conter, de modo preciso, a razão específica pela qual é o réu absolvido. É minudente o projeto, ao regular a *motivação* e o *dispositivo* da sentença" (grifamos). Desde 1940, o legislador atribuiu ao juiz imensa discricionariedade na fixação da pena, determinando-lhe alguns parâmetros dos quais não deve furtar-se. Entretanto, no dizer de ROBERTO LYRA, "é preciso que o juiz, habituado ao angustioso formalismo do sistema anterior, se compenetre desse arbítrio para enfrentá-lo desassombradamente e exercê-lo desembaraçadamente, a bem da efetividade da individualização, dentro da indeterminação relativa da pena".[4]

A fixação da pena alcança não somente a espécie estabelecida no preceito secundário (privativa de liberdade ou multa) como também o regime inicial de cumprimento da pena privativa de liberdade e a possibilidade de sua substituição por outra modalidade, quando cabível. Inclui-se, ainda, no processo, a opção pela suspensão condicional do seu cumprimento. Há, pois, duplo estágio nesse processo, chamado por EDUARDO DEMETRIO CRESPO de individualização judicial da pena em sentido estrito – fixação do tipo e do *quantum* da pena – e individualização judicial em sentido amplo – aplicação ou não dos substitutivos legais permitidos.[5]

Caracteriza-se a sua natureza jurídica pelo fato de constituir a individualização judiciária da pena a fase intermediária na concretização da sanção penal. A primeira, como já vimos, é a individualização legislativa, pois, ao criar o tipo penal, fixa-se o mínimo e o máximo, em abstrato, previstos para a pena. Final-

---

3. *Os princípios constitucionais penais*, p. 38.
4. *Comentários ao Código Penal*, v. 2, p. 180-181.
5. *Prevención general e individualización judicial de la pena*, p. 44.

mente, após a aplicação da pena pelo juiz na sentença condenatória, passa-se à fase derradeira, que é a da individualização executória, cabendo a modificação do regime, unificação das penas, concessão ou cassação de benefícios, entre outros.

José Raimundo Gomes da Cruz menciona continuarem as sentenças criminais, nos Estados Unidos, apesar dos esforços para seu aperfeiçoamento, a ser proferidas na base da improvisação, levando-se em conta tanto a atividade legislativa quanto o individualismo dos juízes. "A lei do Estado de Nova York, p. ex., estabelece 'parâmetros extremamente largos para vários crimes – um a 25 anos para roubo a banco, 1 e meio a 15 anos para roubo de 1.º grau – mas deixando ao juiz a discricionária fixação da pena na sentença'. A flexibilidade que se acha como inspiradora do sistema acaba gerando frequentes disparidades".[6]

Logicamente, o sistema norte-americano, de conhecido rigor na fixação da pena, em especial no tocante aos crimes considerados graves e violentos contra a pessoa, possui margens para a individualização da pena extremamente flexíveis, provocando um indesejado abismo entre o mínimo e o máximo previstos em lei, dando margem a uma aplicação discricionária, beirando ao abuso. Se alguma vantagem se pode extrair desse exemplo é que, ao menos, o magistrado não fica circunscrito, sempre, aos padrões mínimos, utilizando efetivamente o poder conferido não somente pela lei, mas, sobretudo, pelo direito consuetudinário. Por outro lado, enquanto o juiz norte-americano nem mesmo precisa motivar a decisão,[7] o julgador brasileiro possui margens mais limitadas, embora igualmente largas em alguns casos (v. g., homicídio simples, cuja pena varia de 6 a 20 anos de reclusão), com critérios muito mais específicos (sistema trifásico com regras para cada um dos estágios), devendo motivar a sentença (art. 93, IX, CF), mas não se vale do poder que possui, preferindo manter-se nos patamares mínimos ou, se extravasa, termina agindo sem critérios precisos, provocando a redução da pena pelo tribunal, igualmente acostumado à penúria do processo individualizador.

6.2 Circunstâncias que envolvem o crime

6.2.1 Tipo básico e tipo derivado

Tipo é modelo legal e abstrato de conduta. Quando incriminador, prevê um modelo de conduta proibida e, ao fazê-lo, possui sempre uma figura básica e fundamental, contando com vários elementos indispensáveis à sua formação. A falta de apenas um desses elementos faz com que o delito, tal como idealizado pelo legislador, desapareça (*essentialia delicti*). Assim, denomina-se *tipo básico* a

---

6. *Individualização da pena e garantias do acusado*, p. 395.

7. José Raimundo Gomes da Cruz, *op. cit.*, p. 397.

figura central do crime, cuja rubrica, normalmente aposta ao lado da descrição da conduta, fornece a sua titulação jurídica. No caso do furto, como exemplo, temos a figura básica no *caput* do art. 155 do Código Penal: "subtrair, para si ou para outrem, coisa alheia móvel".

Tipo derivado, por sua vez, é o composto pelo conjunto de circunstâncias envolvendo a prática do crime (*accidentalia delicti*). Circunstância é uma particularidade ou um elemento acidental, acompanhante de determinada situação. Retirando-a, no entanto, referida situação ocorreria ainda assim, embora sob nova roupagem (com pena diferenciada). No cenário do delito de furto, temos que a subtração de coisa alheia móvel pode dar-se durante o repouso noturno (art. 155, § 1.º), pode cuidar de coisa de pequeno valor e o agente ser primário (art. 155, § 2.º), bem como pode ser cometido mediante "destruição ou rompimento de obstáculo à subtração da coisa", "com abuso de confiança, ou mediante fraude, escalada ou destreza", "com emprego de chave falsa" ou "mediante concurso de duas ou mais pessoas" (art. 155, § 4.º). Existe a hipótese de o crime ser praticado com emprego de explosivo ou de artefato análogo que cause perigo comum (art. 155, § 4.º-A). Prevê-se, ainda, o cometimento de furto mediante fraude por meio de dispositivo eletrônico ou informático, conectado ou não à rede de computadores, violando mecanismo de segurança ou não, bem como utilizando programa malicioso ou outro meio fraudulento análogo (art. 155, § 4.º-B). O tipo penal aponta causas de aumento para a prática da figura prevista no § 4.º-B, se o delito é praticado mediante a utilização de servidor fora do Brasil ou se o crime é cometido contra idoso ou vulnerável (§ 4.º-C). Outras hipóteses modificativas da pena prevista no tipo básico (caput do art. 155) são encontradas nos §§ 5.º, 6.º e 7.º.

Enfim, em todas essas particulares situações o furto ganha novo contorno, ora chamado de *furto noturno*, ora de *furto privilegiado*, ora de *furto qualificado*. Mas, sempre furto. Alterar uma dessas circunstâncias, previstas no tipo penal, em sua forma derivada, não altera a figura básica, refletindo tão somente na quantificação da pena, para mais ou para menos.

Além disso, quando determinadas circunstâncias não parecem ao legislador tão relevantes quanto as que ele naturalmente elege para compor uma qualificadora ou uma causa de aumento, bem como um privilégio ou uma causa de diminuição de pena (nesses casos, havendo sempre conexão com a tipicidade, na modalidade derivada), termina por constar na Parte Geral, válida para a aplicação a todos os crimes preenchedores do perfil dado em sua descrição, sendo conhecidas por agravantes e atenuantes (arts. 61, 62, 65 e 66, CP). Enumera, ainda, a lei, no art. 59, várias outras circunstâncias envolventes do delito (fato e autor), com a possibilidade de emergirem da ponderada análise do juiz. Assim, são também circunstâncias, embora denominadas judiciais.

Do exposto, conclui-se ser o universo das *circunstâncias* do crime vasto e complexo, sem apresentar uma sistemática própria, brotando na sua forma jurídica pelo modo como o legislador elege a sua posição na lei penal, ora como qualificadora/privilégio, ora como causa de aumento/diminuição de pena, ora como agravante/atenuante, ora como residual circunstância judicial.[8]

Todas, no entanto, não perdem a sua característica essencial: são elementos que volteiam a figura básica do tipo (circunstância = qualquer coisa que gira em torno de; *circum stant*), possuindo reflexos, exclusivamente, na pena.[9]

Em face da vastidão do contexto das circunstâncias do delito, é possível que muitas delas se repitam, podendo estar presentes em mais de uma das fases de individualização da pena. Vale lembrar, pois, dever o magistrado tomar cuidado redobrado, portanto, para não a levar em consideração mais de uma vez, incorrendo no indevido *bis in idem*. Portanto, utiliza-se a preleção de NÉLSON FERRAZ, "quando a mesma circunstância for comum a mais de uma fase da dosimetria, deverá ser utilizada uma só vez, e na última fase em que couber. Assim, em se tratando de réu reincidente, esta circunstância não poderá incidir a título de antecedentes, da primeira fase da dosimetria, mas tão somente como circunstância legal da segunda fase – art. 61, I, do CP".[10] Aliás, nessa visão foi editada a Súmula 241 do Superior Tribunal de Justiça: "A reincidência penal não pode ser considerada como circunstância agravante e, simultaneamente, como circunstância judicial".

Entretanto, é perfeitamente viável e desejável que o julgador faça valer *todas* as circunstâncias do crime, com reflexo nas provas dos autos, na fase mais propícia. Se puder aplicar como qualificadora ou privilégio é o que deve fazer, em primeiro lugar. Havendo outras circunstâncias, pode-se utilizar como causa de aumento ou diminuição (se previstas em lei). Não sendo o caso, apura-se a viabilidade de servir como agravante ou atenuante (se prevista em lei). Finalmente, com certeza, qualquer circunstância, positiva ou negativa para o réu, pode ser utilizada como circunstância judicial (art. 59, CP).

---

8. Ensina DAVID TEIXEIRA DE AZEVEDO que "o diferenciado tratamento legal é resultado de pura técnica legislativa. Não há modificação na estrutura típica das causas de aumento e diminuição relativamente às qualificadoras. Ambas têm referência dogmática com o bem jurídico, a refletir maior ou mais intenso ou menor e mais brando ataque ao interesse tutelado e negação do valor a este imanente, ou também tangenciam a culpabilidade, situando-se no contexto da ação e do universo existencial do agente" (*Dosimetria da pena: causas de aumento e diminuição*, p. 59).

9. Cf. FIANDACA e MUSCO, *Diritto penale – parte generale*, p. 379; CADOPPI e VENEZIANI, *Elementi di diritto penale – Parte generale*, p. 347; ANTOLISEI, *Manuale di diritto penale – Parte generale*, p. 431. Em posição crítica quanto à consideração das circunstâncias do crime como elementos meramente acidentais, consultar a obra de MELCHIONDA, *Le circostanze del reato*.

10. *Dosimetria da pena*, p. 319.

88 | INDIVIDUALIZAÇÃO DA PENA – NUCCI

▶ Circunstâncias válidas para aproveitamento em qualquer fase

Superior Tribunal de Justiça

• "3. Quanto à possibilidade propriamente dita de deslocar a majorante sobejante para outra fase da dosimetria, considero que se trata de providência que, além de não contrariar o sistema trifásico, é a que melhor se coaduna com o princípio da individualização da pena. De fato, as causas de aumento (3.ª fase), assim como algumas das agravantes, são, em regra, circunstâncias do crime (1.ª fase) valoradas de forma mais gravosa pelo legislador. Assim, não sendo valoradas na terceira fase, nada impede sua valoração de forma residual na primeira ou na segunda fases" (AgRg no REsp 1.931.220/PR, 5.ª T., rel. Reynaldo Soares da Fonseca, 08.06.2021, v.u.).

• "3. Em relação à segunda alegação: afastar a causa de aumento de pena do art. 226, II, do CP, verifica-se que, nos termos do entendimento desta Corte Superior, inexiste o alegado *bis in idem*, pois a pena foi exasperada, na primeira fase, em razão de violência psicológica, as ameaças e chantagens cometidas pelo réu (fls. 129 e 131), e a causa de aumento de pena do art. 226, II, do CP, aplicada por ser o agente pai da vítima. Então, o fato de o agente ser o genitor da vítima não foi valorado na primeira fase da dosimetria, o que permite o incremento da pena na segunda fase da dosimetria, com fulcro no art. 226, II, do CP, sendo descabida a alegação de *bis in idem* (HC n. 338.563/RJ, Ministro Ribeiro Dantas, Quinta Turma, *DJe* 9/4/2018)" (AgRg no HC 622.022/SC, 6.ª T., rel. Sebastião Reis Júnior, 23.03.2021, v.u.).

6.2.2 Circunstâncias judiciais

Denominam-se *circunstâncias judiciais* as previstas no art. 59 do Código Penal, não possuindo expressa definição legal, surgindo, em última análise, da avaliação do juiz, ao estabelecer a pena-base. Constituem particularidades envolventes da figura básica de um delito qualquer, sem que possam ser consideradas integrantes da tipicidade derivada ou circunstâncias legais genéricas de aumento ou diminuição (agravantes/atenuantes), possuindo caráter nitidamente residual.

Dessa forma, ao cuidar da aplicação da pena, o magistrado necessita, em primeiro plano, verificar se alguma das circunstâncias constantes do art. 59 perfaz, igualmente, outra circunstância expressamente prevista em lei; caso não ocorra esse perfil, passa a analisá-las de per si, criando um conjunto de elementos positivos ou negativos, propiciando-lhe a formação de um juízo de censura (culpabilidade) maior ou menor. Imaginando-se serem todas as circunstâncias judiciais favoráveis – antecedentes, conduta social, personalidade do agente, motivos, circunstâncias do fato criminoso, consequências do crime e comportamento da vítima – a culpabilidade é mínima, motivo pelo qual a pena deve situar-se em seu patamar mínimo. Caso, entretanto, *ad argumentandum*, todas as circunstâncias

CAP. 6 • APLICAÇÃO DA PENA | **89**

sejam desfavoráveis ao réu, a culpabilidade será composta em grau máximo, razão pela qual justifica-se a pena-base no máximo.

A última hipótese – culpabilidade em grau máximo – é rara, mas não impossível. Torna-se incomum porque muitos dos elementos componentes do art. 59 já figuram, quando realmente relevantes, no tipo penal, seja na forma de qualificadora, seja no aspecto de causa de aumento e, ainda, extra-tipo, na modalidade de agravante. Analisaremos as circunstâncias judiciais individualmente nos tópicos abaixo.

Desde logo, no entanto, convém mencionar interessante argumento utilizado por Choclán Montalvo, ao justificar o emprego de analogia para estabelecer um parâmetro entre as circunstâncias judiciais, que são vagas, com as circunstâncias legais (agravantes e atenuantes), visando à maior segurança ao próprio condenado. "Com a cláusula da analogia exposta, a individualização da pena ganha em segurança jurídica: o Juiz penal poderá motivar suficientemente por que um fato merece maior ou menor sanção em função do parentesco de significado com algumas das circunstâncias de agravação ou atenuação contidas na parte geral do Código ou nos tipos da parte especial (...) Neste contexto, e assim entendido o problema, é possível considerar a *agravante por analogia* como fator de individualização da pena".[11]

6.2.3 Circunstâncias legais

Circunstâncias legais são todas as particularidades envolvendo a prática do delito (fato e autor), devidamente previstas em lei, logo, cuja descrição é feita pelo próprio legislador na elaboração da norma penal. Podem ser genéricas, ou seja, previstas na Parte Geral do Código Penal, para aplicação a todos os crimes: agravantes e atenuantes. Podem denominar-se específicas, quando previstas na Parte Geral ou na Parte Especial, mas integrando a tipicidade derivada: causas de aumento ou diminuição (existentes nas Partes Geral e Especial) e qualificadoras e privilégios (constantes somente na Parte Especial).

6.2.3.1 Agravantes e atenuantes

Agravantes são circunstâncias legais genéricas, válidas para aplicação a qualquer crime, *desde que não constituam elemento fundamental da figura básica ou qualificadora*, o que é advertência lógica e natural, embora estéril, uma vez que, em Direito Penal, não se admite, de toda forma, o *bis in idem*, isto é, a dupla apenação pelo mesmo fato ou pela mesma particularidade. Estão previstas nos artigos 61 e 62 do Código Penal, com extensão para os artigos 63 e 64, que são explicativos da reincidência e seus efeitos.

---

11. *Individualización judicial de la pena – Función de la culpabilidad y la prevención en la determinación de la sanción penal*, p. 180.

Destarte, ao cuidarmos do motivo, nota-se ter escolhido o legislador o *fútil* e o *torpe* para figurarem como agravantes (art. 61, II, *a*), cabível a qualquer delito que já não os possua como qualificadoras, *v.g.* homicídio (art. 121, § 2.º, I e II). No mais, residualmente, ainda seria viável a análise do motivo como circunstância judicial, pois figura no art. 59. Não sendo fútil ou torpe, mas considerando o magistrado de particular relevo, como seria a motivação egoística, pode elevar a pena-base, pois visualiza maior grau de censura (culpabilidade). Verificar-se-á em item próprio o alcance das agravantes (item 7.2.1) e, nominadamente, cada uma delas.

Atenuantes são circunstâncias legais genéricas aplicáveis a qualquer delito, envolvendo o fato ou o autor, recomendando ao juiz que abrande o juízo de censura, diminuindo a pena-base, quando esta já não estiver fixada no grau mínimo. As hipóteses previstas nos artigos 65 e 66, por vezes, podem confundir-se com privilégios ou causas de diminuição da pena, mas, em grande parte, trata-se de mistura apenas aparente. Como exemplo, pode-se mencionar o cometimento do crime por motivo de relevante valor social ou moral. Essa motivação já consta no artigo 121, § 1.º, como causa de diminuição da pena, embora neste tipo penal exija-se esteja o agente *impelido* (dominado) pela motivação, enquanto a atenuante apresenta-se mais branda na sua forma, cuidando apenas do motivo, sem qualquer refluxo mais contundente no ânimo do agente.[12] No mais, pode ainda o juiz levar em conta o motivo, quando seja nobre – mas não de relevante valor social ou moral – ao estipular a pena-base, fundamentando-se no artigo 59. O alcance das atenuantes e sua análise individualizada será objeto de item específico (item 7.2.3) para cada uma.

6.2.3.2 Causas de aumento e diminuição

Causas de aumento são circunstâncias legais específicas, a ponto de obrigar o juiz a aplicar elevação da pena em quantidades estabelecidas pelo próprio legislador, na forma de cotas fixas ou variáveis. São chamadas, por isso, de *qualificadoras em sentido amplo.* Exemplos de causas de aumento previstas na Parte Geral do Código Penal: artigos 70 (concurso formal) e 71 (crime continuado). Exemplos de causas de aumento previstas na Parte Especial do Código Penal: artigos 121, §§ 4.º, 6.º e 7.º; 157, § 2.º, 158, § 1.º, 168, § 1.º, 226, entre outras.

Causas de diminuição são circunstâncias legais específicas, determinativas da redução da pena obrigatoriamente pelo juiz, levando em conta as quantidades preestabelecidas em cotas fixas ou variáveis pelo próprio legislador. São os chamados *privilégios em sentido amplo.* Exemplos de causas de diminuição previstas na Parte Geral do Código Penal: artigos 14, parágrafo único, 16, 21, parte final, 24,

---

12. Nessa ótica, BOSCHI, *Das penas e seus critérios de aplicação*, p. 266.

§ 2.º, 26, parágrafo único, 28, § 2.º; 29, § 1.º. Exemplos de causas de diminuição previstas na Parte Especial do Código Penal: artigos 121, § 1.º, 129, § 4.º, 155, § 2.º, 171, § 1.º, dentre outras.

As causas de aumento e de diminuição integram a estrutura típica do delito (como ocorre com a tentativa) e permitem a fixação da pena acima do máximo em abstrato previsto pelo legislador, como também admitem o estabelecimento da pena abaixo do mínimo. DAVID TEIXEIRA DE AZEVEDO explica que "as causas de aumento e de diminuição identificam-se com as circunstâncias objetivas, ligadas ao tipo penal em seu aspecto descritivo e normativo e à antijuridicidade em seu âmbito objetivo. Excepcionalmente, as causas de aumento e de diminuição referir-se-ão à culpabilidade".[13]

A possibilidade de romper o mínimo e o máximo da pena, abstratamente cominados pela lei, é consequência lógica, uma vez que foi também o legislador quem idealizou aumentos e diminuições em quantidades preestabelecidas. Ao fazê-lo, determina-se ao juiz a sua utilização, sempre que existentes no caso concreto, na terceira fase da aplicação da pena, permitindo-se ultrapassar as fronteiras inicialmente previstas para a pena no preceito secundário do tipo penal incriminador. Podem ser previstas em *quantidade fixa* (ex.: art. 121, § 4.º, determinando o aumento de 1/3) ou em *quantidade variável* (ex.: art. 157, § 2.º, determinando um aumento de 1/3 até a metade). Diferem das agravantes e atenuantes, que precisam respeitar as fronteiras do mínimo e do máximo, porque estas são circunstâncias genéricas, jamais vinculadas ao tipo. Simplesmente, *recomendam* aumentos e diminuições, em quantidade qualquer, na segunda fase da aplicação da pena, não havendo, pois, justificativa para alterar os parâmetros estabelecidos no preceito secundário do tipo incriminador.

Não deixa de ser paradoxal, muitas vezes, a consideração de poderem as causas de aumento ou diminuição ter a mesma raiz que as agravantes ou atenuantes (confira-se o desconhecimento da lei – atenuante – e o erro de proibição inescusável – causa de diminuição). Estas devem respeitar as fronteiras da pena abstrata enquanto aquelas, não. O sistema trifásico é justamente previsto para evitar sejam as circunstâncias todas misturadas e utilizadas em quantidades quaisquer, sem obediência a certos parâmetros fixados pelo legislador. Assim, como se verá em tópico próprio, escolhida a pena-base, na primeira fase, o próximo passo do julgador é levar em conta as causas genéricas de elevação ou redução da pena, sem romper mínimo e máximo, para, então, atingir a terceira fase, quando deverá obedecer aos comandos normativos para aumentos e diminuições em quantidades preestabelecidas, pouco importando, então, eventual ultrapassagem dos limites abstratos do preceito secundário. Foi o critério eleito pelo Código Penal brasileiro, embora possa não ser o melhor.

---

13. *Dosimetria da pena: causas de aumento e diminuição*, p. 80.

Entretanto, o mais importante a destacar, como aspecto negativo em nosso entender, é a opção por um critério matemático para a fixação de aumentos ou diminuições, genericamente falando, como se o magistrado agisse como autêntico "contador" no cálculo da pena. Assim, é perfeitamente viável faça o juiz, dentro dos limites estabelecidos pelo legislador, uma opção por um aumento máximo, ainda que exista somente uma causa de aumento presente, ou mesmo por um aumento mínimo, embora exista mais de uma.

No caso do roubo, com seis circunstâncias de aumento previstas no § 2.º do art. 157, a elevação da pena pode variar de um terço até a metade. Nessa hipótese, presente uma só delas, nada impede ao julgador, conforme a gravidade do fato, a opção pelo aumento máximo de metade. É o que sustentamos há algum tempo,[14] conferindo ampla liberdade para a análise do caso concreto, evitando-se o indevido critério aritmético, que prefere dividir a faixa de aumento de um terço até a metade em seis parcelas.[15]

O referido critério não guarda nenhum tipo de simetria com a liberdade do magistrado para a avaliação da maior ou menor gravidade das circunstâncias envolventes do crime, levando-se em conta, ainda, o desatendimento a qualquer outro padrão de comparação empreendido no tocante a outras situações.

No caso do furto, a presença de uma única circunstância qualificadora, dentre as quatro possíveis (§ 4.º do art. 155), já proporciona a aplicação de, pelo menos, o dobro da pena. E, ainda assim, pode magistrado livremente aplicar um montante variável de dois a oito anos. Ora, se assim é, não tem o menor sentido exigir que, no caso do roubo, havendo a utilização de arma, esteja o juiz obrigado a fixar um aumento da ordem de somente um terço. Por que não poderia estabelecer um aumento maior? Sem dúvida, cabe-lhe avaliar o caso concreto e decidir, motivadamente, pelo aumento justo (um terço até a metade).

Contra o critério matemático, impõe-se mencionar a lição precisa de ANABELA MIRANDA RODRIGUES: "É geralmente reconhecido que métodos e instrumentos de cálculo próprios das ciências naturais são incompatíveis com a específica natureza do processo intelectual presente na fase final de determinação da medida da pena; ele é em larga medida um 'ato criativo', como tal não recondutível a um modelo que preexista à atividade cognitiva que lhe serve de base. A recusa de qualquer hipótese de cálculo matemático, no entanto – e ainda isto é já hoje também um dado adquirido –, não se traduz no reconhecimento de que no processo de determinação da medida da pena impera a discricionariedade".[16] Em idêntico prisma, ressaltam CADOPPI e VENEZIANI inexistir teoria penal a sustentar a fixa-

---

14. Cf. nosso *Código Penal comentado*, nota 18 ao art. 157.

15. Em cálculo matemático, a elevação seria progressiva, conforme se detectar a presença de uma, duas, três, quatro, cinco ou seis.

16. *A determinação da medida da pena privativa de liberdade*, p. 588.

ção da pena dentro de critérios aritméticos, abstraindo-se a avaliação concreta da culpabilidade e da reprovação social merecidas em relação ao fato e seu autor.[17]

▶ Causas de aumento do roubo: inviabilidade de aumento aritmético; opção pelo critério qualitativo

Superior Tribunal de Justiça

• "Consoante reiterada jurisprudência desta Corte, o percentual imposto na terceira fase da aplicação da pena deve ser fundamentado com base em dados concretos que justifiquem uma maior elevação, utilizando-se o critério subjetivo, por ser mais favorável ao réu e por obedecer ao princípio constitucional da individualização da pena (art. 5.º, inciso XLVI, da Constituição Federal)." (HC 186.575/SP, 5.ª T., 27.08.2013, v.u., rel. Laurita Vaz).

• "A simples existência de duas ou mais majorantes do crime de roubo não é suficiente, por si só, para ensejar o aumento de pena superior ao mínimo legalmente previsto, qual seja, 1/3, devendo a escolha da fração ser pautada pelo critério subjetivo, em obediência ao princípio constitucional da individualização da pena." (HC 202.176/SP, 6.ª T., 04.12.2012, v.u., rel. Sebastião Reis Júnior).

6.2.3.3 *Qualificadoras e privilégios*

Qualificadoras são circunstâncias legais específicas, jungidas diretamente ao tipo penal incriminador, produtoras da elevação da faixa de aplicação da pena, em patamares prévia e abstratamente estabelecidos, aumentando de forma concomitante o mínimo e o máximo previstos para o crime. São exemplos de qualificadoras: artigos 121, § 2.º, 155, § 4.º, 159, § 1.º, 163, parágrafo único, entre outros casos.

Privilégios são circunstâncias legais específicas, vinculadas ao tipo penal incriminador, provocadoras da diminuição da faixa de aplicação da pena, em patamares prévia e abstratamente estabelecidos pelo legislador, alterando o mínimo e o máximo previstos para o crime. São exemplos de privilégios: artigos 251, § 1.º, 317, § 2.º, 348, § 1.º, dentre outros. Por vezes, a figura privilegiada do crime está prevista em tipo autônomo, como aconteceu no caso do homicídio. Assim, o autêntico homicídio privilegiado é o infanticídio, inserido no art. 123, mas, logicamente, deve-se respeitar a sua titulação jurídica própria.

A diferença fundamental entre a qualificadora e a causa de aumento consiste na alteração feita pelo legislador dos valores mínimo e máximo no caso da primeira, enquanto esta última possui um aumento adicionado à pena prevista para o tipo básico (ex.: o furto noturno prevê o aumento de

---

17. *Elementi di diritto penale – Parte generale*, p. 451.

1/3 sobre a pena do furto simples – de 1 a 4 anos). No caso da qualificadora, o legislador altera a *faixa de fixação da pena* (ex.: o furto qualificado passa a ter penas de 2 a 8 anos). Daí poder-se afirmar que, tecnicamente, não há roubo qualificado, mas com causa de aumento (conforme art. 157, § 2.º, CP). Entretanto, utiliza-se o termo *roubo qualificado*, porque as causas de aumento, como já mencionado, são as *qualificadoras em sentido amplo*.

As qualificadoras e os privilégios, porque constantes do tipo penal incriminador específico, bem como por alterar a faixa de fixação da pena, são considerados logo de início, antes mesmo de se iniciar o processo de aplicação da pena, ou seja, tratando-se de crime qualificado, o juiz começará o processo através do estabelecimento da pena-base já levando em consideração a nova banda, criada pelo legislador, para concretizar a pena. Por isso, quando cuidar da fixação da pena de um furto simples, o magistrado leva em conta a faixa de 1 a 4 anos para eleger a pena-base e dar prosseguimento à inserção de agravantes/atenuantes, causas de aumento/diminuição. Entretanto, cuidando-se de furto qualificado, considera a banda de 2 a 8 anos para escolher a pena-base e prosseguir nas demais fases.

6.2.3.4 *Existência de duas ou mais qualificadoras*

Um crime pode conter, na sua descrição típica derivada, mais de uma circunstância qualificadora, dando ensejo ao reconhecimento concomitante, porque compatíveis, de duas ou mais. No caso do homicídio, *v. g.*, pode perfeitamente ocorrer a presença da motivação torpe, associada à execução empreendida à traição e com emprego de fogo. Logo, tem-se uma tripla qualificação. O reconhecimento da primeira qualificadora permite a mudança da faixa de fixação da pena, que salta de 6 a 20 anos para 12 a 30. Não é razoável, após esse procedimento, o desprezo das outras duas relevantes circunstâncias igualmente presentes. A solução, portanto, uma vez que *todas* são circunstâncias do crime e, nesse caso, previstas em lei, deve levar o magistrado a considerar as duas outras como circunstâncias legais genéricas para o aumento da pena (agravantes). Eventualmente, quando inexistente a circunstância qualificadora no rol das genéricas agravantes do art. 61 (como ocorre com o furto cometido mediante escalada), deve o julgador acrescentá-la como circunstância judicial (art. 59), algo sempre possível, inclusive por serem circunstâncias residuais.

Outra não é a lição de José Antonio Paganella Boschi: "Como nenhuma circunstância pode ficar à margem de qualquer consideração o entendimento da jurisprudência é no sentido de que uma das qualificadoras atuará como tal (qualquer delas) para o efeito de reposicionar o juiz perante o tipo derivado, enquanto a outra, remanescente (podendo ser uma ou mais, por óbvio), atuando como agravante, aumentará a pena na segunda fase, desde que o fato que a constitui também constitua agravante genérica. (...) Pode ocorrer, entretanto, que a(s) qualificadora(s) remanescentes não esteja(m) prevista(s) em lei como agravante(s)

(...). Nesse caso, recomenda a jurisprudência que a(s) qualificadora(s) restante(s) atue(m) na dosimetria da pena-base como circunstância(s) judicial(is)...".[18]

▶ Comprovação de mais de uma qualificadora

Supremo Tribunal Federal

• "3. A 'existência de mais de uma qualificadora possibilita a consideração de uma delas como circunstância judicial e a consequente fixação da pena-base em patamar superior ao mínimo legal no crime de homicídio qualificado' (RHC 120.599, Rel. Min. Luiz Fux). Precedentes" (RHC 203.057 AgR, 1.ª T., rel. Roberto Barroso, 30.08.2021, v.u.).

Superior Tribunal de Justiça

• "3. A fundamentação utilizada na sentença para elevar a reprimenda básica do réu está em consonância com a jurisprudência do STJ, de que, uma vez reconhecida mais de uma qualificadora, uma delas implica o tipo qualificado, enquanto as demais podem ser usadas para agravar a sanção na segunda fase da dosimetria" (EDcl no AgRg nos EDcl no AREsp 1.422.598/PE, 6.ª T., rel. Rogerio Schietti Cruz, 16.11.2021, v.u.).

6.2.3.4.1 Circunstâncias sujeitas a apreciação em fases diversas, evitando-se o *bis in idem*: a questão do crime de extermínio de seres humanos

A Lei 12.720/2012 inseriu, no tipo penal do homicídio, a seguinte causa de aumento de pena: "a pena é aumentada de 1/3 (um terço) até a metade se o crime for praticado por milícia privada, sob o pretexto de prestação de serviço de segurança, ou por grupo de extermínio" (§ 6.º).

Ocorre que, as atividades de homicidas, quando inspiradas por tais fatores, sempre foram consideradas torpes, inclusive porque muitas delas são remuneradas (paga ou promessa de recompensa), configurando a figura qualificada do art. 121, § 2.º, I, do Código Penal. Portanto, quando milícias ou grupos de extermínio matam alguém, configura-se o homicídio qualificado pela torpeza e, evitando-se o *bis in idem*, não pode haver a incidência concomitante da causa de aumento do § 6.º.

Entretanto, as circunstâncias do homicídio podem ser variadas, como já exposto no tópico acima, permitindo a incidência de até três qualificadoras, fazendo com que uma delas sirva para alterar a faixa de fixação da pena (para 12 a 30 anos) e as demais funcionem como agravantes.

---

18. *Das penas e seus critérios de aplicação*, p. 289.

No específico caso dos grupos de extermínio e milícias, havendo mais de uma qualificadora, deve-se reservar a pertinente à torpeza para figurar como aumento de um terço até a metade, na terceira fase de aplicação da pena, no cenário do *quantum*. Outra das circunstâncias (incisos III ou IV) deve servir para a qualificação do crime. Pode restar, ainda, uma terceira, que, então, funcionará como agravante.

Ilustrando, A, B e C, em atividade de grupo de extermínio, valendo-se de emboscada, matam D, ateando-lhe fogo ao corpo. Há três circunstâncias a ponderar: torpeza, emprego de fogo e emboscada. Utiliza-se o emprego de fogo para qualificar (a faixa do homicídio passa de simples a qualificado); emprega-se a emboscada como agravante; termina-se com a torpeza, valendo como causa de aumento de pena.

Não há *bis in idem*, pois todas as circunstâncias são ponderadas em fases distintas da pena e cada fato serve para provocar um único aumento.

6.2.3.4.2 Circunstâncias sujeitas a apreciação em fases diversas, evitando-se o *bis in idem*: a questão do feminicídio

Inseriu-se a qualificadora de crime cometido contra mulher em razão de sua condição de sexo feminino, no art. 121, § 2.º, VI, do Código Penal. A maior proteção à figura humana feminina iniciou-se, de maneira mais intensa, com a edição da Lei 11.340/2006 (Lei Maria da Penha) e, depois, adveio a Lei 13.104/2015, contendo a referida qualificadora.

Temos sustentado tratar-se de qualificadora de natureza objetiva, pois a condição de sexo feminino demonstra, apenas, a maior fragilidade da vítima, exposta à violência masculina, quase sempre mais forte fisicamente. Seria a mesma objetividade encontrada na qualificadora do recurso que dificulta ou impossibilita a defesa do ofendido (inciso IV do mesmo artigo).

Não há nada de subjetivo na conduta de matar mulher, tendo em vista que o *motivo* não é *ser a vítima mulher*, mas ter feito algo que desagradou, como regra, o homem, em situação de violência doméstica e familiar. Os motivos são variados e de ordem subjetiva (torpe, fútil, relevante valor moral ou social, violenta emoção seguida de injusta provocação, entre outros).

No entanto, apesar de defendermos a viabilidade de se qualificar a morte da mulher pelo marido, tanto com base no feminicídio, mas também com fundamento na motivação torpe ou fútil, sem que haja *bis in idem*, alertamos para o cuidado que se deve ter no tocante à agravante de crime contra mulher (art. 61, II, *f*, CP) e quanto à agravante de delito contra mulher grávida (art. 61, II, *h*, CP). A primeira conflita diretamente com a nova qualificadora do inciso VI, e a segunda conflita com a causa de aumento do § 7º, I, do art. 121.

Em suma, respeitando-se a ordem de preferência e importância, primeiro, valendo-se de uma circunstância, o juiz qualifica o homicídio; depois, se houver outras qualificadoras, utiliza-as como agravantes ou circunstâncias judiciais; após aplica as agravantes restantes (desde que não configurem causas de aumento – como é o caso da mulher grávida); finalmente, considera as causas de aumento. Isso tudo deve ser feito calcado na pena-base, fruto da análise das circunstâncias do art. 59, que, embora residual, é o primeiro passo para a fixação do *quantum* da pena.

6.2.3.5 Importância da abrangência do elemento subjetivo

Evitando-se a aplicação da responsabilidade penal objetiva, consistente na punição de alguém sem ter agido com dolo ou culpa, torna-se fundamental que, para a aplicação das circunstâncias envolvendo o crime (agravantes/atenuantes, causas de aumento/diminuição e qualificadoras/privilégios) deva o agente atuar com vontade e consciência em relação a elas. Logicamente, o mais importante é a exigência do elemento subjetivo no tocante às circunstâncias determinantes do aumento de pena. Assim, como exemplo, não se pode considerar presente uma qualificadora ou uma agravante de crime cometido com emprego de crueldade se o partícipe jamais supôs ter o autor utilizado tal método para matar (qualificadora) ou roubar (agravante) a vítima. Deduzir o contrário seria a indevida aplicação da responsabilidade penal objetiva. Por outro lado, quando alguém acompanha outra pessoa para matar a vítima sem a menor noção do motivo de relevante valor moral, inspirador da conduta do agente principal, não merece o benefício da causa de diminuição prevista no art. 121, § 1.º. Aliás, seria até indevido, pois o partícipe poderia ter atuado com manifesto sadismo, configurando torpeza na sua motivação, valendo qualificar o crime. São as duas (relevante valor e torpeza) circunstâncias subjetivas, que dizem respeito ao autor, logo, a cada um dos concorrentes deve ser imputada a que lhe cabe.

Vale registrar que, na legislação italiana, exige-se, para o reconhecimento de qualquer agravante, o conhecimento do agente a seu respeito, admitindo-se a ignorância, se por culpa, ou ainda por reputá-la inexistente por erro. Registram FIANDACA e MUSCO reger essa situação o princípio *nulla poena sine culpa*, pois é envolvido às agravantes (causadoras de elevação da pena) um coeficiente subjetivo indispensável.[19] Entretanto, quanto à atenuante, pode ser reconhecida por mera imputação objetiva, sem que tenha o autor conhecimento da sua ocorrência.

Preferimos considerar, no entanto, indispensável o conhecimento e o querer do agente tanto nas circunstâncias que elevam a pena quanto nas que diminuem.

---

19. *Diritto penale – Parte generale*, p. 384.

6.3 Fases da aplicação da pena

6.3.1 *Primária: eleição do* quantum *da pena prevista no preceito sancionador do tipo*

6.3.1.1 *Conceito de pena-base*

Pena-base é a primeira escolha do juiz no processo de fixação da pena, sobre a qual incidirão as agravantes e atenuantes e, em seguida, as causas de aumento e diminuição. A eleição do *quantum* inicial, a ser extraído da faixa variável entre o mínimo e o máximo abstratamente previstos no tipo penal incriminador, precisamente no preceito secundário, faz-se em respeito às circunstâncias judiciais, previstas no art. 59. Não se trata de uma opção arbitrária e caprichosa do julgador, ao contrário, deve calcar-se nos elementos expressamente indicados em lei.

Por isso, não se justifica a corrente doutrinária e jurisprudencial que permite a ausência de fundamentação quando o juiz elege o mínimo legal previsto no tipo como pena-base, sob a assertiva de existir, então, a presunção de serem todas as circunstâncias judiciais favoráveis. Segundo nos parece, se a Constituição Federal garante a *todas* as decisões do Poder Judiciário a devida motivação, sob pena de nulidade (art. 93, IX), é indispensável haver a justificação da escolha do mínimo legal, proporcionando ao órgão acusatório, caso inconformado, a interposição do recurso cabível, contrariando os argumentos utilizados na sentença. Se não há fundamentação, deve o promotor contra-argumentar em cima da mera probabilidade de ter o juiz entendido favoráveis todos os elementos constantes no art. 59. Ao invés disso, o magistrado pode nem mesmo ter levado em conta o constante do art. 59, ignorando o dever de fixar a pena distante de seu capricho ou sentimento pessoal. Tergiversa-se na aplicação da pena ao sustentar a *presunção* de consideração favorável das circunstâncias judiciais quando nem mesmo uma palavra menciona o juiz na sentença a esse respeito.

Aliás, a existência dessa posição possibilita o fortalecimento de outra, igualmente contrária aos ditames legais, consistente na política da pena mínima, isto é, o reiterado costume judiciário, no Brasil, de se fixar a pena-base sempre no menor patamar possível, refletindo logicamente nas demais fases de aplicação da pena. O tema será objeto de avaliação e crítica em tópico próprio (item 8.2).

De todo modo, a eleição da pena-base constitui o passo primeiro para a concretização da pena final do réu, conforme as circunstâncias envolventes do fato e de seu autor.

6.3.1.2 *O indevido* bis in idem *e o caráter residual da circunstância judicial*

A utilização das circunstâncias judiciais, previstas no art. 59 do Código Penal, para a fixação da pena-base, pode levar ao indevido *bis in idem*. Noutros termos, é possível que o julgador, se não agir com cautela, leve em consideração duas ou mais vezes a mesma circunstância fática na operação relativa à dosimetria da pena.

Por certo, o *bis in idem* é incorreto, ofendendo a legalidade, que prevê única pena para cada fato delituoso, além de lesar a proporcionalidade, pois a punição se torna extremamente gravosa ao condenado.

A individualização da pena é essencial, atribuindo-se o *quantum* merecido a cada réu, sem qualquer padronização. Porém, quando o magistrado considerar preenchido o tipo penal básico (ver item 6.2.1), chega à conclusão de haver crime. A partir disso, não pode levar em consideração os mesmos elementos para a aplicação da pena, pois incidiria em *bis in idem*. Exemplo: para a configuração do roubo é preciso comprovar o emprego da violência ou grave ameaça; constatado o emprego de violência, preenche-se o tipo básico; não é cabível, para fins do art. 59 do CP, alegar ter sido violento o modo de agir do autor, resultando em penalidade mais severa. A violência, quando usada para o preenchimento do tipo básico, não deve tornar ao campo da aplicação da pena, sob pena de se considerar *novamente* a mesma base fática.

É possível que o julgador leve em conta a *extremada* violência do autor, desnecessária para a concretização do roubo, demonstrativa de personalidade sádica. Nesse caso, não há *bis in idem*, tendo em vista o grau da violência. Ultrapassando a barreira do mínimo indispensável para a configuração do tipo básico, o *restante* pode e deve ser avaliado como circunstância peculiar do caso, a merecer ponderação na fixação da pena.

Além disso, quando lidar com as circunstâncias judiciais, o magistrado deve ter o particular cuidado de não confundir a mesma base fática, usada para preencher algum elemento do art. 59 do Código Penal, em outra fase, como na eleição de agravantes ou causas de aumento de pena.

Vale destacar que as circunstâncias judiciais, embora sejam as primeiras a aplicar, para o estabelecimento da pena-base, são residuais, ou seja, caso a circunstância não sirva para qualificar ou privilegiar, aumentar ou diminuir a pena, agravar ou atenuar a sanção, podem ser usadas na primeira fase.

▶ Circunstâncias judiciais de valoração residual

Superior Tribunal de Justiça

- "3. Na estrutura delineada pelo legislador, somente são utilizados para a fixação da pena-base elementos pertencentes a seus vetores genéricos que não tenham sido previstos, de maneira específica, para utilização nas etapas posteriores. Trata-se da aplicação do princípio da especialidade, que impede a ocorrência de *bis in idem*, intolerável na ordem constitucional brasileira" (REsp 1.887.511/SP, 3.ª Seção, rel. João Otávio de Noronha, 09.06.2021, v.u.).

6.3.1.3 Métodos bifásico e trifásico

O critério adotado pelo Código Penal, no art. 68, é o trifásico, significando dizer que a pena será estabelecida em três fases distintas, embora interligados os seus elementos. *In verbis*: "A pena-base será fixada atendendo-se ao critério do art. 59 deste Código; em seguida serão consideradas as circunstâncias atenuantes e agravantes; por último, as causas de diminuição e de aumento".

Costuma-se vincular o critério trifásico ao magistério preconizado por NELSON HUNGRIA, enquanto o outro, bifásico, a ROBERTO LYRA.

Para HUNGRIA, o juiz deve estabelecer a pena em três fases distintas: a primeira leva em consideração a fixação da pena-base, tomando por apoio as circunstâncias judiciais do art. 59; em seguida, o magistrado deve aplicar as circunstâncias legais (atenuantes e agravantes dos arts. 61 a 66), para então apor as causas de diminuição e de aumento (previstas nas Partes Geral e Especial).

LYRA, por sua vez, ensina merecerem as circunstâncias atenuantes e agravantes ser analisadas em conjunto com as circunstâncias do art. 59 para a fixação da pena-base. Somente após, aplicará o juiz as causas de diminuição e de aumento. A fundamentação para este posicionamento consiste na coincidência das circunstâncias judiciais com as legais, não havendo razões sólidas para separá-las.[20] E diz, a esse respeito, FREDERICO MARQUES: "Não nos parece que haja necessidade de separar as circunstâncias judiciais das circunstâncias legais, no juízo que o magistrado formula ao apreciar os elementos apontados no artigo 59. Em primeiro lugar, o exame em bloco das circunstâncias todas do crime é muito mais racional e, também, mais indicado para a individualização judiciária da pena. Em segundo lugar, como bem argumenta BASILEU GARCIA, as circunstâncias legais não estabelecem cálculo a efetuar, como sucede com as causas de aumento e diminuição de pena: 'Há a realizar, somente, a escolha de uma pena entre limites extremos'. Não há 'modificação quantitativa precisa' quando se reconhece a existência de uma agravante ou atenuante. Supérfluo seria, assim, separá-las das circunstâncias judiciais, para efeito do cálculo da pena entre o máximo e o mínimo cominados. Note-se, ao demais, que o artigo 59 manda que o juiz tenha em consideração circunstâncias objetivas, e subjetivas, a gravidade do crime e a personalidade do delinquente, para escolher e fixar a pena-base. Não é muito mais aconselhável que ele tenha uma visão completa e panorâmica desses elementos, do que se basear em aspectos

---

20. Na Itália, vigora o sistema bifásico, mas com características próprias: primeiramente, o juiz fixa a pena-base entre o mínimo e máximo previstos no tipo incriminador, levando em conta as circunstâncias judiciais; após, aplica as agravantes e atenuantes, envolvendo num só contexto todas as circunstâncias legais, o que, para nós, seria a mistura das agravantes com causas de aumento e das atenuantes com as causas de diminuição.

fragmentários que só se completarão depois num segundo exame? O diagnóstico e prognóstico sobre a personalidade do delinquente não ficará muito mais perfeito se resultar do exame em conjunto das circunstâncias legais e judiciais de caráter subjetivo?"[21]

A despeito disso, como já ressaltado, prevaleceu o critério proposto por HUNGRIA, aliás, o mais detalhado para as partes conhecerem exatamente o pensamento do juiz no momento de aplicar a pena. Havendo a separação em três fases distintas, com a necessária fundamentação para cada uma delas, torna-se mais clara a fixação da sanção penal.

Há quem argumente haver, ainda, uma quarta fase: a da substituição da pena privativa de liberdade pela restritiva de direitos ou multa, com o que não se pode concordar, pois o art. 68, *caput*, do Código Penal trata, unicamente, da fixação do *quantum* relativo à pena privativa de liberdade ou da multa (penas previstas, em abstrato, no preceito secundário dos tipos penais incriminadores), e não dos benefícios legais que poderão advir, tal como a substituição da pena privativa de liberdade por restritiva de direitos, a concessão de *sursis* ou qualquer outro. Até mesmo a pena restritiva de direitos depende da fixação da pena privativa de liberdade, utilizado, para esta, o critério do art. 68.

O método trifásico foi consagrado no Código Penal, após a Reforma Penal de 1984, parecendo ser o mais adequado, pois permite ao condenado o exato conhecimento do processo pelo qual passa o juiz até concretizar a pena. Ponto por ponto, expõe o magistrado, por intermédio do raciocínio lógico-dedutivo, sua conclusão acerca da medida da sanção penal cabível, individualizando-a como determina a Constituição Federal. Sem dúvida, há possibilidade de haver *bis in idem*, caso não proceda com extrema cautela, pois as circunstâncias do delito espalham-se por todas as fases (pena-base, agravantes e atenuantes, causas de aumento ou diminuição), quando não servem para qualificar ou privilegiar o crime, antecipando-se, pois, ao processo individualizador. De toda forma, com o cuidado devido, pode o julgador expor ao réu a pena concreta, diferenciando-o, individualizando-o frente aos demais acusados de delitos similares.

Importa convir, no entanto, que a realização do sistema trifásico está longe de se concretizar no Brasil, como merecido. Por vezes – e muitas – passa o juiz ao largo da riqueza dos elementos estampados no art. 59, despreza agravantes e atenuantes, bem como elege aumentos e diminuições sem critério subjetivo, mas simplesmente aritmético. Urge sanar-se esse desvio, concentrando na aplicação da pena as metas previstas no artigo 68 do Código Penal.

---

21. *Tratado de direito penal*, v. III, p. 321-322.

▶ Excepcionalidade da reforma da dosimetria

Supremo Tribunal Federal

• "III – A orientação jurisprudencial desta Suprema Corte firmou-se no sentido de que somente em situações excepcionais é admissível o reexame dos fundamentos da dosimetria da pena fixada pelo juiz natural da causa a partir do sistema trifásico" (HC 194.229 AgR, 2.ª T., rel. Ricardo Lewandowski, 17.02.2021, v.u.).

6.3.1.3.1 Exceção quanto à pena de multa

A pena de multa merece consideração à parte, porque o critério para sua fixação obedece, *primordialmente*, a situação econômica do réu (art. 60, *caput*). Entretanto, o legislador também estabeleceu uma faixa para a eleição do juiz, variando de 10 a 360 dias-multa (art. 49, *caput*). Após a escolha do número de dias-multa, deve o magistrado optar pelo valor do dia-multa, entre valores que variam de 1/30 a 5 vezes o salário mínimo. O critério respeita, pois, duas fases. Na primeira, para eleição do número de dias-multa, entretanto, leva-se em conta, como regra e na medida do possível, o sistema trifásico (art. 68) e, na segunda, para fixação do valor do dia-multa, utiliza-se a situação econômica do acusado.

Dessa maneira, para que não fique a fixação da pena de multa afastada do critério geral, norteador de toda e qualquer concretização de pena, isto é, o grau de censura (culpabilidade) merecido, é indispensável considerar, para a pena pecuniária, ao menos, um sistema composto de dois estágios. Para a eleição do número de dias-multa, o julgador leva em conta os elementos contidos no art. 59 – as circunstâncias judiciais –, bem como outros fatores de aumento ou diminuição, caso existentes (ex.: na tentativa, nada impede reduza o juiz, como fez na pena privativa de liberdade, o seu *quantum* de um a dois terços; se houver apenas a agravante da reincidência o número de dias-multa pode ser fixado em valor mais elevado) quando, então, avaliada a culpabilidade, fixará o valor do dia-multa, agora sim voltado, exclusivamente, à capacidade econômica do réu.[22]

Por isso, a constatação de serem favoráveis todas as circunstâncias do art. 59 acarreta a fixação da pena de multa no mínimo legal (10 dias-multa), mas com cada dia, se for economicamente favorecido, estabelecido em quantidade superior a 1/30 do salário mínimo. Diga-se o mesmo do réu que ostente condições judiciais

---

22. Cf. CHOCLÁN MONTALVO, para quem a pena de multa não pode ser aplicada levando-se em conta unicamente o critério da riqueza do réu, pois, se assim ocorrer, está-se penalizando esta última e não o crime, *Individualización judicial de la pena – Función de la culpabilidad y la prevención en la determinación de la sanción penal*, p. 206. Em igual prisma: MOLINA BLASQUÉZ, *La aplicación de la pena*, p. 41; GARCÍA ARÁN, *Fundamentos y aplicación de penas y medidas de seguridad...*, p. 54.

desfavoráveis, devendo o magistrado fixar o número de dias-multa em quantidade mais elevada, ainda que possa deter o valor do dia-multa no mínimo legal, por se tratar de pessoa menos aquinhoada economicamente.[23]

E, em caráter excepcional, porque o art. 60 assim recomenda, pode o julgador aumentar o número de dias-multa, mesmo considerando favoráveis as circunstâncias judiciais, calculado cada dia em valor elevado, para que a multa se torne aflitiva, quando o réu for pessoa extremamente favorecida em nível econômico. Justificará essa opção, naturalmente, em sua decisão. Dá-se o mesmo no caso de réu merecedor de um aumento do número de dias-multa, em função da maior reprovação social pelo realizado (culpabilidade), mas, sendo miserável, não ter como pagar. Cabe ao juiz, fundamentadamente, fixar o valor no mínimo (10 dias-multa), por exceção.[24]

O apego ao critério da culpabilidade é uma preocupação válida para a fixação do número de dias-multa, como regra, a fim de evitar que uma pessoa rica, praticando algo de mínima reprovação social, sofra uma sanção penal pecuniária despropositadamente elevada.[25]

6.3.2 Secundária: opção pelo regime de cumprimento da pena privativa de liberdade

A fixação do regime inicial de cumprimento da pena privativa de liberdade – fechado, semiaberto ou aberto – também faz parte do processo judicial discricionário, mas não abusivo, devidamente fundamentado, de concretização da pena. Não pode o juiz optar por um regime qualquer, havendo mais de uma opção oferecida pela lei, sem dar as razões que o levaram a tomar a referida decisão. Trata-se, pois, da fase secundária de eleição da pena, a ser analisada em tópico separado (capítulo 8).

6.3.3 Terciária: substituição da pena privativa de liberdade por restritivas de direitos ou multa, ou opção pela suspensão condicional da pena

Em terceira etapa, tornada concreta a pena privativa de liberdade e o seu regime de cumprimento, cabe ao julgador decidir acerca da possibilidade da sua substituição por alguma das penas restritivas de direitos, denominadas penas alternativas ao regime carcerário. Há, ainda, a viabilidade de ocorrer a substituição por pena pecuniária.

Finalmente, não sendo cabível nem uma opção substitutiva nem outra, vale-se, ainda, o magistrado da alternativa da suspensão condicional da pena, deixando de dar execução à pena privativa de liberdade, por razões de política criminal. Em item próprio, serão analisadas essas hipóteses.

---

23. Cf. SHECARIA e CORRÊA JUNIOR, *Teoria da pena*, p. 285-286.
24. Cf. JESCHECK, *Tratado de derecho penal* – Parte generale, p. 829.
25. Cf. CHOCLÁN MONTALVO, op. cit., p. 207-209.

7

FASE PRIMÁRIA, SEGUNDO O MÉTODO TRIFÁSICO

7.1 Fixação da pena-base

7.1.1 Critério genérico: culpabilidade como elemento fundamentador e limitador da pena

A culpabilidade, como elemento do crime, já foi analisada, justamente para que o juiz chegasse à conclusão de que o réu merece ser condenado. Logo, não mais tem cabimento cuidar dos requisitos que a compõem, em sentido estrito. Não mais torna o magistrado a discutir imputabilidade, consciência potencial de ilicitude ou exigibilidade de comportamento conforme o Direito,[1] salvo nas hipóteses expressamente autorizadas pelo legislador, mas, ainda assim, no contexto das causas de diminuição da pena – como ocorre com a ocorrência de semi-imputabilidade (art. 26, parágrafo único, CP) e com o erro de proibição inescusável (art. 21, CP).

No mais, quando se encontra no momento de fixar a pena, o julgador leva em conta a culpabilidade em sentido lato, ou seja, a reprovação social que o crime e o autor do fato merecem.[2] Exige-se do juiz a avaliação da censura ao crime destinada – o que, aliás, demonstra não incidir esse juízo somente sobre o autor, mas também sobre o que ele cometeu –, justamente para norteá-lo na fixação da sanção penal merecida.

---

1. Na ótica causalista, não mais se deve discutir dolo ou culpa, que compõem a culpabilidade, considerada como elemento do crime. No máximo, passa-se à verificação da *intensidade* do dolo (direto ou eventual) e ao *grau* da culpa (leve ou grave).
2. Cf. Jescheck, *Tratado de derecho penal – Parte general*, p. 956.

Frisando que culpabilidade incide tanto sobre o fato, quanto sobre o seu autor, estão as posições de MIGUEL REALE JÚNIOR, RENÉ ARIEL DOTTI, RICARDO ANTUNES ANDREUCCI e SÉRGIO MARCOS DE MORAES PITOMBO.[3]

A culpabilidade, como critério limitador da pena, justifica-se, uma vez que, no dizer de CHOCLÁN MONTALVO, "a função político-criminal do princípio da culpabilidade fundamenta-se na limitação do poder estatal à medida da culpabilidade pelo fato, pois o indivíduo, em um Estado que se autoclassifique de Estado Social e Democrático de Direito, que tenha como centro a pessoa e sua dignidade, não pode utilizar o indivíduo como instrumento a serviço dos fins de prevenção geral. Ademais, a pena se distingue da medida de segurança conforme o sistema da dupla via precisamente pela sua conexão com o fato cometido. De outro lado, as exigências de prevenção especial devem presidir a fase de individualização judicial da pena adequada à culpabilidade, de sorte que o sistema de sanções deve contemplar inclusive os substitutivos penais, que permitam no caso concreto uma suspensão ou substituição da pena adequada à culpabilidade quando a imposição da pena não resulte necessária, atendida a personalidade do sujeito para a qual será aplicada e não se ressinta, com isso, a defesa da ordem jurídica".[4]

BACIGALUPO, rebatendo a crítica de que a culpabilidade não pode servir de parâmetro para a fixação da pena, em face da prevalência dos fins preventivos da sanção penal sobre o caráter retributivo, afirma que tal postura somente poderia ser aceita se se pudesse determinar de uma maneira exata a idoneidade da pena para alcançar certo fim. Isso iria requerer, em relação às teorias preventivas geral e especial, uma demonstração empírica, que até o momento a ciência não tem conseguido alcançar. Assim, a medida da pena fundada em critérios exclusivos de prevenção é extremamente duvidosa, devendo valer, em seu lugar, a medida da culpabilidade, voltada à gravidade do fato, pois não se usa a pessoa humana para atingir fins que não se sabe se serão possíveis. A defesa da culpabilidade como fundamento e limite da pena vale inclusive para os adeptos da teoria da prevenção geral positiva, uma vez que esta corrente pode até afirmar que a estabilização da norma requer a aplicação da pena, mas não tem condições de lhe determinar a quantidade.[5]

Estabelecida a culpabilidade como elemento definidor do delito, renova-se o juízo de censura em diferentes estágios da fixação da pena, o que é natural: o conteúdo do art. 59 é utilizado tanto para a fixação da pena como para a análise de uma série de benefícios penais (substituição por pena restritiva de direitos, concessão de *sursis*, concessão do regime aberto etc.).

---

3. *Penas e medidas de segurança no novo Código*, p. 175.

4. *Individualización judicial de la pena – Función de la culpabilidad y la prevención en la determinación de la sanción penal*, p. 52-53. Igualmente, cf. JESCHECK, *Tratado de Derecho Penal – Parte general*, p. 24-25. Há posição contrária, exposta por CARMEN SALINERO ALONSO, defendendo que a culpabilidade deve servir unicamente para a atribuição do injusto ao autor, mas jamais para agravar a pena. No máximo, pode-se considerá-la para atenuar ou excluir a sanção penal (*Teoría general de las circunstancias modificativas de la responsabilidad criminal y artículo 66 del Código Penal*, p. 130-140).

5. *Principios de derecho penal – parte general*, p. 111.

CAP. 7 • FASE PRIMÁRIA, SEGUNDO O MÉTODO TRIFÁSICO | **107**

Tarefa fácil certamente não é, exigindo do magistrado dedicação, colheita minuciosa da prova, voltando-se aos dados componentes da vida e da situação pessoal do acusado, acolhendo, de forma aberta e interessada, a prova trazida pelas partes, sem desdenhar da importância da discricionariedade, embora juridicamente vinculada, que lhe foi conferida pelo legislador. A medida da culpabilidade implica em um juízo de valoração objetivo-subjetivo, ou seja, ainda que calcado em elementos palpáveis, constantes dos autos, não deixa de resultar da apreciação pessoal do julgador, conforme sua sensibilidade, experiência de vida, conhecimento e cultura, bem como intuição, que também integra o processo de conhecimento e descoberta de dados na avaliação da prova.[6]

▶ Conceito de culpabilidade

Superior Tribunal de Justiça

- "1. No tocante à culpabilidade, para fins de individualização da pena, tal vetorial deve ser compreendida como o *juízo de reprovabilidade da conduta*, ou seja, o menor ou maior grau de censura do comportamento do réu, *não se tratando de verificação da ocorrência dos elementos da culpabilidade*, para que se possa concluir pela prática ou não de delito. No caso, restou declinada motivação concreta para o incremento da básica por tal moduladora, considerando a premeditação do crime e o seu planejamento. Tais elementos, longe de serem genéricos, denotam o dolo intenso e a maior reprovabilidade do agir do réu, devendo, pois, ser mantido o incremento da básica a título de culpabilidade" (AgRg no HC 670.215/PA, 5.ª T., rel. Ribeiro Dantas, 10.08.2021, v.u. – grifamos).

▶ Avaliação da culpabilidade

Superior Tribunal de Justiça

- "2. Acerca da culpabilidade, as instâncias ordinárias limitaram-se a afirmar que a culpabilidade do agente foi acentuada e intensa. Todavia, a jurisprudência desta Corte é firme no sentido de que considerações genéricas e desvinculadas do contexto fático dos autos, assim como elementos inerentes ao próprio tipo penal, não servem para o agravamento da pena, como se constata na espécie. Ademais, registra-se que o fato de o crime ter sido praticado em contexto de disputa pelo comando do tráfico de drogas na região, mencionado pelo agravante, já foi so-

---

6. "A pena em caso algum pode ultrapassar a medida da culpa, mas é muito difícil, na falta de um padrão disponível 'medir' a culpa de quem pratica fatos criminalmente repreensíveis. O juízo da culpa releva, assim, necessariamente, da intuição do julgador, assessorada pelas regras da experiência. Como juízo de valor, é um juízo de apreciação que enuncia o que as coisas valem aos olhos da consciência e o que deve ser do ponto de vista da validade lógica e da moral ou do direito, este fornecido pela punição prescrita para o fato" (STJ português, apud MAIA GONÇALVES, *Código Penal português anotado e comentado*, p. 251).

pesado na análise desfavorável dos motivos do crime" (AgRg no HC 629.109/ES, 5.ª T., rel. Ribeiro Dantas, 15.02.2022, v.u.).

▶ **Culpabilidade não se confunde com o fato típico**

Superior Tribunal de Justiça

- "1. Para excluir a vetorial referente à culpabilidade, a Corte local concluiu que o 'fato de que os réus tiveram acesso aos meios e oportunidades sociais, reproduzida, em seus exatos termos, para todos os acusados' e de 'ter sido autorizado aumento de despesa sem lastro que o justificasse ou sem sistema de controle, assim como a união de desígnios dos particulares com os agentes políticos em questão', são aspectos que não ultrapassam a reprovação inerente ao tipo penal de peculato" (AgRg no AREsp 1.466.314/RN, 6.ª T., rel. Laurita Vaz, 13.10.2020, v.u.).

▶ **Critério de aferição da culpabilidade**

Superior Tribunal de Justiça

- "5. No tocante à culpabilidade, o fato do réu ter cometido o presente delito enquanto cumpria pena em regime aberto, por outro processo, evidencia sua relutância na assimilação da terapêutica penal, justificando o maior desvalor de sua conduta, o que autoriza a exasperação da reprimenda. Precedentes" (AgRg no AgRg no AREsp 1.869.652/SC, 5.ª T., rel. Reynaldo Soares da Fonseca, 10.08.2021, v.u.).

▶ **Indevida utilização de fatores abstratos**

Superior Tribunal de Justiça

- "1. É ilegal a exasperação da pena-base na parte em que o julgador considerou 'expressivo o grau de culpabilidade' – o qual se refere à maior ou menor re-provabilidade da conduta delituosa – porque os pacientes percorreram 'longo *iter*', elemento inerente à forma consumada do furto, já analisado na tipificação da conduta dos agentes" (HC 224.037 – MS, 6.ª T., rel. Rogerio Schietti Cruz, 16.04.2015, v.u.).

7.1.1.1 *Intensidade do dolo e grau da culpa*

A culpabilidade, em nosso entender acertadamente, veio a substituir as antigas expressões "intensidade do dolo" e "graus da culpa", previstas dentre as circunstâncias judiciais. Para compor o fato típico, verifica o magistrado se houve dolo ou culpa, pouco interessando se o dolo foi "intenso" ou não, se a culpa foi "grave" ou não. Assim, estabelece-se ter havido crime, com dolo direto ou eventual, culpa grave ou leve. Em seguida, na aplicação da pena, o elemento subjetivo do crime, inserido que está na tipicidade, não deve servir de guia para o juiz, se analisado em contexto isolado, pois o importante é a reprovabilidade gerada pelo fato delituoso. Pode-se sustentar que a culpabilidade, prevista neste artigo, é o conjunto de todos os demais fatores unidos. Assim, antecedentes + conduta social + personalidade do agente + motivos do crime + circunstâncias do delito + consequências do crime + comportamento da vítima

= culpabilidade maior ou menor, conforme o caso. Não se despreza, no entanto, a denominada *intensidade do dolo* ou o *grau da culpa*. Mas, para tanto, é curial inserir essa verificação no cenário da personalidade do agente. Se atuou com *culpa grave*, demonstra ser pessoa de acentuada leviandade no modo de ser; caso aja com *dolo intenso*, pode estar caracterizada a perversidade, o maquiavelismo ou a premeditação, que se encaixam, perfeitamente, no campo da personalidade negativa do condenado, podendo até resvalar para o campo da motivação.[7]

7.1.2 *Critérios específicos referentes ao autor*

São as denominadas circunstâncias subjetivas, porque referentes ao agente do crime, ocupando posição mais destacada e importante do que as consideradas circunstâncias objetivas, referentes ao fato criminoso. As subjetivas devem sempre prevalecer sobre as objetivas no caso de confronto, como indica claramente o art. 67 do Código Penal, afirmando serem prevalentes as que se vincularem à motivação, à personalidade do agente e à reincidência (esta última não deixando de ser manifestação da personalidade).

Por que nos ocuparmos de fatores aparentemente extrapenais para a individualização da pena? Qual a razão de levarmos em conta os antecedentes? Eles não seriam um indevido *bis in idem*, pois o réu já foi julgado pelo crime anterior, que não poderia intervir novamente, agora para a fixação da sua pena pelo novo delito? Sob qual fundamento deveríamos averiguar como vive o réu em comunidade, no seio familiar, com seus amigos, no trabalho? Seria bisbilhotar a intimidade alheia? Por que motivo haveríamos de nos preocupar com a personalidade do acusado, algo aparentemente tão impalpável para o juiz, que não conta com aparato técnico, nem profissionais especializados para auxiliá-lo nessa busca? Que base teria o magistrado para buscar, na aplicação da pena, o motivo do crime como critério limitador? Por que verificar o comportamento da vítima antes do delito? Seria para acusá-la de "partícipe"

---

7. Cf. Boschi: "o juiz estaria autorizado, destarte, a concluir pela maior reprovação do agente que executa um crime depois de longo e frio planejamento (dolo direto) e pela menor censura daquele que o faz influenciado pelas circunstâncias do momento – por exemplo, depois de provocação (dolo de ímpeto), conquanto tais considerações guardem pertinência, em verdade, com um dos elementos da culpabilidade, como veremos logo mais, no caso, a exigibilidade de conduta diversa. Sem dúvida, o dolo direto indica mais claramente o nítido e deliberado propósito de violação da ordem jurídica que o dolo indireto ou, em relação também a este último, a culpa *stricto sensu*, em que o resultado ilícito entra na mente do indivíduo só como mera possibilidade, embora não desejada" (*Das penas e seus critérios de aplicação*, p. 189). Embora o autor tenha deixado em aberto a possibilidade de melhor analisar o elemento subjetivo no campo da exigibilidade de conduta diversa, preferimos insistir que se trata de problema ligado à personalidade do autor. Premeditar um crime ou praticá-lo de ímpeto constitui característica inerente ao modo de ser e agir de alguém. A exigibilidade de conduta conforme o direito não deve ser analisada no processo de fixação da pena, pois é parte constitutiva da culpabilidade como *elemento* do delito.

no ato que lhe trouxe lesão? Enfim, por quais fundamentos haveríamos de ter tantos requisitos no artigo 59 do Código Penal para chegar à pena justa?

Tudo isso porque julgar não é tarefa de matemáticos nem de computadores, sendo deplorável a (nem sempre incomum) *pena-padrão*, que elimina as evidentes diversidades entre os réus, seres humanos diferentes por natureza no cotidiano. Igualar os acusados artificialmente, no momento da punição, não poucas vezes por indiferença dos julgadores, por desconhecimento da importância das circunstâncias e condições pessoais ou por mera comodidade é inaceitável, mormente se confrontarmos esse resultado com o princípio constitucional da individualização da pena.[8]

WELZEL, sobre a adaptação individual da pena ao autor do crime, professa que "a pena deve ser adequada ao autor individual. Uma mesma pena (eventualmente reclusão) para o mesmo fato pode ser para um dos autores um episódio curto, único, em sua vida (e, portanto, justo), ao passo que, para outro, pelo contrário (eventualmente um empregado) pode significar o fracasso de sua vida (e por isso ser injusta)".[9]

Fatores psicológicos, sociológicos, antropológicos, entre tantos outros, fazem parte do exigente contexto idealizado pelo legislador para a eleição da pena justa, cujo alicerce é, como já frisado, constitucional. O que de útil nos legou a Escola Antropológica do Direito Penal é justamente a constatação de que não se pode igualar o desigual e que, se a pena busca regeneração como *um* dos seus fins, não se pode afastar a matéria extrapenal desse processo. A missão do julgador na avaliação subjetiva do réu, longe de representar desapego à legalidade, insegurança para o acusado, fomento à discricionariedade exagerada ou mesmo incremento do abuso punitivo, representa seu dever legal e constitucional.

Não fosse assim, seria o caso de eliminar de vez a pena individualizada e todos os critérios constantes do Código Penal para que tal *justiça singular* seja atingida. Vigendo, no entanto, o critério da pena individualizada, não tem justificativa plausível a política de fixação da pena mínima, nem tampouco, é verdade, a aplicação da pena máxima, ambas como *padrão*.[10]

---

8. "O juiz não teria de procurar a *única* pena correta, mas de *eleger* a pena correta dentre uma série de penas igualmente corretas. A um fato cometido por um agente não corresponderia *uma* determinada medida de pena, mas sim muitas medidas de pena igualmente corretas. Tudo depende de a atuação do juiz se manter no marco da discricionariedade e aí se desenvolver corretamente." (...) A chamada discricionariedade *judicial* em grande parte não é livre. Não se renuncia, de fato, a predeterminar vínculos normativos à atividade do juiz. (...) Não só não existe qualquer antinomia entre caráter 'criativo' e caráter 'vinculado' da atividade penal judicial como, além do mais, a presença na determinação da medida da pena de uma componente emocional e imponderável, consciente ou inconsciente, e a consequente impossibilidade de comprovar em termos matemáticos a opção do julgador, não impede vastos setores da doutrina de ali reconhecerem 'estruturalmente, aplicação do direito." (RODRIGUES, *A determinação da medida de pena privativa de liberdade*, p. 82-85).

9. *Derecho penal alemán*, p. 306, traduzi.

10. "As penas fixas quanto à quantidade ou qualidade da reprimenda violam o princípio da culpabilidade, vulnerando a individualização da pena, cuja riqueza está na adequação

MICHEL FOUCAULT esclarece que "a operação penal inteira carregou-se de elementos e personagens extrajurídicos. Pode-se dizer que não há nisso nada de extraordinário, que é do destino do direito absorver pouco a pouco elementos que lhe são estranhos. Mas uma coisa é singular na justiça criminal moderna: se ela se carrega de tantos elementos extrajurídicos, não é para poder qualificá-los juridicamente e integrá-los pouco a pouco no estrito poder de punir; é, ao contrário, para poder fazê-los funcionar no interior da operação penal como elementos não jurídicos; é para evitar que essa operação seja pura e simplesmente uma punição legal; é para escusar o juiz de ser pura e simplesmente aquele que castiga".[11]

Por isso, deve ocorrer a legítima busca por todos os elementos, alguns extrapenais, estabelecidos no artigo 59 do Código Penal para encontrar a pena justa. Explica ANÍBAL BRUNO que "a lei comina a pena em relação à figura típica do crime, mas faz influir no juízo da sua reprovabilidade as condições pessoais do seu autor que possam contribuir para esclarecer o sentido do seu crime e a sua criminosidade mais ou menos profunda".[12]

É inegável a influência da Escola Positiva na quantificação da pena-base, uma vez que não se deve levar em conta apenas o crime em si e sua gravidade, mas todos os caracteres específicos que envolvem o agente. Não se trata de consagrar uma *culpabilidade do autor*,[13] pois não se está considerando praticado o crime por conta do passado do agente. Este somente se torna relevante na aplicação da pena concreta.[14] E disso não há como se distanciar, ao menos na atual redação do Código Penal, uma vez que a culpabilidade se concentra, para a constituição do crime, no fato (comportamento típico e antijurídico gerador do resultado), embora não se perca de vista a culpabilidade do autor, apenas no momento de fixação da pena. Sua personalidade, seu caráter, seu temperamento, sua conduta social não servem para determinar se cometeu ou não a infração penal, mas somente para graduar a sanção penal. Tratando dos dois sistemas – culpabilidade pelo fato e culpabilidade do autor – ASSIS TOLEDO destaca que "entre essas duas posições opostas, situam-se as correntes moderadas

---

da resposta jurídica ao fato pelo agente praticado, à sua personalidade, à maior ou menor permeabilidade, dela, aos valores imperantes no meio social, à singularidade das circunstâncias do fato concreto" (DAVID TEIXEIRA DE AZEVEDO, *Dosimetria da pena: causas de aumento e diminuição*, p. 80).

11. *Vigiar e punir*, p. 23.

12. *Das penas*, p. 92.

13. Na culpabilidade do autor, "censurável não seria já o agente pelo seu comportamento, pelo injusto típico, mas sim pela sua conduta de vida, pelo seu caráter, pela sua personalidade; numa palavra: pelo seu modo de ser e de viver" (ASSIS TOLEDO, *Princípios básicos de direito penal*, p. 235).

14. Em outro enfoque, a Escola Clássica buscava estudar "o delito abstratamente, como entidade jurídica", estabelecendo os elementos constitutivos das figuras criminais e aplicando uma pena especial a cada tipo de infração, sem levar em consideração a personalidade do agente. Nessa ótica, "o roubo é o roubo, o homicídio é o homicídio, e como tal devem ser punidos" (ARAGÃO, *As três escolas penais: Clássica, Antropológica e Crítica (estudo comparativo)*, p. 53).

INDIVIDUALIZAÇÃO DA PENA – Nucci

em prol de um direito penal do fato que considere também o autor. Esta é a posição do moderno direito penal, predominantemente um moderado direito penal do fato. Assim é na Alemanha, na Itália, no Brasil e em outros países civilizados".[15]

7.1.2.1 Antecedentes

Trata-se de tudo o que ocorreu, no campo penal, ao agente antes da prática do fato criminoso, ou seja, sua vida pregressa em matéria criminal. Antes da Reforma de 1984, os antecedentes do réu abrangiam todo o passado do réu, desde as condenações porventura existentes até seu relacionamento na família, no trabalho e em outros lugares. Atualmente, no entanto, destacando-se a conduta social do contexto dos antecedentes, terminou sendo esvaziado este último requisito, merecendo circunscrever sua abrangência à folha de antecedentes. É verdade que os autores da Reforma mencionam que os antecedentes "não dizem respeito à 'folha penal' e seu conceito é bem mais amplo (...) deve-se entender a forma de vida em uma visão abrangente, examinando-se o seu meio de sustento, a sua dedicação a tarefas honestas, a assunção de responsabilidades familiares"[16]. Entretanto, ao tratar da conduta social, os mesmos autores frisam que ela se refere "ao comportamento do réu no seu trabalho, no meio social, cidade, bairro, associações a que pertence (...)", entre outros.

Ora, não se pode concordar que os *antecedentes* envolvam mais do que a folha corrida, pois falar em "meio de sustento", "dedicação a tarefas honestas" e "responsabilidades familiares" tem a ver com conduta social. A dissociação entre os elementos apontados como relativos aos antecedentes e aqueles que constituiriam o quadro da conduta social inexiste, segundo nos parece. Analisaria o juiz o "meio de sustento" do réu – como antecedente – encontrando, por exemplo, uma atividade ilícita qualquer. Precisaria passar à análise do "comportamento do réu no trabalho"? Seria compatível ter atividade ilícita como meio de ganhar a vida e, ainda assim, boa conduta social? Se o meio de sustento, considerado negativo, automaticamente exclui a boa conduta social, em verdade, fazem parte do mesmo contexto. Aliás, a amplitude conferida ao elemento referente aos *antecedentes* permitiria, então, considerar, também, todos os fatos registrados na folha penal, tendo em vista que são nitidamente desairosos,[17] o que seria prejudicial à segurança jurídica que se deve buscar, mormente ao se levar em conta a *presunção de inocência*.

Não deixa de ser tormentosa a análise do que venha a constituir *maus antecedentes*, para o efeito de elevar a pena-base. Há quem sustente que todos os registros constantes na folha de antecedentes do acusado podem ser levados em consideração para a análise da sua vida pregressa. Ensina, nessa ótica, ROBERTO LYRA que "os

---

15. *Princípios básicos de direito penal*, p. 251. Igualmente: ANÍBAL BRUNO, *Das penas*, p. 106. Ver também o capítulo destinado ao direito comparado (capítulo 5).

16. REALE JÚNIOR, DOTTI, ANDREUCCI e PITOMBO, *Penas e medidas de segurança no novo Código*, p. 161. Reiterando a posição, REALE JÚNIOR, *Instituições de direito penal*, v. II, p. 85.

17. Não fossem elementos negativos e não se concederia *habeas corpus* para evitar indiciamentos abusivos ou para trancar ações indevidamente propostas.

precedentes penais caracterizam a reincidência, mas os processos arquivados ou concluídos com a absolvição, sobretudo por falta de provas, os registros policiais, as infrações disciplinares e fiscais, podem ser elementos de indiciação veemente".[18] Assim também pondera Luiz Vicente Cernicchiaro: "O julgador, porque fato, não pode deixar de conhecer e considerar outros processos findos ou em curso, como antecedentes, partes da história do réu. Urge integrar a conduta ao *modus vivendi* anterior. Extrair a conclusão coerente com o modo de ser do acusado. Evidentemente com a necessária fundamentação para que se conheça que não ponderou como precedente o que é só antecedente penal".[19]

Por outro lado, há posição defendendo que somente possam ser considerados antecedentes as anotações na folha de antecedentes – devidamente comprovadas pela emissão de certidão cartorária – representativas de condenações, com trânsito em julgado, que já não sirvam para gerar reincidência ou que possam com esta conviver. É o melhor caminho, inclusive para não haver qualquer confusão com a conduta social – esta sim, de avaliação mais aberta. Levando-se em consideração que a constatação de antecedentes criminais proporciona a elevação da pena-base para quantificação acima do mínimo, parece-nos mais adequada e segura a posição que exige a comprovação de condenação definitiva, em homenagem ao princípio constitucional da presunção de inocência. Não se poderia aumentar a pena de quem foi anteriormente absolvido, fundado no fato de que possui *antecedente* criminal. Pode-se até falar em má conduta social, conforme o caso, sem generalização, mas não em registro confirmado em matéria penal.

De qualquer forma, vale mencionar o teor da Súmula 444 do Superior Tribunal de Justiça, corretamente editada: "É vedada a utilização de inquéritos policiais e ações penais em curso para agravar a pena-base".

Acrescente-se, ainda, que a reincidência – cometimento de crime após já ter sido o agente condenado no Brasil ou no exterior, em caráter definitivo – pode ensejar a dupla apenação pelo mesmo fato, o que deve ser evitado. Logo, se o juiz constatar que houve reiteração criminosa, após condenação anterior, dentro do prazo dos cinco anos, a contar da extinção da punibilidade, com as ressalvas do art. 64 do Código Penal, deve aplicar somente a agravante do art. 61, I. Entretanto, nada impede que o agente possua várias condenações anteriores, sendo lícito ao magistrado considerar uma delas para efeito de gerar reincidência e as demais, como maus antecedentes. Inexiste, nessa hipótese, *bis in idem*, pois são elementos geradores diversos.[20]

Lembremos que o registro de vários antecedentes criminais pode levar à conclusão de que o agente possui personalidade desajustada em relação aos regramentos

---

18. *Comentários ao Código Penal*, v. 2, p. 211. Lembremos, no entanto, que a opinião advém de época em que os antecedentes envolviam conduta social.

19. *Direito penal na Constituição*, p. 116.

20. Assim também a visão de Boschi, *Das penas e seus critérios de aplicação*, p. 245, embora o autor faça a ressalva de que, no seu particular entendimento, devam os antecedentes caducar no mesmo prazo utilizado para a avaliação da reincidência.

impostos pelo direito, motivo pelo qual devem ser levados em consideração para a aplicação da pena.[21]

Outro relevante aspecto concerne ao caráter permanente dos antecedentes criminais, não estando sujeitos ao período depurador previsto para a reincidência (art. 64, I, CP). Essa é uma decisão do Plenário do STF, que reputamos correta. Afinal, a depuração se refere a uma agravante; a circunstância judicial dos antecedentes não tem o mesmo prazo.

No entanto, temos firmado posição em torno da avaliação, no caso concreto, dos antecedentes. Em outros termos, se o antecedente é muito antigo (por exemplo, data de mais de dez anos) ou se refere a um delito de menor relevo (crime culposo ou delito doloso, com pena diminuta), é preciso desconsiderá-lo e permitir que não haja reflexo na pena do acusado.

Um particular entendimento do Superior Tribunal de Justiça, considerando válida uma condenação como antecedente criminal, não nos parece correto. Tem-se sustentado o seguinte: fato criminoso cometido, resultante em condenação, cujo trânsito em julgado ocorre após o delito objeto do julgamento. Admite-se como antecedente. Exemplificando: Fulano comete um roubo em fevereiro de 2019; é processado criminalmente; condenado em 2020, apresenta recurso; em janeiro de 2021, Fulano comete um estelionato; este último crime é julgado ao final de 2022; o julgador observa que o roubo foi praticado antes do estelionato, mas a sua condenação definitiva ocorreu apenas em agosto de 2021, após o cometimento do estelionato; poderia ser considerado antecedente para a aplicação da pena do estelionato. Argumenta-se que, ao proferir sentença condenatória referente ao estelionato, em 2022, o réu já tinha uma condenação por roubo, com trânsito em julgado em 2021.

Em síntese: fato-roubo: 2019; fato-estelionato: janeiro de 2021; trânsito em julgado da condenação do roubo: agosto de 2021; julgamento do estelionato: 2022. Levar em conta o roubo praticado em 2019 como antecedente criminal de um estelionato cometido em 2021 significa, simplesmente, considerar um processo *em andamento* quando o agente pratica o estelionato. É absolutamente sólido dizer que, no momento do cometimento do estelionato, o réu tinha um processo em andamento, pois este só termina com o trânsito em julgado da decisão condenatória.

Pode-se dizer: era um processo em andamento, mas a condenação se confirmou *antes da sentença* do processo de estelionato. Ora, nessa linha, todos os aspectos negativos do agente do estelionato que se concretizarem após a prática do crime e antes da sentença condenatória poderiam ser levados em conta na decisão final do julgamento do estelionato. Entretanto, segundo nos parece, esse entendimento faz cessar a posição de que a data do cometimento do crime é o marco fundamental para se considerar tudo o que consta em relação ao réu *antes disso*.

Essa postura permitiria tomar como circunstância judicial, agravante ou causa de aumento tudo o que acontecer após a data do crime e antes da sentença condenatória, desde que seja algo concreto e bem provado.

---

21. Vide nosso comentário a respeito no subitem que cuida da *personalidade*.

Em nossa visão, o equívoco é o seguinte: todas as circunstâncias do delito devem ser analisadas e aplicadas quando *presentes* antes da data do fato delitivo. O que acontecer após o cometimento do crime não deve ser levado em conta para a aplicação da pena. Portanto, em 2021, quando Fulano praticou o estelionato, ele *não tinha uma condenação definitiva*. Tramitava um processo-crime, tendo-o por réu, sem *nenhuma solução final*. Não havia, nessa data, um autêntico antecedente criminal.

A sentença precisa ser um *diagnóstico* do fato e do agente referente à data do crime, logo, avaliar tudo o que constar na sua vida *antes* da prática da infração penal.

▶ Consideração dos antecedentes

Superior Tribunal de Justiça

- "7. É pacífica a jurisprudência desta Corte Superior de Justiça e do Supremo Tribunal Federal no sentido de que inquéritos e processos penais em andamento, ou mesmo condenações ainda não transitadas em julgado, não podem ser negativamente valorados para fins de elevação da reprimenda-base, sob pena de malferimento ao princípio constitucional da presunção de não culpabilidade. A propósito, esta é a orientação trazida pelo enunciado na Súmula 444 desta Corte: 'É vedada a utilização de inquéritos policiais e de ações penais em curso para agravar a pena-base'" (AgRg no REsp 1.806.589/RO, 6.ª T., rel. Laurita Vaz, 02.06.2020, v.u.).

▶ Inexistência de período depurador para maus antecedentes

Supremo Tribunal Federal

- "5. O Pleno desta Suprema Corte, apreciando o tema 150 da repercussão geral, fixou a tese de que 'não se aplica para o reconhecimento dos maus antecedentes o prazo quinquenal de prescrição da reincidência, previsto no art. 64, I, do Código Penal'. 6. Não implica *bis in idem* a valoração negativa dos antecedentes do acusado na primeira fase da dosimetria, com a simultânea aplicação da agravante de reincidência, desde que fundadas em condenações pretéritas distintas" (RHC 203.536 AgR, 2.ª T., rel. Edson Fachin, 27.09.2021, v.u.).
- "Maus antecedentes e reincidência. Institutos distintos. Inaplicabilidade do período depurador de 5 anos previsto no art. 64, I, do Código Penal. Recurso ordinário não provido. 1. A legislação penal diferencia os maus antecedentes da reincidência. O art. 64 do Código Penal, ao afastar os efeitos da reincidência, o faz para fins da circunstância agravante do art. 61, I, não para a fixação da pena-base do art. 59, o qual trata dos antecedentes. Tema n.º 150 da Repercussão Geral" (RHC 192.510, 1.ª T., rel. Dias Toffoli, 03.05.2021, v.u.).

Superior Tribunal de Justiça

- "3. A jurisprudência desta Corte é firme no sentido de que as condenações criminais alcançadas pelo período depurador de 5 anos, previsto no art. 64, inciso I, do Código Penal, afastam os efeitos da reincidência, contudo não impedem a configuração de maus antecedentes. Ademais, o Plenário do Supremo Tribunal

Federal, no julgamento do RE 593.818/SC (Relator Ministro Roberto Barroso, Tribunal Pleno, *DJe* 31/8/2020), em regime de repercussão geral, firmou tese no sentido de que não se aplica para o reconhecimento dos maus antecedentes o prazo quinquenal de prescrição da reincidência, previsto no art. 64, I, do Código Penal" (AgRg no HC 726.043/SP, 5.ª T., rel. Reynaldo Soares da Fonseca, 22.03.2022, v.u.).

- "4. O Superior Tribunal de Justiça tem entendimento firme de que o tempo transcorrido após o cumprimento ou a extinção da pena não impede a análise desfavorável dos antecedentes, tendo em vista a adoção pelo Código Penal do sistema da perpetuidade" (HC 619.776/DF, 5.ª T., rel. Ribeiro Dantas, 20.04.2021, v.u.).

- "3. Conforme precedentes desta Corte, é possível a exasperação da pena-base com fulcro em condenações anteriores transitadas em julgado há mais de 5 anos, porquanto, apesar de não espelharem a reincidência, pois alcançadas pelo período depurador previsto no art. 64, inciso I, do Código Penal, podem ser utilizadas para caracterizar os maus antecedentes do réu. 4. A teor do art. 61, II, 'b', do CP, é circunstância que sempre agrava a pena, ter o agente cometido o crime para facilitar ou assegurar a impunidade de outro crime" (AgRg no HC 557.776/ES, 6.ª T., rel. Rogerio Schietti Cruz, 10.08.2021, v.u.).

▶ **Antecedentes e reincidência como critérios paralelos**

Supremo Tribunal Federal

- "6. Não implica *bis in idem* a valoração negativa dos antecedentes do acusado na primeira fase da dosimetria, com a simultânea aplicação da agravante de reincidência, desde que fundadas em condenações pretéritas distintas" (RHC 203.536 AgR, 2.ª T., Edson Fachin, 27.09.2021, v.u.).

Superior Tribunal de Justiça

- "7. A jurisprudência desta Corte admite a utilização de condenações anteriores transitadas em julgado como fundamento para a fixação da pena-base acima do mínimo legal, diante da valoração negativa dos maus antecedentes, bem como para configurar a agravante da reincidência, na segunda fase, ficando apenas vedado o *bis in idem*. Assim, considerando a existência de múltiplas condenações transitadas em julgado, pode uma, desde que não sopesada na segunda etapa do procedimento dosimétrico, ser valorada como maus antecedentes" (HC 712.710/ SP, 5.ª T., rel. Ribeiro Dantas, 15.02.2022, *DJe* 21.02.2022).

▶ **Antecedentes antigos**

Superior Tribunal de Justiça

- "1. Quando os registros da folha de antecedentes do réu são muito antigos, deve ser feita uma valoração com cautela, na primeira fase da pena, para evitar uma condenação perpétua, e ser possível aplicar a teoria do direito ao esquecimento. 2. Correto o afastamento do aumento da pena pela quantidade de drogas, devendo ser mantida a fixação da pena-base no piso mínimo" (AgRg no HC 613.578/RS, 6.ª T., rel. Sebastião Reis Júnior, 23.03.2021, v.u.).

- "2. Todavia, a Sexta Turma do Superior Tribunal de Justiça tem julgados no sentido de que os registros da folha de antecedentes muito antigos não devem ser considerados maus antecedentes, em aplicação à teoria do direito ao esquecimento" (AgRg no REsp 1.875.382/MG, 6.ª T., rel. Laurita Vaz, 20.10.2020, v.u.).

▶ **Fato anterior e trânsito em julgado posterior**

Superior Tribunal de Justiça

- "1. Segundo a orientação desta Corte Superior, a condenação definitiva por fato anterior ao crime descrito na denúncia, com trânsito em julgado posterior à data do ilícito de que ora se cuida, embora não configure a agravante da reincidência, pode caracterizar maus antecedentes e ensejar o acréscimo da pena-base" (AgRg no HC 581.969/SP, 6.ª T., rel. Rogerio Schietti Cruz, 09.02.2021, v.u.).

7.1.2.2 Conduta social

É o papel do réu na comunidade, inserido no contexto da família, do trabalho, da escola, da vizinhança, dentre outros, motivo pelo qual além de simplesmente considerar o fator *conduta social* preferimos incluir a expressão *inserção social*. Não somente a conduta antecedente do agente em seus vários setores de relacionamento, mas sobretudo o ambiente no qual está inserido são capazes de determinar a justa medida da reprovação que seu ato criminoso possa merecer.

O magistrado precisa conhecer a pessoa que está julgando, a fim de saber se merece uma reprimenda maior ou menor, daí por que a importância das perguntas que devem ser dirigidas ao acusado, no interrogatório,[22] e às testemunhas, durante a instrução. Um péssimo pai e marido violento, em caso de condenação por lesões corporais graves, merece pena superior à mínima, por exemplo. Sob outro prisma, pode ser que o agente do delito seja considerado excelente pai e dedicado esposo, tornando justificável a aplicação de pena-base mais próxima do mínimo.

A prova se faz por todos os meios legítimos admitidos, especialmente pela prova testemunhal. Saliente-se, no entanto, que as chamadas "testemunhas de antecedentes", em verdade "testemunhas de conduta social", em grande parte das vezes significam a produção de prova inútil e pró-forma. Arrolam-se pessoas que nada sabem de concreto a respeito da vida do réu, servindo muito mais para preencher a pauta do juízo do que propriamente para esclarecer fatos relevantes. Seria preciso maior sensibilidade das partes para eleger testemunhas que efetivamente tenham noção de quem é o réu, em especial *antes* do fato criminoso praticado, para que possam relatar ao magistrado situações relevantes, contribuindo para a escolha da pena-base.

Não há dúvida de que uma pessoa de excelente conduta anterior ao crime merece menor censura do que outra, acostumada a incomodar pessoas, provocar arruaças, agredir a família, enfim, ainda que não tenha formalmente cometido um crime e por

---

22. A Lei 10.792/2003, modificando o capítulo referente ao interrogatório no Código de Processo Penal, fez incluir, para melhor, o interrogatório sobre a pessoa do acusado, a fim de se obter vários dados relacionados à sua inserção social e familiar (art. 187, CPP).

este tenha sido processado – o que poderia constituir mau antecedente ou mesmo reincidência –, demonstra uma vida desregrada, até chegar ao cometimento do delito. E não há como fugir, nesse aspecto, de uma culpabilidade voltada aos fatos da vida e não simplesmente ao fato criminoso praticado. A indesejável *culpabilidade do autor*, que não deve ceder à culpabilidade do fato, no momento de análise da culpabilidade como elemento do crime, no entanto, pode ser considerada para a fixação da pena.[23]

Registremos, ainda, que a conduta social pretérita do réu espelha seu caráter e personalidade interagindo com o mundo exterior, provocando, por vezes, danos, justamente em face da presença da agressividade hostil.[24] É natural que, se personalidade (abrangendo caráter) pode ser analisada como elemento formador da convicção do julgador em torno da merecida pena-base, torna-se viável elaborar o liame lógico entre o desenvolvimento de uma personalidade negativa, porque destrutiva, causando males múltiplos, antes mesmo de ser o sujeito julgado por um crime. Assim, quando o fato delituoso for levado ao tribunal, os estragos que ele já provocara anteriormente, sem ter havido julgamento criminal – se houvesse, certamente estaria essa situação incluída no contexto dos antecedentes ou mesmo da reincidência – devem ser levados em conta como *conduta social*, a fim de buscar a pena-justa. O relacionamento social do indivíduo é fruto e função do seu caráter.[25]

Outro fator ponderável, sem dúvida, é a situação social do infrator, não se devendo descurar de que educação e boas condições de vida proporcionam maior equilíbrio emocional e acurada formação da integridade física e mental, preservando o ser humano do descumprimento das regras sociais que o levariam ao crime. Por outro lado, "a pobreza é de fato uma experiência traumática que deixa marcas profundas. Faz o ser humano ser mais vulnerável às patologias mentais porque se trata de uma experiência de violência social à integridade física e mental da pessoa. (...) A pobreza, como o maior fator de risco para as patologias, é uma forma de sofrimento social coletivo, componente da política econômica global".[26] Nessa ótica, a pessoa, ao sofrer privações de toda ordem, particularmente no tocante à sua própria sobrevivência, tem maior probabilidade de infringir regras, cometendo delitos, sobretudo patrimoniais. Cabe ao julgador analisar a conduta social e a inserção social do delinquente como fatores precedentes à prática da infração penal, podendo, então, graduar a pena-base conforme seja mais ou menos censurável o ato ilícito.

Ainda nesse contexto, torna-se importante mencionar que a sociedade cria ambientes propícios ao despertar das condutas violentas, conforme o grau de competitividade e demais fatores econômicos, terminando por inserir grupos de pessoas na marginalidade social, podendo inclusive fomentar o surgimento de condutas xenófobas e racistas, algo que também não pode ser ignorado pelo magistrado como conduta social precedente ao delito perpetrado. Por vezes, há maior reprovabilidade no crime, quando cometido, por exemplo, por quem, com passado de atuação em

---

23. Em idêntico prisma, Boschi, *Das penas e seus critérios de aplicação*, p. 202.
24. Ver as definições de agressividade no item que cuida da personalidade.
25. Fadiman e Frager, *Teorias da personalidade*, p. 100.
26. Virgínia Moreira, *Personalidade, ideologia e psicopatologia crítica*, p. 221.

CAP. 7 • FASE PRIMÁRIA, SEGUNDO O MÉTODO TRIFÁSICO | **119**

movimentos racistas, comete delito de igual naipe; noutros casos, deve-se verificar menor censura na prática da infração, como o delito concretizado pela pessoa que, durante anos, foi vítima do racismo e, em determinado momento de desatino, agride violentamente quem a discrimina.[27]

Outro ponto relevante para a análise da conduta e da inserção social do agente é o contexto familiar. Não há dúvida de que a maior ou menor violência ou agressividade com que muitos autores de crime agem provém de lares desgastados ou de um processo de criação diferenciado e distanciado do ideal. Exemplo disso é a utilização frequente de violência para a educação da criança e do adolescente, fazendo com que termine este aprendendo que a força física constitui procedimento adequado para a solução de conflitos.[28] O autor de infração penal, quando proveniente desse tipo de relação educacional, deve ser cuidadosamente avaliado pelo magistrado, no momento de sentenciar. Certamente, pode-se aventar a ausência de dados para a formação do convencimento do juiz, que se veria refém das parcas provas existentes nos autos. Entretanto, é curial refletir sobre o tema. Por que o julgador não providencia – estimulado, inclusive, pelas partes – a colheita de elementos suficientes para conhecer quem, de fato, é o réu que está sob julgamento? Quais fatores influenciam o magistrado – e as partes – a ignorar a busca pela verdade real também no que se refere à pessoa do acusado: quem é, quem foi, quem pretende ser? Do mesmo modo que se objeta ser complexo e difícil ao julgador avaliar a personalidade do réu, pode-se levantar como ponto de análise a elevada dificuldade de se conhecer o seu passado, para ponderar e analisar sua conduta social precedente. Nada disso deveria obstar o juiz do seu *constitucional* papel de individualizador da pena, cumprindo sua função tal como a lei lhe permite e lhe impõe. O fracasso nesse processo pode incentivar o legislador a, cada vez mais, indevidamente, invadir a seara do Poder Judiciário, limitando a individualização da pena e estabelecendo, já no tipo penal, penalidades fixas ou com margens extremamente limitadas, descambando para a injustificada desproporcionalidade na aplicação da pena concreta. Vencer os obstáculos naturais da cômoda posição de receptor da prova é o maior triunfo que o juiz criminal poderia obter, vasculhando não somente o fato imputado ao réu, mas também quem é a pessoa em julgamento, arrolando testemunhas de ofício, que possam narrar a sua vida pregressa e fornecendo os dados indispensáveis ao fiel cumprimento do preceituado no art. 59 do Código Penal.

▶ **Conceito de conduta social**

Superior Tribunal de Justiça

- "5. A conduta social, por sua vez, compreende o *comportamento do Agente no meio familiar, do trabalho e no relacionamento com outros indivíduos.* Contudo, a fundamentação adotada para a majoração da pena-base com esteio nesse vetor

---

27. Margarita Beceiro Caneiro, Las dimensiones de la violencia: hacía uma tipología de la conducta antisocial, *La mente criminal*, p. 38.
28. Esther Romera García, Teorías del aprendizaje social, *La mente criminal*, p. 115.

apresenta aspectos nitidamente genéricos, o que, por via de consequência, não pode subsistir" (AgRg no REsp 1.806.589/RO, 6.ª T., rel. Laurita Vaz, 02.06.2020, v.u. – grifamos).

▶ **Condenação anterior não se confunde com conduta social**

Superior Tribunal de Justiça

- "Condenações criminais transitadas em julgado, não consideradas para caracterizar a reincidência, somente podem ser valoradas, na primeira fase da dosimetria, a título de antecedentes criminais, não se admitindo sua utilização para desabonar a personalidade ou a conduta social do agente" (REsp 1.794.854/DF, 3.ª Seção, rel. Laurita Vaz, 23.06.2021, v.u.).

▶ **Conduta social não se confunde com motivo**

Superior Tribunal de Justiça

- "1. Impossível a utilização do mesmo fato para adjetivar negativamente mais de uma circunstância judicial prevista no art. 59 do Código Penal. 2. No caso em tela, a relação de trabalho foi considerada na avaliação do vetor judicial dos motivos do crime, não podendo ser novamente utilizada na análise da conduta social, como pretendido, sob pena de incidir-se na vedação ao *bis in idem*" (AgRg no AREsp 1.970.792/PR, 5.ª T., rel. Reynaldo Soares da Fonseca, 08.02.2022, v.u.).

▶ **Exemplo de conduta social negativa**

Superior Tribunal de Justiça

- "Entende esta Corte que o vetor da conduta social corresponde ao comportamento do réu em seu ambiente familiar e em sociedade, de modo que a sua valoração negativa exige concreta demonstração de desvio de natureza comportamental entre seus pares, tal qual evidenciado no caso dos autos pelas instâncias ordinárias, ao indicarem que os agravantes tinham por hábito 'generosamente fornecer drogas a pessoas de sua convivência, em festejos e celebrações'" (AgRg no REsp 1.937.241/MG, 6.ª T., rel. Antonio Saldanha Palheiro, 07.12.2021, v.u.).
- "3. O fato de o insurgente ser temido no meio em que vive é motivação idônea para justificar a avaliação prejudicial da conduta social e não se confunde com o histórico criminal do indivíduo. Precedentes" (AgRg no HC 678.916/MA, 6.ª T., rel. Rogerio Schietti Cruz, 21.09.2021, v.u.).
- "4. A conduta social compreende o comportamento do Agente no convívio social, familiar e laboral, perante a coletividade em que está inserido. Dessa forma, os relatos de que o Acusado teria tentado cooptar uma testemunha, oferecendo o valor de R$ 60.000,00 (sessenta mil reais) para que alterasse suas declarações, utilizando-se de seu advogado e presos como intermediários, bem como teria custeado a fuga de outro réu, como forma de impedir a revelação dos nomes dos compradores das armas utilizadas, denotam prática social inadequada e amparam a avaliação desfavorável dessa vetorial" (HC 621.348/AL, 6.ª T., rel. Laurita Vaz, 13.04.2021, v.u.).

7.1.2.3 Personalidade

O termo *personalidade* deriva de *persona*, que significa máscara, referindo-se às máscaras utilizadas pelos atores nos dramas gregos, buscando dar significado aos papéis que representavam. Atualmente, continua refletindo os papéis que todos desempenhamos na vida em sociedade.[29] Trata-se do conjunto de caracteres exclusivos de uma pessoa, parte herdada, parte adquirida.[30] A conduta do indivíduo é certamente influenciada por seu patrimônio genético, mas não totalmente determinada por ele, uma vez que é, igualmente, resultado do seu processo de vida, configurando a consistência de seu comportamento.[31]

Na definição de MARIO FEDELI, a personalidade "representa a totalidade completa, a síntese do Eu: constitui o núcleo inconfundível, irrepetível, peculiar de cada indivíduo. (...) A ela devem-se a particular visão dos valores de um indivíduo, os seus centros de interesse e o seu modo de chegar ao valor predominante para o qual tende. 'A personalidade é que vai constituir a originalidade e a nobreza da individualidade, pois ela revela as escolhas e as preferências dadas a um determinado valor".[32]

São exemplos de elementos da personalidade, que se pode buscar na análise do modo de ser do autor da infração penal: a) aspectos positivos: bondade, alegria, persistência, responsabilidade nos afazeres, franqueza, honestidade, coragem, calma,

---

29. REIS, MAGALHÃES e GONÇALVES, *Teorias da personalidade em Freud, Reich e Jung*, p. 24; FADIMAN e FRAGER, *Teorias da personalidade*, p. 53; CLONINGER, *Teorias da personalidade*, p. 83; DUANE SCHULTZ & SYDNEY SCHULTZ, *Teorias da personalidade*, p. 8.

30. "Personalidade é a resultante psicofísica da interação da hereditariedade com o meio, manifestada através do comportamento, cujas características são peculiares a cada pessoa" (FLAVIO FORTES D'ANDREA, *Desenvolvimento da personalidade*, p. 10). Igualmente, BLEGER, *Psicologia da conduta*, p. 199.

31. RODRÍGUEZ, FRANCO, PAÍNO e ANTUÑA, *Teoría estructural de la personalidad de Eysenck*, *in La mente criminal*, p. 91-92.

32. *Temperamento, caráter, personalidade*, p. 272-272. Difere do temperamento, que é a "combinação de caracteres físicos e funcionais, capaz de imprimir no indivíduo uma particular reação perante o ambiente" (op. cit., p. 13; em igual prisma: FLAVIO FORTES D'ANDREA, *Desenvolvimento da personalidade*, p. 10-11) e do caráter (do grego *kharasséin* ou *kharakter*: gravação e marca), que significa o "modo habitual, constante e global, próprio do indivíduo reagir no ambiente social em que está inserido", cuidando da marca registrada na sua personalidade. Assim, enquanto a personalidade exprime o conjunto da organização psíquica do indivíduo, mormente quando voltado às suas atitudes e à sua inteligência, o caráter constitui apenas o núcleo afetivo e dinâmico da personalidade, ou seja, uma maneira de ser potencial, voltada ao futuro (op. cit., p. 139, 270-271). No estudo de MAGALHÃES a respeito da teoria da personalidade de Wilhelm Reich, o caráter é o "modo típico de reação do Ego frente às pressões do Id (pulsões sexuais) e às do mundo exterior (exigências do Superego)", in: REIS, MAGALHÃES e GONÇALVES, *Teorias da personalidade em Freud, Reich e Jung*, p. 82. Cf. ainda FADIMAN e FRAGER, *Teorias da personalidade*, p. 92; BLEGER, *Psicologia da conduta*, p. 199. Em suma, personalidade é a "integração dos aspectos físicos, temperamentais e caracterológicos" do indivíduo, sendo dinâmica e evolutiva (FLAVIO FORTES D'ANDREA, op. cit., p. 11).

paciência, amabilidade, maturidade, sensibilidade, bom-humor, compreensão, simpatia; tolerância, especialmente à liberdade de ação, expressão e opinião alheias; b) aspectos negativos: agressividade, preguiça, frieza emocional, insensibilidade acentuada, emotividade desequilibrada, passionalidade exacerbada, maldade, irresponsabilidade no cumprimento das obrigações, distração, inquietude, esnobismo, ambição desenfreada, insinceridade, covardia, desonestidade, imaturidade, impaciência, individualismo exagerado, hostilidade no trato, soberba, inveja, intolerância, xenofobia, racismo, homofobia, perversidade.

Naturalmente, muitos desses fatores, quando isoladamente considerados ou mesmo quando não repercutem no desrespeito ao direito de terceiros, devem ser concebidos como frutos da liberdade de ser e de se expressar do indivíduo. Porém, ao cometer um crime, especialmente se a característica negativa de sua personalidade for o móvel propulsor – como a inveja incontrolável ou o desejo de praticar maldade – deve ser levada em conta para o estabelecimento da pena. Esta, no entanto, não será aumentada se não houver nexo de causalidade entre o delito e o elemento negativo da personalidade do agente. Evidentemente, não é porque alguém é egoísta ou exageradamente individualista que merecerá pena exacerbada quando cometer um homicídio, *v. g.*, por razões outras que não se ligam a tais fatores. Mas, se porventura alguém mata outra pessoa com quem divide uma habitação somente para preservar seu "espaço", cultivando e enaltecendo sua porção egoística, tal elemento deve ser levado em consideração para a fixação da pena.[33]

É imprescindível, no entanto, haver uma análise do meio e das condições em que o agente se formou e vive, pois o bem-nascido que tende ao crime deve ser mais severamente apenado do que o miserável que tenha praticado uma infração penal para garantir sua sobrevivência. Por outro lado, personalidade não é algo estático, encontrando-se em constante mutação.[34] Estímulos e traumas de toda ordem agem sobre ela. Não é demais supor que alguém, após ter cumprido vários anos de pena privativa de liberdade em regime fechado, tenha alterado sobremaneira sua personalidade. O cuidado do magistrado é, nesse prisma, indispensável para realizar justiça. "Nas condições da personalidade do sujeito pode-se encontrar a razão de ser da sua criminosidade mais ou menos arraigada, mais ou menos agressiva; nesse conceito da personalidade compreendido o homem total, corpo e alma".[35]

Quanto ao fator *agressividade*, componente da personalidade, presente em muitos delinquentes, deve-se analisá-lo sob três enfoques: a) agressividade instrumental, que é apenas um mecanismo de obtenção de algo, mas não significa necessariamente fazer o mal a outrem; b) agressividade defensiva, que tem a dimensão de proteger a

---

33. Nesse exemplo, pode-se até levantar a hipótese de qualificar o homicídio pela futilidade ou pela torpeza. Mas, se tal não se der no campo concreto, o juiz tem liberdade de avaliar, no contexto da personalidade do agente, o elemento *egoísmo*.

34. Já dizia TOBIAS BARRETO: "Se por força da seleção natural ou artística, até as aves mudam a cor das plumas, e as flores a cor das pétalas, por que razão, em virtude do mesmo processo, não poderia o homem mudar a direção da sua índole?" (*Menores e loucos em direito criminal*, p. 43).

35. ANÍBAL BRUNO. *Das penas*, p. 95.

vida ou seus interesses de ataques ou ameaças, também não constituindo algo ilícito; c) agressividade hostil (também denominada destrutiva), justamente a que tem por meta causar dano a terceiro, representando a violência das atitudes. O importante, para a verificação da agressividade destrutiva, é detectar se o agente do crime se sente gratificado por vivenciá-la, impingindo o mal a outrem, especialmente quando essa gratificação o leva ao encorajamento de persistir nessa trilha.[36] Este não é um modo de ser aceitável, componente de uma livre opção de estrutura de caráter, merecendo ser coibida e mais severamente apenada a conduta criminosa. Não é da essência do Estado Democrático de Direito acolher e aceitar como legítima a agressividade hostil ou destrutiva como parte da liberdade de ação ou como direito à intimidade, até porque não fica ela circunscrita ao universo particular do sujeito que a cultiva, ultrapassando as barreiras do respeito à individualidade alheia, a quem o agente ataca e busca destruir.

Existem ainda modalidades de agressividades indiretas, que constituem os tipos maldosos e invejosos. Enquanto o primeiro procura agredir pela via indireta, valendo-se, em grande parte das vezes, da maledicência e das ofensas à reputação – é o denominado "homicida que não deixa impressão digital", o segundo atua pelo ódio nutrido por terceiros, considerados mais bem sucedidos – inveja, cuja raiz latina vem de *invideo*, isto é, "olhar suspeito", "olhar maldoso", "mau olhado".[37] Embora muitas vezes a agressividade indireta não produza efeito no campo penal – como ocorreria ao sujeito que simplesmente invejasse outro, sem nada fazer para atingi-lo – é possível que a inveja seja o móvel propulsor até mesmo de um homicídio. Como não levar o magistrado em conta essa postura de agressividade específica para a elevação da pena? Por acaso significaria liberdade de expressão cultivar a inveja atingindo, a partir daí, força suficiente para matar o semelhante? Certamente que não, constituindo outro elemento da personalidade a ser detectado pelo julgador ao aplicar a pena. Não é preciso ser psicólogo para encontrar o tipo invejoso ou maldoso, pois a prova testemunhal é plenamente capaz de ofertar dados para essa busca.

Outra forma de agressividade, componente da personalidade criminosa, é o tipo sádico, que une agressividade e libido, sentindo prazer em infligir dor e humilhação a outra pessoa, seja em contexto sexual ou não. Enquanto o simplesmente agressivo quer destruir o outro, o tipo sádico deseja, em verdade, subjugá-lo, fazê-lo sofrer, mas não quer destruí-lo, pois isto constituiria uma perda.[38] Trata-se de mais um fator importante para a fixação da pena-base, quando o juiz puder identificar o delinquente sádico. Não se trata, mais uma vez insista-se, de liberdade de ação ou culto à intimidade, uma vez que há dano causado a terceiro por conta disso. O crime não é *ser sádico*, mas praticar conduta penalmente relevante como consequência de um sadismo incontrolado. Após, na aplicação da pena, esse sadismo, naturalmente inerente à sua personalidade, deve ser levado em conta para a elevação da pena.

---

36. Cf. MARIO FEDELI, *Temperamento, caráter, personalidade*, p. 96-99.
37. Idem, p. 106.
38. Cf. MARIO FEDELI, *Temperamento, caráter, personalidade*, p. 113.

124 | INDIVIDUALIZAÇÃO DA PENA – NUCCI

Há variadas críticas no tocante ao elemento *personalidade*, que serve de base à avaliação da culpabilidade, inclusive sob a alegação de que é impossível ao juiz elaborar um diagnóstico preciso acerca da personalidade de alguém. Assevera-se que a avaliação desse fator na fixação da pena-base provoca um juízo de censura incidente sobre o que o agente é ou pensa e não apenas sobre o que ele realizou, o que seria uma forma indevida de culpabilidade do autor ou pelo modo de vida.[39]

Não nos parece devamos encarar a questão sob a ótica de que a punição está sendo efetivada por conta do modo de ser de uma pessoa. Para decidir se houve ou não crime, o juiz não leva em conta a personalidade.[40] Logo, inexiste punição somente porque alguém é diferente da maioria, retirando-se sua liberdade de agir ou pensar. Entretanto, justamente para evitar a padronização da pena, após a constatação de que o delito ocorreu, deve-se levar em consideração, sim, o *modo de ser* do acusado,[41] inclusive porque a premeditação do delito, por exemplo, cultivada de forma lenta e gradual, calculada, estudada e maquiavelicamente executada é demonstrativa de uma personalidade maldosa e desleal, merecedora de maior censura, sem dúvida.[42]

O juiz não precisa ser um técnico para avaliar a personalidade, bastando o seu natural bom senso, utilizado, inclusive e sempre, para descobrir a própria culpa do réu. Inexiste julgamento perfeito, infalível, pois sempre se trata de simples justiça dos seres humanos, de modo que o critério para analisar o *modo de ser e agir* de alguém constitui parte das provas indispensáveis que o magistrado deve recolher.

É bem verdade que há decisões superficiais, mencionando em poucas palavras que a personalidade do réu é *deturpada* ou *voltada ao crime*,[43] mas esse critério não necessita ser por isso eliminado, bastando que seja aperfeiçoado, dedicando-se o

---

39. Cf. BOSCHI, *Das penas e seus critérios de aplicação*, p. 208-209.

40. JESCHECK demonstra que o direito penal alemão baseia-se no *direito penal do fato*, mas sem deixar de levar em conta a personalidade do autor como marco para a delimitação da pena (*Tratado de derecho penal – Parte generale*, p. 59).

41. Para CHOCLÁN MONTALVO "a personalidade do autor poderá constituir motivo de agravação somente e na medida em que a gravidade da culpabilidade assim o permita. Outra visão não seria adequada a um Direito penal baseado na culpabilidade e supõe uma ruptura do sistema de dupla via em virtude do qual a pena vem limitada pela culpabilidade e não pela periculosidade do autor". Assim, a análise da personalidade do autor vincula-se à valoração da culpabilidade pelo fato, portanto, deve ser vista na exata medida em que influa na reprovação do fato mesmo. Outra visão levaria à análise da personalidade como fator de periculosidade (*Individualización judicial de la pena – Función de la culpabilidad y la prevención en la determinación de la sanción penal*, p. 177-178, 200, traduzi).

42. Vários Códigos Penais de outros países levam em conta a premeditação do crime para agravar a pena ou mesmo para conceder benefícios de execução penal. Ver o capítulo referente à legislação comparada (capítulo 5).

43. Ressalte-se que o termo *deturpado* significa o que é desfigurado ou viciado, motivo pelo qual o correto seria ressaltar qual é, de fato, o aspecto negativo da personalidade, emergente no caso concreto (maldade, perversidade, inveja, agressividade destrutiva etc.). Por outro lado, *personalidade voltada ao crime* não existe como dado concreto de uma pessoa. Na realidade, o que se pretende mostrar é que o réu possui como facetas

CAP. 7 • FASE PRIMÁRIA, SEGUNDO O MÉTODO TRIFÁSICO | **125**

julgador a buscar maiores elementos de apoio para chegar ao seu veredicto. Podem e devem as partes contribuir para tanto, inclusive, se necessário, solicitando a produção de avaliação psicológica do acusado, ou mesmo arrolando, como testemunha, profissional especializado para fornecer informações detalhadas ao juiz.

Não se exige que o magistrado seja um autêntico psicólogo para avaliar a personalidade, afinal, essa análise não tem a finalidade de conferir ao réu um tratamento qualquer, mas sim aplicar-lhe uma pena pelo crime reconhecidamente cometido.[44] Fosse considerado um autêntico diagnóstico o julgamento do juiz acerca da personalidade, como se se tratasse de um profissional especializado, e não poderia o magistrado avaliar praticamente nada em matéria penal.[45] Aliás, destaque-se a importante tarefa do julgador ao verificar o elemento subjetivo do crime: dolo e culpa. São fatores instigantes, envolvendo detalhes ligados, sem dúvida, ao modo de agir e pensar do agente. Como distinguir, na prática, dolo eventual e culpa consciente? Termina o juiz valendo-se das suas regras de experiência, dos seus valores e conhecimentos particulares, para determinar se o réu atuou com dolo ou com culpa. Não deixa de ser uma avaliação psicológica, na esfera do leigo, com pinceladas jurídicas, da capacidade de querer e agir do ser humano.

A progressão da pena também se faz de modo individualizado, não estando o juiz atrelado aos laudos criminológicos produzidos, nem ao parecer da Comissão Técnica de Classificação. Ora, se o magistrado não pode fazer "diagnósticos", pois não tem habilitação técnica para tanto, logo, jamais poderia refutar a opinião dos especialistas que elaboraram o laudo criminológico e determinar a progressão do condenado, a despeito de parecer técnico contrário. Não se tem notícia de que o magistrado esteja vinculado obrigatoriamente a tais pareceres, ressaltando-se, ao contrário, que eles servem de balizamento ao julgador para aplicar a lei ao caso concreto.[46]

---

negativas da sua personalidade a preguiça e a cobiça, resultando, então, na adoção do crime como meio de ganhar a vida.

44. Veneziani destaca que a linguagem jurídica se serve de uma quantidade enorme de definições e termos para indicar estados e processo psíquicos, praticamente igualando-se à psicologia. Mas, ainda assim, o jurista deve ater-se estritamente ao significado desses termos no campo jurídico, embora a interpretação possa ser condicionada à terminologia psicológica (*Motivi e colpevolezza*, p. 72).

45. "Desprovido dos recursos técnicos apropriados, o juiz tem de proceder à investigação da personalidade através das suas manifestações no mundo exterior, pela observação do comportamento habitual do sujeito, dos modos pelos quais procura, em geral, resolver os seus problemas na vida, das suas atitudes nas relações de convivência para com os seus familiares, companheiros, conhecidos, agindo com simpatia e compreensão ou com egoísmo ou hostilidade, da sua inclinação ou repugnância ao trabalho ou a outras atividades honestas. Também cabe considerar a maneira de comportar-se do réu durante o crime ou depois, a frieza com que o praticou, a dor, o cinismo ou a indiferença com que a ele se refere" (Bruno, *Das penas*, p. 95).

46. Sobre as modificações trazidas pela Lei 10.792/2003, nesse contexto, consultar o item 8.1.1.1, que cuida do *regime disciplinar diferenciado*.

126 | INDIVIDUALIZAÇÃO DA PENA – NUCCI

Diga-se, ainda, em linha já traçada, que, em casos particulares e especiais, pode o juiz nomear psicólogo de sua confiança para avaliar o caráter e a personalidade de determinado réu – por exemplo, em crimes passionais tal avaliação seria importante – para nortear futura aplicação da pena. Aliás, até mesmo o grau de arrependimento atingido pelo acusado é parâmetro para se analisar o seu modo de ser.[47]

Quanto mais se cercear a atividade individualizadora do juiz na aplicação da pena, afastando a possibilidade de que analise a personalidade, a conduta social, os antecedentes, os motivos, enfim, os critérios que são subjetivos, em cada caso concreto, mais cresce a chance de padronização da pena, o que contraria, por natureza, o princípio constitucional da individualização da pena, aliás, cláusula pétrea.

Como se pretende individualizar a pena sem subjetivismo? Possivelmente reduzindo o campo penal a cálculos matemáticos: se fez tal coisa, aumenta-se 1/6; se agiu desse modo, aumenta-se 1/3 e assim por diante. Para tanto, a eliminação da faixa de aplicação da pena é uma imposição. Para um furto, ao invés de 1 a 4 anos, parte-se sempre de 1 (ou 4). Nada seria mais simples para contornar o chamado "subjetivismo arbitrário" do julgador, invadindo-se, no entanto, o cenário da pena-padrão, situação longe do ideal. DEMETRIO CRESPO alerta que não se pode prescindir da análise da personalidade do autor na valoração preventivo-geral do fato, pois a coletividade reage diferentemente na sua inclinação ao cometimento de fatos parecidos ou no fortalecimento de sua confiança jurídica, dependendo de quem seja o agente do crime.[48]

Invadir o âmago do réu, através da análise de sua personalidade, para conhecê--lo melhor, não como mero objeto da aplicação da pena, mas como sujeito de direitos e deveres, enfim como pessoa humana, torna a pena mais justa e sensata no seu *quantum* e no seu propósito. Diz MICHEL FOUCAULT que "a alma do criminoso não é invocada no tribunal somente para explicar o crime e introduzi-la como um elemento na atribuição jurídica das responsabilidades; se ela é invocada com tanta ênfase, com tanto cuidado de compreensão e tão grande aplicação 'científica', é para julgá-la, ao mesmo tempo que o crime, e fazê-la participar da punição".[49] E acrescentamos a inquestionável afirmativa de FLAVIO FORTES D'ANDREA de que "não há

---

47. O arrependimento e o comportamento posterior do réu buscando atenuar o mal causado pelo crime praticado são outros fatores considerados quase unanimemente pelas leis penais estrangeiras. Consultar o capítulo da legislação comparada (capítulo 5).

48. *Prevención general e individualización judicial de la pena*, p. 137. Vale ressaltar neste ponto a posição do STF: "O processo de individualização da pena é tarefa de caráter subjetivo, devendo as diretrizes do artigo 59 do CP ser sopesadas em consonância com as condições pessoais do agente e as objetivas de cada fato delituoso. Não se aplica um critério meramente matemático de comparação entre penas cominadas a delitos distintos, com intervalos diversos entre a pena máxima e a pena mínima, sob pena de violação do princípio da individualização" (ED nos vigésimos quartos ED julgados na AP 470/MG, T.P., 28.08.2013, v.u., rel. Joaquim Barbosa).

49. *Vigiar e punir*, p. 20.

personalidades idênticas como não existem duas pessoas idênticas",[50] razão pela qual a individualização da pena é uma questão de necessidade se buscarmos fórmula justa e democrática de dar a cada um o que é seu, o que efetivamente merece.

Merece registro o alerta feito por ANABELA MIRANDA RODRIGUES no sentido de que a personalidade que se deve levar em conta para a fixação da pena é aquela manifestada no fato cometido, só devendo ser apreciada sob o ponto de vista do direito. Portanto, não se trata de um juízo moral, o que equivale a dizer que condenações anteriores podem ser levadas em consideração, já que o agente demonstra uma personalidade em desconformidade com o direito. Trata-se, pois, nessa ótica, de uma "personalidade particularmente desrespeitadora dos valores jurídico-criminais que fundamenta aquela agravação da pena".[51]

Escusa não há para os criminosos possuidores de personalidades antissociais, visto que, sem qualquer possibilidade de exclusão da culpabilidade, porque não são consideradas causas de inimputabilidade, devem ser mais severamente apenados, conforme o caso concreto. Denominam-se personalidades antissociais as que "são predisponentes para atos contra a sociedade, tais como indiferença pelos sentimentos alheios; desrespeito por normas sociais; incapacidade de manter relacionamentos, embora não haja dificuldades em estabelecê-los; baixo limiar para descarga de agressão e violência; incapacidade de experimentar culpa e aprender com a experiência, particularmente punição; propensão marcante para culpar os outros ou para oferecer racionalizações plausíveis para o comportamento que levou ao conflito com a sociedade".[52] Como bem diz ROBERTO LYRA, "a especificação psicológica ou psiquiátrica detém-se nas fronteiras. Loucura, anormalidade, normalidade? Em relação a quê? Notas caracterológicas, por exemplo, não são sintomas mórbidos. Neuroses, simples colorações psicofísicas da conduta, não afetam os processos mentais".[53] Os indivíduos antissociais tendem a se considerar como vítimas da sociedade, justificando os atos agressivos que contra esta praticam. Costumam desenvolver métodos psicológicos para "escapar" das suas responsabilidades, neutralizando seu natural sentimento de culpa.[54] Ao contrário, pois, de menor censura, devem ser mais severamente apenados pelo magistrado.

Um registro insistente, mas que não pode deixar de ser feito: quando o julgador analisar detidamente a personalidade do réu, deve levar em conta os fatores que se esgotam na atividade delituosa e não no ser humano que é como um todo, afinal, defeitos todos possuímos e nem sempre eles se revelam em móveis propulsores de ação criminosa. Portanto, se alguém é agressivo, desonesto e invejoso, ao praticar lesão corporal, o aspecto de sua personalidade a ser destacado na sentença é justamente a agressividade, desprezando-se as outras facetas negativas. Não se está julgando o ser humano, mas o fato que ele praticou – culpabilidade pelo fato é a tônica –, motivo

---

50. *Desenvolvimento da personalidade*, p. 9.

51. *A determinação da medida da pena privativa de liberdade*, p. 668-669.

52. WAGNER G. GATTAZ, Violência e doença mental: fato ou ficção?

53. *Criminologia*, p. 86.

54. PABLO ESPINOSA, Teorías del razonamiento sociomoral, *La mente criminal*, p. 175.

pelo qual se é invejoso ou desonesto pouco importa. Salvo, obviamente, se a agressão foi calcada, por exemplo, na sua inveja. Nessa hipótese, duas são as particularidades a destacar e, com isso, agravar a pena-base.[55]

Na precisa colocação de Aníbal Bruno, pode-se encontrar na personalidade valiosa contribuição para a fixação da pena, pois não se deve "esquecer que o crime nasce do encontro de determinada personalidade com determinada circunstância".[56] Aliás, o que sempre frisaram os estudos de psicologia, vez que "não há personalidade sem conduta nem há condutas sem personalidade; essa última não é algo distinto que está 'por trás' dos fenômenos da conduta e não há nenhuma manifestação de um ser humano que não pertença à sua personalidade. Essa caracteriza-se por suas pautas de conduta mais habituais ou predominantes ou por certas características comuns a um conjunto predominante de suas manifestações de conduta".[57]

Nada mais justo e consagrador do princípio constitucional da individualização da pena do que levá-la em conta para a aplicação concreta da pena.[58]

▶ **Conteúdo concreto para apurar a personalidade do acusado**

Superior Tribunal de Justiça

- "4. Quanto à personalidade, foi declinada *motivação genérica e abstrata*, sendo certo que tais fundamentos não se apresentam idôneos para o aumento da pena-base no tocante à citada circunstância judicial. O entendimento adotado no édito condenatório mostra-se contrário à jurisprudência do Superior Tribunal de Justiça" (AgRg no REsp 1.806.589/RO, 6.ª T., rel. Laurita Vaz, 02.06.2020, v.u. – grifamos).

▶ **Análise da personalidade do réu dispensa qualquer laudo psicológico**

Superior Tribunal de Justiça

- "Neste contexto, está plenamente justificada a negativação dessas vetoriais, mormente considerando-se que, para a aferição da circunstância judicial relativa à personalidade, é *desnecessário laudo técnico*, mas apenas o exame pelo julgador de dados concretos que indiquem a maior periculosidade do agente, como visto *in casu* onde ficou cabalmente demonstrada sua periculosidade. Precedentes" (AgRg no HC 723.829/AM, 5.ª T., rel. Reynaldo Soares da Fonseca, 08.03.2022, v.u., grifamos).

---

55. Cf. Nélson Ferraz, *Dosimetria da pena*, p. 323-324.

56. *Das penas*, p. 96.

57. José Bleger, *Psicologia da conduta*, p. 194.

58. Ressalte-se que, de todos os sistemas penais estrangeiros analisados, não há Código Penal que deixe de cuidar da personalidade do agente como elemento para fundamentar, limitar ou estabelecer penas e benefícios de execução penal ao delinquente.

▶ Exemplo de personalidade negativa

Superior Tribunal de Justiça

- "2. O valor negativo da personalidade do Paciente foi devidamente constatado a partir de provas produzidas no curso da instrução criminal, as quais demonstram extrema frieza e a menor sensibilidade ético-moral, haja vista a notícia de que o Acusado sempre se referiu à prática de homicídios com excepcional naturalidade, mostrando-se indiferente à morte de seus companheiros de coligação partidária; além disso, o Magistrado singular também assinalou que o Réu teria ameaçado matar qualquer de seus assessores cujo comportamento fosse considerado inadequado aos seus interesses. 3. Consoante orientação desta Corte Superior, a valoração negativa da personalidade não reclama a existência de laudo técnico especializado, podendo ser aferida a partir de elementos probatórios dos autos, o que efetivamente ocorreu na hipótese" (HC 621.348/AL, 6.ª T., rel. Laurita Vaz, 13.04.2021, v.u.).

▶ Inviabilidade do uso dos antecedentes para avaliar a personalidade

Superior Tribunal de Justiça

- "Devem ser decotados, na primeira etapa da dosimetria, os aumentos relativos à personalidade e motivos do crime, pois inquéritos e ações penais em curso não podem evidenciar os maus antecedentes ou a personalidade desfavorável do agente, sob pena de malferimento ao princípio da não culpabilidade, e o fim criminoso de tentar subtrair valores, mesmo que vultosos, é inerente ao tipo penal de furto" (REsp 1.252.770 – RS, 6.ª T., rel. Rogerio Schietti Cruz, 24.03.2015, v.u.).

7.1.2.4 *Motivos*

Motivo é a razão de ser de alguma coisa, a causa ou o fundamento de sua existência, podendo ser utilizado ainda o termo com o sentido de finalidade e objetivo. No contexto do art. 59, segundo nos parece, vale-se a norma penal da palavra *motivos* (no plural) indicando, portanto, um plexo de situações psíquicas, que faz alguém agir criminosamente. Esse contexto psíquico é rico de elementos harmônicos, podendo representar tanto a causa do delito como a finalidade a ser atingida pelo agente.

O motivo é fator qualificativo da vontade humana, fornecendo o colorido indispensável à compreensão de qualquer conduta: existiu por quê? Para quê? Do mesmo modo que sustentamos inexistir ação ou omissão sem finalidade, pois ninguém age por agir – a não ser que se cuide de gestos reflexos, sujeitos à coação física irresistível ou mesmo fruto da hipnose – não há crime sem motivo.

Refletindo sobre o homicídio, notamos que, na figura fundamental, prevê-se: *matar alguém*, seguindo-se daí a pena de reclusão de seis a vinte anos. Não se pune, com pena particularmente grave, o motivo, embora ele exista sem dúvida alguma. Não há quem *mate por matar*: do nada surgiria um impulso para tirar a vida humana de outrem e para o nada se esvairia o gesto fatal e grave. O relevante na análise da figura básica do homicídio é que o legislador não se preocupa em destacar a motivação. Seja ela qual for, a pena é fixada nos limites apontados. Entretanto, ao cuidar do homicídio qualificado, menciona-se ser fator de elevação da pena – reclusão de doze a trinta anos – a sua prática "mediante paga ou promessa de recompensa, ou por outro motivo torpe".

130 | INDIVIDUALIZAÇÃO DA PENA – Nucci

Esmiuçando-se a figura típica, encontramos particulares forças psíquicas que levaram o agente a tirar a vida de outra pessoa. Matou *em razão de* sua ambição desenfreada, pois de um mandante recebeu dinheiro (recompensa). Ou ainda, matou *para* receber um montante em dinheiro do mandante, em virtude de sua cobiça (promessa de recompensa). Pode ter matado por qualquer outra *razão* (causa) ou *escopo* (fim). A complexidade do motivo advém justamente disso, não se podendo afirmar ser ele somente causa ou apenas fim. Quem já recebeu o dinheiro para matar, chega ao homicídio para cumprir sua parte na avença. Em outras palavras, se foi "contratado", tendo o "contratante" desde logo adimplido a sua prestação, resta ao outro, como motivo para agir (razão de ser), eliminar a vítima. A ganância, realizada concretamente na percepção da recompensa, foi a causa de ter aceitado o contrato. Por outro lado, quem vai receber dinheiro *caso* mate outrem, ocupa a mesma posição de "contratado" para cumprir uma missão. A diferença está no momento do pagamento, que virá depois da execução da tarefa. O motivo para agir (escopo, nessa hipótese), matando a vítima, é receber o montante prometido. Enfim, cuida-se de um matador ganancioso, aspecto negativo de sua personalidade, que faz brotar o motivo particularmente repugnante aos olhos da comunidade, merecedor de pena mais severa.

O legislador, ao elaborar o art. 59, fazendo referência a *motivos* do crime, foi feliz, pois o juiz deve buscar *as* razões de ser da conduta bem como *os* objetivos a serem alcançados pelo agente em qualquer delito. Encontrando-os, valorando-os, para bem ou para mal, terá um quadro concreto a respeito de um dos fatores a compor a maior ou menor reprovação ao agente.

Não se confunde o motivo do crime com o elemento subjetivo do crime. Dolo é a vontade consciente de realizar a conduta típica (com ou sem conhecimento potencial da ilicitude, conforme a teoria que se queira adotar). Culpa é a vontade consciente de desenvolver comportamento arriscado, infringente do dever de cuidado objetivo, passível de gerar um resultado danoso involuntário, embora previsível, que podia e devia ter sido evitado. De toda forma, não há relação com a *motivação* do crime. Dolo é o elemento psíquico que leva o agente a concretizar a figura típica, independente da valoração que isso possa merecer no tocante à sua origem. Culpa, de análise mais intrincada, pois conta com fatores normativos, não deixa de ser igualmente o móvel da conduta que deu causa ao preenchimento do tipo penal. Ambos – dolo e culpa – são motivos em preto e branco, enquanto a razão de ser, a causa, o fundamento e a finalidade do crime constituem o motivo colorido, em seus vários matizes psíquicos, próprios da riqueza de pensamentos do ser humano.

Outro aspecto a considerar, para demonstrar a diferença entre motivo e dolo (ou culpa) é que o *motivo* (ganância, por exemplo) pode ser satisfeito por outros meios, que não o crime, logo, sem dolo. O parente rico pode destinar ao ganancioso herdeiro o dinheiro que tanto almeja, sem que haja necessidade de haver homicídio, morrendo de causa natural. Por isso, a causa para agir não é a vontade de atingir o resultado típico (dolo).[59]

---

59. Cf. Veneziani, *Motivi e colpevolezza*, p. 116.

Na lição de ROBERTO LYRA, "o motivo, cuja forma dinâmica é o móvel, varia de indivíduo a indivíduo, de caso a caso, segundo o interesse ou o sentimento. Tanto o dolo como a culpa se ligam à figura do crime em abstrato, ao passo que o móvel muda incessantemente dentro de cada figura concreta de crime, sem afetar a existência legal da infração. Assim, o homicídio pode ser praticado por motivos opostos, como a perversidade e a piedade (eutanásia), porém a todo homicídio corresponde o mesmo dolo (a consciência e a vontade de produzir morte)".[60]

Insistimos em dizer que todo crime tem um motivo (ou mais de um), que pode ser mais ou menos nobre, mais ou menos repugnante. A avaliação disso faz com que o juiz exaspere ou diminua a pena-base.

Não há como afastar o critério moral para a fixação da pena. Note-se ser completamente diferente a situação do médico que ministra a um moribundo uma dose excessiva de morfina para liberá-lo de seu sofrimento (causa: sentimento de piedade, por não mais suportar acompanhar a dor de outro ser humano; escopo: dar-lhe morte digna; fazê-lo desligar-se do sofrimento) daquele que faça a mesma coisa pensando na herança, visando a impedir qualquer mudança no testamento (causa: ganância; escopo: satisfação de interesses materiais).

Explica PAOLO VENEZIANI que os motivos determinantes do crime devem ser analisados no contexto da *capacidade para delinquir* ou em circunstâncias baseadas em *motivos particulares*, funcionando, pois, como a causa psíquica, o estímulo, a mola, o impulso, o sentimento, o instinto que alavanca a ação ou omissão, que faz eclodir a vontade. Os motivos implicam em uma inclinação afetiva, onde se pode achar todos os sentimentos humanos: amor, ódio, desejo sexual, vingança, altruísmo, inveja, cupidez, sadismo, honra, instinto de conservação, patriotismo etc.[61]

Conhecer o motivo determinante do delito pode fazer brotar, como consequência natural, a análise da personalidade do agente, tendo em vista que a ação ou omissão do ser humano toma forma a partir de inclinações afetivas ou sentimentais. Podendo-se afirmar que ninguém age por agir, seguramente pode-se dizer que não há delito cometido sem que possua o autor um motivo, por vezes até inconsciente, mas invariavelmente presente.

Aliás, esta última afirmativa exige que se diferencie motivo, que já envolve concomitantemente razão e meta, de objetivo do crime. O primeiro é a causa, a origem do delito; o segundo é o fim atingido ou a atingir.[62] O agente pode, como se mencionou, atuar sem consciência do motivo – um sadismo incontrolável, mas irreconhecível para o autor – embora jamais aja sem saber qual objetivo busca atingir, pois, do contrário, nem mesmo saberia o que fazer nem como fazer. Assim, exemplificando, o agente rouba para conseguir dinheiro. Qual o motivo (causa/escopo) de obter o dinheiro? Pode ser nobre (relevante valor social), entregando-o à carente creche do seu bairro, como pode ser voltado à compra de uma roupa sofisticada (futilidade). Qual o objetivo do crime? Retirar determinada parte do patrimônio da vítima. Em verdade,

---

60. *Comentários ao Código Penal*, v. 2, p. 218.

61. *Motivi e colpevolezza*, p. 3.

62. Cf. PAGLIARO, *Principi di diritto penale – parte generale*, p. 462.

o objetivo da infração penal é previsto no tipo, podendo ser genérico ou específico. No exemplo mencionado do roubo, inexiste finalidade particularizada a ser atingida, apenas a subtração do patrimônio para si ou para outrem.

Trazendo de volta a ilustração do homicídio: a motivação pode ser a ganância (causa: ter recebido dinheiro; escopo: cumprir sua parte na avença), mas o objetivo do crime é eliminar a vida humana.

Há delitos com finalidade específica, previstos no tipo. Visualizando a extorsão mediante sequestro, nota-se que o recebimento do resgate é a meta particular traçada pelo legislador para a modalidade de extorsão prevista no art. 159 do Código Penal. Entretanto, qual o motivo que leva o extorsionário a agir? Voltamos, então, a analisar a causa e o escopo da vontade que lhe nasce impulsionando-o a, dolosamente, sequestrar pessoa pretendendo receber uma determinada quantia para libertá-la. O juiz, ao aplicar a pena ao réu, nesse caso, não levará em conta a finalidade típica, pois seria um indevido *bis in idem*, mas sim as razões que levaram o agente a atuar daquela maneira.

Mencionamos que o motivo pode ser consciente ou inconsciente. Ambos poderiam levar ao aumento ou diminuição da pena, agindo no contexto das circunstâncias judiciais? Cremos que sim, uma vez que os motivos se incluem na esfera subjetiva das circunstâncias, preenchendo o campo relativo ao agente e não ao fato. Aliás, como já afirmado, a motivação invade o cenário das inclinações afetivas e sentimentais de cada um, como nítido reflexo da sua personalidade. Integram-se, em muitas situações, o motivo do crime e a personalidade do agente. Por isso, pode-se constatar a existência de muitos agentes, desconhecedores de aspectos negativos de sua personalidade, até por serem avessos a esse tipo de autoanálise ou autocrítica, que evidenciam facetas determinantes para a consideração do magistrado. Não se trata de algo a ser envolvido pela consciência, mas um *modo de ser* de alguém, não menos repugnante aos valores ético-sociais da comunidade onde vive.[63]

Uma pessoa pode ser sádica – retornando ao exemplo dado anteriormente – sem disso ter consciência. Move-se, maltratando, lesionando e até matando terceiros por prazer incontestável. Seu sadismo, fruto do desvio da formação da personalidade, é a causa do seu agir. Tenha ele consciência ou não é motivo negativo e deve o juiz levar em conta na fixação da pena. Fácil seria ser egoísta sem ter consciência disso; ser maldoso, crendo-se bom; ser ocioso, acreditando-se responsável. Desvios de personalidade existem, constituindo parte inerente à pessoa humana, fornecedores de motivos, igualmente repugnantes ou reprováveis.

Pode-se supor, inclusive, que alguém atue com motivação nobre sem nem mesmo disso ter consciência, embora seja situação mais rara, pois o ser humano, como regra, busca afastar a visualização do seu lado negativo, mas não descura de observar e conhecer o seu lado positivo.

Outro interessante ponto a ser destacado concerne à possibilidade de coexistência de dois ou mais motivos para o mesmo delito. Por vezes, a multiplicidade motivacional liga-se a um só gênero, desdobrando-se em espécies diferentes. Ilustrando com um

---

63. Em sentido contrário, sustentando que somente os motivos conscientes podem ser levados em conta no plano jurídico, está a posição de VENEZIANI, op. cit., p. 176.

caso real, que tivemos a oportunidade de julgar, quando Presidente do Tribunal do Júri, em São Paulo: o réu matou a vítima por três razões, todas elas torpes. O Ministério Público as descreveu na denúncia, porém, para efeito de qualificadora, bastaria um fundamento. No entanto, os outros dois não poderiam ser esquecidos. São os motivos do homicídio: a) pretendendo assumir a liderança de facção criminosa, quis mostrar força matando alguém; b) tencionando vingar-se da pretensa traição de sua namorada, escolheu o atual companheiro dela para matar; c) havia uma recomendação feita por um *pai-de-santo* para matar alguém, a fim de conseguir um *trabalho* para enriquecer sem trabalhar. Enfim, o agente eliminou o ofendido para ascender no crime (torpeza), para vingar-se da ex-namorada (torpeza) e para dar cabo de um *trabalho espiritual* (torpeza, senão futilidade).

Ponderamos, ao fixar a pena-base, que o motivo torpe fora reconhecido pelos jurados como qualificadora, mas com base na ascensão do réu no crime organizado. Por isso, a faixa de aplicação da pena situava-se entre 12 e 30 anos de reclusão. No estabelecimento da pena-base, levando-se em conta as circunstâncias judiciais do art. 59 do Código Penal, tornamos a ressaltar os outros motivos faltantes (vingança e *trabalho*) e elevamos a pena a patamar superior ao mínimo.

Não é demais salientar a diferença entre o autor de crime, impulsionado por *único* motivo torpe e aquele que traz consigo *três* fundamentos igualmente repugnantes para tirar a vida humana.

▶ A coexistência de mais de um motivo para o mesmo crime

Supremo Tribunal Federal

- "*Habeas corpus*. Tribunal do Júri. Dosimetria da pena. Circunstâncias judiciais. Ofensa à soberania dos veredictos do Tribunal do Júri. Inocorrência: Acolhimento da tese de crime privilegiado em razão de forte excitação do paciente logo após a agressão da vítima. Motivo que não se confunde com a discussão empreendida entre o paciente e a vítima, sopesada para fixar a pena-base acima do mínimo legal. 1. A dosimetria da pena é conferida exclusivamente ao Juiz Presidente do Tribunal do Júri, não cabendo, aprioristicamente, falar em afastamento das circunstâncias judiciais do artigo 59 pelo Conselho de Sentença (art. 492, I, *a* e *b*, CPP). 2. O Juiz deve, contudo, no cálculo da pena-base, atentar para a possibilidade da ocorrência de *bis in idem* e de violação dos veredictos do Tribunal Júri, mercê de revalorização de circunstância judicial expressamente prevista em lei como qualificadora ou privilégio, agravante ou atenuante ou causa de aumento ou diminuição. 3. In casu, o Juiz Presidente do Tribunal do Júri valorou negativamente cinco das sete circunstâncias judiciais arroladas no artigo 59 do Código Penal, sendo certo que o Tribunal de Justiça de Goiás e o Superior Tribunal de Justiça decotaram (4) quatro dessas circunstâncias, reduzindo a pena inicial de 6 (seis) anos para 4 (quatro) anos e 4 (quatro) meses de reclusão, remanescendo apenas a circunstância relativa a um dos motivos do crime, verbis: 'Notando que a ação criminosa teve seus motivos, na realidade, pelo fato do acusado e vítima discutirem acerca da ocupação de um imóvel e a divisão do patrimônio. Fato que deve ser considerado para agravar a pena'. 4. A discussão a respeito da ocupação de um imóvel e a divisão do patrimônio dos envolvidos constituiu apenas um dos motivos do crime – valorado como circunstância judicial para a exacerbação da pena-base –, motivo que não se confunde com a causa específica de diminuição de pena do § 1.º do art. 121 do Código Penal (homicídio privilegiado), consistente em ter o paciente agido sob o domínio de violenta emoção logo em seguida à agressão da vítima. 5. 'Motivo é a razão de ser de alguma coisa, a causa ou o fundamento de sua existência, podendo ser utilizado ainda o termo com o sentido de finalidade e objetivo. No contexto do art. 59, segundo nos parece, vale-se a norma penal da palavra motivos (no plural) indicando, portanto um plexo de situações psíquicas, que faz alguém agir criminosamente. Esse contexto psíquico é rico de elementos harmônicos, podendo representar tanto a causa do delito como a finalidade a ser atingida pelo agente' (Guilherme de Souza Nucci, Individualização da Pena, 2. ed. rev., ampl. e atual. São Paulo: Editora Revista dos Tribunais, p. 198.) 6. O Conselho de Sentença acolheu a tese de homicídio privilegiado em razão (ou pelo motivo) de que o paciente agiu impelido de forte excitação ao ser agredido pela vítima, ou seja, por motivo diverso do utilizado para exasperar a pena-base. 7. Resulta legítima a fixação da pena-base acima do mínimo legal com fundamento em apenas uma das circunstâncias judiciais arroladas no art. 59 do Código Penal, in caso os motivos do crime (HC 76.196-GO, 2.ª T., rel. Min. Maurício Corrêa, DJ 29.09.1998). 8. Ordem denegada" (HC 108.146/GO, 1.ª T., 05.06.2012, v.u. rel. Luiz Fux).

7.1.3 Critérios específicos referentes ao fato e existência de mais de uma qualificadora

São as denominadas circunstâncias objetivas, porque ligadas ao fato e não ao seu autor. Menos importantes que as subjetivas, não deixam de provocar aumento ou diminuição de pena, especialmente quando estão solitárias, sem o confronto com as primeiras.

7.1.3.1 Circunstâncias do fato criminoso

São os elementos acidentais não participantes da estrutura do tipo, embora envolvendo o delito. Quando expressamente gravadas na lei, as circunstâncias são chamadas de *legais* (agravantes e atenuantes, por exemplo). Quando genericamente previstas, devendo ser formadas pela análise e pelo discernimento do juiz, são chamadas de *judiciais*. Um crime pode ser praticado, por exemplo, em local ermo para dificultar a sua descoberta e a apuração do culpado, constituindo circunstância gravosa.

Trata-se de elemento residual, ou seja, quando não prevista a circunstância como qualificadora/causa de aumento ou privilégio/causa de diminuição, pode o juiz considerá-la como circunstância judicial.

No Código Penal italiano, considera-se agravante o fato de o agente cometer o crime quando está em fuga, furtando-se ao cumprimento de legítimo mandado de prisão. A razão de existência da agravante consiste na demonstração de maior periculosidade, pois, ainda que procurado, não desiste o sujeito da prática de infrações penais, provocando, certamente, maior alarme social.[64] Pode-se, no contexto do art. 59 do Código Penal brasileiro, considerar tal hipótese como circunstância judicial negativa, possibilitando a elevação da pena-base.

Naturalmente, algumas circunstâncias do crime, embora objetivas – como a sua execução em local ermo – podem ser fruto da personalidade do agente ou estar a ela intimamente ligada. Aquele que pratica em lugar ermo, premeditando meticulosamente a concretização do delito, manifesta personalidade fria e calculista, o que será igualmente levado em consideração.

▶ **Diferença de circunstâncias em confronto com o mesmo tipo penal**

Superior Tribunal de Justiça

- "Embora a violência seja parte integrante do delito do art. 157 do CP, sua maior ou menor intensidade podem e devem ser mensuradas por ocasião da aplicação da sanção, em fiel observância ao princípio da individualização da pena." (HC 151.190-RJ, 5.ª T., j. 07.02.2012, v.u., rel. Jorge Mussi).

▶ **Existência de mais de uma qualificadora**

Superior Tribunal de Justiça

- "1. Segundo entendimento desta Corte Superior, reconhecida mais de uma qualificadora, uma delas implica o tipo qualificado, enquanto as demais podem ensejar a exasperação da pena-base ou ser utilizadas para agravar a pena na segunda fase da dosimetria, se previstas no art. 61 do Código Penal. 2. A qualificadora relativa à promessa de recompensa (inciso I) foi sopesada para qualificar o delito de homicídio (deslocando a conduta da forma simples do homicídio para aquela com punição mais severa, prevista no § 2.º do art. 121 do Código Penal). Já a qualificadora relativa ao emprego de recurso que dificultou ou tornou impossível a defesa do ofendido (inciso IV) foi devidamente valorada para fins de exasperação da reprimenda na segunda fase da dosimetria, em razão da agravante genérica prevista no art. 61, II, c, do Código Penal. 3. Ordem não conhecida" (HC 101.096 – MS, 6.ª T., rel. Rogerio Schietti Cruz, 12.02.2015, v.u.).

7.1.3.2 *Consequências do crime*

O mal causado pelo delito, que transcende o resultado típico, é a consequência a ser considerada para a fixação da pena. É lógico que num homicídio, por exemplo, a consequência natural é a morte de alguém e, em decorrência disso, uma pessoa pode ficar viúva ou órfã. Diferentemente, um indivíduo que assassina a esposa na frente dos filhos menores, causando-lhes um trauma sem precedentes, precisa ser mais severamente apenado, pois trata-se de uma consequência não natural do delito.

---

64. Cf. ZAZA, *Le circostanze del reato*, p. 229-230.

136 INDIVIDUALIZAÇÃO DA PENA – Nucci

Outro exemplo importante diz respeito à prática do latrocínio contra casal. Tendo em vista que o agente atua contra o mesmo patrimônio, pertencente ao marido e à esposa, caso mate os dois para obter o almejado, comete um único latrocínio, embora com consequências do crime muito mais graves, devendo ser ponderado tal fato na fixação da pena-base.

No alerta de DAVID TEIXEIRA DE AZEVEDO, observa-se a relevância da cautela de evitar a dupla punição pelo mesmo fato: "É defeso ao magistrado elevar a sanção, no trabalho de motivação e aplicação da pena, em razão da virulência do ataque ou da gravidade da lesão ao bem jurídico, tomando circunstâncias já consideradas no tipo incriminador. Se assim o fizer, incidirá no *bis in idem*, repetindo para a gravidade do crime a modalidade ou o grau de intensidade da ofensa, ambos já considerados e avaliados pelo legislador ao fixar a quantidade da pena mínima".[65]

Vale assinalar que as consequências do crime precisam ser concretamente apontadas na decisão condenatória, sem presunções ou afirmações vagas e abstratas, muitas das quais espelham apenas posições pessoais do julgador, sem respaldo na prova dos autos. Se houver aumento da pena-base em virtude dessas ilações, terá havido ilegalidade.

▶ Consequências do crime: devem ser situações além do preenchimento do tipo penal

Superior Tribunal de Justiça

- "2. Inexiste ilegalidade no aumento da pena-base em razão da valoração negativa das consequências do crime, quando as instâncias ordinárias fundamentam a exasperação no fato de que o abalo emocional da vítima vai além daquele normal à espécie, por ter sofrido golpes que ocasionaram cicatrizes e dormência em parte da cabeça, além de dores e insônia" (AgRg no HC 696.286/SC, 5.ª T., rel. João Otávio de Noronha, 22.02.2022, v.u.).
- "3. Em relação às consequências do crime, que devem ser entendidas como o resultado da ação do agente, a avaliação negativa de tal circunstância judicial mostra-se escorreita se o dano material ou moral causado ao bem jurídico tutelado se revelar superior ao inerente ao tipo penal. Decerto, o trauma causado a uma das vítimas do crime de roubo e testemunha ocular do crime de latrocínio, reconhecido com fundamento em elementos de convicção amealhados nos autos, não pode ser confundido com mero abalo psicológico, restando, a toda evidência, justificado o incremento da básica a título de consequências. 4. Deve ser considerado, ainda, o prejuízo causado ao estabelecimento comercial, o qual, por um período de tempo, viu o seu movimento cair bruscamente. Assim, descabe falar em arbitrariedade na fixação da pena-base do crime de latrocínio acima do piso legal, sendo certo que os mesmos fundamentos poderiam, de fato, justificar a elevação das básicas do crime de roubo" (HC 600.932/PR, 5.ª T., rel. Ribeiro Dantas, 25.08.2020, v.u.).

---

65. *Dosimetria da pena: causas de aumento e diminuição*, p. 42.

- "1. A valoração negativa da culpabilidade foi devidamente justificada, haja vista o *modus operandi* empregado pelo réu, o qual usou 'grave e intensa violência'. Ficou registrado, ainda, que testemunha viu a vítima lesionada e relatou a gravidade das lesões sofridas, 'o que encontra respaldo nas declarações dela e no teor do laudo pericial'. 2. Igualmente válida majoração da pena-base pelas consequências, porquanto foi destacado o trauma psicológico causado na vítima, a qual 'passou a conviver com medo frequente, não conseguia mais andar sozinha pela rua'" (AgRg no HC 482.345/SP, 6.ª T., rel. Rogerio Schietti Cruz, 17.09.2019, v.u.).

▶ **Avaliação do prejuízo da vítima como consequência de elevação da pena--base**

Superior Tribunal de Justiça

- "Não há constrangimento ilegal na consideração negativa das consequências do delito com base no prejuízo da vítima, pois não se pode dizer que tal fato seja inerente ao tipo do art. 157 do CP, merecendo, então, ser devidamente sopesado quando da aplicação da reprimenda básica, em observância do princípio da individualização da pena." (HC 167.870/DF, 5.ª T., 06.11.2012, v.u., rel. Jorge Mussi).

7.1.3.3 Comportamento do ofendido

É o modo de agir da vítima que pode contribuir para levar o agente à prática do crime. Segundo Miguel Reale Júnior, René Ariel Dotti, Ricardo Andreucci e Sérgio Pitombo, "o comportamento da vítima constitui inovação com vistas a atender aos estudos de vitimologia, pois algumas vezes o ofendido, sem incorrer em *injusta* provocação, nem por isso deixa de acirrar ânimos; outras vezes estimula a prática do delito, devendo-se atentar, como ressalta a Exposição de Motivos, para o comportamento da vítima nos crimes contra os costumes e em especial a exploração do lenocínio, em que há por vezes uma interação e dependência da mulher para com aquele que a explora".[66]

São exemplos de comportamento da vítima a considerar na fixação da pena: o exibicionista atrai crimes contra o patrimônio; o mundano, delitos sexuais; o velhaco, que gosta de viver levando vantagem, atrai o estelionato; o agressivo, o homicídio e as lesões corporais, e assim sucessivamente. Não se quer dizer que a pessoa de hábitos mundanos, por exemplo, vítima de crime sexual, não esteja protegida pela lei penal, nem mesmo que o agente deva ser absolvido, porém é óbvio que, nesse caso, a pena do autor da infração penal não deve ser especialmente agravada. Diferentemente, quando se tratar de pessoa recatada e tímida, colhida em seu recanto doméstico por um agressor sexual, é natural que a pena possa ser exasperada, pois a vítima não deu, de modo algum, margem ao ataque sofrido.

Em monografia sobre o tema, diz Ana Sofia Schmidt de Oliveira que, "desde que a vitimologia rompeu a separação maniqueísta entre vítima inocente e

---

66. *Penas e medidas de segurança no novo Código*, p. 162-163.

autor culpado (...), o comportamento da vítima passou a constituir importante foco de análise no campo da dogmática penal e não poderia mais ser desconsiderado na avaliação da responsabilidade do autor, sob pena de sobrecarregá-lo com uma culpa que não é só sua. No entanto, investigar o comportamento da vítima para buscar uma corresponsabilidade pode ter também alguns efeitos negativos que, no extremo, causariam uma absurda inversão de papéis. A ausência de questionamento acerca do comportamento da vítima pode representar, para o autor, a mesma sobrecarga que sua instauração pode ocasionar para a vítima".[67]

Esclarece José Antonio Paganella Boschi que "estudos psiquiátricos demonstram que, em certas situações, a vítima se expõe tão deliberada e intensamente ao perigo, que seu gesto pode ser interpretado como desejo de superar as ansiedades que só o próprio suicídio pode aliviar. O comportamento da vítima, desse modo, quando analisado, não pode ser separado do momento em que o juiz apreciará a própria culpabilidade, pois ao instigar, provocar ou desafiar o agente, a vítima, direta ou indiretamente, intencionalmente ou não, termina por enfraquecer a determinação do agente em manter-se obediente ao ordenamento jurídico".[68]

O Código Penal italiano dispõe de agravante para crimes cometidos contra funcionário público no exercício da função, uma vez que se deve garantir o bom andamento da administração pública. Embora não tenhamos igual previsão, é certo que, quando funcionário público for agredido, porque cumpriu sua função em atitude que desagradou o agente, trata-se de motivo para a elevação da pena-base, com fundamento nesta circunstância judicial.[69]

Quadro importante é fornecido por Antonio Beristain, a respeito do grau de culpabilidade apresentado pela vítima no contexto do crime:

1. Vítima completamente inculpável: é o tipo de vítima "ideal", pois não tem participação alguma na atividade delituosa. Exemplo: pessoa que é ferida pela explosão de uma bomba ao passar por um estacionamento;

2. Vítima parcialmente culpável: subdivide-se em: a) vítima por ignorância ou imprudência: confere maior ou menor contribuição para o delito, conforme o caso. Exemplo: mulher que morre ao permitir que nela se pratique um aborto; b) vítima com escassa culpabilidade: fornece maior ou menor contribuição para o crime, conforme o caso. Exemplo: mulher que entrega ao falso noivo a sua caderneta de poupança; c) vítima voluntária: confere maior ou menor contribuição ao delito, conforme o caso. Exemplo: morte do enfermo incurável por seu próprio desejo;

3. Vítima completamente culpável: subdivide-se em: a) vítima provocadora: sua contribuição é fundamental e exclusiva para a ocorrência do crime, não havendo punição ao agente. Exemplo: agressor que morre quando a vítima reage em legítima defesa; b) vítima que propicia a concretização do delito: tem contribuição predominante no cometimento do crime. Exemplo: aquele que tenta enganar e é vítima de estelionato;

---

67. *A vítima e o direito penal*, p. 136.
68. *Das penas e seus critérios de aplicação*, p. 213.
69. Cf. Zaza, *Le circostanze del reato*, p. 260.

CAP. 7 • FASE PRIMÁRIA, SEGUNDO O MÉTODO TRIFÁSICO | **139**

c) falsa vítima (delito simulado): é a ocorrência de denúncia falsa. Exemplo: mulher que, desejando vingar-se de um homem, acusa-o de estupro.[70]

Ao aplicar a pena, o juiz deve considerar a possibilidade de elevação da pena-base quando a vítima se encaixa no perfil da "vítima ideal", que em nada contribui para a realização do delito. Por outro lado, deve computar, para equilibrar a pena, a atitude imprudente da vítima parcialmente culpável, bem como aquelas que agem com escassa culpabilidade e as que são voluntárias. Quanto às vítimas culpáveis, no caso da provocadora, o agente será absolvido, o mesmo ocorrendo com o caso envolvendo a falsa vítima. Resta a análise da conduta da vítima que propicia a concretização do delito. Nesse caso, deve o juiz voltar-se à redução da pena-base, quando possível.

Observe-se que, no estudo da vitimologia, inexiste a regra de que somente quando o ofendido é considerado provocador da ação criminosa, logo, circunstância em favor do réu, é que se pode levar em conta o comportamento da vítima.

Deve-se avaliar a conduta da vítima em todos os sentidos: neutra, favorável ao réu ou negativa ao acusado. Se o próprio legislador apontou situações em sentidos positivo e negativo, assim também deve agir o julgador. Quando a vítima provoca injustamente o agressor, admite-se o privilégio (no homicídio) ou a atenuante (em outros delitos). Mas é preciso indicar as vítimas inocentes e frágeis, que não provocam o delito, mas representam uma elevação da pena do réu, como se pode notar em relação a certas vítimas (criança, idoso, mulher grávida, enfermos etc.). Se tais circunstâncias estão expressamente previstas em lei, outras podem redundar da análise dos casos concretos e inseridas no fator relativo ao comportamento do ofendido, previsto no art. 59 do Código Penal.

▶ **Comportamento da vítima utilizado para favorecer o acusado**

Superior Tribunal de Justiça

- "4. O comportamento da vítima é circunstância judicial ligada à vitimologia, que deve ser necessariamente neutra ou favorável ao réu, sendo descabida sua utilização para incrementar a pena-base, devendo, portanto, ser afastado o incremento da pena pela referida vetorial. De fato, se não restar evidente a interferência da vítima no desdobramento causal, como ocorreu na hipótese em análise, essa circunstância deve ser considerada neutra" (AgRg no REsp 1.806.589/RO, 6.ª T., rel. Laurita Vaz, 02.06.2020, v.u.).

▶ **Comportamento previsível**

Superior Tribunal de Justiça

- "O comportamento da vítima, que 'aguardava chegada de coletivo, despreocupadamente, sem jamais imaginar o ataque', também não pode ser sopesado de forma desfavorável aos pacientes, pois é conduta natural do sujeito passivo do

---

70. *Victimología. Nueve palabras clave*, p. 461.

140 | INDIVIDUALIZAÇÃO DA PENA – NUCCI

crime de roubo, geralmente abordado de forma inesperada" (HC 283.657 – SP, 6.ª T., rel. Rogerio Schietti Cruz, 09.06.2015, v.u.).

7.1.4 A quantidade de pena aplicável, dentro dos limites previstos, bem como valoração da circunstância judicial

Uma das maiores dificuldades para o juiz, no momento de individualizar a sanção penal, é justamente a fixação da pena-base. O art. 59 do Código Penal fornece oito elementos para a ponderação do magistrado, dentre os quais a culpabilidade, despontando como o gênero, do qual emanam as demais sete parcelas: antecedentes, conduta social, personalidade do agente, motivos, circunstâncias e consequências do crime e comportamento da vítima. Portanto, para se apurar a censurabilidade merecida (grau de culpabilidade), vale-se o julgador dos sete outros elementos.

Frisamos, em outras oportunidades, não ser a aplicação da pena uma atividade matemática, implicando na singela somatória de pontos ou frações, até alcançar a pena justa. O magistrado deve ponderar todos os elementos em visão global, que espelhe um conjunto de fatos, qualidades e defeitos, envolvendo o acusado. Porém, não se pode evitar a eleição de um método para transitar entre o mínimo e o máximo cominados pelo legislador, constituindo os componentes do tipo penal secundário.

Examinando-se com atenção o complexo quadro de normas penais, abrangendo o Código Penal e a legislação especial, nota-se a sempre presente preocupação em relação à personalidade do agente. Não temos dúvida de ser esse o principal componente dos sete elementos indicados para se apurar a culpabilidade. É, de fato, o mais rico e amplo, permitindo que o juiz possa, com efetividade, *individualizar* a pena, pois inexistem duas pessoas com idêntica personalidade. Ilustrando, vislumbra-se a inserção do requisito *personalidade* nos artigos 44, III (penas restritivas de direitos), 59 (pena-base), 67 (circunstâncias preponderantes), 71, parágrafo único (crime continuado qualificado), 77, II (suspensão condicional da pena), do Código Penal. Na Lei de Execução Penal, cuidando da relevante individualização executória da pena, introduz-se a *personalidade* nos arts. 5.º, 9.º e 180, III. Conferindo-se o caráter preponderante, para a fixação da pena, a Lei de Drogas (11.343/2006) inseriu-a no art. 42.

A personalidade do agente serve de baliza, inclusive, para a análise das agravantes e atenuantes. Afinal, as vinculadas ao fator *personalidade* devem preponderar sobre as que não se ligarem a tal ponto (art. 67, CP).

Outro elemento com maior peso dentre os enumerados pelo art. 59 são os antecedentes. No Código Penal, surge esse componente nos artigos 44, III (penas restritivas de direitos), 59 (pena-base), 71, parágrafo único (crime continuado qualificado), 77, II (suspensão condicional da pena), 83, I (livramento condicional). Naturalmente, não se pode olvidar que a reincidência, circunstância também considerada preponderante (art. 67, CP) é uma espécie de antecedente criminal. Por outro lado, a preocupação com os antecedentes do condenado emerge visível na Lei de Execução Penal: arts. 5.º, 106, IV, 114, II, 180, III, 190.

O terceiro componente de relevo extraído do art. 59 são os motivos. Torna-se inegável o seu valor em virtude do disposto pelo art. 67 do Código Penal, dando-lhe prevalência, quando envolto nas agravantes e atenuantes.

CAP. 7 • FASE PRIMÁRIA, SEGUNDO O MÉTODO TRIFÁSICO | **141**

Aos três – personalidade, antecedentes e motivos – conferimos particular importância.

Os demais elementos do art. 59 do Código Penal são menos salientes, podendo-se dividi-los em dois grupos: a) pessoais, ligados ao agente ou à vítima; b) fáticos, vinculados ao crime. Os pessoais são a conduta social e o comportamento da vítima. Os fáticos constituem os resíduos não aproveitados por outras circunstâncias (agravantes ou atenuantes, causas de aumento ou de diminuição, qualificadoras ou privilégios), conectados ao crime: circunstâncias do delito e consequências da infração penal.

É possível e desejável que se possa confrontar as sete circunstâncias expostas no art. 59 do Código Penal, para fazer emergir desse contraste o grau de culpabilidade, logo, a pena-base justa. Em tese, se os setes elementos forem favoráveis, a culpabilidade é mínima, razão pela qual a pena-base deve situar-se no patamar mínimo. Por outro lado, considerando-se serem os sete requisitos negativos, está-se diante da culpabilidade máxima, implicando em pena-base fixada, igualmente, no máximo.

Nos primeiro e segundo estágios da fixação da pena, o julgador pode valer-se da compensação. Nada impede que a negativa motivação do crime seja anulada pelos bons antecedentes do réu. Possível, ainda, que uma agravante se dissolva diante da existência de uma atenuante. Mas, para que haja a correta ponderação nesse confronto, o legislador estipulou quais são as circunstâncias preponderantes: personalidade, motivos e reincidência (art. 67, CP). Como já mencionamos, na primeira fase, a reincidência é substituída pelo seu significado mais amplo: antecedentes.

Quando não houver prova suficiente nos autos, apta a embasar a formação do convencimento do magistrado em relação à existência de qualquer dos sete elementos do art. 59 do Código Penal, naturalmente não deve ser considerado para a aplicação da pena.

Havíamos sugerido um sistema de pesos para mensurar a pena-base, mas reconhecemos que tal método poderia levar a um critério mais próximo de um cálculo aritmético, situação a ser evitada. Portanto, parece-nos adequado aplicar a fração de 1/8 para os elementos citados no art. 59 do Código Penal. Considerando-se que 1/6 tornou-se posição majoritária nos tribunais para valorar agravantes e atenuantes – circunstâncias legais –, o montante de 1/8 pode ser viável às circunstâncias judiciais.

No entanto, a fração de 1/8 não está prevista em lei e não pode ser acolhida de maneira rígida e inflexível. Em situação normal – um crime cujas circunstâncias não despertam atenção especial –, pode-se adotar esse montante para elevar a pena-base (ou para diminuí-la).

Quando houver uma situação anômala, captando-se circunstâncias judiciais diferenciadas, por óbvio, o julgador pode atribuir a uma única delas um valor maior que 1/8. Destaque-se, ainda, não ser vedada a pena-base estabelecida no máximo, considerando-se a faixa de penas cominada no tipo. O ponto essencial na aplicação da pena concentra-se na fundamentação para que se saiba qual foi o raciocínio utilizado pelo magistrado de modo a atingir qualquer montante acima do mínimo legal.

Outra possibilidade é a compensação entre uma circunstância judicial negativa e uma circunstância judicial positiva. Além disso, pode-se considerar uma circunstância judicial negativa muito relevante (ex.: o réu possui inúmeros antecedentes criminais),

142 | INDIVIDUALIZAÇÃO DA PENA – Nucci

de modo a representar um aumento acima de 1/8 e não permitir a simples compensação com um fator positivo qualquer.

▶ **Valoração da circunstância judicial**

Superior Tribunal de Justiça

- "2. 'A legislação penal não estabeleceu nenhum critério matemático (fração) para a fixação da pena na primeira fase da dosimetria. Nessa linha, a jurisprudência desta Corte tem admitido desde a aplicação de frações de aumento para cada vetorial negativa: 1/8, a incidir sobre o intervalo de apenamento previsto no preceito secundário do tipo penal incriminador (HC n. 463.936/SP, Ministro Ribeiro Dantas, Quinta Turma, *DJe* 14/9/2018); ou 1/6 (HC n. 475.360/SP, Ministro Felix Fischer, Quinta Turma, *DJe* 3/12/2018); como também a fixação da pena-base sem a adoção de nenhum critério matemático. [...] Não há falar em um critério matemático impositivo estabelecido pela jurisprudência desta Corte, mas, sim, em um controle de legalidade do critério eleito pela instância ordinária, de modo a averiguar se a pena-base foi estabelecida mediante o uso de fundamentação idônea e concreta (discricionariedade vinculada)' (AgRg no HC n. 603.620/MS, relator Ministro Sebastião Reis Júnior, Sexta Turma, julgado em 6/10/2020, *DJe* 9/10/2020)" (AgRg no REsp 1.929.430/RS, 6.ª T., rel. Antonio Saldanha Palheiro, 15.03.2022, v.u.).
- "7. Na ausência de previsão legal, a exasperação da pena-base na fração de 1/6 para cada circunstância judicial valorada negativamente atende os princípios da razoabilidade e da proporcionalidade" (AgRg no HC 706.140/SP, 5.ª T., rel. João Otávio de Noronha, 29.03.2022, v.u.).
- "O entendimento desta Corte firmou-se também no sentido de que, na falta de razão especial para afastar esse parâmetro prudencial, a exasperação da pena-base, pela existência de circunstâncias judiciais negativas, deve obedecer à fração de 1/6 sobre o mínimo legal, para cada circunstância judicial negativa. O aumento de pena superior a esse *quantum*, para cada vetorial desfavorecida, deve apresentar fundamentação adequada e específica, a qual indique as razões concretas pelas quais a conduta do agente extrapolaria a gravidade inerente ao teor da circunstância judicial" (AgRg no HC 729.103/SP, 5.ª T., rel. Reynaldo Soares da Fonseca, 29.03.2022, v.u.).

▶ **Inexistência de direito subjetivo do acusado a um quantum de aumento**

Superior Tribunal de Justiça

- "2. Não há direito subjetivo do réu à adoção de alguma fração de aumento específica para cada circunstância judicial negativa, seja ela de 1/6 sobre a pena-base, 1/8 do intervalo supracitado ou mesmo outro valor" (AgRg no REsp 1.966.870/RS, 5.ª T., rel. Ribeiro Dantas, 15.03.2022, v.u.).
- "Apesar de esta Corte adotar o valor de referência equivalente à fração de 1/6 (um sexto) sobre o mínimo legal para o *quantum* de exasperação da pena-base, para cada circunstância negativa, nada impede ao magistrado, no caso concreto, de

indicar razões concretas para a adoção de fração diversa" (AgRg no HC 565.181/MS, 6.ª T., rel. Laurita Vaz, 23.11.2021, v.u.).

7.2 Aplicação das agravantes e atenuantes e seu *quantum*

Ponto relevante, que merece abordagem preliminar, refere-se ao *quantum* das agravantes e atenuantes. A norma do art. 61 limitou-se a estipular que as circunstâncias ali previstas *sempre agravam* a pena, embora não tenha fornecido, como ocorre em outros Códigos estrangeiros,[71] qualquer valor. Ocorre o mesmo com o disposto no art. 65, que determina dever a pena ser atenuada, porém sem qualquer menção ao montante.

Temos defendido que cada agravante ou atenuante deve ser equivalente a um sexto da pena-base (menor montante fixado para as causas de aumento ou diminuição da pena), afinal, serão elas (agravantes e atenuantes) consideradas na segunda fase de aplicação da pena, necessitando ter uma aplicação efetiva. Não somos partidários da tendência de elevar a pena em quantidades totalmente aleatórias, fazendo com que o *humor* do juiz prepondere ora num sentido, ora noutro. Se em determinado homicídio qualificado, por exemplo, cuja pena-base foi estabelecida em 15 anos de reclusão, o magistrado elevasse a pena, em face do reconhecimento da agravante da reincidência, em apenas um mês, estaria tergiversando, ou seja, nada estaria, de fato, acrescentando. Um mês, em relação a 15 anos, nada representa. Significa desprezo total pela circunstância legal de aumento. Poderia até mesmo o julgador elevar a pena em um dia, se assim desejasse. Por outro lado, igual situação se daria no caso da presença de atenuante. De uma pena-base de 15 anos, não tem o menor sentido retirar um mês, porque se encontra presente uma atenuante.

Ademais, se não houver um parâmetro fixo e proporcional à pena-base, o juiz poderia, igualmente, elevar uma pena de 15 anos, por conta da presença de uma agravante qualquer, para o patamar de 20 anos, chegando, pois, a uma elevação equivalente a um terço, o que seria demasiado. E o mesmo raciocínio poderia ser usado na aplicação de atenuante.

A única maneira de se assegurar fiel cumprimento à elevação efetiva ou à redução eficaz da pena, na segunda fase de individualização, é a eleição de um percentual, que, como já dissemos, merece ser fixado em um sexto. Logo, tomando-se ainda como exemplo o caso da pena-base estabelecida em 15 anos, havendo uma agravante a pena passaria a 17 anos e 6 meses e não a ínfimos 15 anos e 1 mês. Na diminuição, a pena atingiria 12 anos e 6 meses e não apenas 14 anos e 11 meses.

Por outro lado, é cabível a compensação entre agravantes e atenuantes, pois estão as causas legais previstas na mesma fase – o que é vedada é a compensação interfases – motivo pelo qual se há um aumento de um sexto (presença de uma agravante), bem como a diminuição de um sexto (constatação de uma atenuante) o melhor a fazer é manter a pena-base tal como foi extraída da primeira fase.[72]

---

71. Consultar o capítulo da legislação comparada (capítulo 5).
72. Continuaremos a cuidar do tema no subitem 7.2.4.

7.2.1 Alcance das agravantes

As agravantes constituem um rol taxativo previsto no art. 61 do Código Penal, não sendo cabível a sua ampliação. Por outro lado, somente a agravante da reincidência (inciso I) pode abranger crimes dolosos e culposos. As demais agravantes (inciso II) não se harmonizam aos delitos culposos.

Não haveria sentido em sustentar ter sido cometido um crime culposo por motivo fútil, afinal, o agente não buscava um resultado danoso de modo voluntário, de forma que se tornaria ilógico afirmar a existência de flagrante desproporção entre o que foi praticado – nem ao menos desejado pelo autor – e a conduta imprudente desenvolvida. A essência do motivo fútil é justamente punir mais severamente aquele que, por razões de somenos, pretende atingir um resultado danoso desproporcional. Exemplo disso seria o autor de um roubo pelo simples prazer de vencer uma aposta feita com alguns amigos de que seria capaz da empreitada. Note-se que a subtração violenta do patrimônio alheio é um resultado demasiado grave e desproporcional à motivação do agente, o que justifica falar em futilidade. Entretanto, aquele que, por mera imprudência, ateia fogo a um espaço qualquer, por mais grave tenha sido o resultado, não o quis, razão pela qual inexiste a avaliação de futilidade do seu agir. Torna-se inconsistente a análise da desproporção entre o motivo e o resultado, uma vez que a causa incentivadora da conduta do agente, no delito culposo, esgota-se em si mesma, até porque ele pode ter querido outro resultado qualquer, mas jamais o *resultado típico*, caracterizador do incêndio.

A análise das demais circunstâncias do inciso II provoca a mesma solução, que é a sua incompatibilidade com a culpa. Em outra ilustração, pune-se mais gravemente aquele que comete crime contra criança, maior de 60 anos, enfermo ou mulher grávida, porque demonstra o autor maior covardia, agindo contra quem se defende precariamente. Assim, se o agente de um atropelamento culposo provoca lesões em uma criança, não se deve considerar a agravante, uma vez que ele não quis o resultado, logo, pouco interessa que a vítima fosse pessoa adulta ou não. Não agiu, então, com pusilanimidade, o fato justificador da existência da agravante.

7.2.2 Espécies de agravantes

7.2.2.1 Reincidência

A reincidência passou a ser considerada como circunstância de elevação da pena a partir da segunda metade do Século XVIII, enfrentando, no início a resistência daqueles que possuíam visão exclusivamente retributiva da pena, afinal, para essa posição, a sanção penal deve guardar absoluta proporcionalidade com o crime, pouco importando o que o agente fez anteriormente. Ocorre que, com o passar do tempo, a reincidência afirmou-se como causa para aumentar a pena, uma vez que se passou a levar em consideração o caráter preventivo especial da sanção penal, notando-se que a pena anterior teria sido insuficiente, motivo pelo qual o autor tornou a delinquir (reincidência), necessitando, pois, de pena mais severa. Está atualmente presente na maior parte da legislação penal.[73]

---

73. Cf. Fiandaca e Musco, *Diritto penale – Parte generale*, p. 410.

No art. 63 do Código Penal, preceitua-se que a reincidência é o cometimento de uma infração penal após já ter sido o agente condenado definitivamente, no Brasil ou no exterior, por crime anterior. Admite-se, ainda, porque previsto expressamente na Lei das Contravenções Penais, o cometimento de contravenção penal após já ter sido o autor anteriormente condenado com trânsito em julgado por contravenção penal. Portanto, admite-se, para efeito de reincidência, o seguinte quadro: a) crime antes e crime depois; b) crime antes e contravenção penal depois; c) contravenção antes e contravenção depois. Não se admite: contravenção antes e crime depois, por falta de previsão legal.

Há nítida distinção feita pela lei penal, no sentido de que é primário quem não é reincidente; este, por sua vez, é aquele que comete novo delito nos cinco anos depois da extinção da sua última pena. Logo, não há cabimento algum em se criar uma situação intermediária, como o chamado *tecnicamente primário*, legalmente inexistente. Após o decurso do prazo de 5 anos previsto no inciso I do art. 64, caso cometa novo crime, deve ser considerado primário, embora possa ter maus antecedentes.

É preciso juntar aos autos a certidão cartorária comprovando a condenação anterior. Não se deve reconhecer a reincidência através da análise da folha de antecedentes, que pode conter muitos erros, pois não é expedida diretamente pelo juízo da condenação. Por outro lado, o juiz, ao aplicar a agravante da reincidência, necessita verificar, com atenção, qual é o antecedente criminal que está levando em consideração para tanto, a fim de não se valer do mesmo como circunstância judicial, prevista no art. 59 (maus antecedentes). Nessa ótica está a Súmula 241 do Superior Tribunal de Justiça: "A reincidência penal não pode ser considerada como circunstância agravante e, simultaneamente, como circunstância judicial".

Entretanto, nada obstaculiza a elevação da pena-base porque o réu possui maus antecedentes e, depois, novamente, por conta da reincidência, como agravante, se há condenações *distintas* em número suficiente para tal procedimento.[74]

Exemplificando: se o agente pratica um roubo depois de já ter sido condenado definitivamente por três outros delitos patrimoniais, podendo ou não ter cumprido a pena. Ora, nada impede que o juiz o considere reincidente por conta de um deles e pondere os outros dois como antecedentes negativos. Se assim não fizer, levando em conta somente a reincidência, poderá haver injustiça na individualização da pena, pois outro réu, que possui apenas uma condenação por crime anterior, é identicamente reincidente. O primeiro tem três antecedentes; o segundo, apenas um. Ambos não podem ser equiparados como reincidentes, com igual elevação da pena. É razoável que haja consideração separada para o que ostenta mais de uma condenação no seu passado. Outros sistemas legislativos adotam critério diferenciado para a ponderação da reincidência na fixação da pena, determinando aumentos maiores para quem

---

74. Note-se o teor da Súmula 241 do Superior Tribunal de Justiça: "A reincidência penal não pode ser considerada como circunstância agravante e, *simultaneamente*, como circunstância judicial" (grifamos). Há julgados do STF e do STJ permitindo a consideração de diferentes antecedentes para fundamentar a reincidência, como agravante, bem como a circunstância judicial dos maus antecedentes do art. 59 do CP.

possui mais de uma condenação pretérita e torna a cometer outra infração penal.[75] No Brasil, pode-se suprir a deficiência legal no contexto da reincidência conforme o prudente critério do magistrado ao levar em consideração tanto a circunstância legal da reincidência quanto a circunstância judicial dos maus antecedentes.

Segundo nos parece, a pena pecuniária é capaz de gerar reincidência, pois o art. 63 não faz diferença alguma, para esse efeito, acerca do tipo de pena aplicada. Portanto, basta haver condenação, pouco importando se a uma pena privativa de liberdade, restritiva de direitos ou multa. Há posição em contrário, sustentando que a multa não gera reincidência por, basicamente, duas razões: a) o art. 77, § 1.º, do Código Penal menciona que a pena de multa não impede a concessão do *sursis*, de modo que não seria suficiente para gerar a reincidência, visto não ser cabível a suspensão condicional da pena ao reincidente (art. 77, I, CP); b) a multa é pena de pouca monta, aplicável a crimes mais leves, não sendo apta, portanto, para gerar efeitos tão drásticos como os previstos para o caso de reincidência.

Essas razões, no entanto, não são capazes de afastar a reincidência, tendo em vista que a exceção aberta no art. 77, § 1.º, do Código Penal é apenas uma medida salutar de política criminal para propiciar a concessão de *sursis* a quem já foi condenado por crime anterior a uma pena de multa, provavelmente pela prática de crime de menor gravidade. Tal não significa que o juiz deixe de considerar a agravante da reincidência para elevar a pena. Lembremos, ainda, que o reincidente em crime doloso pode receber o benefício da pena alternativa, se assim entender conveniente o juiz (art. 44, § 3.º, CP) e, nem por isso, perde sua condição de *reincidente*.

Diga-se o mesmo sobre o outro argumento: ainda que a pena aplicada seja branda, houve condenação, que é o suficiente para o juiz levar em conta na próxima condenação que surgir. Nas palavras de ANÍBAL BRUNO, a pena de multa, "pode ter caráter pouco aflitivo, mas impõe ao réu a qualidade de condenado e assim adverte-o para a comissão de novo crime, que lhe comunicaria a condição de reincidente, com as graves consequências daí resultantes".[76]

Há um prazo para que a condenação anterior possa surtir efeito, caso alguém torne a praticar crime. Estipula o art. 64 do Código Penal que, para efeito de gerar reincidência, a condenação definitiva, anteriormente aplicada, cuja pena foi extinta ou cumprida, tem o prazo de 5 anos para perder força. Portanto, decorrido o quinquênio, não é mais possível, caso haja o cometimento de um novo delito, surgir a reincidência. Não se trata de decair a reincidência, mas sim a condenação: afinal, quem é condenado apenas uma vez na vida não é reincidente, mas sim primário.

Inclui-se, no entanto, nesse prazo, o período em que o agente está em gozo de suspensão condicional da pena ou de livramento condicional, não tendo havido revogação do benefício. Ex.: se o condenado cumpre *sursis* por 2 anos, sem revogação, ao seu término, o juiz declara extinta a pena, nos termos do art. 82 do

---

75. Destacamos o que ocorre nesse sentido no sistema italiano tanto no capítulo da legislação comparada (capítulo 5) como em linhas abaixo.

76. *Das penas*, p. 82.

Código Penal, e ele terá somente mais 3 anos para que a condenação perca a força de gerar reincidência. No caso do *sursis*, os 5 anos são contados a partir da data da audiência admonitória.

Quanto ao livramento condicional, se alguém, condenado a 12 anos de reclusão, cumpre livramento por 6 anos, é natural que essa condenação, ao seu término, sem que tenha havido revogação, seja considerada extinta, nos termos do art. 90 do Código Penal. Diante disso, a condenação perde imediatamente a força para gerar reincidência.

Outra cautela imposta pelo art. 64 é afastar do âmbito da reincidência os crimes militares próprios, ao menos quando se misturam aos delitos comuns. São próprios os crimes militares previstos unicamente no Código Penal Militar, portanto, praticados exclusivamente por militares. O civil não pode praticá-los, pois não preenche o tipo penal. Exemplos: *motim ou revolta*: "Deixar o militar ou assemelhado de levar ao conhecimento do superior o motim ou revolta de cuja preparação teve notícia, ou, estando presente ao ato criminoso, não usar de todos os meios ao seu alcance para impedi-lo: Pena – reclusão, de três a cinco anos" (art. 151); *desrespeito*: "Desrespeitar superior diante de outro militar: Pena – detenção, de três meses a um ano, se o fato não constitui crime mais grave. Parágrafo único. Se o fato é praticado contra o comandante da unidade a que pertence o agente, oficial-general, oficial de dia, de serviço ou de quarto, a pena é aumentada da metade" (art. 160); *descumprimento de ordem*: "Opor-se às ordens da sentinela: Pena – detenção, de seis meses a um ano, se o fato não constitui crime mais grave" (art. 164); *deserção*: "Ausentar-se o militar, sem licença, da unidade em que serve, ou do lugar em que deve permanecer, por mais de oito dias: Pena – detenção, de seis meses a dois anos; se oficial, a pena é agravada" (art. 187); *dormir em serviço*: "Dormir o militar, quando em serviço, como oficial de quarto ou de ronda, ou em situação equivalente, ou, não sendo oficial, em serviço de sentinela, vigia, plantão às máquinas, ao leme, de ronda ou em qualquer serviço de natureza semelhante: Pena – detenção, de três meses a um ano" (art. 203).

Por outro lado, os crimes militares impróprios são capazes de gerar reincidência, pois são delitos previstos igualmente no Código Penal Militar e no Código Penal comum. Exemplos: homicídio (arts. 205, CPM, e 121, CP), lesões corporais (arts. 209, CPM, e 129, CP), rixa (arts. 211, CPM, e 137, CP), estupro (arts. 232, CPM, e 213, CP), entre outros. Se uma pessoa comete um crime militar próprio (deserção) e depois pratica um furto (art. 155, CP), não é reincidente. Mas se cometer um estupro (art. 232, CPM) e depois cometer um roubo (art. 157, CP), torna-se reincidente. Finalmente, é de se ressaltar que gera reincidência o cometimento de um crime militar próprio e de outro delito militar próprio (art. 71, CPM), pois o que a lei quer evitar é a mistura entre crime militar próprio e crime comum.

Além disso, excluídos estão também os crimes políticos, que são os ofensivos ao Estado Democrático de Direito, atualmente previstos nos artigos 359-I a 359-R do Código Penal.

Há, ainda, os denominados *crimes políticos relativos*, que são crimes comuns determinados, no todo ou em parte, por motivos políticos. Estes são capazes de gerar a reincidência.

Críticas não deixam de existir quanto à consideração da reincidência para efeito de elevar a pena do réu. Sintetizando, representaria uma pena baseada em culpabilidade por fato diverso, ou um autêntico *bis in idem*, punindo-se o réu por algo que ele já pagou, bem como porque poderia representar a separação virtual entre pessoas já condenadas e as que não o foram.[77]

Não vemos sentido nessas críticas, pois a avaliação se volta à aplicação da pena e não à punição em si. Comprovada a prática da infração penal, passa-se à fase de *individualizar* a pena e não haveria razão plausível para equiparar o primário ao reincidente, inclusive quando se cuidar de coautoria. O autor de crime que já passou por um processo de ressocialização, durante a execução da pena (ou, pelo menos, já foi condenado pelo Estado) e, ainda assim, despreza os valores sociais que lhe foram transmitidos – no mínimo, mesmo que se diga que a pena não foi cumprida do modo ideal, pela reprovação que a punição certamente lhe foi capaz de demonstrar – merece maior censura do que outro, delinquente iniciante.

Aliás, não fosse assim, a individualização mereceria encolher até o ponto de ser exterminada, pois se defendermos que a reincidência simboliza um *bis in idem* ou mesmo uma culpabilidade de vida e não do fato cometido, devemos extirpar, igualmente, as circunstâncias ligadas aos antecedentes, à conduta social e à personalidade, para dizer o mínimo. E, como já sustentamos, ao contrário, devem ser elas consideradas para a justa concretização da punição. Nessa ótica, confira-se a lição de ANÍBAL BRUNO, asseverando que "a ideia que veio predominar na melhor doutrina foi a do aumento da culpabilidade, resultante da reiteração do gesto criminoso do agente, reveladora de uma vontade rebelde e obstinada, que a condenação anterior não conseguira reprimir. Daí maior reprovação da ordem de Direito, com a consequência do acréscimo da punição".[78]

Não se deve olvidar a existência dos microfatores que geram a reincidência, para que não se perca de vista a necessidade de investir convenientemente no sistema prisional, especialmente no tocante ao regime fechado, de modo a incentivar a ressocialização. São microfatores externos positivos, que servem para evitar a reincidência: "apoio da família, tratamento carcerário humano e reconfortador, atividades construtivas". São microfatores externos negativos, que fomentam a reincidência: "severidade no trato com o preso, disciplina muito rigorosa, persecutoriedade, castigos, confinamento severo, ameaças constantes". Tais elementos, se presentes, "além de contribuir para um processo de autodesvalorização, confirmará e intensificará as fantasias persecutórias, confirmará a severidade do superego, alimentará a ansiedade. Consequentemente, realimentará os impulsos agressivos com vistas à autodefesa".[79]

Em outros ordenamentos jurídicos, cuida-se com maior severidade da reincidência do que no Brasil. É o caso da Itália, onde ela se divide em reincidência simples (cometimento de um crime após condenação com trânsito em julgado por

---

77. Cf. BOSCHI, *Das penas e seus critérios de aplicação*, p. 246-247.

78. *Das penas*, p. 119.

79. SÁ, *Reincidência criminal sob o enfoque da psicologia clínica preventiva*, p. 24-25.

outro delito: aumento de até um sexto); reincidência agravada (cometimento de um novo crime da mesma natureza ou quando cometido o crime dentro de cinco anos após a condenação anterior, bem como quando é cometido o novo crime ao longo da execução da pena por delito anterior ou em período de fuga: aumenta-se a pena em um terço; se concorrer mais de uma dessas circunstâncias a pena pode ser aumentada da metade); reincidência reiterada (cometimento de novo crime por quem já é reincidente: o aumento de pena é de até metade, caso se cuide de reincidência simples; pode ser de até dois terços, quando se tratar de reincidência agravada nas modalidades específica ou infraquinquenal, bem como de um terço a dois terços em se tratando da reincidência em período de execução de pena ou fuga).

Vale mencionar, ainda, que, na Espanha, o Supremo Tribunal decidiu, em 6 de abril de 1990, não poder a pena imposta ao reincidente ultrapassar o marco da culpabilidade pelo fato. Assim, fixada essa medida, atendendo-se às exigências de prevenção, pode-se elevar a pena por conta da reincidência.[80] Não nos parece seja essa meta facilmente atingível, nem mesmo ideal de ser buscada. A culpabilidade pelo fato foi determinante para considerar existente o crime. Após, despida dos demais elementos que a compõem, já analisados, volta a ser útil para dar o grau da pena, levando-se em conta a reprovabilidade do fato e do autor. Entretanto, a reincidência não diz respeito ao fato e, sim, ao seu autor. Demonstra ele ser mais perigoso e censurável, especialmente quando já tenha cumprido pena anteriormente, tornando a cometer outro delito, ou seja, a proposta de reeducação do Estado não foi por ele acolhida. Envolve, pois, a culpabilidade do autor, não se referindo ao fato.[81]

7.2.2.2 Reincidência específica

Trata-se do cometimento do mesmo delito, pelo agente, após já ter sido anteriormente condenado com trânsito em julgado. Exemplo: pratica-se roubo e, após definitivamente condenado, torna-se a cometer o mesmo crime.

A situação é mais grave que a mera reincidência, pois o delinquente não se emenda de forma alguma, insistindo no mesmo crime, mesmo já tendo sido punido.

Diante disso, considerando-se que a reincidência é agravante preponderante (art. 67, CP), se houver reincidência específica deve-se a ela conceder maior preponderância, a ponto de suplantar até mesmo uma atenuante preponderante.

---

80. Cf. Espinosa Ceballos, *La reincidencia: tratamiento dogmático y alternativas político criminales*, p. 158-159.

81. Cf. Gómez de la Torre, Zapatero, Ferré Olivé, Serrano Pieddecasas e García Rivas, a reincidência não se volta à apreciação de maior culpabilidade pelo fato, nem do sujeito, mas simplesmente denota um maior desprezo do agente pelo Direito ou uma rebeldia contra os valores jurídicos. Seu papel fundamental estaria centrado na personalidade defeituosa do autor, sem levar em conta o fato concretamente cometido – Direito Penal do autor (*Lecciones de derecho penal – Parte general*, p. 321).

▶ Reincidência para elevar a pena e impedir benefício: inexistência de *bis in idem*

Supremo Tribunal Federal

- "3. Ausência de *bis in idem* na condenação que aplica a agravante de reincidência e afasta a causa de diminuição na terceira fase de fixação da pena, por ausência de atendimento aos requisitos para a aplicação da privilegiadora" (HC 191.580 AgR, 2.ª T., rel. Edson Fachin, 16.11.2020, v.u.).
- "2. Não configura *bis in idem* a valoração da reincidência tanto na 2.ª fase da dosimetria da pena como para afastar a incidência da causa de diminuição do § 4.º do artigo 33 da Lei de Tóxicos (3.ª fase). Precedente: RHC 121.598, Rel. Min. Dias Toffoli, 1.ª Turma, *DJe* 21.11.2014. 3. O Plenário desta Suprema Corte, em sede de Recurso Extraordinário com Repercussão Geral, já assentou a constitucionalidade da reincidência como agravante genérica da pena (RE 453.000/RS, Rel. Min. Marco Aurélio, Plenário, *DJe* 3.10.2013), entendimento este que produz reflexos em suas repercussões sobre a fixação do regime inicial de cumprimento da reprimenda, a incidência de causas de diminuição e outros próprios da individualização da pena" (RHC 141.044 AgR, 1.ª T., rel. Rosa Weber, 19.11.2018, por maioria).

▶ Multirreincidência

Superior Tribunal de Justiça

- "Na espécie, o paciente possuía mais de uma condenação transitada em julgado, sendo que uma foi utilizada para os maus antecedentes, e, a outra, como agravante prevista no art. 61, I, do Código Penal. Desse modo, os maus antecedentes ostentados pelo paciente, a despeito da inexistência de outras circunstâncias judiciais desfavoráveis, autorizam a fixação da pena-base acima do mínimo legal" (HC 296.751 – RS, 5.ª T., rel. Felix Fischer, 19.05.2015, v.u.).

▶ Constitucionalidade da agravante da reincidência

Supremo Tribunal Federal

- "O Plenário do Supremo Tribunal Federal, no julgamento do RE 453.000/RS, Rel. Min. Marco Aurélio, julgado em 04/04/2013, cuja repercussão geral foi reconhecida, decidiu, por unanimidade, que o instituto da reincidência, previsto no art. 61, I, do Código Penal, não ofende os princípios do *non bis idem* e da individualização da pena (art. 5.º, XXXVI e XLVI, CF)" (HC 94.236/RS, 2.ª T., 03.09.2013, v.u., rel. Teori Zavaski).

7.2.2.3 *Motivo fútil*

É o motivo de mínima importância, manifestamente desproporcional à gravidade do fato praticado, como seria, por exemplo, matar alguém porque perdeu uma partida de sinuca ou praticar um furto simplesmente para adquirir uma roupa elegante. O fundamento da maior punição da futilidade consiste no egoísmo intolerante, na mesquinhez, dentre outros fatores decorrentes da expressão da personalidade do agente. Esclarece Aníbal Bruno que "fútil é o motivo em que não se pode encontrar razão suficiente para o comportamento criminoso do sujeito. É pequeno demais para explicá-lo. O ato do agente é estranhamente desproporcionado em relação à causa que o provocou. E assim revela no seu caráter uma insensibilidade moral, que justifica a particular condenação que a ordem do Direito faz pesar sobre o seu ato".[82]

Lembremos, desde logo, a importância desta agravante, uma vez que a natural agressividade do ser humano já é, por si mesma, um mal insuperável. O mínimo que se pode – e deve – esperar da análise dos comportamentos agressivos, que causem danos e lesem bens jurídicos, é a sua motivação proporcional ao resultado. Portanto, se considerado fútil, é indispensável haver maior punição. Erich Fromm, em seu estudo acerca da agressividade humana, diz que "só o homem parece manifestar prazer em destruir. Colocando o problema de forma mais geral, só o homem parece ser destrutivo além do objetivo da defesa ou o de conseguir aquilo de que necessita. (...) O problema é examinar *de que maneira e em que grau as condições específicas da existência humana são responsáveis pela qualidade e pela intensidade da paixão do homem para matar e para torturar".[83]

Não se deve confundir motivo fútil com motivo injusto. Este último significa a prática da infração penal fundada em razões iníquas, contrárias ao senso de justiça comum. Logicamente é possível que o motivo injusto seja igualmente fútil. Entretanto, pode auferir o caráter de torpe, ou outro qualquer. Aquele que lesa a integridade física de outrem simplesmente porque foi advertido a não fumar num ambiente hospitalar, *v. g.*, comete o crime por motivo injusto e fútil. Sob outro prisma, o agiota, autor de agressão contra pessoa que não lhe pagou juros extorsivos por conta de um empréstimo, comete o fato por motivo injusto e torpe. Finalmente, pode-se até mesmo argumentar que, sendo o crime uma conduta ilícita, toda vez que alguém entenda conveniente praticá-lo, ainda que saiba errada a sua atitude, pode dar causa ao resultado típico por motivação injusta, mas não necessariamente a ser levada em conta pelo magistrado no momento de sentenciar. Em suma, o motivo injusto, compreendido como contrário à justiça, oposto ao que é lícito, pode tomar ares de conteúdo negativo ou neutro. E, conforme o caso, pode ser até de conteúdo positivo: não deixa de ser injusta a motivação daquele que mata o traficante do bairro, pretendendo que não mais distribua drogas na região, embora possa o juiz qualificar a origem da conduta como *motivo de relevante valor social*. A injustiça da motivação não tem, por si só, significado específico para a aplicação da pena.

De outro lado, é bastante polêmica a possibilidade de equiparar a ausência de motivo ao motivo fútil. Sustentam alguns que praticar o delito sem qualquer motivo evidencia futilidade. Assim não nos parece. O crime sempre tem uma motivação e o mero desconhecimento da razão do delinquente jamais deveria ser considerado *motivo fútil*. É possível o Estado-acusação não descobrir qual foi o fator determinante da ação criminosa, não significando *ausência de motivo*. Uma pessoa somente é capaz de cometer um delito sem qualquer fundamento se não for normal, merecendo, nesse caso, uma avaliação psicológica, com possível diagnóstico de inimputabilidade ou

---

82. *Das penas*, p. 109.
83. *Anatomia da destrutividade humana*, p. 253.

semi-imputabilidade. Por outro lado, quem comete o delito pelo simples prazer de praticá-lo está agindo com sadismo, o que não deixa de ser um motivo, quiçá torpe.[84]

Na realidade, considerar a ausência de motivo como futilidade pode trazer sérios inconvenientes. Imagine-se o agente matar o estuprador de sua filha, que não a deixava em paz, mesmo depois do crime – circunstância citada por parte da doutrina como exemplo de *relevante valor moral* –, embora tenha fugido sem deixar rastro. Testemunhas presenciais do fato o reconhecem nas fases policial e judicial por fotografia ou porque já o conheciam de vista, mas não sabem indicar a razão do delito. Caso seja denunciado por homicídio cometido por motivo fútil (considerando-se a ausência de motivo), estar-se-ia cometendo uma flagrante injustiça. Correta, nesse sentido, a lição de NÉLSON HUNGRIA: "Não há crime *gratuito* ou sem motivo e é no motivo que reside a significação mesma do crime. O motivo é o 'adjetivo' do elemento moral do crime. É através do 'porquê' do crime, principalmente, que se pode rastrear a personalidade do criminoso e identificar a sua maior ou menor antissociabilidade".[85]

Outra questão a merecer destaque é o ciúme. Não se trata, certamente, de motivo fútil, pois esse sentimento doloroso de um amor – ou até mesmo paixão – inquieto, egoísta e possessivo, apesar de injusto, não pode ser considerado ínfimo ou desprezível. Desde os primórdios da humanidade o ciúme corrói o homem e por vezes chega a configurar uma causa de diminuição da pena ou uma atenuante, quando em decorrência de "violenta emoção, provocada por ato injusto da vítima".

A embriaguez também é, como regra, incompatível com a futilidade. O sujeito embriagado não tem noção exata do que faz, de forma que suas razões para o cometimento de uma infração penal não devem ser classificadas necessariamente como fúteis. Entretanto, vigendo ainda no Brasil a responsabilidade objetiva no campo da ebriedade, não é demais supor que alguns atos do embriagado possam ser considerados nitidamente desproporcionais ao crime praticado e, portanto, fúteis. Aquele que, completamente embriagado, mata o dono do bar porque este não mais lhe vende fiado, pode ser responsabilizado por homicídio qualificado pela futilidade.

---

84. Lembremos que o sadismo é um desvio de personalidade, característico de pessoas que possuem personalidade antissocial, logo, de maior reprovabilidade e merecedora de maior grau de censura.

85. *Comentários ao Código Penal*, v. 5, p. 122-123. Destacamos, ainda, a posição de ERICH FROMM, mencionando que "as maiores motivações do homem são as suas paixões racionais e irracionais: as lutas pelo amor, a ternura, a solidariedade, a liberdade e a verdade, assim como o impulso para controlar, para submeter, para destruir; o narcisismo, a voracidade, a inveja, a ambição. Essas paixões o mobilizam e o excitam; são a matéria-prima de que, não apenas os sonhos, mas todas as religiões, os mitos, o drama, a arte são feitos – em resumo, tudo aquilo que faz a vida ter sentido e valer a pena ser vivida. As pessoas motivadas por elas arriscam a vida. Podem cometer suicídio quando falham em conseguir o objetivo de sua paixão; mas não o fazem por falta de satisfação sexual, nem mesmo porque estejam morrendo de fome. Mas, sejam ou não movidas pelo ódio ou pelo amor, o poder da paixão humana é o mesmo" (*Anatomia da destrutividade humana*, p. 357). Não se pode excluir, portanto, do contexto do crime a motivação, comumente associada a algum momento de transbordo da paixão racional ou irracional, mas sempre presente em toda conduta delituosa.

7.2.2.4 *Motivo torpe*

É torpe o motivo repugnante, abjeto, vil, demonstrativo de depravação do espírito do agente. O fundamento de mais severa punição ao criminoso repousa na maior infringência à moral média, ao sentimento ético social comum.

Na realidade, como lembra CARLO ZAZA, o motivo torpe diz respeito à perversidade com que atua o agente, expressão de sua própria mentalidade, logo, com origem na personalidade. E diz o autor que a perversidade ou malvadeza do ânimo continua a constituir o fundamento substancial dessa agravante.[86]

Costumeiramente, sustenta-se ser torpe a vingança, o que nem sempre corresponde à realidade. Há, em verdade, atos vingativos cravados pela torpeza, provocadores de reação indignada de qualquer ser humano de bom senso, como ocorreria no caso de um traficante, movido por tal sentimento, matar o ex-comparsa que resolveu regenerar-se, abandonando a atividade criminosa. Poder-se-ia considerar igualmente torpe a conduta do delinquente, eliminando a testemunha que, sob juramento, diante do juiz, incriminou-o. Deve-se punir mais severamente o sentimento de vingança nascido do próprio caráter desviado do ser humano narcisista, ansioso, ou rancoroso, para quem uma simples lesão, por mais insignificante que seja, provoca intensa paixão vingativa.[87] Nesse cenário, emerge a torpeza, chocante e repugnante à maioria da sociedade.

Mas, nem toda vingança pode ser tachada sistematicamente de torpe. Note-se o exemplo já mencionado do pai que, por vingança, mata o estuprador de sua filha, quando o criminoso está a se vangloriar do seu feito ou continua a atormentá-la à distância, ou mesmo do professor que agride, por vingança, o traficante insistente, ao perturbar as crianças de sua escola. São motivos, na essência, considerados como de *relevante valor* – moral ou social –, mas nunca repugnantes. Entretanto, não deixam de constituir cenários de vingança, entendida esta como desforra, castigo ou punição.

Por outro lado, é imperioso destacar a hipocrisia ainda reinante sobre essa questão no contexto social. Afinal, a moral média – espelhada em livros, revistas, contos, novelas, filmes etc. – nem sempre elege a vingança como motivo a causar asco à sociedade. Fosse assim, não existiriam tantas histórias contendo a vingança como pano de fundo, justamente praticada por aquele que foi agredido injustamente e resolve "fazer justiça pelas próprias mãos". Não se quer com isso dizer ser a vingança um motivo justo ou mesmo ideal para agir, embora não se deva desconhecer ser a torpeza a motivação vil, denotativa de repulsa social ao ato praticado; daí por que nem sempre a sociedade irá considerar torpe uma vingança.

ERICH FROMM esclarece ser a vingança, de alguma maneira, um "ato mágico. Ao destruir aquele que tenha cometido a atrocidade, sua ação é desfeita magicamente. Isso é expresso, ainda hoje, dizendo-se que por meio do castigo 'o criminoso pagou a sua dívida'; pelo menos em teoria, passa a ser alguém que jamais cometeu um crime. A vingança pode ser tida como uma reparação mágica; mas, ainda que se admita que assim seja, por que esse desejo de reparação é tão intenso? Talvez tenha sido o

---

86. *Le circostanze del reato*, p. 177.

87. ERICH FROMM, *Anatomia da destrutividade humana*, p. 369.

homem aquinhoado com um senso elementar de justiça; isso acontece talvez porque haja um sentimento profundamente arraigado de 'igualdade existencial': todos nós nascemos de nossas mães, um dia fomos crianças indefesas, e todos haveremos de morrer. (...) O homem parece fazer justiça pelas próprias mãos, quando Deus ou as autoridades seculares não a promovem. É como se, em sua paixão por vingança, o homem se elevasse ao papel de Deus e ao dos anjos da vingança. O ato de vingança pode constituir sua hora principal, exatamente por causa dessa autoelevação".[88] Sem falso moralismo, é preciso que o juiz tenha muita cautela antes de acolher a agravante do motivo torpe fundada na vingança.

Do mesmo modo, o ciúme não deve ser considerado motivo torpe, pelas razões já expostas no item anterior.

7.2.2.5 Facilitação ou asseguração da execução, ocultação, impunidade ou vantagem de outro crime

Essa agravante cuida de um motivo torpe com formulação particular. O agente que comete um delito para facilitar ou assegurar a execução, a ocultação, a impunidade ou a vantagem de outro delito demonstra especial vileza. Quando, eventualmente, consiga o autor atingir dois resultados (ex.: um homicídio para esconder um estelionato), pune-se utilizando a regra do concurso material.

Destaca ANÍBAL BRUNO que a circunstância agravante estará presente "mesmo que o crime fim não chegou sequer a ser tentado. O que importa é o propósito que animava o agente ao praticar o crime que se agrava, com vista naquele que era o objeto final da sua intenção. A pertinácia da vontade criminosa do agente, que não recua diante da prática de outro crime para realizar o primeiro ou dele colher o proveito visado ou assegurar a sua impunidade aumenta a reprovabilidade do fato que servirá de meio e justifica a exasperação da pena".[89]

Na ótica da doutrina italiana, deve-se a existência dessa agravante à maior periculosidade demonstrada pelo agente e não à motivação particularmente torpe.[90] Parece-nos não serem excludentes os dois aspectos: aquele que comete um crime em função de outro provoca uma maior repulsa na sociedade, por alimentar justamente a prática do ilícito, embora também esteja demonstrando faceta negativa de sua personalidade, concretizando-se juízo de maior periculosidade em face da ousadia.

As circunstâncias de *facilitação* – tornar mais fácil, sem grande dificuldade – e *asseguração* – garantir, tornar infalível – estão no mesmo contexto e constituem apenas uma gradação. É possível que o agente atue, visando à prática de um furto em residência, matando, dias antes, o cão de guarda. A crueldade contra animais e o dano cometido são infrações cometidas para *facilitar* a execução do delito patrimonial. No entanto, se o agente, antes do fato visado, destrói o sistema de alarme e sequestra o vigia da casa, tornando-se completamente vulnerável, alcança o estágio mais acentuado de *dar garantia*

---

88. *Anatomia da destrutividade humana*, p. 367-368.

89. *Das penas*, p. 109-110.

90. Cf. FIANDACA e MUSCO, *Diritto penale – Parte generale*, p. 395.

à execução infalível do furto. Nesse caso, o dano e o sequestro são crimes cometidos para *assegurar* a prática de outro. Aliás, deve o juiz valorar mais severamente aquele que promove atos criminosos para *assegurar* delito diverso do que a simples *facilitação*.

Ocultar o crime quer dizer encobri-lo para que ninguém dele se aperceba. Volta--se, pois, à própria materialidade e não à autoria. O agente que suprime documentos em poder de funcionário público (art. 337, CP) com o fito de esconder delito de estelionato praticado por seu amigo incide nessa agravante.

Quando se menciona *impunidade* – estado daquele que escapa à punição – está--se voltando a circunstância à autoria de outro delito. Logo, na hipótese anteriormente mencionada, supondo-se que o estelionato já tenha sido descoberto, mas não o seu autor. O agente pode, então, subtrair documentos que indicariam como autor um amigo seu.

Ao mencionar *vantagem* de outro crime, quer a norma referir-se ao proveito ou ao resultado lucrativo de outra infração. Portanto, ainda no exemplo do art. 337, o agente pode subtrair documento com o fim de impedir a descoberta de onde foi depositado o dinheiro, fruto do estelionato praticado por seu amigo (materialidade e autoria já conhecidas).

7.2.2.6 Traição, emboscada, dissimulação ou outro recurso que dificulte ou torne impossível a defesa do ofendido

Traição é a consagração da deslealdade, da perfídia, da hipocrisia no cometimento de um crime. Essas referências do legislador são modos específicos de agir, que merecem maior censura no momento de aplicação da pena. A traição divide-se em material (ou objetiva), que é a atitude de buscar atingir a vítima pelas costas ou desprevenida, e moral (ou subjetiva), que significa ocultar a intenção criminosa, ludibriando o ofendido, mas colhendo-o em ataque frontal, logicamente inesperado por conta da aparência de normalidade.

Logicamente, a traição engloba a surpresa, podendo ocorrer das duas formas supra mencionadas: material ou moral.

Emboscada ("it. *imboscata* (1554) 'id.', derivado de *imboscare* 'esconder animais ou pessoas em um bosque', este de *bosco*")[91] é o ato de esperar alguém passar por algum lugar para atacá-lo, sendo vulgarmente conhecida por tocaia ou cilada. Não deixa naturalmente de ser espécie de traição material.

Dissimulação é o despistamento da vontade hostil, fomentando a ilusão na vítima de que não lhe representa perigo algum. Assim, escondendo a vontade ilícita, o agente ganha maior proximidade de quem pretende atingir, podendo, inclusive, fingir amizade para atacar, levando nítida vantagem e dificultando ou impedindo a defesa. É forma de traição moral.

Finalmente, deve-se considerar a fórmula genérica "ou outro recurso que dificultou ou tornou impossível a defesa do ofendido" como fruto da interpretação analógica recomendada pela lei. É natural supor que todas as ações anteriormente descritas – traição, emboscada e dissimulação – sejam recursos que prejudicam ou impossibilitam a defesa,

---

91. Verbete do *Dicionário Houaiss*.

embora neste caso haja possibilidade de amoldar qualquer outra situação não descrita expressamente na norma penal. Trata-se de uma fórmula casuística. Há necessidade, no entanto, de ser uma situação análoga às que foram descritas anteriormente.

7.2.2.7 Emprego de veneno, fogo, explosivo, tortura ou outro meio insidioso ou cruel ou de que pode resultar perigo comum

Há três gêneros constitutivos dessa agravante, com quatro espécies, todos meios de cometimento da infração penal.

O primeiro grupo é constituído do meio insidioso, que denota estratagema, perfídia, enfim, autêntica traição. Desse modo, segundo cremos, representa desvaliosa repetição, pois o elemento já foi previsto no inciso anterior, ao mencionar todas as formas possíveis de aleivosia: traição, emboscada ou dissimulação (sem contar a fórmula genérica com menção a qualquer *outro* recurso que dificulte ou impeça a defesa). Por isso, foi desnecessária a previsão formulada acerca do meio insidioso. Deste grupo brota o emprego do veneno, considerado meio insidioso por excelência, inclusive pelo seu aspecto histórico, havendo inúmeros registros de sua utilização, no passado, para assassinar pessoas poderosas, normalmente mais protegidas do que cidadãos comuns, mas que, diante da perfídia da substância lesiva oculta em alimentos ou bebidas, terminavam sucumbindo.[92] Compêndios de medicina legal não deixam de fazer referência, ainda, ao veneno como sendo o meio preferido das mulheres, mais fracas fisicamente do que os homens, para o cometimento de homicídio contra esposos, amantes ou companheiros.

O segundo grupo é o da crueldade, que significa a imposição à vítima de sofrimento além do necessário para alcançar o resultado típico pretendido. Normalmente a prática de crime por esse meio é fruto de personalidade malévola, sádica ou insensível. Como espécie de crueldade, destacam-se a tortura (causação de sofrimento exagerado e desumano, físico ou mental, à vítima),[93] o veneno (quando provoca dores agudas e morte lenta e agônica) e o fogo (levando em conta as dores alucinantes de queimaduras). Nota-se, pois, que a menção ao veneno é desnecessária, pois está incluído tanto no cenário da traição como da crueldade.

A crueldade é, lamentavelmente, exclusividade quase absoluta do ser humano, merecendo especial consideração do juiz ao fixar a pena. Narra ANTHONY STORR que

---

92. "O emprego de veneno é o tipo da atuação dissimulada para tolher à vítima a possibilidade de defesa e resguardar-se o agente do risco de sua provável reação. Foi por longo tempo abundantemente praticado por envenenadores e envenenadoras, cujos nomes, em grande parte, ficaram registrados nas crônicas do crime" (ANÍBAL BRUNO, *Das penas*, p. 112). Igualmente, cf. ALMEIDA JR., COSTA JR., *Lições de medicina legal*, p. 203.

93. Embora prefiramos considerar que a tortura é apenas uma espécie de crueldade, salientamos a posição da doutrina italiana, destacando que tortura significa infligir à vítima maior sofrimento físico do que seria necessário para atingir o resultado criminoso, enquanto que crueldade quer dizer infligir sofrimento psíquico que ultrapasse o normal sentimento de humanidade, quando supérfluos para atingir o resultado delituoso (por todos, cf. FIANDACA e MUSCO, *Diritto penale – Parte generale*, p. 396).

"com exceção de certos roedores, nenhum outro vertebrado habitualmente destrói membros de sua própria espécie. Nenhum outro animal revela prazer no exercício de crueldade sobre outro indivíduo de sua mesma espécie. Geralmente descrevemos os mais repulsivos exemplos de crueldade como exemplos brutais e bestiais, sugerindo-se, assim, que tal comportamento seja característico de espécies inferiores. Na verdade, contudo, os extremos de comportamentos brutais confinam-se no homem".[94] E expõe ERICH FROMM: "o que é único no homem é o fato de que pode ser levado por impulsos a matar e a torturar, e o de que sente prazer em proceder dessa maneira; é o único animal que pode ser um assassino e um destruidor de sua própria espécie sem qualquer ganho racional, biológico ou econômico".[95]

Ainda sobre a crueldade, leciona CARLO ZAZA que ela se manifesta em duplo aspecto da conduta humana: produção de sofrimento ao ofendido e ausência de humanidade do agente.[96]

O terceiro grupo é o referente ao perigo comum, situação que coloca em risco mais pessoas do que a visada pelo agente. Como espécies, pode-se mencionar novamente o fogo (registre-se que o crime de incêndio é de perigo comum) e, também, o veneno (ex.: contaminar a caixa d'água de um prédio para atingir a vítima), bem como o emprego de explosivo, que, na definição de SARRAU, é "qualquer corpo capaz de se transformar rapidamente em gás à temperatura elevada",[97] e, assim ocorrendo, apto a provocar a violenta deslocação e destruição de matérias ao seu redor.

7.2.2.8 Ofendido ascendente, descendente, irmão ou cônjuge

Aumenta-se a punição no caso de crime cometido contra ascendente, descendente, irmão ou cônjuge, tendo em vista a maior insensibilidade moral do agente, que viola o dever de apoio mútuo existente entre parentes e pessoas ligadas pelo matrimônio.

Nesse caso, trata-se do parentesco natural ou civil. Descartam-se, apenas, as relações de afinidade, como as figuras do *pai ou da mãe de criação* e outras correlatas. Não se aceita, também, pelo princípio da legalidade estrita, que vige em direito penal, qualquer inclusão de concubinos ou companheiros. Aliás, quando o crime for cometido em situação de aproveitamento de união estável ou concubinato, é possível a utilização da agravante de prevalência de relações domésticas ou de coabitação.

7.2.2.9 Abuso de autoridade ou prevalência de relações domésticas, de coabitação ou de hospitalidade, ou com violência contra a mulher na forma da lei específica

Nesse contexto, pune-se com maior rigor a afronta aos princípios de apoio e assistência que deve haver nessas situações, bem como a inegável quebra da confiança. O abuso de autoridade mencionado é o abuso no campo do direito privado,

---

94. Apud ANTONIO GOMES PENNA, *Introdução à motivação e emoção*, p. 116.

95. *Anatomia da destrutividade humana*, p. 295.

96. *Le circostanze del reato*, p. 215.

97. Apud HUNGRIA, *Comentários ao Código Penal*, p. 166.

vale dizer, nas relações de autoridade mantidas entre tutor-tutelado, guardião-pupilo, curador-curatelado etc.

Quanto às relações domésticas, são as ligações estabelecidas entre participantes de uma mesma vida familiar, podendo haver laços de parentesco ou não, como ocorre com a união estável. Coabitação, por sua vez, significa apenas viver sob o mesmo teto, mesmo que por pouco tempo, o que se dá com estudantes que dividam um apartamento. Por derradeiro, hospitalidade é a vinculação que se estabelece entre as pessoas durante a estada provisória na casa de alguém, como o visitante na casa do anfitrião.

Com o advento da Lei 11.340/2006 (cuidando da violência doméstica e familiar), acrescentou-se a parte final da alínea *f* do inciso II do art. 61, CP.

Menciona-se ser causa legal de agravamento da pena o crime praticado contra a mulher *na forma da lei específica*. O art. 5.º da Lei 11.340/2006 procura definir e enumerar o que vem a ser violência doméstica e familiar contra a mulher (olvidando-se o homem, que, igualmente, pode ser vítima de violência no âmbito do lar, como, *v. g.*, o filho espancado pelo pai ou pela mãe). Os incisos I e II do referido artigo apenas repetem o cenário das *relações domésticas* ou das relações entre *ascendentes, descendentes, irmãos ou cônjuges*, ambos já previstos no art. 61, II, *e* e *f*, do Código Penal.

7.2.2.10 Abuso de poder ou violação de dever inerente a cargo, ofício, ministério ou profissão

O abuso de poder refere-se, neste caso, ao abuso de uma função pública, não devendo haver confusão com o crime de abuso de autoridade, previsto na Lei 13.869/2019. Aliás, quando o crime de abuso de autoridade se configurar, não pode o magistrado levar em consideração esta agravante, pois seria a prática do inaceitável *bis in idem*, punindo-se o agente duas vezes pelo mesmo fato.

Entretanto, agindo o funcionário com abuso de poder, mas não configurado o crime previsto em lei especial, vale-se o juiz desta agravante para elevar-lhe a pena, podendo, ainda, concentrar sua atenção para a possibilidade de aplicar, ao final, a perda do cargo, da função ou do mandato, como efeito da condenação (art. 92, I, CP). Enquanto cargo é o posto criado por lei na estrutura da administração pública, a função, que nos parece ser exatamente o termo que deveria ter sido utilizado em lugar de ofício, é um conjunto de atribuições pertinentes ao serviço público que pode ser exercida também por quem não tenha cargo (nem emprego). Levando-se em conta que o contexto da agravante diz respeito a *abuso de poder* e tem nitidamente o sentido de punir mais severamente aquele que, valendo-se de posto específico, com atribuições destacadas, reconhecidas em lei – daí por que se fala em *violação de dever* – outra não pode ser a interpretação da palavra *ofício*.[98] Por outro lado, se passamos

---

98. Alteramos entendimento exposto em nosso *Código Penal comentado*, em edições anteriores, pois, em melhor reflexão, não se pode aceitar que ofício, no seu sentido vulgar de constituir qualquer ocupação manual, exigindo habilidade (alfaiate, por exemplo), possa ser capaz de constituir esta agravante cujo papel de fundo é o *abuso de poder* ou *violação de dever*.

a compreender o sentido de *ofício* como *função pública*, torna-se indispensável operarmos uma interpretação extensiva para conferir lógica ao cenário das agravantes. Intermediando o *cargo* e a *função pública*, encontra-se o *emprego público* (posto criado por lei na estrutura administrativa, com denominação e padrão de vencimentos próprios, embora seja ocupado por servidor que possui vínculo contratual, sob regência da CLT (ex.: escrevente judiciário contratado pelo regime da Consolidação das Leis Trabalhistas). Se o *menos* (função pública, em lugar de ofício, como já ressaltamos) é abrangido pela figura da agravante do art. 61, II, *g*, do Código Penal, o *mais* (emprego público) também deve ser.

Ministério é o exercício de atividade religiosa, devendo ser esta reconhecida pelo Estado, implicando, pois, em deveres.[99] Criando-se culto novo, sem qualquer tradição, ainda que possa ser lícito, diante da liberdade de crença e culto reconhecida pela Constituição, não há o fornecimento ao juiz de parâmetro algum para checar se houve abuso no exercício do *ministério*. Um padre da Igreja católica que cometa difamação, em virtude de segredo ouvido em confessionário, pode ser punido mais gravemente. Entretanto, alguém que idealize um culto ou promova uma nova crença, eleja-se seu representante maior e arregimente fiéis, sem qualquer regramento, não pode ser acusado, igualmente, de romper *deveres* inerentes ao seu ministério se ocorresse a mesma situação.[100]

Profissão é uma atividade especializada, pressupondo preparo, devidamente regulamentada por lei, afinal, a agravante menciona violação de *dever* a ela inerente. Ora, todos conhecem ou podem tomar conhecimento dos deveres do médico ou do advogado, pois regulamentados. Podem esses profissionais, infringindo seus mandamentos, cometer crimes com a incidência desta agravante. Não se pode dizer o mesmo de profissões não regulamentadas, que não possuem dever estabelecido em lei, de modo que não caberia ao julgador *criar* o que bem entenda para aplicar ao réu em casos anômalos. Exemplo disso seria aquele que se declara

---

99. Aliás, assim está expressamente reconhecido pelo Código Penal italiano.
100. Debate a doutrina italiana, com posições contrapostas, em relação a dever ser o culto reconhecido pelo Estado ou não. Enquanto MANZINI sustenta que somente o culto católico ou outro qualquer, mas devidamente reconhecido pelo Estado, pode proporcionar a incidência da agravante, caso o réu seja ministro religioso, BETTIOL assume posição diversa, defendendo que qualquer culto, reconhecido ou não, pode proporcionar aumento de pena para o réu, uma vez que a vítima apresentou menor grau de resistência. ZAZA conclui dizendo que tudo depende do enfoque a ser dado à agravante: se do ponto de vista da resistência maior ou menor da parte ofendida, sem dúvida a posição de BETTIOL é a mais aceitável; porém, levando-se em conta a incidência da agravante por conta da maior responsabilidade que possui o ministro religioso e o prestígio de sua função, razão assiste a MANZINI (*Le circostanze del reato*, p. 256). Pensamos, como já exposto, que o réu, ministro de culto, deve apresentar-se como pregador de algum tipo de liturgia reconhecido pelo Estado, embora não oficialmente, porque não há necessidade disso, mas, ao menos, na prática cotidiana, com conhecimento das autoridades públicas, para que daí se possa extrair o conjunto de deveres que a posição ocupada pelo dirigente da igreja assume. Nessa ótica, PAGLIARO, *Principi di diritto penale – Parte generale*, p. 468.

160 | INDIVIDUALIZAÇÃO DA PENA – NUCCI

"vendedor", "promotor de eventos" ou "modelo". Quais deveres dessas "profissões" advêm? Nenhum por certo. Nem se diga, por exemplo, que o vendedor tem o *dever* de ser leal ao vender determinado produto, pois a lealdade é qualidade de qualquer pessoa, exercendo ou não profissão regulamentada. Inaplicável, pois, a esses casos a agravante.

7.2.2.11 *Ofendido criança, maior de 60 anos, enfermo ou mulher grávida*

Em qualquer dessas situações, sendo vítima a criança, o maior de 60 anos, o enfermo ou a mulher grávida, denota-se maior covardia e insensibilidade moral do agente, porque as pessoas visadas defendem-se com maior dificuldade, tornando facilitada a atividade delituosa. Fruto, portanto, da personalidade insensível, pusilânime ou prepotente do agente, deve-se, de qualquer modo, levar em conta a agravante para elevar a sua pena.

Entretanto, é fundamental haver nexo entre o crime praticado e a situação de inferioridade da pessoa ofendida, pois nem sempre o fato de se cometer um crime contra pessoa maior de 60 anos, por exemplo, implica na aplicação da agravante. O furto de um veículo de pessoa idosa, estacionado na rua, faz com que a agravante deixe de incidir, uma vez que inexiste sentido lógico no seu reconhecimento. A situação da coisa subtraída não se liga à maior facilidade de consegui-la porque a vítima é pessoa maior de 60 anos. Fosse o proprietário um jovem de 20 anos de idade e o carro teria sido igualmente levado. Mas o roubo de pessoa idosa, uma vez que há contato pessoal entre ofensor e vítima, torna a subtração facilitada, incidindo a circunstância legal para elevação da pena.

Quanto à criança, embora reconheçamos que há pelo menos três posições doutrinárias e jurisprudenciais a respeito, somos partidários do critério eleito pelo Estatuto da Criança e do Adolescente, ou seja, criança é o ser humano que possui até onze anos completos.[101] Após os 12 anos, ingressa-se na adolescência, fase de transformações corporais e psicológicas que se estende dessa idade até os 20 anos aproximadamente. Aliás, parece-nos que o legislador olvidou, lamentavelmente, a figura do adolescente, também presa fácil para inúmeros tipos de crimes.

Quanto à pessoa maior de 60 anos, cumpre ressaltar que houve mudança de nomenclatura, passando-se do termo *velho*, antes existente, que pressupunha um critério biológico de verificação, para o critério cronológico, segundo a Lei 10.741/2003 (Estatuto do Idoso). A análise, anteriormente, era voltada à pessoa que atingiu a senilidade ou a decrepitude. Não se tratava de estabelecer uma idade cronológica, mas buscava-se um estado físico e psíquico que demonstrasse estar a vítima incapacitada de se defender. Apesar disso, a partir dos 70 anos, presumia--se a velhice, cabendo, no entanto, prova em contrário. Devia-se tal presunção ao

---

101. As outras duas correntes preferem considerar criança o ser humano até os sete anos completos, fase considerada como sendo a *primeira infância*, e aqueles que a conceituam como a pessoa cuja idade atinge os treze anos completos, fazendo referência ao disposto no Código Penal ao considerar haver violência presumida para os integrantes dessa faixa, quando envolvidos em relações sexuais (art. 217-A, *caput*).

fato de dar o Código Penal um tratamento especial às pessoas que atingem essa idade (contagem da prescrição pela metade, conforme art. 115; reconhecimento de atenuante, art. 65, I; concessão do denominado *sursis* etário, art. 77, § 2.º). Além disso, a psicologia acusa ser essa a faixa normal do alcance da velhice. Nas palavras de FLAVIO FORTES D'ANDREA, velhice "é o período que se inicia na década dos cinquenta anos, após o indivíduo ter atingido e vivenciado aquele platô de realizações pessoais que chamamos maturidade." (...) "Se a considerarmos como um conjunto de ocorrências que representam o declínio global das funções físicas, intelectuais e emocionais, ela tende a ocorrer após os setenta anos. Em geral, só uma pessoa de mais de setenta anos possui uma série de características que a podem definir globalmente como um velho. Entre essas características podemos citar: o aspecto apergaminhado da pele, a atrofia muscular difusa, a fragilidade óssea, a canície, o desgaste e a queda dos dentes, a atrofia geral dos tecidos e órgãos, as alterações da memória, a limitação dos interesses intelectuais, a equanimidade, os sentimentos de saciedade dos impulsos etc.".[102]

Entretanto, com a modificação mencionada, pacificou-se a discussão, pois se abandonou o critério biológico, adotando-se o cronológico, em presunção absoluta, que não admite prova em contrário. Assim, caso uma pessoa maior de 60 anos seja vítima de uma agressão física, é certo que incidirá a agravante, ainda que se cuide de indivíduo saudável, distante dos sinais da decrepitude. Mantém-se, no entanto, como já frisado, a exigência do nexo lógico-causal entre a conduta do agente do crime e a maior proteção que se deve conferir aos maiores de 60 anos. Portanto, se essa condição não tornou o delito mais fácil de ser executado, torna-se natural a exclusão da agravante; do contrário, termina-se por adotar uma circunstância de elevação da pena totalmente fora da linha de causalidade.

Enfermo é a pessoa que se encontra doente, portadora de alguma moléstia ou perturbação da saúde, embora se possa incluir, ainda, o ser humano deficiente físico ou mental. Para o fim de aplicação da agravante, especialmente porque o direito penal não veda a aplicação da interpretação extensiva, quando for indispensável para conferir lógica ao sistema, podemos utilizar o termo em sentido amplo, até para fazer valer o bom senso. Quem tem as resistências diminuídas em razão de algum mal é uma pessoa enferma, contra a qual, em determinadas circunstâncias, pode-se praticar um delito mais facilmente. Por isso, justifica-se a agravação da pena. Do mesmo modo que, contra a criança, o maior de 60 anos e a mulher grávida, o agente do delito mostra sua pusilanimidade e ousadia, contra a pessoa adoentada evidencia o mesmo.

É fundamental analisar, no caso concreto, qual é a moléstia ou a perturbação que acomete a vítima, a fim de não haver injustiça. O sujeito pode estar acometido de moléstia que não diminui sua capacidade de resistência no tocante ao delito do qual foi vítima, motivo pelo qual a circunstância de sua enfermidade merece ser desconsiderada.

---

102. *Desenvolvimento da personalidade*, p. 143.

Ainda quanto ao deficiente, como já mencionado, deve ser considerado pessoa enferma, para fins de aplicação da agravante. Diz Luiz Alberto David Araujo que "o conceito de deficiência reside na incapacidade do indivíduo para certas tarefas, não na falta de qualquer capacidade física ou mental. A análise isolada não poderá ser feita; pelo contrário, a deficiência deve ser sempre correlacionada a tarefa ou atividade. (...) As deficiências não se restringem, apenas, aos sentidos (visual, auditiva ou da fala), nem aos membros (locomoção ou movimentação) ou, ainda, às faculdades mentais (deficiência mental), mas também alcançam situações decorrentes das mais variadas causas (fenilcetonúria, esclerose múltipla, talassemia, renais crônicos, dentre outros, inclusive AIDS). As pessoas portadoras de deficiência apresentam graus de dificuldade de integração, com uma multiplicidade de situações, que deve ser objeto de atenção rigorosa, tanto do legislador infraconstitucional, como do administrador e do juiz".[103]

A mulher grávida deve ser vista no mesmo prisma da maior dificuldade de se defender. Não é a simples existência da gravidez da vítima que torna o crime mais grave, sendo indispensável existir uma relação entre o estado gravídico e o delito perpetrado. Além disso, não basta a gravidez de alguns dias, sendo necessário um estágio mais avançado, que torne a mulher presa fácil de agentes criminosos, com possibilidade de conhecimento do agente.

7.2.2.12 Ofendido sob imediata proteção da autoridade

Volta-se a agravante a punir mais severamente o agente que, praticando o crime almejado, desafia a autoridade estatal, demonstrando maior ousadia, uma vez que o ofendido, estando sob proteção do Estado, não deve ser atacado, agredido ou perturbado. É o caso do linchamento, quando pessoas invadem uma delegacia para de lá retirar o preso, matando-o.

7.2.2.13 Ocasião de incêndio, naufrágio, inundação ou qualquer calamidade pública ou de desgraça particular do ofendido

Pretende-se punir, nesta situação, quem demonstra particular desprezo pela solidariedade e fraternidade, assumindo postura representativa de autêntico sadismo moral, pois se vale de situações calamitosas para cometer o delito.

O Código Penal, novamente, utiliza duas fórmulas genéricas, expondo ainda situações específicas, em nosso entender, totalmente desnecessárias. São os dois gêneros da agravante: a) agir em situação de calamidade pública,[104] que é a tragédia ou catástrofe envolvendo muitas pessoas; b) desgraça particular[105] do ofendido, que é a tragédia envolvendo uma pessoa ou um grupo determinado de pessoas. Como

---

103. *A proteção constitucional das pessoas portadoras de deficiência*, p. 131.

104. Aliás, a expressão utilizada é pleonástica, pois bastaria dizer *calamidade*, que quer dizer desgraça pública ou catástrofe abrangendo várias pessoas.

105. A expressão é igualmente desnecessária. Teria sido suficiente mencionar *desgraça* do ofendido, que é situação de infelicidade particular.

espécies desses gêneros, nítidos exemplos dados pelo legislador, temos o incêndio, o naufrágio e a inundação, que podem ser tanto situações de calamidade pública, como de desgraça particular de alguém.

7.2.2.14 Embriaguez preordenada

Preceitua o art. 28, II, do Código Penal não excluir a responsabilidade penal "a embriaguez, voluntária ou culposa, pelo álcool ou substância de efeitos análogos", razão pela qual pune-se o agente que, completamente alcoolizado, mesmo sem noção do que faz, cometa um crime. Pior, no entanto, é a situação daquele que se coloca nessa situação de propósito, justamente para conseguir forças suficientes, liberando seus freios morais, para o cometimento do delito. A embriaguez preordenada serve, pois, de agravante. A finalidade da maior punição é abranger pessoas que, em estado de sobriedade, não teriam agido criminosamente, bem como evitar que o agente se coloque, deliberadamente, em estado de inimputabilidade, pretendendo dela valer--se mais tarde para buscar uma exclusão de culpabilidade. Essa é a típica situação de aplicação de teoria da *actio libera in causa* (ação livre na origem).

Esclarece ANÍBAL BRUNO que se trata de um caso de "autoria mediata, atendendo--se a que o agente em situação de imputabilidade delibera o crime e faz de si mesmo instrumento dessa deliberação, praticando-o, depois, já em estado de embriaguez, segundo aquele comando anterior".[106]

7.2.2.15 Agravantes em crimes envolvendo vários autores

7.2.2.15.1 Crítica ao título legal

Houve equívoco legislativo na redação da rubrica do art. 62, denominando-se "agravantes no caso de *concurso de pessoas*" (grifamos), o que dá a entender ser hipótese aplicável somente no tocante aos delitos cometidos com o intercurso de mais de uma pessoa, nos termos do art. 29 do Código Penal. Mas assim não ocorre, já que se pode considerar presente a agravante no caso da autoria mediata por coação moral irresistível, por exemplo, não constituindo caso configurador de autêntico "concurso de pessoas". Melhor, portanto, entender que o título do art. 62 diz respeito às agravantes aplicáveis aos crimes cometidos por mais de uma pessoa, não necessariamente coautores ou partícipes.

7.2.2.15.2 Autor intelectual ou dirigente da atividade criminosa

Autor intelectual ou dirigente é a pessoa que comanda, organiza ou favorece a prática de um delito. Naturalmente, o "cabeça" de uma quadrilha ou o "mentor intelectual" do fato é mais perigoso, merecendo maior censura, que o mero executor. Este, sozinho, pode não ter condições ou coragem para o cometimento da infração penal, razão pela qual se pune mais gravemente quem confere força à organização da atividade delituosa.

---

106. *Das penas*, p. 110.

7.2.2.15.3 Autor coator ou indutor da execução material do crime

Coagir é constranger ou forçar alguém a fazer algo, enquanto induzir é persuadir outrem a fazer alguma coisa. Uma situação ou outra torna o coator ou indutor mais perigoso do que o mero executor, que pode ser, em muitos casos, um mero instrumento. Sozinho, não cometeria o delito, mas coagido ou induzido termina por realizá-lo. No caso da coação, é possível que, em se tratando de coação moral irresistível (excludente de culpabilidade, prevista no art. 22 do Código Penal), somente responda o coator (autoria mediata). Dá-se o mesmo caso a coação seja física e irresistível, pois, nessa hipótese, o coato atua involuntariamente (fato atípico), respondendo somente aquele que o constrangeu. Entretanto, se a coação for resistível (moral ou física), o coator responde por esta agravante e o coato recebe uma atenuante (art. 65, III, *c*, CP).

7.2.2.15.4 Autor instigador ou determinante do cometimento do crime por alguém sujeito à sua autoridade ou não punível em virtude de condição ou qualidade pessoal

Instigar é fomentar ou acirrar ideia já existente, o que significa ocasionar maior chance de se concretizar o delito. Se alguém está vacilando na perpetração da infração penal, contando com a incitação de outrem, especialmente quando este é mais preparado intelectualmente ou possui forte poder de influência, termina chegando ao resultado.

Quando há determinação para o cometimento do delito, é possível a configuração da hipótese de obediência hierárquica, causa de exclusão da culpabilidade, prevista no art. 22 do Código Penal. E, não sendo possível o reconhecimento da excludente, ainda resta a possibilidade de aplicação da atenuante prevista no art. 65, III, *c*, CP.

No caso de ordem dada a inimputável, há autêntica situação de autoria mediata, devendo ser mais severamente punido o autor mediato, que tem, como regra, domínio sobre o executor. A inimputabilidade pode ser verificada em dois prismas: o doente mental e o menor de 18 anos. No primeiro caso, torna-se natural deduzir que o comando dado é cumprido pelo inimputável com mínima chance de resistência em face de sua condição, visto não compreender o caráter ilícito do que realiza ou não conseguir se comportar de acordo com tal entendimento. Na segunda hipótese – menor de 18 anos – é preciso verificar concretamente se trata-se de pessoa autenticamente imatura. Assim, exemplificando, caso seja uma criança de pouca idade, o comando lhe soa irresistível. Por isso, responde o agente que o proferiu como autor mediato e o inimputável, na esfera criminal, não é responsabilizado. Entretanto, se houver associação de um maior (18 anos) com um menor (17 anos), não há a configuração da hipótese prevista no art. 62, afinal, o que existe é um *concurso de pessoas impróprio*, mas não o comando de um sobre o outro. Embora o autor do delito que tenha 17 anos não seja igualmente punido na órbita penal, não se deve aplicar a agravante de autor que determina a realização do crime a pessoa inimputável ao comparsa, com 18 anos, pois não há *comando* de um sobre o outro, porém simples associação.

7.2.2.15.5 Autor executor ou partícipe de crime cometido mediante paga ou promessa de recompensa

Trata-se de uma hipótese de torpeza específica, ou seja, o agente que comete o crime ou dele toma parte pensa em receber algum tipo de recompensa. Cremos desnecessária essa previsão, pois já incluída na agravante genérica da torpeza constante do art. 61, II, "a".

7.2.3 Alcance das atenuantes

7.2.3.1 Atenuantes nominadas e inominadas

Como regra, as atenuantes são particularmente descritas pelo legislador, constando do rol do art. 65. Destarte, há uma enumeração na qual se pode identificar cada uma das circunstâncias genéricas de abrandamento da pena, como ocorre com a menoridade relativa, a senilidade, o desconhecimento da lei, o motivo de relevante valor social ou moral, dentre outras. Mas não se esgotam nas nominadas as atenuantes previstas em lei. Criou-se a hipótese inominada do art. 66, que permite a inserção de situação propositadamente aberta, de modo a envolver fatos não idealizados precisa e abstratamente. A referida norma fornece um padrão, que deverá ser preenchido, no caso concreto, pelo magistrado.

7.2.3.2 Espécies de atenuantes nominadas

7.2.3.2.1 Autor menor de 21 e maior de 70 anos

A menoridade relativa é atenuante aplicável aos indivíduos com idade entre 18 e 21 anos à época do fato. Introduzida como atenuante no sistema penal a partir do Código Criminal do Império, de 1830, fixou-se, desde então, como preponderante no confronto com eventuais agravantes. Atualmente, continua sendo a principal das atenuantes, por tradição, entendendo-se que o menor, nessa fase da sua vida, ainda está em formação da sua personalidade, merecendo a benevolência do juiz no momento da fixação da pena.

Para grande parte da doutrina e da jurisprudência, deve ela sobrepor-se a qualquer agravante, inclusive a da reincidência. A prova da menoridade se faz por qualquer documento hábil, como preceitua a Súmula 74 do Superior Tribunal de Justiça. A entrada em vigor do Código Civil (Lei 10.406/2002), considerando plenamente capaz o maior de 18 anos para os atos da vida civil em nada altera a aplicação desta atenuante, que deve continuar a ser considerada pelo magistrado na aplicação da pena. Afinal, o texto do Código Penal não faz referência a menor, sem especificar a idade, quando, então, poder-se-ia supor ser o civilmente incapaz. Ao contrário, a menção é nítida quanto à idade do agente, entre 18 e 21 anos.

Entretanto, tendo em vista que a maioridade civil ocorre aos 18 anos, demonstrando estar a pessoa nessa faixa etária preparada para a prática de qualquer ato, parece-nos exagerado continuar a considerar *preponderante* a atenuante da menoridade. Passa ela a ser atenuante comum, desapegando-se o magistrado de privilegiá-la quando em confronto com agravantes. Lembremos que o fator idade não se liga nem à personalidade do agente, nem aos motivos do crime, elementos que a tornariam preponderante, nos termos do art. 67 do Código Penal.

O mesmo critério de idade fixa foi utilizado para a concessão da atenuante da senilidade, não tendo o Código utilizado o termo *velho* (como havia feito no contexto das agravantes, antes da reforma introduzida pelo Estatuto do Idoso, que passou a considerar a pessoa maior de 60 anos, independentemente de sinais de decrepitude), o que permitiria discussão acerca da sua amplitude, mas, sim, mencionou expressamente o maior de 70 anos, seja ele considerado velho ou não, ainda que esteja em perfeita forma física e estado mental.

Aliás, quanto ao maior de 70 anos, trata-se de pessoa que, diante da idade cronologicamente avançada, pode sofrer marcantes alterações somáticas a repercutir em seu estado psíquico, de forma a deixar de ser mentalmente o que sempre foi, podendo agir irracionalmente. Da mesma forma que o menor de 21 anos pode cometer o delito colhido pela imaturidade, o homem acima de 70 anos pode fazê-lo premido pelo abalo psíquico trazido, muitas vezes, pela velhice. Ambos merecem maior condescendência do juiz ao aplicar-lhes a sanção penal, justamente para que tenham melhores condições de ressocialização.

Tem-se admitido na jurisprudência a aplicação da atenuante da senilidade, levando-se em conta a idade de 70 anos, quando atingida na data do reexame do caso feito pelo tribunal. Não nos parece ser correta essa posição, pois o legislador mencionou o fator *idade* na "data da sentença", vale dizer, da decisão de 1.º grau. Se o magistrado não pôde aplicar a atenuante na ocasião da sentença, porque o réu possuía, por exemplo, 69 anos, é ilógico que no julgamento de eventual recurso o tribunal possa fazê-lo: afinal, o juiz não se equivocou na fixação da pena.

Entretanto, se o magistrado de 1.º grau absolver o réu e o tribunal o condenar, pode-se considerar o acórdão como "sentença", pois foi a primeira decisão condenatória havida nos autos. Nessa situação, cabe a aplicação da atenuante da maioridade de 70 anos.

▶ **Considerando a preponderância**

Superior Tribunal de Justiça

- "2. Conforme o entendimento consolidado desta Corte, a atenuante da menoridade é sempre considerada preponderante em relação às demais agravantes de caráter subjetivo e também em relação às de caráter objetivo, como a do meio cruel. Essa conclusão decorre da interpretação acerca do art. 67 do Código Penal, que estabelece a escala de preponderância entres as circunstâncias a serem valoradas na segunda etapa do modelo trifásico. Dentro dessa sistemática, a menoridade relativa, assim como a senilidade, possuem maior grau de preponderância em relação àquelas igualmente preponderantes, decorrentes dos motivos determinantes do crime e reincidência, nos termos do art. 67 do Código Penal e, *a fortiori*, em relação às circunstâncias objetivas" (AgRg no HC 387.590/MG, 5.ª T, rel. Ribeiro Dantas, 20.04.2021, v.u.).

7.2.3.2.2 Desconhecimento da lei

"O desconhecimento da lei é inescusável" (art. 21, primeira parte, CP), embora seja possível isentar de pena o agente que erre quanto à ilicitude do fato. A diferença entre "desconhecer a lei" e "errar quanto ao conteúdo da norma" concentra-se no fato de que a lei (norma escrita) é de conhecimento presumido, a partir do momento em que é publicada no Diário Oficial, para ciência geral. Logicamente, em países de direito codificado, como o Brasil, é natural que seja esse o veículo para transmissão à sociedade das modificações legislativas, embora seja igualmente natural que o conhecimento, fosse esse o único veículo, ficasse restrito aos profissionais da área jurídica. As pessoas comuns não leem o Diário Oficial – aliás, nem mesmo os advogados, promotores, juízes e delegados o fazem com frequência – de modo que o *conteúdo* da norma é veiculado por outras formas. Através da informação, circulando por jornais, revistas, programas de rádio e televisão, bem como nas salas de aula e até mesmo nas conversas entre amigos, toma-se conhecimento do ilícito.

Assim, *desconhecer a lei*, isto é, a norma escrita, não é motivo para reconhecimento do erro de proibição. Provando-se, no entanto, ao juiz que o conhecimento do ilícito não era possível de ser alcançado, porque longe da informação cotidiana, pode-se obter a excludente de culpabilidade, por ausência de consciência potencial de ilicitude. Demonstrando-se, ademais, que o conteúdo da norma não era conhecido ao tempo da realização da infração penal, embora pudesse sê-lo, cuida-se do erro de proibição inescusável, justificador da causa de diminuição de pena de um sexto a um terço.

No mais, quando a informação era possível de ser atingida, com algum esforço do agente, nenhuma excludente ou causa de diminuição de pena será considerada, mas é razoável supor que há normas em desuso ou de rara utilização, motivo pelo qual se tornam mais distantes do dia a dia. Nesse caso, viabiliza-se invocar o *desconhecimento da lei*, como critério residual, para atenuação da pena. Cuida-se de uma gradação estabelecida pela lei penal: do erro de proibição escusável, passando-se pelo inescusável até atingir o mero desconhecimento, por vezes leviano, da norma penal. Em matéria de culpabilidade, a primeira situação é capaz de elidi-la, pois retira a possibilidade de se fazer juízo de censura sobre o autor de fato considerado, no seu entender, lícito; a segunda ameniza a culpabilidade, consistindo em critério redutor da pena, pois demonstra que o autor não agiu, no momento do delito, com consciência de sua ilicitude, embora pudesse ter atingido tal consciência; a terceira atenua a culpabilidade, pois evidencia a situação do autor que, podendo ter a consciência do ilícito, desprezou o cuidado necessário para informar-se, embora a hipótese concreta demonstrasse a incidência de norma de rara utilização.

7.2.3.2.3 Motivo de relevante valor social ou moral

Relevante valor é um valor importante para a vida em sociedade, tais como patriotismo, lealdade, fidelidade, inviolabilidade de intimidade e de domicílio, entre outros. Quando se tratar de relevante valor *social*, levam-se em consideração interesses não exclusivamente individuais, mas de ordem geral, coletiva. Exemplos tradicionais: quem aprisiona um bandido, na zona rural, por alguns dias, até que a polícia seja avisada; quem invade o domicílio do traidor da pátria para destruir objetos empregados na traição. No caso do relevante valor *moral*, o valor em questão leva em conta interesse de ordem pessoal. Ex.: agressão ou morte contra amante do cônjuge; apressar a morte de quem está desenganado (quando não se constituir causa de diminuição de pena, conforme exposto abaixo).

168 INDIVIDUALIZAÇÃO DA PENA – NUCCI

Difere esta atenuante da causa de diminuição prevista no contexto do homicídio e da lesão corporal (arts. 121, § 1.º, 129, § 4.º), porque nestes últimos casos o agente atua *impelido* pelo motivo de relevante valor social ou moral, ou seja, *dominado* pela realização do crime à custa de estar atingindo importante valor para si ou para a comunidade onde vive. A atenuante, por outro lado, é mais branda, não exigindo forte carga emocional que leve o autor ao cometimento do crime.[107] Possui, como várias outras atenuantes, conteúdo residual à causa de diminuição de pena.

Vale ressaltar a diferente ótica adotada pela doutrina italiana para a configuração do motivo de relevante valor social ou moral. Diz-se relevante valor *moral* quando se fundamenta na moral média, construída ao longo dos anos no sentimento da coletividade, tradicionalmente consolidado. Por outro lado, o valor *social* é aquele que cuida de nova afirmação de sentimento, assumindo um lado evolutivo distinto, ou seja, algo contingenciado por determinada situação fática, embora não presente no sentimento coletivo.[108]

7.2.3.2.4 Arrependimento

O arrependimento do agente, ao executar o crime, pode conduzi-lo ao arrependimento eficaz (art. 15), ao arrependimento posterior (art. 16) ou à mera aplicação da atenuante do arrependimento. Neste último caso, consumado o delito, não sendo cabível o arrependimento posterior, pode o agente tentar por sua espontânea (sincera) vontade amenizar ou até mesmo evitar as consequências do crime. Deve reparar o dano antes do julgamento ou agir para minorar os efeitos da infração penal logo depois de sua prática. Exemplo disso: o agente repara o dano causado pelo furto antes do julgamento ou busca sustentar a família desamparada da pessoa que matou.

É presença tradicional, em quase todos os Código Penais estrangeiros, o privilégio que se concede ao arrependimento do agente, em especial quando busca reparar de algum modo, com seu esforço pessoal e grande sacrifício, o mal causado. Dizem os analistas e defensores dessa atenuação de pena não haver forma mais eficiente de pacificação social que a representada pela reconciliação, ainda que parcial, entre autor do crime e vítima. Somos levados a concordar, sugerindo até que, em determinados casos, aumente-se a possibilidade de aplicação de redução efetiva da pena – como se fez com a criação do arrependimento posterior em 1984, merecedor de ampliação – para fomentar esse sentimento tão importante na regeneração do indivíduo, bem como relevante para o ofendido, que pode ter a perspectiva de reaver o que perdeu ou ser indenizado pelo prejuízo sofrido, na medida do possível. Ademais, o arrependimento demonstra personalidade mais afável, menor periculosidade e maior chance de ressocialização.

No dizer de ANÍBAL BRUNO, "é o sentimento de humanidade ou de justiça que se manifesta no gesto pelo qual, por assim dizer, o agente renega do seu crime e procura restaurar a normalidade das coisas em benefício da vítima, que faz diminuir a reprovabilidade da ação punível, sob o ponto de vista subjetivo, e justifica a atenu-

---

107. Em igual prisma, BOSCHI, *Das penas e seu critério de aplicação*, p. 266.
108. Cf. ZAZA, *Le circostanze del reato*, p. 281-283.

ação da pena. A piedade que demonstrou o agente e um certo grau de consciência do dever e decisão de cumpri-lo, em oposição à aversão ao Direito, justificam a atitude do legislador em reduzir-lhe a punição".[109]

Cuida-se de atenuante positivamente prevista no Código Penal, buscando entender, captar e devolver na forma de pena minorada o que se passou no espírito do delinquente, que se arrependeu do que fez, ou seja, magoou-se em virtude de sua própria conduta, pretendendo, então, alterar a rota traçada, amenizando o resultado negativo do delito. A sua preocupação em sanar o mal concretizado deve ser vista como fator de reeducação natural, em função da autocensura ou autocrítica, merecedora de menor reprovação social, logo, de menor pena. Esta, como se viu, destina-se, dentre outros fatores, a promover no condenado a alteração de seu comportamento, reeducando-o para que adote valores consentâneos à vida em comunidade, respeitando direito alheio, motivo pelo qual seu gesto espontâneo nesse caminho é louvável e deve redundar em menor punição.

Saliente-se, no entanto, que a atenuante demanda *espontânea* vontade, ou seja, agir movido pela sinceridade de propósito e *com eficiência* para evitar ou minorar as consequências do crime, bem como, quando possível, reparar o dano. A ação há de ser pessoalmente realizada, pois, do contrário, ficaria praticamente impossível detectar a sua espontaneidade. Exceto em casos especiais, deve o juiz avaliar se o próprio autor do delito procurou a vítima e buscou, de algum modo, atenuar as consequências do que realizou. Não se admite a atenuante, porque fora do seu objetivo precípuo, quando terceiros procuram o ofendido e, em lugar do criminoso, efetuam a reparação do dano ou promovem algum benefício pensando em minorar a situação penal do delinquente.

A atenuante prevista neste dispositivo, no entanto, para ser aplicada, pressupõe que o agente consiga de algum modo reparar o dano ou evitar-lhe ou minorar-lhe as consequências. Ora, para crimes em que não haja prejuízo (*v. g.*, delitos de perigo) ou quando o agente, apesar de profundamente arrependido não tem meios para reparar o dano causado, nem tampouco atenuá-lo de algum modo, não receberá o benefício da atenuante. Idêntica previsão se desenvolve no direito estrangeiro, recebendo, entretanto, a crítica de BERISTAIN, que diz não reconhecer a lei, atualmente, o arrependimento sincero como causa de atenuante, pois lhe conferiu um aspecto objetivo. Tal situação não deveria ocorrer, até porque, muitas vezes, o que a vítima realmente espera é um sincero pedido de perdão ou uma mostra de compunção.[110]

CARLO ZAZA demonstra que, na Itália, predomina na doutrina e na jurisprudência o entendimento de que a reparação do dano coliga-se aos aspectos subjetivos das circunstâncias do crime, uma vez que vinculada ao agente, destacando o seu arrependimento, logo, sua menor periculosidade social. Não se trata, pois, de simplesmente garantir uma objetiva diminuição do prejuízo para a vítima, senão observar no agente do crime um aspecto positivo de sua personalidade, que é a espontaneidade no reconhecimento do erro, buscando recompor-se com a parte ofendida.[111]

---

109. *Das penas*, p. 140.

110. *Victimología. Nueve palabras clave*, p. 510-513.

111. *Le circostanze del reato*, p. 62-63.

Em sentido oposto, prevalece na Espanha o critério de se determinar a atenuação da pena desde que o agente repare o dano causado à vítima ou diminua seus efeitos, ainda que não atue com sinceridade, leia-se, arrependido. A análise majoritária da doutrina a respeito da atenuante prevista no art. 21, 5ª, do Código Penal espanhol, segue a ótica objetiva.[112] Não se pode negar que a norma penal espanhola deixa de mencionar qualquer elemento referente à espontaneidade do agente, logo, à sinceridade de propósito, razão pela qual o entendimento na linha objetiva pode ser aceito. No caso do nosso Código Penal, ao contrário, menciona-se a *espontaneidade* do gesto, o que é sinal de arrependimento.

Nosso Código terminou no meio-termo: exige espontaneidade (aspecto subjetivo), mas também não renuncia à reparação ou atenuação dos males causados (aspecto objetivo).

7.2.3.2.5 Coação resistível

Muitas atenuantes previstas no art. 65 constituem autênticos resíduos de circunstâncias outras que permitem a exclusão da ilicitude ou da culpabilidade, bem como o reconhecimento de causa de diminuição de pena. No caso da coação, não se foge à regra. Há, fundamentalmente, três níveis para o seu reconhecimento.

Quando se cuidar de coação física irresistível tem o condão de excluir a própria conduta (ex.: arremessar alguém contra uma vitrine não constitui, por parte do arremessado, crime de dano, pois não chegou a atuar voluntariamente), afastando a tipicidade. Quando se tratar de coação moral irresistível, configura uma causa de exclusão da culpabilidade (art. 22, CP).

Entretanto, sendo a coação física ou moral, porém resistível, pode servir como atenuante. É plausível que alguém sofra uma coação a que podia refutar, mas não o tenha feito por alguma fraqueza ou infelicidade momentânea. Ainda que não mereça a absolvição ou uma maior redução de pena, deve ser punido com menor rigor. Ex.: alguém furta um estabelecimento comercial pressionado por outrem, que ameaça contar à esposa do agente seu caso extraconjugal.

7.2.3.2.6 Cumprimento de ordem de autoridade superior

Novamente, voltamos a cuidar de atenuante com caráter residual. No cenário das relações de direito público, onde impera a hierarquia, ordens dadas devem ser, como regra, cumpridas sem questionamento. Mas, há determinações que, cumpridas, provocam danos a terceiros. Assim, o agente subordinado pode alegar tê-lo feito em estrito cumprimento de seu dever, o que serve para elidir a ilicitude da conduta (art. 23, III, CP). Pode, ainda, alegar ter agido sob pressão do superior, ainda que a ordem tenha sido de duvidosa legalidade, beneficiando-se da excludente de culpabilidade da obediência hierárquica (art. 22, CP). No entanto, quando cumpre ordem, sendo

---

112. Cf. ALONSO FERNANDÉZ, *Las atenuantes de confesión de la infracción y reparación o disminuición del daño*, p. 28-30 e 44.

esta de manifesta ilegalidade, embora sob pressão da autoridade superior, é cabível o reconhecimento da atenuante.

7.2.3.2.7 Influência de violenta emoção provocada por ato injusto da vítima

A violenta emoção pode provocar o cometimento de crimes. Entretanto, quando proveniente do âmago do agente, sem qualquer influência da vítima, não serve de justificativa, nem de atenuante (art. 28, I, CP). Havendo, no entanto, injusta provocação do ofendido, pode levar à situação extremada do *domínio* da violenta emoção, desencadeando homicídio ou lesão corporal. É a situação prevista como causa de diminuição da pena (art. 121, § 1.º, e art. 129, § 4.º, CP). E mais: nessa hipótese, exige--se também que a violenta reação do agente se dê "logo após" a injusta provocação.

Tratando-se da atenuante, no entanto, o legislador foi mais complacente: basta a "influência" de violenta emoção, vale dizer, um estágio mais ameno, mais brando, capaz de conduzir à perturbação do ânimo, bem como não se exige seja cometido o delito logo em seguida à provocação, cabendo um maior lapso de tempo entre a ação e a reação. Esse maior tempo, entretanto, não pode ser largo demais, pois, em lugar da *violenta emoção*, na verdade, nasce o ódio, típico da vingança, que não pode ser considerada causa de atenuação da pena.

A atenuante é calcada em dois elementos conjugados: o subjetivo, representado pela *violenta emoção*, envolvendo o agente; o objetivo, retratado pelo comportamento provocador e injusto do ofendido. Entre eles o inevitável nexo de causalidade.[113]

7.2.3.2.8 Confissão espontânea

Confessar, no âmbito do processo penal, é admitir contra si por quem seja suspeito ou acusado de um crime, tendo pleno discernimento, voluntária, expressa e pessoalmente, diante da autoridade competente, em ato solene e público, reduzido a termo, a prática de algum fato criminoso.

A confissão, para valer como meio de prova, precisa ser voluntária, ou seja, livremente praticada, sem qualquer coação. Entretanto, para servir de atenuante, deve ser ainda espontânea, vale dizer, sinceramente desejada, de acordo com o íntimo do agente.[114] Não nos parece possível que o réu se beneficie de uma circunstância legal

---

113. Cf. ZAZA, *Le circostanze del reato*, p. 300.

114. Na mesma ótica, exigindo-se que a espontaneidade seja permeada de motivos internos, brotando do âmago do agente, enquanto a voluntariedade contenta-se com a prática do ato livre de qualquer coação, está a doutrina italiana (cf. ZAZA, *Le circostanze del reato*, p. 410-411). Em contrário, esclarece ALONSO FERNANDÉZ que, na Espanha, exige-se apenas que haja colaboração total do agente para a apuração do crime, sem ocultar qualquer dado, mas não há necessidade de se buscar o seu arrependimento. Logo, prevalece nesse sistema o caráter objetivo da atenuante, isto é, pouco interessa que o autor esteja arrependido, dando mostra de menor periculosidade, pois o mais relevante é a apuração do fato e punição do sujeito ativo (*Las atenuantes de confesión de la infracción y reparación o diminuición del daño*, p. 44 e 52).

para amenizar sua pena se houver agido sem qualquer espontaneidade, apenas para locupletar-se desse benefício legal.

Além disso, por mais espontânea que tenha sido, ela perde totalmente o valor como atenuante caso haja retratação, mormente antes do julgamento. Expressa-se a respeito LEOPOLDO PUENTE SEGURA: "entendo que se deve exigir, em todos os casos, para a apreciação da circunstância atenuante, que a confissão se mantenha na parte substancial ao longo de todo procedimento. Vale dizer, entendo que a atenuação não pode ocorrer quando em suas posteriores declarações, já na fase de instrução, no curso do ato em plenário, o acusado se retrata substancialmente de sua primeira confissão...".[115]

Anteriormente à Reforma Penal de 1984, exigia-se que a confissão, para valer como atenuante, fizesse referência a um crime de autoria ignorada ou atribuída a outra pessoa.[116] Atualmente, no entanto, basta a sinceridade do agente, mesmo que ele já seja indiciado ou acusado pelo delito.

Por outro lado, não se deve aceitar a atenuante da confissão espontânea se for realizada a admissão da culpa apenas com o intuito de obter o reconhecimento de alguma excludente de ilicitude ou culpabilidade (confissão qualificada).[117] Se o agente, por exemplo, admite ter matado a vítima, mas em legítima defesa, há duas hipóteses viáveis: a) realmente agiu em legítima defesa, sendo, portanto, absolvido; b) comprova--se ser falsa sua alegação, sendo ele condenado, sem qualquer atenuante, pois não narrou a verdade dos fatos, demonstrando insinceridade. Noutros termos, "confessar" um fato típico, mas lícito, não é admitir culpa, pois não é crime. Confissão implica assumir a prática de um delito.[118]

Nessa linha, confira-se a lição de JOSÉ ANTONIO PAGANELLA BOSCHI: "foge ao sentido do texto, portanto, reconhecer a atenuante quando o agente é preso em flagrante e não tem como negar as evidências em torno da autoria ou imputar a responsabilidade pelo fato a terceiro. Inconfundíveis a confissão espontânea e a confissão voluntária. Não é aplicável, ainda, a citada causa genérica de atenuação da pena quando a confissão for realizada em juízo, após exitosa atividade policial repressiva, quando o resultado das diligências já apontava o agente".[119] O mesmo pensamento é adotado na doutrina italiana, ressaltando que a confissão deve demonstrar arrependimento e, consequentemente, uma diminuta capacidade do agente de tornar a delinquir.[120]

---

115. *Circunstancias eximentes, atenuantes y agravantes de la responsabilidad criminal*, p. 401.

116. Essa situação ainda é exigida em outros sistemas penais alienígenas. Consultar o capítulo da legislação comparada (capítulo 5).

117. É o que se denomina confissão qualificada.

118. A propósito, sobre a tentativa de conturbar a averiguação correta dos acontecimentos, PUENTE SEGURA narra um caso julgado pelo Supremo Tribunal na Espanha, não reconhecendo a confissão, porque o agente afirmou ter matado acidentalmente uma pessoa, o que provocou confusão durante a investigação, sem facilitá-la, portanto. Reconheceu-se que a atenuante somente tem validade quando o agente procura colaborar com a justiça (op. cit., p. 402).

119. *Das penas e seus critérios de aplicação*, p. 273.

120. Cf. ZAZA, *Le circostanze del reato,* p. 65.

CAP. 7 • FASE PRIMÁRIA, SEGUNDO O MÉTODO TRIFÁSICO | **173**

Acrescentemos, ainda, que confundir *espontaneidade* com mera iniciativa do agente, enquanto *voluntariedade* seria agir livre de qualquer coação, embora sem iniciativa própria, mas sob sugestão de terceiros, ao que nos parece, é olvidar a diferenciação entre os dois termos, construída, ao longo de muito tempo, pela doutrina pátria. Fosse assim e teríamos a seguinte situação, como exemplo: o sujeito que confessasse por influência de sua mãe, convencendo-o de que sua atitude criminosa não foi correta, estaria confessando voluntária, mas não espontaneamente, simplesmente porque houve influência externa. Logo, não teria direito à atenuante da *confissão espontânea*, o que é um ilogicismo. Ele estaria arrependido, justamente porque ouviu os reclamos de sua genitora, mas o seu ato não poderia ser considerado de sua iniciativa.

Destarte, a espontaneidade somente tem sentido no contexto da sinceridade de propósito e não superficialmente no âmbito da iniciativa de agir. Afinal, quem age voluntariamente, atua através de seu próprio empreendimento, livre de qualquer coação. Não considerar a sinceridade de propósito no contexto da espontaneidade é mascarar o intento de equipará-la, para todos os efeitos, à voluntariedade, o que foge à doutrina e jurisprudência majoritárias.

A ideia da espontaneidade liga-se justamente ao fato de se demandar que o confitente admita a prática do delito sem subterfúgios, tal como assumir que estava com a substância entorpecente somente para indicar ser usuário (art. 28 da Lei 11.343/2006), em lugar da acusação de ser traficante (art. 33 da Lei 11.343/2006).[121]

É a confissão qualificada, como exposto linhas acima, vale dizer, "admite-se" uma ficção jurídica, embora possa espelhar-se em fatos. O fato de estar com drogas é real, mas o contexto é de tráfico, e não de uso.

Em suma, como regra, a confissão qualificada elimina a espontaneidade e não serve como atenuante.

7.2.3.2.8.1 Outras variantes no contexto da confissão

Muitos julgados têm sido condescendentes diante da confissão do indiciado ou acusado, mesmo sem espontaneidade. Ilustrando: a) há os que aceitam a confissão qualificada como atenuante; b) existe posição defendendo que a confissão parcial também deve ser acolhida; c) outra corrente sustenta que a aceitação do juiz em relação à confissão extrajudicial, mencionada na sentença, mesmo tendo havido retratação em juízo, também vale como atenuante. Enfim, o quadro geral é de maior flexibilidade, o que não significa uma mudança radical nesse cenário.

Pensamos que a existência de uma confissão, como sempre ocorreu no pretérito, tranquiliza a consciência do julgador, pois o próprio interessado renuncia ao seu direito ao silêncio e admite a culpa. Assim sendo, quando o magistrado se vale da confissão (extrajudicial ou judicial), para amparar a condenação, tornar-se-ia justo que o réu recebesse o benefício da atenuante.

---

121. Súmula 630 do STJ: "A incidência da atenuante da confissão espontânea no crime de tráfico ilícito de entorpecentes exige o reconhecimento da traficância pelo acusado, não bastando a mera admissão da posse ou propriedade para uso próprio".

Soa-nos razoável admitir a confissão como atenuante, quando o juiz a utiliza, expressamente, na sentença, para fundamentar a condenação. Desse modo, se havia dúvida quanto à autoria e o acusado a admite, mesmo sendo qualificada, pode valer para atenuar a pena. Quanto à confissão parcial, depende da sua amplitude. Imagine-se negar toda e qualquer agressão à esposa, em caso de violência doméstica, ao mesmo tempo em que admite que estava no local e simplesmente defendeu-se de um ato agressivo da própria vítima. Essa confissão é pífia, não significando nada em matéria probatória. Desse modo, parece-nos incabível a atenuante.

Assim sendo, embora o ideal seja a confissão espontânea integral, demonstrando colaboração efetiva à Justiça, alguns casos excepcionais de confissões parciais ou qualificadas podem ser acolhidos pelo Judiciário para funcionar como atenuante, tendo em vista o valor probatório auferido durante a instrução.[122]

Porém, muitos julgados têm ampliado em demasia o âmbito da confissão, aceitando qualquer situação, por menor que seja, de admissão de prática típica ou ilícita. Parece-nos que essa corrente tende a demonstrar que o incentivo para que o réu confesse seu crime precisa ser maior do que uma simples atenuante; eis o motivo de aceitar qualquer espécie de confissão.

Ademais, em tempos de *delação premiada*, prestigiando o ordenamento jurídico brasileiro essa modalidade de "confissão acoplada à colaboração à Justiça", torna-se mais equânime acolher a admissão de qualquer tipo de culpa (sem delação) por parte do acusado.

As novas posições espelham o *sinal dos tempos* no Direito Penal contemporâneo. No entanto, não nos soa justo conceder a mesma atenuação de pena que se confere à sincera e ampla confissão a uma confissão parcial, qualificada ou demonstrativa de pura estratégia de defesa. Fosse justo equiparar situações desiguais, a atenuante do arrependimento, por exemplo, constante do art. 65, III, *b*, do CP, deveria ser aceita em qualquer situação, bastando o réu afirmar "estar arrependido".

Se houver retratação, como regra, deve prevalecer a última versão oferecida pelo acusado; no entanto, tudo depende da avaliação feita pelo juiz, pois, levando em conta a versão da confissão para condenar o réu, a atenuante precisa ser aplicada.

Por outro lado, se a referência à retratação disser respeito apenas ao ato realizado em juízo, ou seja, o acusado confessa em juízo e depois deseja retratar-se, também, para o juiz, ousamos apontar um contexto estranho: o interrogatório, ocorrendo ao final da instrução, é o último ato da instrução. Como o acusado pode confessar e depois retratar-se? Após a sua confissão, encerra-se a colheita das provas e vem a sentença. Ademais, em décadas de atuação na magistratura, nunca tivemos a oportunidade de acompanhar uma só retratação de confissão anteriormente feita em juízo.

Noutro prisma, a confissão espontânea passou a ser considerada *preponderante* pelo Superior Tribunal de Justiça, que, em nosso entendimento, agiu com acerto. Afinal, quem admite a sua culpa de forma espontânea, com o propósito colaborador, evidencia uma personalidade sincera, logo, fator positivo. Tendo em vista que a personalidade também é considerada circunstância preponderante (art. 67, CP) pode

---

122. Súmula 545 do STJ: "Quando a confissão for utilizada para a formação do convencimento do julgador, o réu fará jus à atenuante prevista no artigo 65, III, *d*, do Código Penal".

haver a compensação com a reincidência, igualmente preponderante (art. 67, CP). Conferir a jurisprudência do item 7.2.4. e, também, do próximo item.

▶ **Confissão utilizada para a condenação configura atenuante, mesmo parcial**

Superior Tribunal de Justiça

- "5. Tendo o Réu admitido em juízo que subtraiu a bicicleta, como em outras ocasiões, e que sabia que ela era rastreada pela empresa, não admitindo, unicamente, que rompeu a trava para se apossar do bem, há que se considerar que houve, de fato, a confissão parcial do delito, apta a auxiliar na construção do conjunto probatório e, portanto, a permitir a incidência da atenuante. 6. Nos termos da Súmula n. 545 desta Corte Superior, a agravante da reincidência deve ser integralmente compensada com a atenuante da confissão, mesmo que parcial, especialmente por não se tratar de réu considerado multirreincidente na segunda fase do cálculo da pena" (AgRg no HC 623.987/SP, 6.ª T., rel. Laurita Vaz, 14.12.2021, v.u.).
- "A atenuante do art. 65, III, *d*, do Código Penal, só tem aplicabilidade quando há efetiva utilização da confissão espontânea para o embasamento da sentença condenatória (precedentes). Agravo regimental desprovido." (AgRg no REsp 1481052 – RS, 5.ª T., rel. Felix Fischer, 07.04.2015, v.u.).

▶ **Confissão qualificada não vale para atenuante, salvo exceção**

Supremo Tribunal Federal

- "5. A confissão qualificada, segundo consolidada jurisprudência desta Suprema Corte, não enseja a incidência da atenuante prevista no art. 65, III, 'd' do CP. Precedentes" (HC 206.827 AgR, 2.ª T., rel. Edson Fachin, 28.03.2022, v.u.).
- "10. A jurisprudência desta Suprema Corte 'adverte que, tratando-se de confissão parcial, qualificada ou retratada em juízo, não se mostra aplicável a atenuante prevista no art. 65, III, 'd', do Código Penal, salvo quando essa circunstância for efetivamente utilizada como fundamento para a condenação penal, considerada a finalidade do instituto, dentre outras, de facilitar a persecução penal' (RHC 186.084/RS, Rel. Min. Celso de Mello, *DJe* de 09.9.2020)" (RHC 189.088 AgR, 1.ª T., rel. Rosa Weber, 03.08.2021, por maioria).

Superior Tribunal de Justiça

- "3. Evidenciado que a magistrada afastou a aplicação da atenuante da confissão espontânea na segunda fase da dosimetria da pena, em razão de o ora agravado não ter admitido na íntegra os fatos, eis que buscou justificar sua conduta, o que configura a confissão qualificada, deve incidir, no caso, a atenuante do art. 65, III, 'd' do CP" (AgRg no AREsp 1.754.440/MT, 5.ª T., rel. Ribeiro Dantas, 02.03.2021, v.u.).

▶ **Caráter meramente voluntário da confissão**

Superior Tribunal de Justiça

- "A teor do entendimento deste Superior Tribunal, a atenuante genérica da confissão, prevista no art. 65, III, *d*, do Código Penal, tem caráter objetivo, bastando que seja voluntária, não importando o caráter das situações em que foi efetivada a confissão" (AgRg no REsp 1.521.666 – MG, 6.ª T., rel. Sebastião Reis Júnior, 02.06.2015, v.u.).

7.2.3.2.9 Influência de multidão em tumulto não provocado

Relembrando a lição de ESTHER DE FIGUEIREDO FERRAZ, "há um caso, entretanto, em que a pluralidade de agentes denuncia, ao contrário, menor periculosidade: o da multidão criminosa, a *folla delinquente*. Sob o domínio da multidão em tumulto opera-se, por assim dizer, um fenômeno de desagregação da personalidade. Os bons sentimentos humanos cedem lugar à maré invasora dos maus instintos, das tendências perversas e antissociais. Facilmente se processa e se transmite de indivíduo a indivíduo a sugestão criminosa. A ideia do delito ganha terreno nessa praça de antemão conquistada. E os piores crimes passam a ser cometidos por pessoas que, individualmente, seriam incapazes de causar o menor mal a seu semelhante. Daí a pequena periculosidade do que age sob tal influência".[123]

Na opinião de ANÍBAL BRUNO, "quando uma multidão se toma de um desses movimentos paroxísticos, inflamada pelo ódio, pela cólera, pelo desespero, forma-se por assim dizer uma alma nova, que não é a simples soma das almas que a constituem, mas sobretudo do que nelas existe de subterrâneo e primário, e esse novo espírito é que entra a influir e orientar as decisões do grupo, conduzindo-o muitas vezes a manifestações de tão inaudita violência e crueldade que espantarão mais tarde aqueles mesmos que dele faziam parte".[124] É o sentimento de "alma coletiva", em que as reações de cada um passam a ser as da massa em tumulto.[125] Ex.: linchamentos, agressões praticadas por torcidas organizadas em estádios de futebol, brigas de rua, entre outros.

É requisito essencial que o agente do crime não tenha provocado o tumulto no qual se viu envolvido, bem como não se aplica àqueles que, aproveitadores da situação de desordem, conduzem a massa.

7.2.3.3 Atenuante inominada

Trata-se de circunstância legal extremamente aberta, sem qualquer apego à forma, permitindo ao juiz imenso arbítrio para analisá-la e aplicá-la. Diz a lei constituir-se atenuante qualquer *circunstância relevante*, ocorrida *antes* ou *depois* do crime, mesmo que não esteja expressamente prevista em lei. Alguns a chamam de atenuante da *clemência*, pois o magistrado pode, especialmente o juiz leigo no Tribunal do Júri, levar em consideração a indulgência para acolhê-la. Um réu que tenha sido violentado na infância e pratique, quando adulto, um crime sexual (circunstância relevante anterior ao crime) ou um delinquente que se converta à prática constante da caridade (circunstância relevante depois de ter praticado o delito) podem servir de exemplos.

---

123. *A codelinquência no direito penal brasileiro*, p. 71.
124. Apud Esther de Figueiredo Ferraz, op. cit., p. 82.
125. Cf. LOPES, Jair Leonardo, *Curso de direito penal*, p. 220.

Retorna à nossa memória caso concreto que tivemos oportunidade de acompanhar na presidência de sessão do Tribunal do Júri da Capital de São Paulo: um determinado rapaz ingressou em uma danceteria e, à vista de todos, disparou sua arma na vítima, desafeto seu, matando-o; imediatamente perseguido por amigos do ofendido, foi alcançado e levou dos vingadores aproximadamente treze tiros, que quase o mataram. Ficou internado por vários meses, recuperando-se das lesões sofridas e, quando teve alta, constatou-se ter sofrido prejuízos irreparáveis, que o incapacitavam para várias tarefas. Julgado pelo Tribunal do Júri, proposto o quesito pela defesa, o Conselho de Sentença reconheceu a atenuante inominada de *circunstância relevante posterior ao crime*, proporcionando a atenuação da pena.

Além disso, no mesmo contexto, é preciso considerar que qualquer delinquente que tenha sofrido algum mal, depois da prática da infração penal, deve ter a sua pena reduzida em função da atenuante inominada, pois a pena aplicada, nessa situação, teria a função de "compensação subsidiária".[126]

Vale, ainda, mencionar a posição que defende a adoção da coculpabilidade, como fator de constituição da atenuante inominada prevista no art. 66. Na ótica de Zaffaroni e Pierangeli, cuida-se de um juízo de reprovação a ser feito tanto sobre o autor do ilícito penal quanto sobre o Estado, que não lhe teria assegurado as condições de igualdade e de oportunidade para o desenvolvimento de sua personalidade. Esclarecem que "há sujeitos que têm um menor âmbito de autodeterminação, condicionado desta maneira por causas sociais. Não será possível atribuir estas causas sociais ao sujeito e sobrecarregá-lo com elas no momento da reprovação de culpabilidade". Assim, deveria haver a aplicação da atenuante inominada do art. 66.[127]

Essa visão não nos parece a melhor, pois, embora se possa concluir que o Estado deixa de prestar a devida assistência à sociedade, em muitos sentidos, não é por isso que nasce qualquer justificativa ou amparo para o cometimento de delitos, implicando em fator de atenuação necessária da pena. Aliás, fosse assim, existiriam muitos outros "coculpáveis" na rota do criminoso, como os pais que não cuidaram bem do filho ou o colega na escola que humilhou o companheiro de sala, tudo a fundamentar a aplicação da atenuante do art. 66 do Código Penal, vulgarizando-a. Esses exemplos narrados podem ser considerados como fatores de impulso ao agente para a prática de uma infração penal qualquer, mas, na realidade, em última análise, prevalece a sua própria vontade, não se podendo contemplar tais circunstâncias como suficientemente *relevantes* para aplicar a atenuante.

Há de existir uma causa efetivamente importante, de grande valor, pessoal e específica do agente – e não comum a inúmeras outras pessoas, não delinquentes, como seria a situação de pobreza ou o descaso imposto pelo Estado – para implicar na atenuação da pena. Ressalte-se que os próprios autores que defendem a sua aplicação

---

126. Cf. Choclán Montalvo, *Individualización judicial de la pena* – Función de la culpabilidad y la prevención en la determinación de la sanción penal, p. 185.

127. *Manual de direito penal brasileiro – Parte geral*, p. 613.

admitem não possuir essa circunstância sustentação expressa no texto legal do Código Penal.[128]

A pobreza extrema ou fatores de desigualdade social podem até ser levados em conta pelo magistrado, no caso concreto, mas no contexto das circunstâncias judiciais, inclusive para a verificação da personalidade do réu. Na hipótese prevista no art. 66, deve-se buscar uma circunstância específica relevante, que envolva *determinado* réu em julgamento e não um número imenso de outros acusados, praticamente generalizando a sua aplicação.

Em países como o Brasil, onde o universo de acusados da prática de crimes é, majoritariamente, formado de pessoas carentes e pobres, a atenuante seria usada sem qualquer critério objetivo, porquanto a lei, nesse artigo, não lhe deu esse matiz, nem lhe fixou tal utilidade. Oportuna é a observação de Von Hirsch, comentando a inadequação da utilização da pobreza como atenuante: "Se os índices do delito são altos, será mais difícil tornar a pobreza uma atenuante que diminua o castigo para um grande número de infratores. Recorrer a fatores sociais pode produzir justamente o resultado oposto: o ingresso em considerações de risco que ainda piorem a situação dos acusados pobres. (...) Não seria fácil, nem mesmo em teoria, determinar quando a pobreza é suficientemente grave e está suficientemente relacionada com a conduta concreta para constituir uma atenuante".[129]

▶ **Não cabimento da atenuante**

Superior Tribunal de Justiça

- "O fato de o agravante ser paraplégico não constitui circunstância relevante que possa levar à atenuação da pena, nos termos do art. 66 do Código Penal, como bem ponderou a Corte de origem. Ademais, para se concluir pela incidência da atenuante inominada em questão seria necessário rever o conjunto fático-probatório dos autos, inviável na via estreita do *habeas corpus*" (AgRg no HC 504.043/SP, 5.ª T., rel. Ribeiro Dantas, 15.08.2019, v.u.).

▶ **Cabimento da atenuante**

Superior Tribunal de Justiça

- "1. A previsão contida no art. 66 do Código Penal diz respeito a circunstância não listada nos demais dispositivos do Estatuto Repressivo que tratam do tema, mas que permite ao juiz atenuar a sanção quando tiver notícia de fato que diminua a culpabilidade do agente. 2. No caso, o envolvimento amoroso entre a vítima e o paciente, por três meses, do qual resultaram relações sexuais consentidas, muito embora não sirva para afastar a tipicidade do delito de estupro de vulnerável, em razão da presunção absoluta de vulnerabilidade da vítima – que contava com 13 anos à época dos fatos –, é circunstância relevante que deve ser considerada em

---

128. Op. cit., p. 839.
129. *Censurar y castigar*, p. 154 e 165.

favor do acusado, para reduzir-lhe a pena, por se enquadrar na previsão contida no art. 66 do Código Penal" (HC 410.873/SC, 5.ª T., rel. Jorge Mussi, 06.03.2018, v.u.).

7.2.4 Compensação e quantum *das agravantes e atenuantes*

Questão tormentosa é estabelecer o *quantum* das agravantes e atenuantes, pois a lei apenas mencionou, genericamente, que o juiz, presente qualquer circunstância do art. 61, deve *agravar* a pena, valendo o mesmo para as circunstâncias previstas no art. 65, que levam à *atenuação* da pena. Entretanto, em que bases e com quais valores trabalhará o magistrado?

Reiterando e prosseguindo com a exposição realizada no item 7.2, a opção por um percentual fixo, em nosso sentir, é a melhor estratégia, evitando-se, inclusive, critérios pessoais abusivos, seja para aumentar, seja para diminuir a pena. Por outro lado, é possível até mesmo argumentar com a frustração da aplicação de agravante ou atenuante, caso o julgador não possua um critério uniforme para tanto. Ilustremos, agora, com o latrocínio, cuja pena-base foi fixada em 25 anos. Em seguida, pretende o julgador reduzir a pena em virtude de alguma atenuante. Na ausência de critério predeterminado, poderia o juiz baixar a pena em seis meses, resultando, então, 24 anos e 6 meses de reclusão, o que se nos afigura frustrante, pois não se levou em conta a importância da causa genérica de diminuição de pena. O mesmo ocorreria se, em virtude da existência de alguma agravante, o magistrado elevasse a pena em 6 meses, totalizando 25 anos e 6 meses. Ora, não é para isso que a causa legal de agravação da pena foi prevista. Contrastando a pena-base (25 anos) e o singelo aumento de seis meses, encontramos um resultado insignificante.

Por tais motivos, é fundamental o estabelecimento de um padrão, que pode ser, por exemplo, o de um sexto para toda e qualquer agravante/atenuante reconhecida. Um sexto é o menor valor de aumento ou diminuição, quando previstos pelo legislador, no tipo derivado.[130]

Nesse prisma, torna-se perfeitamente possível compensar agravantes e atenuantes. A presença concomitante de uma agravante e de uma atenuante pode levar à anulação de qualquer aumento ou diminuição, permanecendo a pena-base no seu patamar original. Não é demais ressaltar, no entanto, que o art. 67 cuidou do *concurso* de circunstâncias agravantes e atenuantes, fornecendo um critério para o julgador.

Quando estiverem presentes, concomitantemente, agravantes e atenuantes, deve o juiz aproximar-se do limite indicado pelas *circunstâncias preponderantes* e são assim consideradas aquelas que dizem respeito aos motivos determinantes do crime, à personalidade do agente e à reincidência. Logo, no conflito entre a agravante da reincidência (preponderante, por força de lei) e uma atenuante qualquer (não preponderante), deve o magistrado elevar a pena-base.

Essa elevação ou diminuição, indicada pela preponderância, depende do critério usado pelo magistrado em relação ao *quantum* de cada agravante ou atenuante.

---

130. Consultar a pesquisa constante do apêndice para checar os valores com os quais trabalham os magistrados, na prática, ao aplicarem agravantes e atenuantes.

Adotando-se o montante de um sexto para cada agravante ou atenuante, no confronto entre uma preponderante e uma não preponderante, o juiz pode elevar ou diminuir um oitavo. Exemplo: no confronto da agravante da reincidência (preponderante) e da atenuante inominada (não preponderante), o magistrado eleva a pena, na segunda fase, em um oitavo, em lugar de um sexto. Faz-se o mesmo para diminuir. A atenuante preponderante em confronto com a agravante não preponderante leva à redução da pena.

O norteamento não é rígido, pois cabe ao juiz estabelecer quais são exatamente as preponderantes, visto que não há nenhuma agravante ou atenuante diretamente vinculada à personalidade do agente. Cuida-se de hipótese a ser trabalhada e construída pelo julgador no momento de avaliar cada uma delas. É possível, portanto, que, fruto de uma personalidade forte, erguida em bases de franqueza e sinceridade, consequentemente de valoração positiva, alguém confesse espontaneamente a autoria de um delito. Torna-se a atenuante da confissão uma daquelas a ser considerada preponderante, pois vinculada à personalidade. Em confronto com uma agravante não preponderante, deve levar o juiz a reduzir a pena-base.

Quando uma agravante preponderante se chocar com uma atenuante igualmente preponderante, segundo nos parece, evitando-se soluções contraditórias e ilógicas, deve haver compensação. A pena-base permanece em seu patamar original, sem acréscimo ou redução.

Duas ou mais agravantes em confronto com duas ou mais atenuantes devem provocar a compensação, na exata medida daquelas que, por seu maior número, preponderarem.

José Antonio Paganella Boschi, comentando o *quantum* das agravantes e atenuantes, mostra-se simpático ao estabelecimento de um montante fixo, considerando-se um sexto, para o aumento ou diminuição, mas, em sentido diverso do que propomos, defende que esse valor seja o teto para utilização pelo juiz, enquanto o mínimo seria de um dia.[131] Com isso, como já salientamos linhas acima, não se pode aquiescer, tendo em vista que a fixação de um aumento de apenas um dia, ao reconhecer uma agravante, pode levar à negativa de aplicação da lei. Se o legislador determina que, havendo agravante, a pena *será* aumentada, não se pode considerar fiel cumprimento da norma a elevação de um dia em uma pena, por exemplo, de 6 anos. Diga-se o mesmo quanto à atenuação de um dia, em pena que some vários anos.

Outra cautela que Boschi recomenda é haver, primeiramente, o aumento imposto pela agravante, para, depois, proceder o juiz à diminuição, havendo atenuante.[132] Justifica o procedimento para evitar que a atenuante deixe de ser aplicada, caso considerada em primeiro lugar e estando a pena-base fixada no patamar mínimo, que não pode ser rompido. Ora, concordamos que os limites mínimo e máximo não podem ser ultrapassados, quando reconhecidas agravantes e atenuantes, mas não há sentido em se proceder dessa maneira. Se as agravantes e atenuantes podem ser compensadas, tanto faz qual se leva em conta em primeiro plano, pois ela será anulada por outra, em

---

131. *Das penas e seus critérios de aplicação,* p. 279.
132. Op. cit., p. 281.

sentido oposto. Assim, nunca haverá a situação conflitante supramencionada de ser o juiz levado a não fixar a atenuante – quando analisada em primeiro lugar – porque a pena-base já se encontra no mínimo, mas, em seguida, aumentar a pena em face da presença de agravante.

Se forem apenas duas – uma atenuante e uma agravante – elas se compensam e a pena não sairá do mínimo. Se houver, dentre elas, uma preponderante, a pena será aumentada apenas (caso seja preponderante a agravante) ou permanecerá no patamar mínimo (caso seja preponderante a atenuante). Enfim, tanto faz a ordem de consideração das agravantes e atenuantes, pois não haverá importância ou resultado prático, levando-se em conta que se compensam, quando necessário.

▶ **Compensação entre agravante e atenuante**

Superior Tribunal de Justiça

- "IV – Embora reconhecida a atenuante da confissão no presente caso, é inviável a compensação integral com a agravante, considerando que o paciente é efetivamente multirreincidente. Com efeito, em se tratando de agente que ostenta mais de uma sentença configuradora de reincidência, a compensação deve ser parcial. Assim, demonstrada a multirreincidência, o paciente faz jus à compensação parcial, de forma que nenhuma censura merece o *quantum* estabelecido pelas instâncias ordinárias, que se mostra proporcional" (AgRg no HC 710.909/SP, 5.ª T., rel. Jesuíno Rissato (Desembargador convocado do TJDFT), 08.03.2022, v.u.).

7.2.5 Compensação das circunstâncias judiciais e legais

A compensação somente pode acontecer dentro da mesma fase, sob pena de se frustrar o sistema trifásico estabelecido em lei. Assim, quando o juiz estiver ponderando as circunstâncias judiciais, pode compensar, por exemplo, os maus antecedentes do agente com o motivo nobre para a prática do crime.

Na segunda fase, pode compensar a atenuante da confissão com a agravante de crime contra irmão, ou a atenuante do crime cometido sob a influência de multidão, em tumulto, com a agravante de meio de que possa resultar perigo comum.

Para a terceira fase, o sistema de compensação ganha relevo especial e será visto em tópico separado. É vedada, no entanto, a compensação envolvendo fases diversas. Exemplo: não pode o juiz compensar os maus antecedentes (circunstância judicial) com a confissão espontânea (circunstância legal, que configura atenuante).

▶ **Compensação incabível entre as fases**

Superior Tribunal de Justiça

- "3. Descabida a pretensão de compensar circunstância atenuante, cuja análise é feita na segunda fase da dosimetria, com circunstância judicial analisada na primeira fase, por ofensa ao sistema trifásico, por meio do qual deve ser fixada a

182 INDIVIDUALIZAÇÃO DA PENA – Nucci

pena, nos termos do art. 68 do Código Penal" (AgRg nos EDcl no REsp 1.948.382/MA, 6.ª T., rel. Sebastião Reis Júnior, 16.11.2021, v.u.).

7.2.6 Limite da pena quando incidentes atenuantes e agravantes

As circunstâncias legais – atenuantes e agravantes – não constituem partes integrantes do tipo penal incriminador; figuram na Parte Geral do Código Penal para uso em qualquer infração penal, em caráter genérico.

Por não fazerem parte do tipo, desnecessário incluí-las na peça acusatória, pois o acusado não se defende de sua eventual incidência. Elas podem ser aplicadas de ofício pelo magistrado na sentença condenatória; as partes as conhecem e delas podem fazer uso, conforme a coleta de provas nos autos, diretamente em suas alegações finais, pleiteando ao julgador a sua fixação.

Desse modo, elas devem respeitar os limites estabelecidos pela lei, em relação ao máximo e ao mínimo da pena. O juiz pode lançá-las apenas dentro da faixa prevista no preceito sancionador (ex.: no homicídio simples, as agravantes e atenuantes podem provocar o aumento ou a redução da pena entre seis e vinte anos apenas).

Outro motivo relevante para que não rompam os limites mínimo e máximo abstratamente previstos para a pena liga-se à inexistência de expressa quantidade legal para operar a elevação ou diminuição da sanção penal. Determinar-se que o magistrado agrave ou atenue a pena, quando tais causas estiverem presentes; o *quantum* fica ao critério judicial. Evitando fornecer o montante, não há determinação para atingir um certo grau (ex.: aumentar um terço; diminuir dois terços), razão pela qual deve o juiz pautar-se pelos valores mínimo e máximo do tipo incriminador.

Se a pena-base for fixada no mínimo legal, ainda que existam atenuantes, desse piso não pode o juiz afastar-se. Diga-se o mesmo das agravantes; atingindo a pena o teto, ainda que elas estejam presentes, não se pode ultrapassar o máximo.

No campo das atenuantes, maior polêmica surgiu, em função do direito de defesa e do princípio da prevalência do interesse do réu. Porém, a Súmula 231 do Superior Tribunal de Justiça é clara a respeito: "A incidência da circunstância atenuante não pode conduzir a redução da pena abaixo do mínimo legal".

▶ **Validando a Súmula 231**

Superior Tribunal de Justiça

- "Quanto à redução da pena intermediária para aquém do piso legal, em decorrência do reconhecimento de circunstâncias atenuantes, ressalto que ambas as Turmas da Terceira Seção do Superior Tribunal de Justiça têm julgados recentes no sentido de que, sendo fixada a pena-base no mínimo legal previsto, é inviável a redução da pena pelo reconhecimento de quaisquer das circunstâncias atenuantes do rol do art. 65 do Código Penal, como dispõe a Súmula n. 231 do STJ. Desse modo, é incabível, pois, a superação de referido entendimento sumular, porquanto sua aplicação representa a jurisprudência pacífica e atualizada do STJ sobre a matéria. Precedentes" (AgRg no HC 708.473/PB, 5.ª T., rel. Reynaldo Soares da Fonseca, 14.12.2021, v.u.).

CAP. 7 • FASE PRIMÁRIA, SEGUNDO O MÉTODO TRIFÁSICO | 183

7.3 Aplicação das causas de aumento e diminuição da pena

7.3.1 Causas de aumento da Parte Geral

Tem-se por únicas causas de aumento previstas na Parte Geral do Código Penal as referentes ao concurso de crimes. Entretanto, a bem da verdade, não são propriamente causas de aumento em caso algum.

O concurso material é apenas a soma das penas, quando vários crimes forem cometidos: "quando o agente, mediante mais de uma ação ou omissão, pratica dois ou mais crimes, idênticos ou não, aplicam-se cumulativamente as penas privativas de liberdade em que haja incorrido" (art. 69, CP). Logo, inexiste aumento, que seria aplicável na terceira fase, após a consideração das circunstâncias judiciais e das agravantes e atenuantes.

O concurso formal é um nítido benefício ao acusado que tenha, através de uma só ação ou omissão, provocado a concretização de dois ou mais crimes, aplicando-se-lhe a mais grave das penas (se iguais, apenas uma delas), aumentada, em qualquer situação, de um sexto até a metade (art. 70, CP). Nota-se, pois, que o concurso formal é uma causa aparente de aumento, mas, na essência, evita que a pena do agente seja somada, afinal, ele cometeu mais de um crime. Poderíamos denominar o concurso formal de causa de aumento imprópria.

O crime continuado não foge à regra de ser um benefício ao réu e não uma autêntica causa de aumento da pena. A prática de vários delitos que, por serem da mesma espécie, em condições de tempo, lugar, maneira de execução e outras semelhantes, levam à conclusão de serem os subsequentes uma mera continuação do primeiro, faz com que, conforme preceito legal, o juiz aplique somente a pena de um dos crimes (houve mais de um, portanto) – a mais grave, se existir –, aumentada de um sexto a dois terços. Assim, trata-se de causa de aumento imprópria, pois não eleva em verdade a pena, ao contrário, o crime continuado favorece o agente, causando a *diminuição* real da sanção penal.

O *concurso de crimes* está inserido na Parte Geral do Código Penal como configurador de causas de aumento de pena – ao menos o concurso formal e o crime continuado.

7.3.2 Causas de diminuição da Parte Geral

As causas de diminuição da pena, previstas na Parte Geral do Código Penal, podem ser componentes do tipo derivado, como ocorre com a tentativa, implicando diminuição obrigatória da pena de um terço a dois terços, além de, necessariamente, compor a descrição típica do delito. Por outro lado, há causas de diminuição não participantes do tipo, mas que devem ser consideradas pelo juiz, por imposição legal, como acontece com o erro de proibição inescusável ou com o arrependimento posterior.

7.3.2.1 Critério de diminuição da pena na tentativa

O enfoque para o cálculo da causa de diminuição da pena cinge-se, exclusivamente, ao *iter criminis* (percurso criminoso) do agente, desde o princípio da execução até a consumação.

Quanto mais distante da consumação ficar o agente, quando for interrompido por causas estranhas à sua vontade, maior deve ser a diminuição da pena. Quanto mais próximo chegar da consumação, ao ser interrompido, menor a diminuição.

Por isso, cuidando-se de tentativa perfeita (quando o agente esgota todos os atos executórios, mas, mesmo assim, a consumação não ocorre), tem-se o transcurso de quase todo o *iter criminis*, gerando diminuição mínima da pena.

Tratando-se de tentativa imperfeita (quando o agente ainda tem muito a fazer, no tocante a atos executórios, ao ser interrompido), tem-se o transcurso de relativo *iter criminis*, provocando diminuição maior da pena.

É preciso, no entanto, evitar qualquer confusão entre o momento consumativo e a individualização da pena, que não se confundem. Em primeiro plano, na sentença condenatória, o julgador deve decidir se o delito se consumou ou não. Após, estabelecida a tipificação final – tentativa, por exemplo – passa-se a avaliar o *iter criminis* para fins de graduar a diminuição.

▶ Critério para a diminuição da pena

Supremo Tribunal Federal

- "O princípio constitucional da individualização da pena não tem relação com a definição do momento consumativo do delito." (HC 108.678/RS, 1.ª T., j. 17.04.2012, m.v., rel. Rosa Weber).

Superior Tribunal de Justiça

- "1. Na escolha do *quantum* de redução da pena, em razão da tentativa (art. 14, inciso II, do Código Penal), o magistrado deve levar em consideração somente o *iter criminis* percorrido, ou seja, quanto mais próxima a consumação do delito, menor será a diminuição, o que foi devidamente observado no caso concreto" (AgRg no HC 710.290/SP, 5.ª T., rel Reynaldo Soares da Fonseca, 08.02.2022, v.u.).
- "3. O Código Penal, em seu art. 14, II, adotou a teoria objetiva quanto à punibilidade da tentativa, pois, malgrado semelhança subjetiva com o crime consumado, diferencia a pena aplicável ao agente doloso de acordo com o perigo de lesão ao bem jurídico tutelado. Nessa perspectiva, a jurisprudência desta Corte adota critério de diminuição do crime tentado de forma inversamente proporcional à aproximação do resultado representado: quanto maior o *iter criminis* percorrido pelo agente, menor será a fração da causa de diminuição" (AgRg no HC 708.681/SP, 5.ª T., rel. Ribeiro Dantas, 08.02.2022, v.u.).

7.3.3 *Causas de aumento e de diminuição da Parte Especial*

Existindo para determinados crimes apenas, as causas de aumento e de diminuição específicas constam no tipo penal incriminador, levando à elevação ou redução obrigatória da pena, ainda que rompa o mínimo ou o máximo, abstratamente previstos no preceito secundário.

Portanto, se no homicídio e na lesão existe a possibilidade de redução da pena, abaixo do mínimo, quando o agente age sob domínio de violenta emoção, logo após injusta provocação da vítima (arts. 121, § 1.º, 129, § 4.º, CP), tal não se dá em outro tipo penal. Diga-se o mesmo da causa de aumento específica dos delitos contra a liberdade sexual de ser o agente tio da vítima (art. 226, II, CP), que não envolve outros tipos penais.

7.3.4 Compensação de causas de aumento e diminuição

Todas as causas de aumento e de diminuição previstas na Parte Geral do Código Penal devem ser aplicadas, sem possibilidade de compensação. As previstas na Parte Especial, entretanto, podem concorrer entre si, admitindo compensação da seguinte forma: tratando-se de duas ou mais causas de aumento ou duas ou mais causas de diminuição, o juiz pode aplicar a mais ampla delas ou todas (art. 68, parágrafo único, CP). Ex.: no crime de incêndio (art. 250), tendo sido praticado com o intuito de obter vantagem pecuniária em proveito próprio (§ 1.º, com aumento de 1/3) e tendo causado lesão grave para a vítima (art. 258, com aumento de metade), o juiz pode aplicar as duas causas de aumento ou somente a mais grave.

Quanto ao critério para efetuar os aumentos e as diminuições, há, fundamentalmente, três posições a respeito:

1ª) todas as causas de aumento e de diminuição devem incidir sobre a pena extraída da 2.ª fase da fixação, isto é, após o lançamento das agravantes e das atenuantes sobre a pena-base. Ex.: chegando à pena de 6 anos de reclusão pela prática de um roubo (os limites do art. 157 estão fixados entre 4 e 10), ao levar em conta o disposto nos arts. 59, 61 e 65, o juiz passará a considerar as eventuais causas de aumento. Imaginando-se existirem duas – emprego de arma de fogo e continuidade delitiva –, os aumentos incidirão sobre os 6 anos. Portanto, 6 mais 2 (1/3 do art. 157, § 2.º) formam 8 anos. Aumentando-se mais 1 ano, por haver continuidade delitiva (1/6 advindo do art. 71), a pena vai para 9 anos de reclusão. O mesmo critério é usado para as causas de diminuição;

2ª) todas as causas incidem umas sobre as outras. No mesmo exemplo: dos 6 anos encontrados na 2.ª fase, o juiz passará a considerar as causas de aumento umas sobre as outras (*juros sobre juros*). Assim, 6 anos mais 2 (1/3 do art. 157, § 2.º) somam 8 anos; sobre os 8 acrescenta-se 1/6, totalizando 9 anos e 4 meses de reclusão. O mesmo critério é usado para as causas de diminuição;

3ª) as causas de aumento incidem sobre a pena extraída da 2ª. fase e as de diminuição incidem umas sobre as outras. Este último critério é uma tentativa de conciliação.[133]

Nota-se que o segundo critério faz com que, em caso de aumento, a pena atinja patamar mais elevado, justamente porque há a incidência de uma causa sobre outra. Em compensação, o primeiro critério, quando for caso de diminuição, poderá conduzir à pena *zero*. Exemplo disso: de um montante de 6 meses, o juiz deve extrair duas causas de diminuição (ambas de metade). Ora, aplicadas as duas sobre 6 meses, o magistrado encontrará o seguinte resultado: 6 meses menos 3 meses leva a 3 meses;

---

133. Cf. SHECAIRA e CORRÊA JUNIOR, por entenderem ser o mais favorável ao réu ao elevar a pena, evitando-se, no processo de diminuição, atingir a indevida *pena-zero* (*Teoria da pena*, p. 283).

novamente subtraindo 3, chegará a zero. Logo, o réu seria condenado e não teria pena a cumprir. Poderia até o Estado ficar em débito, no caso de duas diminuições de 2/3: 6 anos menos 4 é igual a 2; novamente subtraindo 4, a pena seguiria para menos 2 anos. Tendo em vista o grave inconveniente da chamada *pena zero*, o primeiro critério não pode ser adotado na íntegra. O terceiro, por sua vez, não oferece um método seguro: para aumentar, faz-se de um modo; para diminuir, utiliza o juiz outra forma.

Parece-nos – e é majoritário esse entendimento – ser adequado o segundo: as causas de aumento e de diminuição são aplicadas umas sobre as outras. Evita-se a inoportuna *pena zero* e cria-se um método uniforme para aumentar e diminuir a pena igualitariamente. Aliás, justamente porque o segundo critério é dominante, não se admite que existam compensações entre causas de aumento e de diminuição. Quando o juiz for aplicar um aumento de 1/3 e uma diminuição de 1/3, por exemplo, não poderá compensá-los, anulando-os. Eis o motivo: se a pena extraída da 2.ª fase for de 6 anos, aplicando-se um aumento de 1/3, alcança-se a cifra de 8 anos. Em seguida, subtraindo-se 1/3, segue-se para a pena de 5 anos e 4 meses. Portanto, é incabível compensar as duas.

7.3.5 Concurso de crimes

No caso de concurso de crimes, é preciso delimitar qual das hipóteses dos artigos 69, 70 e 71 foi preenchida para que, na última etapa de aplicação da pena, faça-se valer tais regras.

Havendo concurso material (mais de uma ação ou omissão, determinando mais de um resultado), cabe ao julgador promover a *soma* das penas (art. 69, CP), após *individualizar* um a um dos crimes constantes da condenação. Se o agente comete três roubos, em concurso material, cabe ao juiz fixar a pena de cada um deles para, ao final, promover a soma. É incorreto somar as penas-base de todos e, depois, providenciar a individualização conjunta.

Tratando-se de concurso formal (uma ação ou omissão, resultando mais de um resultado), deve o magistrado proporcionar a *unificação* e *exasperação* da pena. Caso o agente tenha praticado três lesões corporais, em concurso formal, compete ao julgador fixar a pena de cada uma delas, eleger a mais grave e tomá-la como base para aplicar a exasperação de um sexto até a metade (art. 70, CP). Torna-se incorreto servir-se da pena-base de uma das lesões e individualizá-las em conjunto para, ao final, inserir o aumento do concurso formal.

Cuidando-se de crime continuado (mais de uma ação ou omissão gerando mais de um resultado, respeitados os requisitos do art. 71 do CP), cabe ao julgador aplicar a *unificação* e *exasperação* da pena. Se o autor comete três furtos, em continuidade delitiva, o magistrado deve *individualizar* a pena de cada um deles; na sequência, seleciona a maior delas e aplica o aumento de um sexto a dois terços. É inválido tomar a pena-base de um dos furtos e individualizá-los em conjunto, aplicando, ao término, o aumento do crime continuado.

8

FASE SECUNDÁRIA: REGIMES DE CUMPRIMENTO DA PENA PRIVATIVA DE LIBERDADE

8.1 Regimes fechado, semiaberto e aberto

8.1.1 Regime fechado

O regime fechado caracteriza-se pelo cumprimento da pena em estabelecimento de segurança máxima ou média (art. 33, § 1.º, *a*, CP), destinando-se à pena de reclusão. Estabelece a lei que as penas fixadas em montante acima de oito anos devem ser iniciadas em regime fechado (art. 33, § 2.º, *a*). Nada impede o magistrado, no entanto, de fixar a condenados por penas inferiores, igualmente, o mesmo regime fechado inicial, desde que seja respeitado o processo de individualização (art. 33, § 3.º).

Por outro lado, cumpre destacar ter o Código Penal estabelecido a obrigatoriedade de início da pena no regime fechado a todos os condenados reincidentes, ainda que a pena fixada seja inferior a oito anos (art. 33, § 2.º, *b* e *c*). Essa previsão encontra-se atenuada, entretanto, pela Súmula 269 do Superior Tribunal de Justiça ("É admissível a adoção do regime prisional semiaberto aos reincidentes condenados a pena igual ou inferior a quatro anos se favoráveis as circunstâncias judiciais"). E mais, atualmente, a Lei 8.072/90 (Lei dos Crimes Hediondos) determina ser fechado o regime obrigatório inicial para o cumprimento da pena (art. 2.º, § 1.º), o que será analisado em tópico à parte.

As regras do regime são previstas não somente no Código Penal, mas também na Lei de Execução Penal. Deve o condenado, ao ingressar no estabelecimento penitenciário, ser submetido a exame criminológico de classificação para individualização da execução (arts. 5.º e 6.º, Lei 7.210/84). Fica sujeito a trabalho durante o período diurno, preenchendo o tempo e cultivando positivas atividades laborativas, a permitir a reeducação e o (re)aprendizado de uma profissão, bem como está sujeito a isolamento no período noturno, evitando-se a permissividade e promiscuidade, típicas das celas abarrotadas de presos. Veda-se, com isso, inclusive, as associações indevidas e as conversações a respeito da prática de crimes.

O trabalho será exercido conforme as aptidões do sentenciado, em atividades comuns, admitindo-se, excepcionalmente, o trabalho externo, desde que em serviços e obras públicas, sob vigilância. Em caráter eventual, pode-se admitir o trabalho em entidades privadas, com o consentimento expresso do preso (art. 36, § 3.º, LEP).

O local específico para o cumprimento da pena do condenado em regime fechado deve ser cela individual, contendo dormitório, aparelho sanitário e lavatório, com salubridade e área mínima de seis metros quadrados (arts. 87 e 88, LEP), não se devendo permitir o cumprimento em cadeia pública, destinada primordialmente a presos provisórios (art. 102, LEP).

Naturalmente, quando o Poder Executivo deixa de cumprir a lei, não assegurando ao preso a dignidade merecida como pessoa humana, largando-o em situação deplorável, colocado em celas insalubres, superlotadas e sem condições mínimas de sobrevivência, está arranhando preceito constitucional, prevendo o respeito à integridade física e moral do preso (art. 5.º, XLIX, CF), além do que é nitidamente cruel essa forma de reprimenda (art. 5.º, XLVII, *e*, CF). De nada adianta o Estado proibir, no papel, diversas espécies de penas consideradas desumanas (morte, perpétua, trabalhos forçados, banimento, cruéis), adotando, na prática, um regime fechado completamente dissociado do ideal legal. Torna-se difícil sustentar que a pena privativa de liberdade está falida e não produz efeito algum na reeducação do condenado se não há o implemento concreto do projeto fixado em lei para essa finalidade.[1]

Observa-se, muitas vezes, no Brasil, que boas ideias ou leis são rechaçadas, modificadas ou revogadas simplesmente porque não se conseguiu apoio político para sua implementação, pelas mais variadas razões. Uma delas certamente é a pouca visibilidade que o investimento maciço, porém necessário, no sistema penitenciário como um todo traz ao governante. Por outro lado, cumpre destacar a ausência de um projeto de conscientização da população em geral de que o preso também merece, como qualquer brasileiro, condições dignas de vida e sobrevivência. Essa lacuna pro-

---

1. Acentua, com razão, Boschi: "Torna-se imperioso, por conseguinte, enquanto não surgir um substitutivo à altura para a prisão-pena, que a sociedade reclame do Estado o cumprimento de seus deveres institucionais, como preveem, aliás, diversos dispositivos da Lei de Execuções Penais, assegurando direitos, aportando recursos suficientes para o treinamento dos agentes penitenciários e o preenchimento das vagas abertas pelas aposentadorias, para a melhoria da infraestrutura das prisões, de modo que a execução da pena se realize dentro dos padrões mínimos de dignidade e de humanidade. (...) Uma coisa, então, é dizer-se que a pena de prisão está falida ou que pode vir a ser reduzida aos casos de necessidade extrema, ou ainda, que pode vir a ser substituída por alternativas mais humanas, como propõem os minimalistas e os abolicionistas, respectivamente; outra é denunciar-se a omissão das autoridades na garantia dos direitos dos presos e no aporte de recursos compatíveis com as necessidades das penitenciárias, que, desse modo, não conseguem, por melhor que seja a vontade de seus poucos funcionários, despertar nos condenados o desejo íntimo de mudança e de reintegração ao mundo livre" (*Das penas e seus critérios de aplicação*, p. 161-162).

voca, como consequência, a má vontade do político, encarregado de aprovar e aplicar verbas na (re)construção dos presídios, porque simboliza privilegiar desocupados e delinquentes, autênticos párias, na equivocada visão de muitos.

O círculo se torna viciado, sem dúvida, a partir do momento em que o Poder Executivo, com a cumplicidade do Legislativo, deixa de promover o investimento necessário nas penitenciárias e cadeias públicas justamente para não "chocar" a opinião pública, que tem considerado inútil destinar qualquer tipo de melhoria a quem é considerado infrator. E, assim sendo, o sistema prisional deteriora-se a passos largos, prejudicando a reeducação, tornando cruel o cumprimento da pena e fazendo com que o condenado não obtenha o progresso almejado. A partir daí, passa-se a sustentar a falência da pena privativa de liberdade, jamais aplicada de acordo com o previsto na lei. Não há critério nem estatística confiável para estabelecer que o regime fechado é insustentável na medida em que suas regras são precariamente aplicadas.

Uma das piores consequências da deterioração do regime fechado é a constituição de uma autêntica fonte de reincidência, cujos microfatores externos negativos, dentre outros, são a severidade no trato com o preso, o que se evidencia pela falta de preparação adequada dos agentes penitenciários, disciplina muito rigorosa, persecutoriedade, castigos imoderados, confinamento rígido, ameaças constantes, ociosidade completa.[2]

A pena privativa de liberdade no regime fechado é alternativa viável e útil, não podendo ser dispensada em grande parte dos casos, especialmente de crimes violentos, graves e chocantes, pois não há o que se fazer, a curto ou médio prazo, com determinados tipos de delinquentes. Não se pode sustentar a falência da pena privativa de liberdade, mormente no regime fechado, enquanto não se dispuser de alternativa viável e factível, longe da utopia e das arriscadas experiências idealizadas no papel, mas nunca testadas na prática.

Ressalta Antonio Pagliaro que "para os delitos mais atrozes, os cidadãos sentem que a pena adequada, exatamente por razões de justiça, não pode ser outra coisa que não a do ergástulo. Além disso, a escolha de uma pena legal inferior teria um significado político de um abaixamento da guarda face à pior delinquência, o que em um momento de criminalidade crescente certamente não pode ser aceito. E a opinião da esmagadora maioria dos italianos não pode ser desprezada em um Estado democrático".[3]

8.1.1.1 Regime disciplinar diferenciado

A Lei 10.792, de 1.º de dezembro de 2003, criou o denominado *regime disciplinar diferenciado*, que, a rigor, já se encontrava vigente no Estado de São Paulo, ao menos no presídio de segurança máxima de Presidente Bernardes, onde estavam recolhidos vários dos líderes das facções criminosas dominantes no sistema penitenciário.

---

2. Cf. Sá, *Reincidência criminal sob o enfoque da psicologia clínica preventiva*, p. 24-25.

3. Apud Dip e Moraes Jr., *Crime e castigo*, p. 87.

Vemo-nos obrigados a comentar a alteração, pois confere ao regime fechado particularidades não constantes do Código Penal, bem como porque houve a intenção de modificar o processo de individualização executória da pena.

O objetivo da alteração da Lei de Execução Penal foi aprimorar a legislação para o combate ao crime organizado e à atuação de grupos e quadrilhas dentro dos presídios.

A Lei 13.964/2019 (denominada pacote anticrime) modificou o regime disciplinar diferenciado, que ficou caracterizado pelo seguinte:[4] *a)* duração máxima de 2 anos, sem prejuízo de repetição da sanção por nova falta grave de mesma espécie; *b)* recolhimento em cela individual; *c)* visitas quinzenais, de duas pessoas por vez, a serem realizadas em instalações equipadas para impedir o contato físico e a passagem de objetos, por pessoa da família ou, quando terceiro, autorizado pelo juízo, com duração de duas horas; *d)* direito de saída da cela para banho de sol por duas horas diárias podendo conviver com até quatro presos, desde que não sejam do mesmo grupo criminoso; *e)* entrevistas monitoradas, exceto com o defensor, em instalações equipadas para impedir o contato físico e a passagem de coisas, salvo expressa autorização judicial em contrário; *f)* fiscalização de conteúdo da correspondência; *g)* participação em audiências judiciais em videoconferência, de preferência, assegurando a presença do defensor no mesmo local que o preso.

O regime é válido para condenados ou presos provisórios. Podem ser incluídos no mesmo regime os presos, nacionais ou estrangeiros, provisórios ou condenados, que apresentem alto risco para a ordem e a segurança do estabelecimento penal ou aqueles que (provisórios ou condenados) estiverem envolvidos ou participarem – com fundadas suspeitas –, a qualquer título, de organizações criminosas, quadrilha ou bando [associação criminosa, com a redação dada pela Lei 12.850/2013] (art. 52, § 1.º).

São três as hipóteses para a inclusão no RDD: *a)* quando o preso provisório ou condenado praticar fato previsto como crime doloso, conturbando a ordem e a disciplina interna do presídio onde se encontre; *b)* quando o preso provisório ou condenado representar alto risco para a ordem e a segurança do estabelecimento penal ou da sociedade; *c)* quando o preso provisório ou condenado estiver envolvido com organização criminosa, associação criminosa ou milícia, bastando fundada suspeita.

O regime disciplinar diferenciado somente poderá ser decretado pelo juiz da execução penal, desde que proposto, em requerimento pormenorizado, pelo diretor do estabelecimento penal ou por outra autoridade administrativa (por exemplo, o Secretário da Administração Penitenciária, quando houver), ouvidos previamente o membro do Ministério Público e a defesa (art. 54 e parágrafos). Embora o juiz tenha o prazo máximo de 15 dias para decidir a respeito, a autoridade administrativa, em caso de urgência, pode isolar o preso preventivamente, por até dez dias, aguardando a decisão judicial (art. 60). Os prazos, no entanto, deveriam coincidir, ou seja, se o juiz tem até 15 dias para deliberar sobre o regime disciplinar diferenciado, o ideal seria que a autoridade administrativa tivesse igualmente 15 dias para isolar o preso, quando fosse necessário. Nada impede, aliás, tudo recomenda, no entanto, que o

---

4. Como já tivemos oportunidade de expor em nosso *Código Penal comentado* (nota 32-A ao art. 34).

CAP. 8 • FASE SECUNDÁRIA: REGIMES DE CUMPRIMENTO DA PENA PRIVATIVA DE LIBERDADE | **191**

juiz, alertado de que o preso já foi isolado, decida em 10 dias, evitando-se alegação de constrangimento ilegal.

O tempo de isolamento provisório será computado no período total de regime disciplinar diferenciado, como uma autêntica detração. Observa-se a severidade inconteste do mencionado regime, infelizmente criado para atender às necessidades prementes de combate ao crime organizado e aos líderes de facções que, de dentro dos presídios brasileiros, continuam a atuar na condução dos negócios criminosos fora do cárcere, além de incitarem seus comparsas soltos à prática de atos delituosos graves de todos os tipos. Por isso, é preciso que o magistrado encarregado da execução penal tenha a sensibilidade que o cargo lhe exige para avaliar a real e efetiva necessidade de inclusão do preso no RDD, especialmente do provisório, cuja inocência pode ser constatada posteriormente.

A Lei 10.792/2003 prevê, ainda, a utilização de detectores de metais, nos estabelecimentos penais, aos quais devem submeter-se "todos que queiram ter acesso ao referido estabelecimento, ainda que exerçam qualquer cargo ou função pública" (art. 3.º). A segurança nos presídios, portanto, torna-se expressamente mais severa, devendo todos, de modo igualitário, às suas normas se sujeitar (magistrados, promotores, advogados, delegados, Secretários de Estado, Governadores etc.). O art. 4.º da mencionada Lei dispõe que os estabelecimentos penais, especialmente os que possuírem o regime disciplinar diferenciado, deverão dispor de equipamento bloqueador de telecomunicação para celulares, radiotransmissores e outros meios. Espera-se que haja a devida e suficiente destinação de verba pelo Poder Executivo para tanto, a fim de que a norma não seja considerada ineficaz. Novamente, estipula-se a missão da União Federal para a construção de presídios em local distante da condenação para recolher os condenados, no interesse da segurança pública ou do próprio sentenciado (art. 86, § 1.º, LEP). Fica claro que cabe ao juiz da execução penal definir o estabelecimento prisional adequado para o cumprimento da pena ou para abrigar o preso provisório (art. 86, § 3.º, LEP).

8.1.2 Regime semiaberto

O regime semiaberto caracteriza-se pelo cumprimento da pena em colônia agrícola, industrial ou estabelecimento similar, ficando o condenado sujeito a trabalho em comum durante o período diurno, não mais sendo necessário o isolamento durante a noite. O alojamento se dará em compartimento coletivo, desde que asseguradas as condições de salubridade do ambiente (art. 88, parágrafo único, *a*, LEP).

É admissível o trabalho externo e a frequência a cursos supletivos profissionalizantes, de instrução de segundo grau ou superior. A saída temporária é viável para visita à família, frequência aos cursos mencionados e para participação em atividades que concorram para a sua ressocialização (art. 122, LEP). Os requisitos para obter a autorização de saída estão previstos no art. 123, incisos I, II e III, da Lei de Execução Penal.

Podem ingressar, desde o início, no regime semiaberto, os condenados a penas de detenção, qualquer que seja o seu montante (art. 33, *caput*, CP), bem como os sentenciados a penas de reclusão que não ultrapassem oito anos, desde que não sejam reincidentes (para estes, reservou a lei o regime fechado, com a ressalva estabelecida pela Súmula 269 do STJ, já citada).

A receptividade do regime semiaberto é das mais favoráveis, pois o estabelecimento prisional possui custo mais barato para o Estado de uma forma geral, além de propiciar maior integração do preso com a sociedade, inclusive pelas autorizações de saída concedidas ao longo do ano, normalmente em datas especiais e festivas.

Nem todos, no entanto, têm condições de ingressar de pronto nesse regime, ainda que a pena objetivamente comporte (seja igual ou inferior a oito anos), cabendo ao juiz, no processo de individualização, a verificação da viabilidade de concessão do semiaberto.

É possível também atingir o regime semiaberto pela progressão, dentro do processo de individualização executória da pena, desde que haja merecimento, apurado pelo bom comportamento carcerário, bem como pelo exame criminológico, este último pode ser peça fundamental para os condenados por crimes violentos contra a pessoa.

8.1.3 Regime aberto

Trata-se de regime de cumprimento de pena bastante antigo, remontando, em sua origem, ao Código Penal italiano de 1889. Possui as seguintes vantagens: a) a sua sistemática semelhante à vida em liberdade propicia melhor conhecimento do progresso do condenado no seu cumprimento; b) proporciona maior senso de responsabilidade ao sentenciado; c) evita os males das enfermidades físicas e mentais dos encarcerados, bem como o problema sexual; d) há maior facilidade para encontrar trabalho, após o cumprimento da pena, já que o estigma é menor; e) são estabelecimentos mais baratos. As suas desvantagens são as seguintes: a) o risco de fuga é grande; b) a facilidade de estabelecimento de laços com o mundo exterior pode corromper o condenado; c) pode enfraquecer o caráter de prevenção geral da pena, bem como pode não representar forma adequada de retribuição ao mal causado pelo crime.[5]

No Brasil, o regime aberto, baseado na autodisciplina e senso de responsabilidade do condenado, deve ser cumprido em Casas do Albergado, prédios situados em centros urbanos, caracterizando-se pela ausência de obstáculos físicos contra a fuga (arts. 36, CP; 93 a 95, LEP), contendo lugares apropriados para cursos e palestras.

O condenado deve recolher-se à Casa durante o período noturno e nos dias de folga, estando liberado para trabalhar ou estudar fora do estabelecimento, sem qualquer vigilância, durante o dia.

Parece-nos um sistema de cumprimento de pena, para criminosos não reincidentes, cuja pena não ultrapasse quatro anos, viável e rigoroso, desde que fosse efetivamente implantado. O condenado estaria sujeito a passar todos os dias, durante a noite, recolhido ao estabelecimento, sob fiscalização, bem como nos finais de semana e outros períodos em que não estivesse laborando ou estudando. Passaria por cursos educativos, experimentando, sem dúvida, restrição à sua liberdade.

Não é o que ocorre, no entanto. Por absoluto desdém do Poder Executivo, desde a implementação da Lei de Execução Penal e da nova Parte Geral do Código Penal, não se tem notícia da concretização ideal do regime aberto por todo o Brasil.

---

5. Cf. Barja de Quiroga. *Teoría de la pena*, p. 268.

CAP. 8 • FASE SECUNDÁRIA: REGIMES DE CUMPRIMENTO DA PENA PRIVATIVA DE LIBERDADE | 193

Especificamente na cidade de São Paulo, onde se concentra o maior número de condenados, inexiste Casa do Albergado, passando o sentenciado a cumprir sua pena em regime inadequado, que é a "prisão albergue domiciliar". Esta situação – cumprir pena recolhido ao domicílio durante os períodos de folga do trabalho – foi idealizada para condenados maiores de 70 anos, acometidos de doença grave, que possuam filho menor ou deficiente físico ou mental, bem como a sentenciadas gestantes (art. 117, LEP).

Inexistindo Casa do Albergado – repita-se, por descaso dos governantes – liberalizou-se o sistema de cumprimento da pena privativa de liberdade, em regime aberto, a ponto de gerar flagrante impunidade, pois não há qualquer tipo de fiscalização.

Apregoa-se a necessidade de supressão do regime aberto, porque gerador de ineficaz sanção penal, embora jamais se tenha implantado a Casa do Albergado nos moldes apregoados pela lei penal. Como sempre, busca-se corrigir a norma, suprimindo algo idealmente correto, ao invés de cumpri-la.

8.2 Critérios de eleição do regime

A individualização da pena não significa tão somente a eleição da espécie de pena privativa de liberdade – reclusão ou detenção – e seu *quantum*, mas também e fundamentalmente o regime inicial de cumprimento, como prevê o art. 59, III, do Código Penal. Há, como exposto nos tópicos anteriores, três possibilidades de regime de cumprimento da pena privativa de liberdade: fechado, semiaberto e aberto.

Segundo determinação legal (art. 33, § 3.º, CP), deve o magistrado escolher o regime inicial com observância dos critérios previstos no art. 59 do Código Penal, ou seja, levará em consideração, embora em prisma diferenciado, as circunstâncias judiciais: culpabilidade = antecedentes, conduta social, personalidade, motivos, circunstâncias e consequências do crime e comportamento da vítima. Assim, conforme o grau de culpabilidade do acusado – maior ou menor – voltando-se o julgador ao *modo* como deverá iniciar o cumprimento da pena, elegerá o regime. É bem verdade que não pode agir de forma contraditória. Se considerou todos os elementos do art. 59 favoráveis, estabelecendo a pena no patamar mínimo, também o regime deve merecer idêntico critério, determinando-se o mais brando possível. Exemplificando: se o juiz fixou para um roubo simples a pena de quatro anos de reclusão, parece natural que tenda a estabelecer o regime inicial aberto.

Por que, então, teria a lei penal indicado exatamente as mesmas circunstâncias tanto para a fixação do *quantum* quanto para o regime inicial de cumprimento? Naturalmente porque a riqueza de conteúdo proporcionada pelos sete componentes que fornecem ao juiz a visualização da culpabilidade do réu tem diferenciados aspectos. Não é impossível que um acusado, de conduta social antecedente ao crime negativa, fator associado à sua personalidade ociosa e irresponsável, seja levado à prática de um furto qualificado.

Outras circunstâncias negativas inexistem e o magistrado entende dever prevalecer, para a eleição do *quantum* da pena, a sua situação de primário, sem qualquer antecedente criminal registrado. Prefere, pois, fixar a pena de reclusão em dois anos, mas, para o regime inicial, considerando-se que, na sua Comarca, inexiste Casa do Albergado e o destino do réu seria a impunidade representada pela prisão albergue

194 | INDIVIDUALIZAÇÃO DA PENA – Nucci

domiciliar, elege o semiaberto, que acarretaria o recolhimento em colônia penal, com obrigação de trabalhar. E mais: buscando dar uma chance ao acusado, mas não através da substituição da pena por restritiva de direitos, porque a fiscalização seria menos eficiente, concede-lhe a suspensão condicional da pena, por certo período, com a obrigação de prestar serviços à comunidade no primeiro ano. Assim fazendo, está individualizando corretamente a pena, na medida em que, a despeito de fixar a pena no mínimo legal, buscou o regime mais severo, até para fazer valer a aceitação do *sursis*, com obrigação de trabalho comunitário – lembremos que a suspensão condicional da pena é facultativa, podendo o réu recusá-la. Outro aspecto: ainda que aceite o *sursis*, tendo em vista sua personalidade preguiçosa, poderia abandonar o cumprimento da prestação de serviços à comunidade em pouco tempo, rompendo as condições da suspensão condicional da pena. O resultado seria, pois, o recolhimento inicial em colônia penal agrícola ou industrial pelo tempo fixado na pena.

Do exposto, vê-se que o juiz precisa apenas ser coerente na eleição do regime, mas não está *necessariamente* obrigado a ponderar em igualdade de condições o art. 59 para efeito do *quantum* da pena e para a determinação do regime inicial. Não fosse assim e seria mais coerente a lei ter estabelecido que o regime inicial acompanharia necessariamente os *mesmos* critérios jurídico-fáticos usados para a fixação da quantidade de pena aplicável, dentre as cominadas. Tal disposição vincularia o juiz a, aumentando a pena acima do mínimo, buscar regime mais severo. Fixando-a no mínimo legal, eleger sempre o regime mais brando.

Ademais, outras hipóteses podem ocorrer, demandando bom senso do julgador, que não deve agir, como já se disse anteriormente, de forma "mecanizada" para a individualização da pena. Imagine-se a condenação por roubo, com causa de aumento, a uma pena de oitos anos de reclusão. Iniciou-se a fixação da pena-base em seis anos, acima do mínimo legal (quatro anos), porque o réu assaltou uma creche, demonstrando insensibilidade moral, bem como em face do comportamento da parte ofendida – que, pelas suas próprias características – não ostentou nem ostenta riqueza. O roubo ocorreu com emprego de arma, elevando-se, então, a oito anos (um terço a mais) a pena. No entanto, analisando a conduta social e os antecedentes, verifica-se que o réu sempre trabalhou e não registra condenações anteriores. Pode o magistrado fixar-lhe o regime inicial semiaberto. Embora a quantidade da pena tenha sido superior ao mínimo, o regime eleito pode situar-se no patamar mais benéfico. Julga-se, para o cálculo do regime inicial de cumprimento, o ser humano que vai cumprir a pena e não o delito em si. Afinal, a individualização executória, que é a terceira parte do processo global de individualização da pena, prossegue e a finalidade a ser atingida pelo estabelecimento do regime inicial é a busca do caminho mais indicado para a ressocialização do condenado. Não existe nenhuma contradição em lhe dar quantidade de pena mais elevada que o mínimo – demonstrando a maior reprovabilidade do roubo que cometeu – ao mesmo tempo em que se procura adequá-lo ao regime mais compatível com as suas chances de recuperação.

Discordamos, por certo, daqueles que propõem a escolha do regime inicial de cumprimento da pena em razão, exclusivamente, da gravidade do crime praticado. Afirmar, portanto, que o réu praticou roubo a mão armada e tal conduta, por si só, é grave a ponto de merecer ele regime fechado é voltar os olhos ao fato unicamente e não à pessoa que o praticou. Há roubos e roubos, nem todos certa-

CAP. 8 • FASE SECUNDÁRIA: REGIMES DE CUMPRIMENTO DA PENA PRIVATIVA DE LIBERDADE | **195**

mente de igual gravidade. Ademais, é o ser humano quem vai cumprir a pena e não o "fato". Se, porventura, o roubo realizado demonstrou ter sido executado com perversidade, comprobatório de personalidade maldosa, além de se tratar de réu com antecedentes, é mais do que óbvio que, a despeito de a pena situar-se abaixo de oito anos, o regime inicial deve ser o fechado. Mas cada caso precisa ser visto *individualizadamente*, pois é o que engrandece a tarefa do julgador, em seguimento a expresso princípio constitucional.

O art. 33 do Código Penal, que cuida das penas de reclusão e detenção e dos critérios para a eleição do regime é até rigoroso demais nesse processo. Preceitua que toda pena superior a oito anos *deve* necessariamente ter início no regime fechado. Por quê? A única explicação plausível é o fundamento retributivo que ainda possui a pena no sistema brasileiro. Não se volta os olhos, nesse momento, à sua face preventiva, mormente a positiva, cuidando da meta de reeducação e ressocialização. Um criminoso passional, por exemplo, pode ser apenado ao cumprimento de dez anos de reclusão e, ainda assim, merecer iniciar a pena no regime semiaberto. O grau de periculosidade é, com certeza, menor do que outros delinquentes que matam por prazer, por ambição ou por outro motivo torpe. Entretanto, termina no regime fechado, o que indica um sistema voltado a retribuir-lhe o *mal* do crime com o *mal* da pena em regime particularmente gravoso.

Outro ponto a demonstrar o rigor do Código Penal é a obrigatoriedade de fixação do regime fechado a todo condenado que for considerado reincidente, ainda que sua pena seja inferior a quatro anos – o que indicaria, em tese, a possibilidade de estabelecimento do regime aberto. Essa determinação legal, no entanto, foi atenuada por força da edição da Súmula 269 do Superior Tribunal de Justiça: "É admissível a adoção do regime prisional semiaberto aos reincidentes condenados a pena igual ou inferior a quatro anos se favoráveis as circunstâncias judiciais". Trata-se de reparo no sistema penal feito pela jurisprudência, o que não pode ser criticado, uma vez que as constantes mudanças pontuais no Código Penal somente vêm causando perplexidade, ao invés de dar coerência e unidade ao processo de individualização da pena.

Confira-se: uma pessoa condenada a quatro anos de reclusão, reincidente, pode, achando o juiz socialmente recomendável e não se cuidando de reincidência específica, receber pena alternativa (art. 44, § 3.º, CP). Ora, teríamos, então, a seguir exatamente o que preceitua o art. 33, § 2.º, *c*, a fixação do regime inicial fechado, obrigatoriamente, embora o julgador promova, na sequência, a substituição da pena privativa de liberdade (art. 59, IV, CP) por restritiva de direitos. Há nítida contradição sistêmica, já que o regime fechado *obrigatório* imposto por lei estaria a indicar que a periculosidade de quem, reincidente, comete qualquer delito e é submetido a qualquer quantidade de pena privativa de liberdade, deve ser recolhido ao cárcere, enquanto outro dispositivo, do mesmo Código, porém advindo de reforma mais recente, estabelece linha diversa. Não somos opositores da substituição da pena privativa de liberdade, mesmo que haja fixação do regime fechado inicial, pela restritiva de direitos, quando viável. Mas isso não significa que o sistema apresente a coerência ideal.

A solução adequada seria não engessar o julgamento do magistrado, impondo, por lei, este ou aquele regime, em nítida e indevida padronização da pena, mas, por outro lado, caberia ao Judiciário fazer cessar a cultura hoje reinante e comodista de aplicação da pena sempre no mínimo – ou em torno do mínimo – desprezando os ricos critérios para o encontro da pena e do regime justos.[6]

▶ Regime de cumprimento de pena e individualização

Supremo Tribunal Federal

- "*Habeas corpus*. Impetração contra decisão de relator no Superior Tribunal de Justiça. Apreciação *per saltum*. Mitigação do óbice. Constrangimento ilegal. Tráfico de entorpecentes. Pena de 5 (cinco) anos de reclusão em regime fechado. Circunstâncias judiciais favoráveis. Possibilidade de fixação, no caso em exame, do regime semiaberto para o início de cumprimento da pena privativa de liberdade. Afastamento da prisão provisória, porquanto incompatível com o regime semiaberto. Princípio da proporcionalidade. Redutor. Tráfico privilegiado. Existência de ato infracional. Reexame de fatos e provas. Inviável. Ordem concedida parcialmente. 1. É firme a jurisprudência do Supremo Tribunal Federal no sentido de que, '[s]e as circunstâncias concretas do delito ou outros elementos probatórios revelam a dedicação do paciente a atividades criminosas, não tem lugar o redutor do § 4.º do art. 33 da Lei 11.343/2006' (HC n.º 123.042/MG, Primeira Turma, Rel. Min. Rosa Weber, *DJe* de 31/10/14). 2. Os critérios para a fixação do regime prisional inicial devem se harmonizar com as garantias constitucionais, sendo necessário haver sempre a fundamentação do regime imposto, ainda que se trate de crime hediondo ou equiparado. 3. Na situação em análise, o paciente, condenado a cumprir pena de cinco (5) anos de reclusão, ostenta circunstâncias subjetivas favoráveis, não levadas em conta quando da imposição do regime mais gravoso. 4. Ordem concedida parcialmente" (HC 195.540, 1.ª T., rel. Dias Toffoli, julgado em 03.05.2021, v.u.).

Superior Tribunal de Justiça

- "5. Tratando-se de réu primário, ao qual foi imposta pena de 6 anos de reclusão e cujas circunstâncias judiciais foram favoravelmente valoradas, sem que nada de concreto tenha sido consignado de modo a justificar o recrudescimento do meio prisional, por força do disposto no art. 33, § 2.º, alínea 'b', e § 3.º, do Código Penal, deve a reprimenda ser cumprida, desde logo, em regime semiaberto" (AgRg no HC 696.244/SP, 5.ª T., rel. Ribeiro Dantas, 07.12.2021, v.u.).

▶ Utilização do art. 59 do Código Penal

Superior Tribunal de Justiça

- "5. Na hipótese, o Agravante é primário e a reprimenda definitiva foi estabelecida em 6 (seis) anos e 27 (vinte e sete) dias de reclusão, porém a pena-base foi

---

6. Aliás, o STF considerou inconstitucional o art. 2.º, § 1.º, da Lei dos Crimes Hediondos, por estabelecer o regime fechado inicial obrigatório, afirmando ferir a individualização da pena (HC 111.840/ES, Pleno, j. 27.06.2012, m.v., rel. Dias Toffoli). Portanto, inicia-se uma nova era de interpretação, permitindo, inclusive, concluir pela inconstitucionalidade de todas as demais normas que impuserem regime inicial fechado obrigatório.

fixada acima do mínimo legal, sendo-lhe desfavorável a análise das circunstâncias judiciais previstas no art. 59 do Código Penal. Por esses fundamentos, correta a fixação do regime fechado para início de cumprimento da pena privativa de liberdade" (AgRg no HC 724.399/MS, 6.ª T., rel. Laurita Vaz, 22.03.2022, v.u.).

- "3. No presente caso, em atenção ao art. 33, § 2.º, alínea 'c', do CP, embora estabelecida a pena definitiva dos acusados em 3 anos, 4 meses e 25 dias de reclusão, houve a consideração de circunstância judicial negativa na exasperação da pena-base, fundamento a justificar a imposição de regime prisional mais gravoso, no caso, o semiaberto" (AgRg no REsp 1.977.874/SP, 5.ª T., rel. Reynaldo Soares da Fonseca, 22.02.2022, v.u.).

▶ **Pena mínima e regime mais severo**

Supremo Tribunal Federal

- "3. A fixação do regime inicial de cumprimento da pena não está atrelada, de modo absoluto, ao *quantum* da sanção corporal aplicada. Desde que o faça em decisão motivada, o magistrado sentenciante está autorizado a impor ao condenado regime mais gravoso do que o recomendado nas alíneas do § 2.º do art. 33 do Código Penal" (HC 211.195 AgR, 1.ª T., rel. Alexandre de Moraes, 21.02.2022, v.u.).

Superior Tribunal de Justiça

- "3. Consoante entendimento desta Corte Superior de Justiça, a fixação da pena-base no mínimo legal não impede a aplicação de regime mais gravoso, desde que devidamente justificado nas peculiaridades do caso analisado, tal como ocorreu na hipótese dos autos" (AgRg no HC 684.207/MS, 6.ª T., rel. Rogerio Schietti Cruz, 14.12.2021, v.u.).

▶ **Regime fechado e gravidade concreta do delito**

Superior Tribunal de Justiça

- "Não há ilegalidade na fixação do regime inicial fechado quando apontados dados fáticos suficientes a indicar a gravidade concreta do crime – na espécie, emprego de arma de fogo, concurso de agentes e privação da liberdade das vítimas –, ainda que o agente seja primário e o *quantum* da pena seja inferior a oito anos (art. 33, § 3.º, do CP)" (HC 274.004 – SP, 6.ª T., rel. Rogerio Schietti Cruz, 24.03.2015, v.u.).

▶ **Regime fechado e quantidade de drogas**

Supremo Tribunal Federal

- "3. Tráfico de drogas. 4. Possibilidade de o relator decidir monocraticamente pedido ou recurso manifestamente inadmissível, improcedente ou contrário à jurisprudência dominante ou à súmula desta Corte, nos termos do artigo 21, § 1.º, do RI/STF. Precedentes. 5. Requerimento para fixação do regime diverso do fechado para cumprimento da reprimenda. Impossibilidade. Regime mais gravoso lastreado na quantidade de droga. A decisão impugnada atende aos princípios da proporcionalidade e da individualização da pena. 6. Inexistência de argumentos capazes de infirmar a decisão agravada. 7. Agravo regimental desprovido" (HC 211.395 AgR, 2.ª T., rel. Gilmar Mendes, 11.03.2022, v.u.).

- "A natureza e a quantidade de substância entorpecente apreendida são fundamentos idôneos para a imposição de regime mais gravoso" (HC 207.715 AgR, 2.ª T., rel. Nunes Marques, 02.03.2022, v.u.).

- "1. A fixação do regime inicial de cumprimento da pena não está atrelada, de modo absoluto, ao *quantum* da sanção corporal aplicada. Desde que o faça em decisão motivada, o magistrado sentenciante está autorizado a impor ao condenado regime mais gravoso do que o recomendado nas alíneas do § 2.º do art. 33 do Código Penal. Inteligência da Súmula 719/STF. 2. As particularidades do caso concreto – notadamente no tocante à quantidade de droga apreendida (95,160 kg de maconha) – constituem fundamentação idônea para a imposição de regime mais severo (fechado), medida que se mostra adequada e necessária para a repressão e prevenção do crime. Precedentes" (HC 207.595 AgR, 1.ª T., rel. Alexandre de Moraes, 23.11.2021, v.u.).

Superior Tribunal de Justiça

- "2. A Corte de origem manteve a imposição do regime inicial fechado, com base, justamente, nas peculiaridades do caso analisado, ocasião em que salientou a elevada quantidade de drogas apreendidas e as circunstâncias em que foi praticado o crime: em contexto de tráfico interestadual (do Paraná para o Estado de São Paulo), com envolvimento de dois veículos, sendo um para o transporte das substâncias entorpecentes e outro para sua escolta" (AgRg no HC 728.354/SP, 6.ª T., rel. Rogerio Schietti Cruz, 29.03.2022, v.u.).

- "2. Hipótese em que as instâncias antecedentes concluíram pelo envolvimento do paciente com organização criminosa, levando em conta não só a expressiva quantidade de droga apreendida, 80,9 kg de maconha e 6,7 kg de *skank*, mas toda a logística na prática criminosa, que contou com o transporte oculto de droga, mediante prévia preparação do agente. 3. Embora o paciente seja primário e a pena tenha sido estabelecida em patamar inferior a 8 anos, as instâncias ordinárias justificaram a escolha do regime inicial fechado, com fundamento na quantidade de droga apreendida, conforme autoriza o art. 33, §§ 2.º e 3.º, III, 'a', do CP. Assim, não há se falar em contrariedade à Súmula 440 desta Corte" (AgRg no HC 724.398/MS, 5.ª T., rel. Ribeiro Dantas, 29.03.2022, v.u.).

- "4. No presente caso, a razoável quantidade de drogas apreendidas com o paciente – 9,358 kg (nove quilos e trezentos e cinquenta e oito gramas) de maconha (e-STJ fl. 128) – autoriza a conclusão de que sua conduta reveste-se de maior grau de reprovabilidade, a justificar a fixação de regime prisional imediatamente mais gravoso do que aquele que a quantidade de pena atrairia" (AgRg no HC 712.460/SP, 6.ª T., rel. Antonio Saldanha Palheiro, 22.03.2022, v.u.).

CAP. 8 • FASE SECUNDÁRIA: REGIMES DE CUMPRIMENTO DA PENA PRIVATIVA DE LIBERDADE | 199

▶ **Reincidência**

Supremo Tribunal Federal

- "1. As instâncias antecedentes estão alinhadas com o entendimento do Supremo Tribunal Federal no sentido de que 'a reincidência tem o condão de afastar a aplicação dos regimes mais benéficos (semiaberto e aberto)' (RHC 134.829, Relator Min. Ricardo Lewandowski). Ainda nessa linha, vejam-se o HC 187.243-AgR, Rel. Min. Cármen Lúcia; e o HC 200.352-AgR, Rel. Min. Edson Fachin. 2. Agravo regimental a que se nega provimento" (HC 202.320 AgR, 1.ª T., rel. Roberto Barroso, 23.08.2021, v.u.).

8.3 Regime fechado previsto na Lei dos Crimes Hediondos

Impunha o art. 2.º, § 1.º, da Lei 8.072/90 que "a pena por crime previsto neste artigo será cumprida integralmente em regime fechado". Os delitos aos quais se refere são os hediondos, enumerados no art. 1.º da referida Lei, acrescidos do tráfico ilícito de entorpecentes e drogas afins, da tortura e do terrorismo.

Não tínhamos dúvida de que se tratava de norma inconstitucional, pois feria, frontalmente, o princípio da individualização da pena. Afinal, *individualizar* implica em eleger a espécie de pena, seu *quantum* e o regime inicial para o seu cumprimento. Notório, também, é que a individualização passa por três fases: legislativa, judiciária e executória. Ora, estabelecendo a lei que o regime, para os delitos hediondos e assemelhados, devesse ser o *integralmente* fechado, colocava uma pedra na individualização executória, não deixando ao juiz margem alguma para analisar, concretamente, de acordo com o merecimento de cada condenado, o regime mais adequado para o desenvolvimento do cumprimento da pena privativa de liberdade.

Nas palavras de ALBERTO SILVA FRANCO, "o princípio constitucional da individualização da pena, mercê do regime prisional progressivo, insere-se no tronco comum do processo individualizador que se inicia com a atuação do legislador, passa pela ação do juiz e se finda, ao atingir o nível máximo de concreção, na execução penal. Destarte, excluir, legalmente, o sistema progressivo é impedir que se faça valer, na sua fase final, o princípio constitucional da individualização. Lei ordinária que estabeleça, portanto, regime prisional único, sem possibilidade de nenhum tipo de progressão atenta contra tal princípio e revela expressa ofensa a preceito constitucional".[7]

No passado, o Supremo Tribunal Federal, em julgamento ocorrido em 1992, em plenário, considerou constitucional tal dispositivo, mas, com a devida vênia, não laborou com acerto. Afinal de contas, a Constituição Federal, no art. 5.º, XLVI, estipulou que "a lei *regulará* a individualização da pena" (grifamos), não se podendo dar à expressão o caráter absoluto de que o legislador, ao elaborar a norma, poderá realizar de pronto e sozinho a individualização da pena – ou de parte dela. Se assim fosse, mortas estariam a individualização judiciária e executória, bastando, por exemplo, que amanhã a lei fixasse para o homicídio a pena única de 20 anos de reclusão.

---

7. *Leis penais especiais e sua interpretação jurisprudencial*, p. 1195.

Admitir-se-ia essa intrusão do Legislativo na fixação da pena? Acolheria o sistema penal o legislador-juiz? Destinar-se-ia ao magistrado a singela tarefa de apenas verificar materialidade e autoria? Não se pode, pois, reduzir a tarefa de individualização a simples cálculos aritméticos, como vimos expondo ao longo deste trabalho, do mesmo modo que não se deve acatar o estabelecimento de regime único, obrigatório e padronizado para qualquer tipo de crime ou réu.

Poder-se-ia dizer, ainda, em abono ao regime fechado *integral* (embora hoje eliminado pelo advento da Lei 11.464/2007), que a própria Constituição previu, no art. 5.º, XLIII, um regime mais severo aos crimes hediondos e assemelhados, tornando-os inafiançáveis e insuscetíveis de graça ou anistia, mas isso não significa que uma meta deva exterminar um princípio. Não quer dizer que o tratamento mais rigoroso ao crime hediondo deva eliminar o princípio constitucional da individualização da pena, construído após longa e extenuante caminhada, para evitar a malfadada padronização da sanção penal. O Brasil pode orgulhar-se de ser um dos países – senão o único – que inseriu em seu texto constitucional que a lei assegurará a *individualização da pena*, algo que outros sistemas preveem somente nos Códigos Penais ou é deduzido de lições doutrinárias. Destarte, seria inconcebível menosprezá-lo em face da edição de simples lei ordinária.

A previsão de que a lei *regulará* a individualização da pena quer dizer que existirão critérios suficientes, fixados em lei ordinária – o que, aliás, seria inviável constar na Constituição – para que o comando seja cumprido. O juiz da condenação deve ter ao seu dispor mecanismos suficientes para concretizar o *quantum* da pena, bem como o regime inicial, podendo o magistrado da execução penal conceder ou negar a progressão, igualmente, de acordo com o merecimento de cada condenado. Do voto do Ministro Marco Aurélio, pode-se extrair que "a pena é individualizada porque o Estado-Juiz, ao fixá-la, está compelido, por norma cogente, a observar as circunstâncias judiciais, ou seja, os fatos objetivos e subjetivos que se fizerem presentes à época do procedimento criminalmente condenável. Ela o é não em relação ao crime considerado abstratamente, ou seja, ao tipo definido em lei, mas por força das circunstâncias reinantes à época da prática. (...) Dizer que o regime de progressão no cumprimento da pena não está compreendido no grande todo que é a individualização preconizada e garantida constitucionalmente é olvidar o instituto, relegando a plano secundário a justificativa socialmente aceitável que o recomendou ao legislador de 1984".[8]

É certo que um dos motivos que se podia alegar para ter sido eleita, por lei, a fixação do regime integral fechado seria a inadequada benevolência com que determinados juízes tratavam do sério problema da execução penal, concedendo progressão para todo e qualquer condenado, desde que se esvaziasse o cárcere, limitando os problemas de fiscalização de locais infectos e malcuidados. Com a complacência de órgãos do Executivo, que não zelam pelos presídios como deveriam, aliás, nem mesmo os constroem em número suficiente, foi-se agravando o problema da superlotação, restando ao Judiciário, vitrine maior quando rebeliões eclodem nas cadeias, administrar a crise. Do exposto, terminavam alguns juízes seguindo a linha do menor

---

8. STF, HC 69.603-1, apud Alberto Silva Franco, Leis penais especiais... cit., p. 1199.

CAP. 8 • FASE SECUNDÁRIA: REGIMES DE CUMPRIMENTO DA PENA PRIVATIVA DE LIBERDADE | **201**

esforço, permitindo benefícios penais a quem efetivamente não merecia. E quando isso vinha a público, certamente sensibilizava o Parlamento, que agiu, então, coibindo, à sua maneira, com leis mais rigorosas, o círculo vicioso.

Novamente, insistimos, o equívoco sempre esteve – e ainda permanece presente – na cultura jurídico-penal de abandono da individualização cuidadosa da pena e, posteriormente, do descaso do juiz quanto ao seu cumprimento, associando-se à produção desenfreada de leis penais assistemáticas, causadoras de estragos profundos na coerência do Código Penal, por parte do Legislativo. A Lei dos Crimes Hediondos, segundo nos parece, é o produto dessa triste reunião.

Corrigiu-se, entretanto, parcela do erro. Em significativo julgamento, o Plenário do Supremo Tribunal Federal, no dia 23 de fevereiro de 2006, por maioria de votos, deliberou ser inconstitucional do disposto no art. 2.º, § 1.º, da Lei 8.072/90, quanto à fixação do regime *integral* fechado, pois ofensivo ao princípio constitucional da individualização da pena (HC 82.959-SP, rel. Marco Aurélio).

A individualização executória da pena retornou aos trilhos e a maioria dos juízes passou a seguir a orientação fixada pelo Pretório Excelso.

Não bastasse, para a positividade do princípio da individualização da pena, editou-se a Lei 11.464/2007, modificando o disposto no art. 2.º, § 1.º, da referida Lei 8.072/90, retirando-se a obrigatoriedade do regime fechado *integral* e passando-se a adotar, apenas, o regime fechado *inicial*.

8.3.1 Inconstitucionalidade do regime fechado inicial

Como se mencionou anteriormente, a Lei dos Crimes Hediondos passou por alterações, decorrentes da declaração de inconstitucionalidade do STF acerca da inviabilidade do regime fechado integral, por ferir o princípio constitucional da individualização da pena. Modificado o art. 2.º, § 1.º, passou-se a permitir a progressão de regime, embora tenha sido mantido o regime *inicial* fechado obrigatório.

Sob tal aspecto, sempre nos pareceu viável que o legislador, dentro da sua parcela de responsabilidade pela individualização da pena (individualização legislativa) criasse algumas regras mais rigorosas para os crimes hediondos e equiparados.

Porém, em decisão incidental de inconstitucionalidade, proferida em 27 de junho de 2012, pelo Plenário do STF (HC 111.840-ES, rel. Dias Toffoli, m. v.), decidiu o Pretório Excelso ser incabível a obrigatoriedade do regime inicial fechado para os delitos hediondos e equiparados, como o tráfico de drogas, por ferir a individualização da pena.

Sem dúvida, essa decisão consagra e prestigia o princípio constitucional referido, merecendo, sob tal prisma, inegável aplauso. No entanto, parece-nos não ter o legislador extrapolado nesse campo, uma vez que os delitos são mais críticos que outros e o regime fechado é apenas inicial.

De toda forma, fixado o entendimento pelo STF, pode-se questionar, igualmente, a limitação imposta pelo art. 33, § 2.º, *a*, do Código Penal, no tocante à obrigatoriedade do regime fechado inicial para penas superiores a oito anos de reclusão.

Seguindo-se, fielmente, a individualização da pena, inclusive no campo do regime de cumprimento, cabe ao magistrado – e somente a ele – estabelecer qual será o mais indicado para iniciar a execução da pena.

▶ Regime inicial fechado obrigatório: impossibilidade

Supremo Tribunal Federal

- "2. Em vista da declaração de inconstitucionalidade do art. 1.º, § 1.º, da Lei 8.072/1990, figura-se inadmissível a fixação do regime inicial fechado com base exclusiva na natureza hedionda do delito imputado. Precedentes. 3. A escolha do regime inicial deve atender aos critérios previstos no art. 33 do Código Penal. Os elementos ponderados na fixação do regime que não encontrem correspondência na dosimetria da pena não podem ser considerados, sob pena de se incidir em incongruência e desproporcionalidade na individualização da pena" (HC 195.569 AgR, 2.ª T., rel. Edson Fachin, 19.04.2021, v.u.).
- "A jurisprudência do STF consolidou entendimento segundo o qual a hediondez ou a gravidade abstrata do delito não obriga, por si só, o regime prisional mais gravoso, pois o juízo, em atenção aos princípios constitucionais da individualização da pena e da obrigatoriedade de fundamentação das decisões judiciais, deve motivar o regime imposto observando a singularidade do caso concreto." (HC 114.817/SP, 2.ª T., 27.08.2013, v.u., rel. Gilmar Mendes).
- "O Plenário do Supremo Tribunal Federal assentou a inconstitucionalidade do art. 33, § 4.º, da Lei n.º 11.343/2006 (HC n.º 97.256, rel. Min. Ayres Britto, Plenário, j. 01/09/2010) e do art. 2.º, § 1.º, da Lei n.º 8.072/90 (HC n.º 111.840, rel. Min. Dias Toffoli, Plenário, j. 27/06/2012), os quais, respectivamente, ao vedarem a conversão da pena privativa de liberdade em restritiva de direitos e imporem regime inicialmente fechado para cumprimento de pena por crime de tráfico de drogas, violaram a garantia fundamental da individualização da pena (CRFB, art. 5.º, XLVI)." (HC 112.979/MS, 1.ª T., 18.06.2013, v.u., rel. Luiz Fux).
- "O Plenário deste Supremo Tribunal Federal, sob a óptica do princípio constitucional da individualização da pena, previsto no art. 5.º, inciso XLVI, da Carta da República, ao julgar o HC n.º 111.840/ES, de minha relatoria, declarou *incidenter tantum* a inconstitucionalidade do § 1.º do art. 2.º da Lei n.º 8.072/90, com a redação dada pela Lei n.º 11.464/07, o qual impõe que as penas pelos crimes descritos na cabeça do artigo serão cumpridas inicialmente em regime fechado." (AI 779.444 – AgR – ED/PR, 1.ª T., 30.10.2012, v.u., rel. Dias Toffoli).

Superior Tribunal de Justiça

- "A Colenda Sexta Turma desta Corte assentou o entendimento de que se remete ao art. 33 do Código Penal as balizas para a fixação do regime prisional também nos casos de crimes hediondos, em atenção à garantia constitucional da individualização da pena, a despeito do advento da Lei 11.464/07: 'Embora não se olvide o teor do art. 2.º, § 1.º, da Lei 8.072/90, com a redação que lhe foi dada pela Lei 11.464/07, o fato é que, mesmo para os crimes hediondos – ou a eles equiparados –, a fixação do regime prisional para o início de cumprimento da privativa de liberdade há de levar em consideração a quantidade de pena imposta, a existência de circunstâncias judiciais desfavoráveis, a presença de agravantes, atenuantes, causas de aumento ou de diminuição da pena' (HC 207.398/SP, rel. Min. Og Fernandes, 6.ª T., j. 23.08.2011, *DJe* 08.09.2011)" (HC 222.284/SP, 6.ª T., j. 12.04.2012, v.u., rel. Maria Thereza de Assis Moura).

▶ Regime inicial aberto para traficante: viabilidade

Superior Tribunal de Justiça

- "Diante da declaração de inconstitucionalidade pelo Supremo Tribunal Federal da expressão "vedada a conversão em penas restritivas de direitos", constante do § 4º do art. 33 da Lei 11.343/2006, bem como da expressão "vedada a conversão de suas penas em restritivas de direitos", contida no art. 44 do mesmo diploma normativo, por ofensa ao princípio constitucional da individualização da pena, mostra-se possível, em princípio, proceder-se à substituição da pena privativa de liberdade por restritiva de direitos, bem como à fixação do regime inicial aberto aos condenados pela prática do crime de tráfico de drogas, mesmo que perpetrado já na vigência da Lei 11.343/2006, desde que atendidos os requisitos previstos no art. 44 do Código Penal" (HC 226.272/SP, 6.ª T., j. 29.05.2012, v.u., rel. Sebastião Reis Júnior).

9

FASE TERCIÁRIA: PENAS ALTERNATIVAS E SUSPENSÃO CONDICIONAL DA PENA

9.1 Conceito e natureza jurídica das penas alternativas

As penas restritivas de direitos são consideradas alternativas às privativas de liberdade, expressamente previstas em lei, tendo por fim evitar o encarceramento de determinados criminosos, autores de infrações penais consideradas mais leves, promovendo-lhes a reeducação por meio de restrições a certos direitos.

A natureza jurídica da pena alternativa é de sanção penal autônoma e substitutiva. Substitutiva porque deriva da permuta que se faz após a aplicação, na sentença condenatória, da pena privativa de liberdade.[1] Não há tipos penais prevendo, no preceito secundário, pena restritiva de direito no Código Penal.[2] Portanto, quando o juiz aplicar uma pena privativa de liberdade, pode substituí-la por uma restritiva, pelo mesmo prazo da primeira, como regra. É autônoma porque subsiste por si mesma, para efeito de execução, após a substituição. O juiz da execução penal faz cumprir a

---

1. Há ordenamentos que não admitem penas restritivas de direitos como substitutivas das privativas de liberdade. Exemplo disso é o espanhol. A prestação de serviços à comunidade somente pode substituir a prisão de fim de semana ou servir de alternativa para quem não paga a pena de multa (cf. Blazquéz, *La aplicación de la pena*, p. 39).
2. Atualmente existem exceções à regra geral, que cabe ao Código Penal fixar: a) conferir a previsão feita no Código de Trânsito Brasileiro (arts. 302, 303, 306, 307 e 308), onde se fez constar, no preceito sancionador, a suspensão ou proibição de obter a permissão ou habilitação para dirigir veículo automotor. A pena restritiva, nesses casos, tem aplicação completamente desvinculada da pena privativa de liberdade, variando de 2 meses a 5 anos (art. 293, *caput*); b) conferir, ainda, o art. 28 da Lei de Drogas (Lei 11.343/2006), que não mais prevê, no preceito sancionador, pena privativa de liberdade ao portador de drogas para consumo pessoal, mas somente penas alternativas.

206 INDIVIDUALIZAÇÃO DA PENA – NUCCI

restrição de direito, e não mais a privativa de liberdade, salvo necessidade de conversão por fatores incertos e futuros.[3]

Apesar do mencionado caráter essencialmente substitutivo da pena restritiva de direitos, atualmente já se pode encontrar exemplos de penas restritivas aplicáveis *cumulativamente* às penas privativas de liberdade, como ocorre com o Código de Trânsito Brasileiro: o art. 292 dispõe que "a suspensão ou a proibição de se obter a permissão ou a habilitação para dirigir veículo automotor pode ser imposta como penalidade principal, isolada ou *cumulativamente* com outras penalidades" (grifamos).

As condições para a aplicação das penas alternativas estão expostas no art. 44 do Código Penal.

▶ Conceito e natureza jurídica

Supremo Tribunal Federal

- "I – As penas restritivas de direitos são autônomas e substituem as privativas de liberdade, quando: (i) aplicada pena privativa de liberdade não superior a quatro anos e o crime não for cometido com violência ou grave ameaça à pessoa ou, qualquer que seja a pena aplicada, se o crime for culposo; (ii) o réu não for reincidente em crime doloso; (iii) a culpabilidade, os antecedentes, a conduta social e a personalidade do condenado, bem como os motivos e as circunstâncias indicarem que essa substituição seja suficiente (redação do art. 44 do Código Penal). II – O condenado que preenche esses requisitos faz jus à substituição da pena privativa de liberdade por restritivas de direitos. III – Ordem concedida para restabelecer a sentença proferida pelo magistrado de piso, que decidiu pela substituição" (HC 138.828, 2.ª T., rel. Ricardo Lewandowski, 30.05.2017, v.u.).

▶ Possibilidade de substituição para o tráfico de drogas

Supremo Tribunal Federal

- "2. O Plenário do STF, no julgamento do HC 97.256, Rel. Min. Ayres Britto, declarou, incidentalmente, a inconstitucionalidade do art. 44 da Lei n.º 11.343/06, na parte em que vedava a substituição da pena privativa de liberdade por medida restritiva de direitos, em favor dos condenados pela prática do crime de tráfico de entorpecentes. 3. Hipótese de réu primário e de bons antecedentes, surpreendido com quantidade pouco relevante de drogas. 4. Não há como deixar de reconhecer a ilegalidade no estabelecimento de regime prisional (intermediário) mais severo que o legalmente permitido, nos termos do art. 33, § 3.º, do Código Penal. 5. Paciente condenado a 2 anos e 11 meses de reclusão, por crime que não envolveu violência ou grave ameaça à pessoa, faz jus à substituição da reprimenda, nos termos do art. 44 do Código Penal. 6. Agravo regimental a que se nega provimento" (HC 200.729 AgR, 1.ª T., rel. Roberto Barroso, 23.08.2021, v.u.).
- "O Plenário do Supremo Tribunal Federal assentou a inconstitucionalidade do art. 33, § 4.º, da Lei n.º 11.343/2006 (HC n.º 97.256, rel. Min. Ayres Britto, Plenário,

---

3. Cf. REALE JÚNIOR, DOTTI, ANDREUCCI e PITOMBO, *Penas e medidas de segurança no novo Código*, p. 138.

j. 01/09/2010) e do art. 2.º, § 1.º, da Lei n.º 8.072/90 (HC n.º 111.840, rel. Min. Dias Toffoli, Plenário, j. 27/06/2012), os quais, respectivamente, ao vedarem a conversão da pena privativa de liberdade em restritiva de direitos e imporem regime inicialmente fechado para cumprimento de pena por crime de tráfico de drogas, violaram a garantia fundamental da individualização da pena (CRFB, art. 5.º, XLVI)." (HC 112.979/MS, 1.ª T., 18.06.2013, v.u., rel. Luiz Fux).

▶ **Inviabilidade de substituição**

Supremo Tribunal Federal

- "V – Nos termos do inciso III do art. 44 do Código Penal, a substituição da repri-menda privativa de liberdade por sanções restritivas de direitos será possível quando, além de o réu ter sido condenado com pena inferior a 4 anos, 'a culpabilidade, os antecedentes, a conduta social e a personalidade do condenado, bem como os motivos e as circunstâncias indicarem que essa substituição seja suficiente'. VI – No caso, houve a valoração negativa da natureza dos entorpecentes na primeira fase da dosimetria, porém a pena deixou de ser exasperada para não incorrer em *bis in idem* quando da aplicação da causa especial de redução na terceira etapa de fixação da pena. Tal circunstância, porém, é suficiente e adequada para impedir a referida substituição" (HC 211.266 AgR, 2.ª T., rel. Ricardo Lewandowski, 09.03.2022, v.u.).

Superior Tribunal de Justiça

- "3. Em atenção aos artigos 33 e 44 do CP, c/c o art. 42 da Lei n.º 11.343/2006, embora estabelecida a pena definitiva da acusada em 1 ano, 11 meses e 10 dias de reclusão, sendo ela primária e sem antecedentes, a quantidade e a variedade das substâncias apreendidas (202 invólucros de plástico contendo cocaína, na forma de pedras de *crack*, com peso bruto aproximado de 29,3g; 4 *eppendorfs* contendo cocaína, em pó, com peso bruto aproximado de 5,5g; 20 invólucros plásticos contendo maconha com peso bruto aproximando de 21,6g; um tijolo de maconha com peso bruto aproximado de 245,2g), sendo duas delas de natureza altamente deletéria, inclusive utilizadas para exasperar a reprimenda inicial, justificam a fixação do regime prisional mais gravoso, no caso, o semiaberto, e a impossibilidade da substituição" (AgRg no REsp 1972658/SP, 5.ª T., rel. Reynaldo Soares da Fonseca, 22.02.2022, v.u.).

9.2 Penas restritivas de direitos[4]

9.2.1 *Prestação de serviços à comunidade ou a entidades públicas*

É a atribuição de tarefas gratuitas ao condenado junto a entidades assistenciais, hospitais, orfanatos e outros estabelecimentos similares, em programas comunitários

---

4. Comentamos somente as penas previstas no Código Penal. Entretanto, devemos lembrar que leis especiais podem estabelecer outras modalidades de penas restritivas de direitos, como é o caso da Lei de Drogas (Lei 11.343/2006), fixando a "advertência", a "medida educativa de comparecimento a programa ou curso educativo" e a "admoestação verbal" (art. 28).

ou estatais. Trata-se, em nosso entender, da melhor sanção penal substitutiva da pena privativa de liberdade, pois obriga o autor de crime a reparar o dano causado por meio do seu trabalho, reeducando-se, enquanto cumpre pena. Nesse sentido, anote--se a lição de PAUL DE CANT: "A ideia de fazer um delinquente executar um trabalho 'reparador' em benefício da comunidade tem sido frequentemente expressa nestes últimos anos. O fato mais admirável é que parece que BECCARIA já havia pensado em uma pena dessa natureza ao escrever, no século XVIII, que 'a pena mais oportuna será somente aquela espécie de servidão que seja justa, quer dizer, a servidão temporária que põe o trabalho e a pessoa do culpado a serviço da sociedade, porque este estado de dependência total é a reparação do injusto despotismo exercido por ele em violação ao pacto social'".[5]

A prestação de serviços é pena restritiva de direitos, embora com conotação de privativa de liberdade, pois o condenado fica sujeito a recolher-se em entidades públicas ou privadas, durante determinadas horas da semana, para atividades predeterminadas. Explica SÉRGIO SALOMÃO SHECAIRA: "As penas restritivas de direitos molestam o exercício do direito de liberdade, sem, contudo, retirar o homem do convívio social. Eis aí a diferença da pena prisional".[6]

Exige-se, para o seu implemento, que a pena privativa de liberdade seja fixada em montante superior a seis meses, regra prevista somente após a edição da Lei 9.714/98, provavelmente para incentivar o magistrado a aplicar outras modalidades de restrição de direitos, como a prestação pecuniária ou a perda de bens e valores, bem como para facilitar a fiscalização e o cumprimento – afinal, é dificultosa a mobilização dos órgãos do Estado para que o condenado cumpra apenas um ou dois meses de prestação de serviços, escolhendo o local, intimando-o a comparecer e obtendo-se resposta da entidade a tempo de, se for o caso, reconverter a pena em caso de desatendimento.

As tarefas atribuídas ao condenado devem guardar correspondência com suas aptidões, pois não é de se admitir que a pena de prestação de serviços à comunidade, através da reeducação pelo trabalho, transforme-se em medida humilhante ou cruel.[7]

Optou-se por um sistema diferente do anterior, quando o condenado cumpria oito horas por semana (a previsão hoje é de uma hora-tarefa por dia de condenação, ou seja, sete horas semanais), durante todo o montante da pena fixada, sem poder finalizar antecipadamente. Atualmente, é preciso converter a pena em dias para se ter noção do número de horas que deve ser prestado pelo sentenciado, inclusive porque ele pode pretender antecipar o cumprimento.

---

5. O trabalho em benefício da comunidade: uma pena de substituição?, p. 47.

6. *Prestação de serviços à comunidade*, p. 45.

7. Esse tem sido o entendimento generalizado da legislação penal estrangeira, exigindo-se para a prestação de trabalho comunitário a expressa concordância do condenado, bem como não se devendo impor qualquer tipo de atividade humilhante ou em desacordo com suas habilidades profissionais. Vide o capítulo do direito comparado.

Assim, há maior flexibilidade na prestação dos serviços, podendo ser fixado um cronograma de trabalho variável, tudo para não prejudicar a jornada normal de labor do condenado. Não deixa de haver certa contradição desse dispositivo com o art. 10 do Código Penal, que prevê a contagem dos dias, meses e anos pelo calendário comum, vale dizer, sem converter anos em meses, meses em dias ou dias em horas. No caso do art. 46, § 3.º, do Código Penal, no entanto, se o juiz não converter a pena estabelecida (meses ou anos) em um número certo de dias para, depois, encontrar o número de horas, fica praticamente impossível cumpri-la a contento. Trata-se, pois, de uma exceção somente para efeito de execução penal.

O condenado pode antecipar a finalização da sua pena, desde que o montante ultrapasse um ano, justamente porque se aumentou o teto da substituição para 4 anos. Seria injusto obrigar o condenado a permanecer por 4 anos prestando serviços a alguma entidade, diária ou semanalmente, sem que pudesse antecipar o cumprimento. Para não banalizar a antecipação, entretanto, prescreveu a lei que o término prematuro só possa atingir metade da pena fixada. Ex.: se o condenado recebeu dois anos de reclusão, substituída por dois anos de prestação de serviços à comunidade, tem a oportunidade de antecipar um ano. Portanto, durante um ano *deverá*, obrigatoriamente, cumprir a pena, podendo resgatar antecipadamente o outro ano. A antecipação não pode ser estabelecida pelo juiz da condenação ou da execução, pois a lei é clara ao mencionar ser ela *facultativa*.

Em suma, a prestação de serviços à comunidade é fator de ressocialização promissor, merecendo incentivo.[8]

9.2.2 Limitação de fim de semana

Trata-se do estabelecimento da obrigação do condenado de permanecer, aos sábados e domingos, por cinco horas diárias, em Casa do Albergado ou lugar adequado, a fim de participar de cursos e ouvir palestras, bem como desenvolver atividades educativas.

Inexistindo Casa do Albergado, como já mencionado na análise do regime aberto, torna-se inviável a concessão da limitação de fim de semana, tendo em vista a inexistência de local adequado para o seu cumprimento. Quando houver lugar adequado, pode ser meio razoável para a execução da pena de criminoso de reduzida periculosidade e alta probabilidade de ressocialização. Cabe ao Poder Executivo, uma vez mais, o seu efetivo implemento. Enquanto isso não se der, em nível geral, tende a permanecer a recalcitrância dos juízes quanto à sua fixação.

---

8. Checar na pesquisa constante no apêndice que mais de 80% das penas alternativas fixadas consistem em prestação de serviços à comunidade.

9.2.3 Interdição temporária de direitos

É a autêntica pena restritiva de direitos, pois tem por finalidade impedir o exercício de determinada função ou atividade por um período determinado, como forma de punir o agente de crime relacionado à referida função ou atividade proibida.

9.2.3.1 Proibição do exercício de cargo, função ou atividade pública, bem como de mandato eletivo

Utiliza-se o disposto no inciso I do art. 47 do Código Penal para proibir o condenado de exercer cargo, função ou atividade *pública*, bem como mandato eletivo, que não deixa de ser um cargo público. Somente pode ser aplicada essa pena se relacionado o fato delituoso com o exercício funcional (art. 56, CP). Quanto às vantagens e desvantagens desta e de outras medidas proibitivas do trabalho, ver tópico destacado.

9.2.3.2 Proibição do exercício de profissão, atividade ou ofício que dependam de habilitação especial, de licença ou autorização do poder público

O inciso II do art. 47 é utilizado para proibir o condenado de exercer profissão, atividade ou ofício dependente de autorização ou regulamentação do poder público, embora se encontrem na esfera privada. No mesmo prisma anteriormente destacado, o juiz somente pode estabelecer essa modalidade de pena restritiva de direitos quando se relacionar o fato delituoso ao exercício profissional (art. 56, CP). Sobre suas vantagens e desvantagens, consultar o capítulo próprio (capítulo 10, item 10.4).

9.2.3.3 Suspensão da autorização ou de habilitação para dirigir veículo

Diante do disposto no Código de Trânsito Brasileiro, que regulou, completamente, a pena de suspensão ou proibição de dirigir veículos, bem como sendo necessária a aplicação deste dispositivo somente aos crimes de trânsito, como determina o art. 57 do Código Penal, está o art. 47, III, do Código Penal, parcialmente revogado, restando unicamente a possibilidade de o juiz determinar a suspensão de autorização para dirigir veículo, que não foi prevista na Lei do Trânsito. A autorização destina-se, entretanto, à condução de ciclomotores, portanto, praticamente inexistente nos dias de hoje.

9.2.3.4 Proibição de frequentar determinados lugares

Essa medida sempre foi utilizada para servir de condição a outros benefícios, mas, a partir da Lei 9.714/98, passou a ser pena autônoma, o que se nos afigura liberalização indevida e extremada do caráter repressor da pena – e mesmo preventivo, por falta de intimidação necessária, nem tampouco efeito reeducativo. Não há critério rígido, estabelecido em lei, para a eleição dessa modalidade de restrição de direito, motivando, se aplicada pelo juiz, soluções criativas nem sempre razoáveis ou de fiscalização garantida.

CAP. 9 • FASE TERCIÁRIA: PENAS ALTERNATIVAS E SUSPENSÃO CONDICIONAL DA PENA | **211**

Como condição imposta no contexto de outras penas ou benefícios da execução penal ou de leis especiais, *v. g.* nos cenários do livramento condicional (art. 132, § 2.º, *c*, da Lei de Execução Penal), do regime aberto (art. 115 da Lei de Execução Penal, como condição geral), da suspensão condicional da pena (art. 78, § 2.º, *a*, do Código Penal) ou da suspensão condicional do processo (art. 89, § 1.º, II, da Lei 9.099/95), sempre foi sujeita a diversos problemas, muitos dos quais, como já afirmamos, estão ligados à indispensável fiscalização por parte do Estado, que jamais foi eficiente.

9.2.3.5 Proibição de inscrever-se em concurso, avaliação ou exame público

A pena alternativa foi criada para atender o novo tipo incriminador do art. 311-A (fraudes em certames de interesse público) do Código Penal (Lei 12.550/2011).

Destina-se aos condenados incursos nessa figura típica, embora não nos pareça sanção suficiente se aplicada individualmente. Porém, inserindo-se essa interdição de direito em compasso com outras penas alternativas, pode ser útil.

Além disso, a proibição de se inscrever em concurso, avaliação ou exame público somente tem algum efeito quando voltada ao potencial candidato, pois o fraudador profissional de concursos em geral não tem a menor intenção de ingressar no serviço público.

9.2.4 Prestação pecuniária

Trata-se de sanção penal restritiva de direitos, embora possa ter conotação de antecipação de indenização civil. Quando a prestação pecuniária for destinada à vítima do delito ou aos seus dependentes, em futura ação de indenização civil, o valor pago será devidamente descontado, evitando-se o enriquecimento sem causa por parte do ofendido. Entretanto, se o valor for destinado integralmente a entidade pública ou privada, com destinação social, a pena não tem conotação civil.

Pode significar autêntica *despenalização*, compreendido este termo como a não aplicação de pena a uma conduta considerada criminosa – diferente da descriminalização, que significa não mais considerar crime uma conduta. Tal ocorrerá quando for destinado o pagamento em pecúnia diretamente à vítima ou aos seus dependentes, pois a lei penal estabeleceu que, efetuado o mencionado pagamento, poderá ser descontado de futura indenização civil. Ora, se assim ocorrer, qual pena efetivamente teria cumprido o condenado? Em verdade, pagou ao ofendido o dano causado, algo devido de qualquer modo, passível de ser conseguido em ação civil (conferir os arts. 63, 64 e 387, IV, do Código de Processo Penal). Por isso, determinando o juiz penal seja o pagamento em dinheiro realizado à vítima, antecipando uma indenização civil, está-se despenalizando a conduta, de maneira indireta.

Pouco esclareceu o legislador a respeito da possibilidade de aplicação de prestação de outra natureza, criando uma brecha inadequada para a aplicação da lei penal. Ao estabelecer ser possível essa substituição, deu-se origem a uma pena indeterminada, que se pode tornar ilegal, quando abusiva e inadequada. O juiz está autorizado a transformar a prestação em pecúnia em prestação de *outra natureza*, ou seja, de natureza não pecuniária, podendo representar a entrega de um bem ou valor (o que a confundirá com a perda de bem ou valor), equivalente ao montante da prestação (1 a 360 salários mínimos, conforme a fixação do magistrado), ou mesmo, segundo informou a Exposição de Motivos da Lei 9.714/98, consistente em entrega de cestas básicas ou fornecimento de mão de obra.

Ora, neste último enfoque, é natural que ela precise da concordância do beneficiário, pois é mais difícil encontrar entidades ou vítimas dispostas a receber serviços diretos por parte do condenado.

Há de existir cautela redobrada do juiz para impor tal prestação: primeiro, para não transformar uma prestação pecuniária em perda de bens ou valores; segundo, para não dar a ela um caráter de transação – algo não admitido, pois não se cuida de crime de menor potencial ofensivo –, o que poderia ocorrer caso fosse vulgarizada a prestação oferecida, como, por exemplo, "pintar uma cerca num fim de semana", ou a ser utilizada por ocasião da condenação (quando se ouviria a vítima antecipadamente); terceiro, porque a prestação de outra natureza não pode ser algo abusivo, como obrigar o condenado a passar semanas cuidando de crianças num orfanato, o que fatalmente iria confundi-la com a prestação de serviços à comunidade.

É de se criticar, pois, o disposto no § 2.º do art. 45, do Código Penal, devendo o juiz cuidar para que a eventual substituição tenha perfeita sintonia com a prestação pecuniária, ou seja, não podendo pagar 10 salários mínimos, *v. g.*, o condenado poderá ser obrigado a fornecer seus serviços profissionais em tempo e quantidade equivalentes aos 10 salários (se for mecânico, ficaria obrigado a consertar veículos de um hospital público, em quantidade equivalente ao que representaria o serviço por 10 salários mínimos).

A competência para a aplicação do disposto no referido § 2.º do art. 45 do Código Penal é do juízo das execuções penais. Não é admissível que o magistrado responsável pela condenação, para obter a "aceitação" do beneficiário, termine ouvindo a vítima, seus dependentes ou qualquer entidade pública ou privada, antes de proferir sentença. Cabe ao juiz da execução penal, uma vez não paga a prestação pecuniária fixada, por absoluta impossibilidade financeira, transformá-la em prestação de "outra natureza". Se o magistrado da condenação perceber não possuir o réu condições de arcar com esse tipo de pena, por ser pobre, deve optar por outra, dentre as previstas no Código Penal, pois não terá como fixar prestação de "outra natureza" sem ouvir, antes, o beneficiário. Ouvindo, transformará, indevidamente, sua sentença numa autêntica transação.

Infelizmente, para facilitar a transação, no cenário do Juizado Especial Criminal, muitos magistrados, valendo-se do disposto no art. 45, § 2.º, do Código Penal, sem o menor apego à forma, transformavam penas de prestação pecuniária em "prestação de outra natureza", consistente na doação de "cestas básicas" a entidades assistenciais. Assim se fazia – e se continua fazendo, em alguns casos – sem consulta ao beneficiário e sem nem ao menos tentar aplicar a pena principal, que é a prestação pecuniária. A pior parte cingiu-se à referida "doação de cestas básicas" nas situações de violência doméstica. O desatino foi tamanho, a ponto de levar o legislador, ao editar a Lei 11.340/2006, no art. 17, a proibir a aplicação da "pena de cesta básica" (inexistente, a bem da verdade, no cenário das penas). Esse é o panorama desalentador do Direito

CAP. 9 • FASE TERCIÁRIA: PENAS ALTERNATIVAS E SUSPENSÃO CONDICIONAL DA PENA | 213

Penal brasileiro: proíbe-se a aplicação de uma pena inexistente, mas que foi consolidada pela prática forense.

9.2.5 Perda de bens e valores

Trata-se de uma sanção penal, de caráter confiscatório, levando à apreensão definitiva por parte do Estado de bens ou valores de origem lícita do indivíduo. Afirma a Exposição de Motivos da Lei 9.714/98 não ter tal pena a conotação de confisco, porque o crime é motivo mais do que justo para essa perda, embora não se esteja discutindo a justiça ou injustiça da medida, mas apenas o ato do Estado de se apoderar de bens ou valores do condenado, ainda que por razão justificada. Aliás, a perda dos instrumentos e produtos do crime em favor do Estado (art. 91, CP) também é chamada de confisco e há justa causa para tanto. A Constituição Federal expressamente previu tal modalidade de pena (art. 5.º, XLVI, *b*), de modo que se trata de um "confisco legal".

Os instrumentos utilizados para a prática do crime, o produto do delito e o valor auferido como proveito pela prática do fato criminoso são confiscados, como efeito da condenação (art. 91, CP), não sendo cabível aplicar, como pena restritiva de direitos, a perda desses objetos ou valores, já considerados ilícitos.

A perda deve recair sobre patrimônio de origem lícita do sentenciado, justamente para ter o caráter aflitivo de pena. Por outro lado, o limite para a imposição dessa penalidade, a fim de não se tornar abusiva e autenticamente um confisco sem causa, é o montante do prejuízo produzido (ex.: no crime de dano, o valor do bem destruído) ou do provento obtido pelo agente (ex.: no crime de furto, o valor conseguido pelo criminoso, inclusive com os lucros auferidos). Leva-se em conta o maior valor.

9.2.6 Reconversão em privativa de liberdade

A concessão da pena restritiva de direitos viabiliza-se na sentença condenatória, no processo de individualização judiciária da pena. Entretanto, a fase seguinte diz respeito à individualização executória, momento de verificação do exato cumprimento da pena alternativa.

Se o sentenciado não cumprir o estabelecido, haverá reconversão em privativa de liberdade. Para tanto, deduz-se o tempo cumprido da pena restritiva de direitos, respeitando-se o saldo mínimo de 30 dias (art. 44, § 4.º, CP). Ilustrando, quem cumpriu um ano dos dois fixados de prestação de serviços à comunidade, em caso de reconversão à privativa de liberdade, ficará recolhido somente um ano. Se o descumprimento ocorrer faltando somente uma semana para terminar a pena, o juiz deve reconverter pelo mínimo de 30 dias.

Havendo reconversão em pena privativa de liberdade, deve ser respeitado, inicialmente, o regime de cumprimento fixado na sentença condenatória. Se, porventura, o magistrado olvidou o regime, sem recurso de qualquer das partes, o juiz da execução penal deve estabelecê-lo. Como regra, para penas inferiores a quatro anos, fixa-se o aberto; entretanto, conforme o caso concreto, nada impede o estabelecimento de regime mais rigoroso.

A política criminal do Estado em relação às penas alternativas é o afastamento do sentenciado do cárcere, motivo pelo qual, até mesmo para a reconversão, torna-se fundamental verificar se é o caminho adequado e inevitável. Havendo possibilidade de advertir o condenado, instando-o a cumprir seriamente a pena restritiva fixada, deve o magistrado assim proceder.

Sob outro aspecto, sobrevindo outra pena, advinda de condenação por feito diverso, deve o juiz da execução penal verificar se a pena alternativa pode ser mantida ou precisa ser revogada. Segundo o disposto pelo art. 44, § 5.º, do CP, ambas podem coexistir se forem compatíveis.

Exemplificando, se o condenado, em cumprimento da pena de dois anos de prestação de serviços à comunidade, recebe uma pena de um ano de reclusão, em regime aberto, ambas podem conviver. Em particular, deve-se ressaltar que a soma das duas (três anos) não ultrapassa o teto previsto no art. 44, I, do CP (quatro anos).

Não há cabimento em se manter a pena alternativa, quando o montante de duas ou mais é superior aos quatro anos. Ilustrando, o sentenciado cumpre dois anos de prestação de serviços à comunidade e recebe outros três anos, em regime aberto. O total é de cinco anos, não podendo permanecer em cumprimento conjunto de ambas, em liberdade. O juiz da execução precisa somá-las, estabelecendo o regime compatível para tanto, no caso o semiaberto, no mínimo.

▶ **Viabilidade da reconversão**

Superior Tribunal de Justiça

- "2. É cabível a reconversão da pena restritiva de direitos em privativa de liberdade quando houver a superveniência de nova execução em regime fechado, tendo em vista a incompatibilidade de cumprimento simultâneo das penas. Precedentes" (HC 504.870/RS, 5.ª T., rel. Joel Ilan Paciornik, 25.06.2019, v.u.).

9.3 Multa substitutiva

Preceitua o § 2.º do art. 60 do Código Penal que a pena privativa de liberdade aplicada, não superior a 6 meses, pode ser substituída pela de multa, observados os critérios dos incisos II e III do art. 44 deste Código. Deve ser levado em conta, portanto, o caso concreto, verificando-se se a substituição será suficiente para a reprovação merecida, conforme o crime cometido, respeitadas as circunstâncias favoráveis de primariedade, culpabilidade, antecedentes, conduta social e personalidade do acusado, bem como os motivos e circunstâncias do fato.

Há posição, atualmente, defendendo ter sido revogado o disposto no referido § 2.º do art. 60 pelo art. 44, § 2.º, do Código Penal, isto é, poderia o juiz substituir a pena privativa de liberdade, caso não ultrapasse um ano, por uma só pena de multa, nos termos do preceituado neste último dispositivo legal.

Pensamos de modo contrário, possibilitando a composição de ambas as normas. Assim, reserva-se à pena igual ou inferior a seis meses a possibilidade de substituição por multa (aplicando-se o art. 60, § 2.º) ou por restritiva de direitos (aplicando-se o art. 44, § 2.º), conforme o caso, bem como à pena superior a 6 meses e igual ou inferior a 1 ano somente uma pena restritiva de direitos. Há possibilidade de harmonia, uma vez que penas menos elevadas (6 meses ou inferiores) podem ser convertidas em multa ou restritiva de direitos, enquanto penas mais elevadas (mais de 6 meses até 1 ano) podem ser substituídas por uma única pena restritiva, já que para penalidades acima de 1 ano é indispensável fixar duas restritivas de direito ou uma restritiva acompanhada de uma multa.

Essa interpretação, compondo as duas normas, é a mais indicada, também por outros fatores. Deve-se salientar ser o art. 60 especial em relação ao art. 44. Este último cuida da aplicação de penas restritivas de direitos, substancialmente, somente tangenciando a questão relativa à multa. Por outro lado, o título do art. 60 bem demonstra a sua inserção no capítulo relativo à aplicação da pena: "critérios especiais da pena de multa". Ora, se para a fixação da pena pecuniária deve o magistrado levar em consideração *principalmente* a situação econômica do réu e não os demais requisitos comuns às penas privativas de liberdade, é natural supor deva o § 2.º, tratando da *multa substitutiva*, ser considerado, em igualdade de condições, específico para essa possibilidade de substituição.

Ademais, seria ilógico conceder, por exemplo, uma pena de multa para um furto simples, cuja pena não ultrapasse um ano, podendo o juiz aplicar, igualmente, apenas uma pena de multa para o furto privilegiado (art. 155, § 2.º, CP), quando considerasse de pequeno valor a coisa subtraída e primário o autor do crime. Estar--se-ia equiparando, indevidamente, situações francamente desiguais. Portanto, se a aplicação exclusiva da pena de multa foi reservada para a melhor das hipóteses de furto privilegiado, tudo leva a crer não ser a pena pecuniária compatível com delitos de sanção superior a seis meses. Parece-nos a melhor exegese a ser extraída do confronto entre os arts. 44, § 2.º, e 60, § 2.º, do Código Penal.[9]

9.4 Suspensão condicional da pena (*sursis*)

9.4.1 Conceito e natureza jurídica

Trata-se de um instituto de política criminal, tendo por fim a suspensão da execução da pena privativa de liberdade, evitando o recolhimento ao cárcere do condenado não reincidente, cuja pena não é superior a dois anos (ou quatro, se septuagenário ou enfermo), sob determinadas condições, fixadas pelo juiz, bem como dentro de um período de prova predefinido. Na ótica de MARIA CONCEPCIÓN MOLINA BLAZQUÉZ, pode-se conceituá-lo como um "substitutivo das penas curtas privativas de liberdade baseado na ausência de periculosidade criminal do delinquente primário, que deixa em suspenso a execução da pena durante um período de tempo que fixam os Tribunais, e que pode ser revogada por não se cumprir determinadas condições".[10]

Historicamente, como ensina FREDERICO MARQUES, o *sursis* nasceu no Brasil através do Decreto 4.577, de 05 de setembro de 1922, que autorizou o Poder Executivo a instituir o benefício. "Valendo-se dessa autorização legislativa, submeteu João Luiz Alves à aprovação do Presidente da República o projeto de lei que se transformou no

---

9. No mesmo prisma que sustentamos: SHECAIRA e CORRÊA JUNIOR, *Teoria da pena*, p. 231.
10. *La aplicación de la pena*, p. 86, traduzi.

INDIVIDUALIZAÇÃO DA PENA – Nucci

Decreto 16.588, de 6 de setembro de 1924, o qual, segundo seus próprios dizeres, se destinava a estabelecer 'a condenação condicional em matéria penal', e isto porque, adotando o sistema belga, dentro das diretrizes gerais do continente europeu, o citado decreto declarava no artigo 1.º, § 2.º, que, após o prazo da suspensão da condenação, esta seria considerada inexistente".[11]

É controversa a sua natureza jurídica. A mais adequada, em nosso entender, para configurar o instituto da suspensão condicional da pena, é a sua visualização como medida de política criminal para evitar o encarceramento inútil de condenados com possibilidade de reeducação por outra forma de cumprimento da sanção penal. Incabível dizer, no entanto, seja o *sursis* uma pena, pois as penas estão claramente enumeradas no art. 32 do Código Penal e a suspensão é medida destinada justamente a evitar a aplicação de uma delas, todas privativas de liberdade.

Por outro lado, não se deve sustentar ser *apenas* um benefício, pois o *sursis* traz, sempre, condições obrigatórias, consistentes em medidas restritivas da liberdade do réu. Daí por que é mais indicado tratá-lo como medida alternativa de cumprimento da pena privativa de liberdade, não deixando de ser um benefício (aliás, a própria lei fala em benefício, como se vê no art. 77, II, CP), nem tampouco uma reprimenda.

9.4.2 Condições

O *sursis* é sempre condicionado ao cumprimento de medidas restritivas de direitos, evitando-se a antiga forma incondicionada da suspensão da pena, motivadora do descrédito à sanção penal.

Estabelece o art. 78 do Código Penal dever o juiz fixar, no primeiro ano do prazo, a prestação de serviços à comunidade ou a submissão à limitação de fim de semana (§ 1.º) ou, se o condenado tiver reparado o dano, salvo não poder fazê-lo, bem como as circunstâncias do art. 59 lhe forem favoráveis, aplicar a proibição de frequentar lugares, de se ausentar da comarca onde reside, sem autorização do juiz e o comparecimento pessoal e obrigatório a juízo, mensalmente, para informar e justificar suas atividades (§ 2.º).

Existe, ainda, a possibilidade de estabelecimento de condições outras, não especificadas expressamente em lei, desde que sejam adequadas ao fato e à situação pessoal do sentenciado (art. 79).[12]

9.4.3 Importância e critério de eleição do benefício

Em nosso entender, o *sursis* não deve ser extinto, permanecendo como uma alternativa viável aos crimes violentos cujas penas não ultrapassem quatro anos (atualmente, como regra, a pena deve ser de, no máximo dois anos; somente o denominado *sursis* etário – para condenados maiores de 70 anos –, bem como o *sursis* humanitário – para sentenciados gravemente enfermos – pode ser aplicado para penas

---

11. *Tratado de direito penal*, v. 3, p. 338.
12. Sobre a aplicação prática das condições, ver a pesquisa no apêndice.

CAP. 9 • FASE TERCIÁRIA: PENAS ALTERNATIVAS E SUSPENSÃO CONDICIONAL DA PENA | 217

até quatro anos), impondo-se um período de vigilância, acompanhado de medidas restritivas de direitos.

A vantagem da suspensão condicional da pena em lugar das denominadas penas alternativas é que, havendo descumprimento das condições ou o cometimento de outra infração durante o período de prova, pode o juiz revogar o benefício, fazendo o condenado cumprir integralmente a pena privativa de liberdade. No caso das penas restritivas de direitos, caso haja algum tipo de descumprimento, a reconversão em pena privativa de liberdade dar-se-á somente levando em conta o restante da pena ainda não cumprida. Logo, o *sursis* é mais rigoroso.

10

PARÂMETROS DA INDIVIDUALIZAÇÃO DA PENA

10.1 Política de aplicação da pena mínima

A individualização da pena, preceito constitucional e determinação legal, é processo judiciário discricionário, embora juridicamente vinculado, bem como devidamente fundamentado, contendo inúmeros elementos sujeitos à abordagem do magistrado por ocasião da sentença condenatória. Não pode e não deve ficar restrito à aplicação compulsória da pena mínima, que, segundo a jurisprudência majoritária, prescinde de fundamentação, pois não haveria "prejuízo ao réu". A este pode ser que não haja, mas à norma constitucional, à lei penal e à sociedade em geral, com certeza, configura-se.

Nos últimos anos, verifica-se a tendência de muitos magistrados, de primeiro grau ou de instância superior, em adotar a denominada *política da pena mínima*.[1] Assim procedendo, são ignorados, ou mesmo menosprezados, os riquíssimos elementos e critérios fornecidos pela lei penal para a escolha, entre o mínimo e o máximo cominados para cada infração penal, da pena ideal e concreta destinada a cada réu.

Não se compreende, dentro de um raciocínio lógico-jurídico, o que tem levado a maior parcela do Judiciário a eleger a pena mínima como base para a aplicação das demais circunstâncias legais. Afinal, o art. 59, mencionando oito elementos diversos, se fielmente cumprido, provoca a aplicação da pena em parâmetros diferenciados para os acusados submetidos a julgamento. A padronização é contrária à individualização da pena, princípio constitucional, de modo que é preciso alterar essa conduta ainda predominante.

---

1. Consultar a pesquisa realizada na Vara das Execuções Criminais de São Paulo constante no apêndice.

Demonstrando sua contrariedade a esse método e cuidando da reprovação social prevista no art. 59 do Código Penal, manifesta-se Luiz Antonio Guimarães Marrey, nos seguintes termos: "Esse juízo de reprovação tem por base a conduta realizada pelo agente, cabendo ao juiz ponderar, na aplicação da pena, 'a forma e o modo de execução da ação descuidada, em face das exigências concretas de cuidado', para estabelecer 'a gradação material do perigo'. Justifica-se, portanto, o aumento da pena-base, em atenção à culpabilidade do acusado e às circunstâncias em que delinquiu, quando menos para não assimilar hipóteses distintas a situações rotineiras, como se não apresentassem uma gravidade específica, peculiar e inconfundível com modestas vulnerações à ordem pública. A lei procura, claramente, separar o joio do trigo, recomendando o aumento da pena de modo proporcional aos efeitos da conduta, tanto mais quando sempre manda ter em conta, na primeira fase do cálculo, as 'consequências' do crime (CP, art. 59). Logicamente, a maior extensão dos danos deve repercutir na dimensão das penas, forçando a elevação do castigo. *A despeito disso, há anos generalizou-se no foro o hábito de impor os castigos nos limites mínimos, com abstração das circunstâncias peculiares a cada delito. Entretanto, pena-base não é sinônimo de pena mínima.* Não se sabe bem o que leva Magistrados tão diferentes, das mais diversas comarcas do Estado, a assimilar os mais distintos casos, para puni-los, quase invariavelmente, no mesmo patamar, como se não apresentassem uma gravidade específica, própria e inconfundível. Decididamente, não é por falta, na lei, de parâmetros adequados. Tome-se o delito de roubo, para análise: na figura fundamental, dispõe o julgador de generosa escala (4 a 10 anos de reclusão), para acomodar os diversos episódios delituosos. Apesar disso, pouco importando as circunstâncias e consequências do delito, a culpabilidade revelada pelo autor, a conduta social deste e os motivos de sua prática, quase sempre se pune o assaltante, na base, com o quatriênio, como se todos aqueles fatores pudessem ser desconsiderados na composição da reprimenda. Com a indiscriminada imposição das penas mínimas, vem-se tratando de modo igual situações completamente distintas, de sorte a que, na prática, não se notem diferenças sensíveis na punição, que é a mesma ou quase a mesma, tenha sido o roubo cometido sob um impulso momentâneo, figurando como objeto bem de escasso valor, com subjugação de uma única vítima, sem requintes de perversidade, ou decorra, ao contrário, de um premeditado projeto, lentamente acalentado, com intimidação de diversas pessoas, para obtenção de lucro fácil, destinado a sustentar o ócio de profissionais da malandragem. Essa tendência encerra, em verdade, dupla injustiça. A mais evidente é com a própria sociedade, pois, devendo a sentença refletir no castigo o senso de justiça das pessoas de bem, não atende a tão elevado propósito essa praxe de relegar a plano subalterno os critérios legais de fixação da pena, preordenados a torná-la 'necessária e suficiente para reprovação e prevenção do crime' (Código Penal, art. 59, *caput*)".[2]

Pronuncia-se a respeito Miguel Reale Júnior dizendo ser "imprescindível que o magistrado liberte-se do fetichismo da pena mínima, para ajustar o *quantum da sanção* e sua modalidade, no que entende ser *necessário* e *suficiente* a satisfazer

---

2. Protocolado 15.553/00, art. 28 do CPP, Inq. 222/97, Comarca de Guarulhos, 01.03.2000, grifo nosso.

a medida de justa reprovação que merece o réu, de acordo com seus antecedentes, conduta social, personalidade, bem como tendo em vista os motivos, circunstância e consequências do seu ato".[3]

Idêntico problema é detectado na Itália, ressaltando CADOPPI e VENEZIANI ter a prática judiciária demonstrado estar completamente distante da teoria da aplicação da pena, deixando de lado os dispositivos do Código Penal para a individualização da pena, preferindo a fixação padronizada da sanção penal, sempre voltada ao mínimo legal.[4]

Saliente-se ser defeso ao magistrado deixar de levar em consideração as oito circunstâncias judiciais existentes no art. 59, *caput*, para a fixação da pena-base. Logo, apenas se todas forem favoráveis, tem cabimento a aplicação da pena no mínimo. Não sendo, deve ela situar-se acima da previsão mínima feita pelo legislador. Nesse sentido, confira-se decisão do Supremo Tribunal Federal: "O Juiz tem poder discricionário para fixar a pena-base dentro dos limites legais, mas este poder não é arbitrário, porque o *caput* do art. 59 do Código Penal estabelece um rol de oito circunstâncias judiciais que devem orientar a individualização da pena-base, de sorte que, quando *todos os critérios são favoráveis ao réu*, a pena deve ser aplicada *no mínimo* cominado; entretanto, *basta que um deles não seja favorável* para que a pena *não mais possa ficar no patamar mínimo*".[5]

Obviamente que, para encontrar elementos suficientes para a justa individualização da pena, o juiz deve coletá-los ao longo da instrução, não se preocupando unicamente, como tem sido hábito de muitos, com a colheita da prova da materialidade do delito e de sua autoria. Sobre o tema, no dizer de SÉRGIO SALOMÃO SHECARIA e ALCEU CORRÊA JUNIOR, referindo-se ao disposto no art. 59, *caput*, do Código Penal, "a consideração dos elementos mencionados dependem de uma boa colheita de provas na fase instrutória. Muitas das questões que, posteriormente, servirão para fundar o *quantum* da pena fixada dependem de um eficiente interrogatório (art. 188 do CPP [atual art. 187]), o que nem sempre é feito. Como saber, por exemplo, sobre a conduta social prévia do agente do crime se o próprio agente e as testemunhas arroladas não o disseram?".[6]

Merece registro a modificação do capítulo do interrogatório, trazida pela Lei 10.792/2003, que determina, no art. 187, *caput*, proceda o juiz à inquirição em duas fases distintas: "sobre a pessoa do acusado" e "sobre os fatos". Quanto à pessoa deve procurar levantar os seguintes dados: "residência, *meios de vida* ou profissão, *oportunidades sociais*, lugar onde exerce a sua atividade, vida pregressa, notadamente se já foi preso ou processado alguma vez e, em caso afirmativo, qual o juízo do processo, se houve suspensão condicional ou condenação, qual a pena imposta, se a cumpriu e outros *dados familiares e sociais*" (grifamos).

---

3. *Instituições de direito penal*, v. II, p. 88.

4. *Elementi di diritto penale – Parte generale*, p. 450-451.

5. HC 76.196/GO, 2ª. T., rel. Maurício Correa, 29.09.1998, m. v., embora a maioria dos votos não diga respeito a qualquer divergência quanto a esta afirmação, *RTJ* 176/743, grifos nossos.

6. *Teoria da pena*, p. 277.

INDIVIDUALIZAÇÃO DA PENA – **Nucci**

Aliás, quanto a essa verificação, é fundamental ouse o juiz (sua função no processo penal é a busca da prova tanto quanto cabe às partes fazê-lo) promover a colheita de elementos para a formação do contexto indicativo da personalidade do réu, de sua conduta social, bem como, se possível, de qual (ou quais) foi o motivo propulsor do delito. Deve sempre perquirir a respeito das particulares circunstâncias em que se deu a infração e quais as suas consequências, logicamente, além do resultado típico, em especial se o réu buscou reparar o dano, bem como se certificar de qual foi o comportamento da vítima. Os antecedentes serão, naturalmente, verificados pela prova documental enviada pelo Instituto de Identificação Criminal. Se não obtiver todo o material desejado no interrogatório, até pelo fato de ser uma versão parcial, deve determinar a inquirição de testemunhas, de ofício, se preciso, que conheçam o acusado e possam prestar informes a seu respeito (amigos, parentes, adversários, se o caso, colegas de trabalho, entre outros).[7]

Não somente ao magistrado cabe essa busca, mas, sobretudo, às partes: o órgão acusatório no seu interesse de clamar pela pena acima do mínimo, quando for o caminho justo; a defesa na sua trilha pela pena mínima, quando não for possível a absolvição, inclusive porque é essa a sua função constitucional de garantir a ampla defesa no mais vasto espectro.

Colhendo-se dados concretos, abandonando o magistrado o comodismo de não os levar em conta e deixando as partes de se conformar com as *penas-padrão*, torna-se impossível continuar a vigorar a referida *política da pena mínima*.

▶ **Importância da valoração das circunstâncias do crime**

Superior Tribunal de Justiça

- "3. A discricionariedade do Julgador na primeira fase da dosimetria não lhe permite estabelecer a basilar no piso abstratamente cominado, se houve a negativação da circunstância judicial, mas a sua atividade discricionária diz respeito ao *quantum* de aumento, o qual deverá ser fixado, razoável e proporcionalmente, a partir da fundamentação utilizada para negativar o vetor. 4. Diante da negativação da culpabilidade pelas instâncias ordinárias, mostra-se devida a exasperação da pena-base, devendo ser observado patamar de aumento que havia sido fixado na sentença, em aspecto contra o qual não se insurgiu a defesa em sua apelação, e contra o qual não houve recurso acusatório, o qual, inclusive, é inferior à fração de 1/6 (um sexto) da pena mínima abstratamente cominada" (REsp 1.972.999/GO, 6.ª T., rel. Laurita Vaz, 15.03.2022, v.u.).
- "8. O *quantum* de aumento na pena-base, a ser implementado em decorrência do reconhecimento de circunstâncias judiciais desfavoráveis, fica adstrito ao prudente arbítrio do Juiz, não vinculado ao objetivado critério matemático. Contudo, nenhuma justificativa foi apresentada para a fixação da mesma pena-base para os

---

7. Aliás, é por isso que sustentamos, veementemente, viger, no processo penal brasileiro, o princípio da busca da verdade real, que transforma o juiz em um coautor da produção de provas.

quatro homicídios, a despeito da diferença no número de circunstâncias judiciais desfavoráveis (sete para o primeiro delito e seis para os outros três). Desse modo, o patamar adotado pelo próprio Juízo singular no primeiro delito deve ser aplicado nos outros três, ou seja, para cada circunstância negativa, a pena deve ser majorada em 1 (um) ano, 1 (um) mês e 21 (vinte e um) dias de reclusão" (HC 621.348/AL, 6.ª T., rel. Laurita Vaz, 13.04.2021, v.u.).

10.2 Possibilidade de fixação da pena em grau máximo

O processo de individualização da pena, fundado nos parâmetros legais estabelecidos em abstrato, não conta com nenhum teto, igualmente abstrato, ou mesmo imaginário, para deter a fixação do *quantum* da pena privativa de liberdade ou da multa em patamar aquém do máximo.

Há possibilidade legal e, em certos casos, viabilidade concreta e desejável de se estabelecer o máximo previsto no tipo penal secundário para determinados delinquentes. O raciocínio é exatamente o inverso do utilizado pelo julgador para atingir a pena mínima: se todas as circunstâncias do art. 59 apresentam-se desfavoráveis, inexiste outro caminho senão partir da pena-base estabelecida no máximo.[8] E se porventura não existirem circunstâncias atenuantes ou causas de diminuição da pena, será essa a pena concreta. Logicamente, se apenas agravantes forem encontradas, o teto não será rompido. Aliás, essa é a mesma razão que detém a pena no piso mínimo, ainda que atenuantes estejam presentes. Pode haver, eventualmente, o traspassamento do máximo, quando causas de aumento assim indicarem. Exemplificando: um homicídio qualificado, cuja pena-base foi estabelecida em 30 anos, inexistindo atenuantes, pode ainda ter o montante elevado em 10 anos, caso se configure a causa de aumento prevista no art. 121, § 4.º, parte final (crime praticado contra menor de 14 anos ou maior de 60).

Decidiu o Tribunal de Justiça de São Paulo, mantendo a aplicação da pena máxima de 30 anos de reclusão para um "justiceiro", que cometeu outro extermínio, depois de já condenado inúmeras vezes por idênticos tipos de delito: "Ocorre que, *in casu*, o d. Magistrado fundamentou a pena, vale repetir, com inegável acerto, determinando o seguinte: '...Assim, estabeleço, novamente, o montante de trinta anos como pena-base, porque o réu possui personalidade integralmente voltada e dedicada ao crime, caráter francamente deturpado, vida social baseada no cometimento de gravíssimos delitos a sangue frio, necessitando de plena reeducação. Note-se que, no caso presente, a vítima foi executada na frente dos familiares, em típica atividade de extermínio, chaga social na cidade de São Paulo. A Constituição e o Código Penal determinam que o magistrado individualize a pena dentre o mínimo e o máximo possíveis. Não creio que exista outra hipótese fática que comporte a aplicação do máximo previsto em lei, já que o réu, 'justiceiro', confesso e orgulhoso de suas proezas, como demonstram suas entrevistas aos jornais, evidencia insensibilidade incomum. Delinquente contumaz,

---

8. No sistema penal venezuelano, o juiz deve partir, para a fixação da pena-base, sempre do termo médio, aumentando ou diminuindo conforme as circunstâncias agravantes ou atenuantes.

condenado a mais de duzentos anos, deve ser apenado no máximo previsto em lei. Se a pena mínima existe para ser usada aos primários, de bons antecedentes, sem qualquer especial circunstância que agrave a reprimenda, é natural que a máxima também deva ser utilizada quando o caso recomende. Se as penas são variáveis entre um mínimo e um máximo, é preciso distinguir os réus e aplicar a pena justa. Não fosse assim e seria inútil individualizar a reprimenda, já que a pena máxima nunca seria aplicada...'" (Revisão criminal 282.549-3/4, São Paulo, 1.º Grupo de Câmaras Criminais, rel. Jarbas Mazzoni, 11.12.2000, v.u.).

Autores existem que negam a possibilidade de ser a pena fixada no grau máximo. Apregoa, nessa ótica, José Antonio Paganella Boschi o seguinte: "se o conjunto das circunstâncias judiciais for desfavorável, a pena-base, refletindo grau máximo de censura, aproximar-se-á do 'termo médio'. (...) Portanto, a pena-base expressará quantitativamente a intensidade dessa valoração, devendo, então, aproximar-se do limite superior possível denominado de 'termo médio'. Essa expressão ('termo médio') não está prevista em lei. Ela é criação da jurisprudência e vem mencionada em muitos precedentes. Seu sentido é o mesmo proposto pelo texto original do nosso Código: o resultado da divisão por dois do produto da soma do mínimo com o máximo de pena cominados em abstrato ao crime. Sua sede era o inciso I do art. 47, que sinalizava no termo médio o *quantum* obrigatório *mínimo* de pena-base ao reincidente. No exemplo do homicídio simples, se provada a reincidência, a pena-base não poderia ficar abaixo de 13 anos de reclusão. Se a valoração das circunstâncias judiciais indicasse necessidade de maior reprovação, a pena-base precisaria ser individualizada em quantidade ainda maior. (...) nossa opinião é de que o termo médio desempenha ótima função como *critério de contenção dos excessos* e que pode e deve continuar sendo adotado". E conclui: "a absoluta desfavorabilidade das circunstâncias judiciais indica pena-base junto ao *termo médio* e sinaliza *grau máximo de reprovação*".[9]

A explicação dada para a fixação da pena-base, *quando for absoluta a desfavorabilidade* das circunstâncias judiciais, junto ao *termo médio*, o que sinalizaria *grau máximo de reprovação,* não nos parece ser lógica nem aceitável. O exemplo mencionado da reincidência demonstra, apenas, que havia o juiz de fixar a pena próximo ao termo médio quando somente essa circunstância estava presente. E as demais? Se outras diversas circunstâncias demonstram a integral reprovabilidade do crime e de seu autor o caminho natural deve ser a fixação da pena-base no máximo. Outra conclusão, isto é, de que o termo médio é o máximo para a aplicação da pena seria negar o critério legislativo de individualização, seria declarar inexistente a pena máxima e representaria ofensa ao próprio princípio da legalidade (não há pena sem prévia cominação legal, art. 5.º, XXXIX, CF). Existe a pena máxima, prevista no preceito secundário do tipo penal incriminador, para ser aplicada quando a situação concreta demandar. Logo, não há como fundamentar, validamente, o limite *impalpável* do termo médio para o estabelecimento da pena concreta.

---

9. *Das penas e seus critérios de aplicação*, p. 218-219. E, também, Ruy Rosado de Aguiar Júnior, *Aplicação da pena*, p. 208-209.

Em outra ótica, mas seguindo a mesma linha de Boschi, Fábio Bittencourt da Rosa busca justificar a impossibilidade de o juiz fixar a pena-base no patamar máximo, alegando que "deverá considerar a eventual existência de circunstância agravante. É que, como regra, a simples consideração das circunstâncias do art. 59 não poderá ensejar pena superior à média (soma do mínimo e do máximo, dividida por dois). E somente um quadro de gravidade nas agravantes genéricas justificará uma aproximação do limite máximo da pena abstratamente prevista. (...) Isso quer dizer o seguinte: se o juiz constatar inúmeras agravantes, ou poucas, mas de extremo relevo na revelação do grau de censura, no que respeita às circunstâncias judiciais e legais, permitido ao julgador aplicar a pena máxima. Do contrário, será ilegal a condenação".[10]

O equívoco da análise realizada, segundo nos parece, está em retornar ao sistema bifásico, que foi afastado pelo art. 68 do Código Penal, determinando a utilização dos três estágios, separadamente, para a fixação da pena. Portanto, ao dizer que o juiz não pode estabelecer a pena-base, levando em consideração somente as circunstâncias judiciais do art. 59, pois ainda *deverá considerar a eventual existência de circunstância agravante*, é o mesmo que sustentar estar levando em conta, em conjunto, as circunstâncias judiciais do art. 59 e as circunstâncias legais denominadas agravantes e atenuantes – exatamente como apregoava o sistema bifásico.

Ora, vigente hoje o sistema trifásico, nada impede o juiz de fixar, se todas as circunstâncias judiciais forem desfavoráveis, a pena-base no máximo. A eventual existência de agravante, na segunda fase, será desconsiderada, pois a pena já se encontra no seu limite superior e essa circunstância legal não tem o condão de alterar isso.[11] Dá-se o mesmo, aliás, quando a pena-base for estabelecida no mínimo e atenuantes forem encontradas na segunda fase, como já mencionado. Serão simplesmente desconsideradas. É o teor da Súmula 231 do Superior Tribunal de Justiça ("A incidência da circunstância atenuante não pode conduzir à redução da pena abaixo do mínimo legal").

Por outro lado, somente para argumentar, ainda que o juiz tivesse que levar em consideração a "eventual existência de circunstância agravante" e por isso não pudesse fixar a pena no máximo, quando estivesse concentrado na primeira fase, seria possível sustentar que, não vislumbrando essa possibilidade, valeria atingir o limite máximo. Assim raciocinando, por mais que se queira evitar, trata-se da eleição do critério bifásico para a aplicação da pena, refutado pela Reforma Penal de 1984. Ao estabelecer o *quantum* da pena-base, deve trabalhar o magistrado com os elementos do art. 59, desprezando, nessa fase, por completo, qualquer eventual agravante ou atenuante.

Salientemos, ainda, a inexistência, na prática, da utilização do mencionado *termo médio*. Longe disso. Vigora, em verdade, a política da pena mínima e, ainda que des-

---

10. *A pena e sua aplicação*, p. 246. Essa posição conta com a acolhida de Sérgio Salomão Shecaira e Alceu Corrêa Junior, *Teoria da pena*, p. 279.

11. A situação é tecnicamente justificável. Agravantes não fazem parte do tipo penal derivado (como ocorrem com as qualificadoras e causas de aumento), motivo pelo qual são recomendações do legislador para que o magistrado eleve a pena, na segunda fase, *quando for possível*. Se a pena-base já tiver sido fixada no máximo, torna-se natural desconsiderar eventuais constatações de agravantes.

favoráveis as circunstâncias judiciais na sua integralidade, a pena-base jamais atinge esse limite artificialmente idealizado para "conter os excessos" do magistrado. Nem há necessidade dessa contenção, tendo em vista situarem-se as penas no patamar mínimo ou pouco acima dele, o que não confere com a proposta de individualização da pena.[12]

É óbvio não dever a política da pena mínima ser contraposta a uma política da pena máxima, igualmente inadequada. Extremos não se justificam, porquanto a moderação na aplicação do castigo é dever do Estado.[13] Defendemos a pena equilibrada e calcada nos preceitos legais.

Não se descuida da opinião de quem sustenta dever sempre haver um teto razoável para o cumprimento da pena, para que esta não adquira o caráter de punição *perpétua*, ultrapassando os limites possíveis de vida do condenado. Diz ANA MESSUTI que penas superiores à possibilidade de vida de alguém ou a prisão perpétua não consideram a morte, que ocorrerá como uma pena diferida. Portanto, torna-se um absurdo a condenação em margens superiores às possibilidades de vida do criminoso, mas isso, quando ocorre, é explicado tendo em vista que o Direito Penal, em certo sentido, não se importa com o que realmente acontece no plano fático. Tal se dá porque, "ainda que o sujeito não tenha a mínima possibilidade de 'viver toda sua pena', esta se fixa em função da meta de restabelecer o equilíbrio, independentemente de que seja realmente cumprida." Na fixação da pena se leva em conta especialmente o "caráter simbólico da pena. (...) Na prisão confiamos ao tempo a execução da pena. O sujeito que, expulso da comunidade de pessoas, ingresse na prisão não será o mesmo que saia da prisão e se reintegre a essa comunidade da qual foi expulso. O tempo (independentemente das condições em que transcorra) produzirá sua gradual transformação. Porque o tempo da pena, por mais peculiar que seja, é comum ao que realmente transcorre livre de pena, que se conclui ser ele sempre tempo de vida de um ser humano. E à medida que se vão descontando os anos de pena se vão descontando também os anos de vida".[14]

Não há dúvida de que a fixação de penas em patamares elevados pode, eventualmente, retirar do condenado a chance de sair vivo do cárcere. Mas é impossível a reversão desse tipo de situação, enquanto houver criminosos não somente irrecuperáveis, como também autores de inúmeras gravíssimas infrações penais, a quem

---

12. Checar a pesquisa realizada, constante no apêndice.

13. "O princípio da moderação das penas, mesmo quando se trata de castigar o inimigo do corpo social, se articula em primeiro lugar como um discurso do coração. Melhor, ele jorra como um grito do corpo que se revolta ao ver ou ao imaginar crueldades demais. (...) Entre o princípio contratual que rejeita o criminoso para fora da sociedade e a imagem do monstro 'vomitado' pela natureza, onde encontrar um limite, senão na natureza humana que se manifesta – não no rigor da lei, não na ferocidade do delinquente – mas na sensibilidade do homem razoável que faz a lei e não comete crimes" (...) "Se a lei agora deve tratar 'humanamente' aquele que está 'fora da natureza' (enquanto que a justiça de antigamente tratava de maneira desumana o 'fora-da-lei'), a razão não se encontra numa humanidade profunda que o criminoso esconda em si, mas no controle necessário dos efeitos de poder" (FOUCAULT, *Vigiar e punir*, p. 77).

14. MESSUTI, *El tiempo como pena*, p. 33-34 e 42, traduzi.

não se pode deixar de punir devidamente, mesmo significando, na prática, a sua inviabilidade de deixar o cárcere.[15]

Se o autor de bárbaros e gravíssimos homicídios, desvinculados do contexto do crime continuado, receber várias penas, cuja soma ultrapasse 100 anos de reclusão, é natural não ter condições de cumpri-las integralmente, pois superam a sua expectativa de vida. Mas, por outro lado, embora o artigo 75 do Código Penal estabeleça um limite para o cumprimento de penas privativas de liberdade (40 anos), não é impossível tornar o agente a delinquir no cárcere ou quando estiver foragido. Destarte, para receber novas punições, despreza-se o tempo de pena já cumprido (art. 75, § 2.º), tornando, então, a reprimenda a ultrapassar os 40 anos inicialmente fixados como teto. Logo, é possível, pelo atual sistema, apenar alguém a somas mais elevadas do que o trintenário, sem chance de sair vivo da prisão.

Além disso, deve-se considerar a possibilidade de um criminoso receber penas superiores a 100, 200 ou 300 anos de reclusão, por inúmeros crimes graves e, ao findar os 40 anos, não estar minimamente preparado para retornar ao convívio social. Se a regra for liberá-lo a qualquer preço, somente para não se configurar uma indireta *pena de morte* ou de *prisão perpétua*, torna-se a sociedade desprotegida, lembrando-se que a pena, nesse elevado patamar, somente foi atingida em face dos inúmeros crimes praticados e não em razão de uma única infração penal, como ocorre em outros países, que permitem a pena de morte ou de prisão perpétua por conta de um só delito.[16]

Em certo prisma, pode parecer desprezo do Direito Penal pelo tempo, que age contra o indivíduo e cada dia no cárcere é um dia a afetar a sua própria existência. Porém, jamais se pode olvidar os motivos que levaram o delinquente a essa situação, sob pena de se esquecer completamente ter a pena funções e finalidades múltiplas, como já explorado anteriormente: retribuição e prevenção, nos seus mais diversificados aspectos. Mas, caso a ressocialização se torne inviável, até pelo fato de o próprio condenado a recusar, terminantemente, havendo uma pena longa a cumprir, é fundamental garantir um sistema equilibrado para, de um lado, permitir uma nova chance de reintegração social, embora, por outro, não deixar a sociedade ao desamparo.

Pensamos serem possíveis as penas fixadas no máximo, pois fazem parte do contexto da individualização da pena. Se todos os requisitos do artigo 59 forem desfavoráveis e inexistirem atenuantes ou causas de diminuição não há outro patamar que não o máximo para a pena-base. A soma de várias penas elevadas pode levar a um montante superior a 40 anos. Por isso, faz-se a unificação para assegurar que esse teto seja respeitado.[17]

Outro ponto importante volta-se à análise da idade do condenado quando é apenado. Um rapaz de 20 anos pode ter a perspectiva de voltar ao convívio social,

---

15. Tivemos processos criminais envolvendo homicídios em série, cometidos pelos denominados *justiceiros*, *vigilantes* ou *milicianos*, cujas penas ultrapassaram 200 anos, tendo em vista o número elevado de vítimas.

16. Basta checar no capítulo de legislação comparada os vários sistemas abordados, quando referentes à criminalidade de elevada periculosidade.

17. Sobre a inadequação do sistema atual, ver o próximo tópico.

228 | INDIVIDUALIZAÇÃO DA PENA – Nucci

justamente por se valer do limite de 40 anos (art. 75, CP), mas o sentenciado a penas elevadas, com mais de 40 anos de idade, pode vir a morrer no cárcere. Sua expectativa de vida, mormente no presídio, será menor do que o limite de 40 anos.

Enfim, a individualização da pena não se pode ocupar do limite para o cumprimento da pena, pois este é autônomo. O magistrado deve fixar a reprimenda *justa* dentro dos critérios estabelecidos pelo Código Penal. Se, porventura, para um determinado crime for levado a atingir a pena máxima, desde que fundamentada, é o que deve fazer.

▶ **Viabilidade da pena máxima**

Superior Tribunal de Justiça

- "VI – Quanto ao critério numérico de aumento para cada circunstância judicial negativa, insta consignar que 'a análise das circunstâncias judiciais do art. 59 do Código Penal não atribui pesos absolutos para cada uma delas a ponto de ensejar uma operação aritmética dentro das penas máximas e mínimas cominadas ao delito. Assim, é possível que 'o magistrado fixe a *pena-base no máximo legal,* ainda que tenha valorado tão somente uma circunstância judicial, desde que haja fundamentação idônea e bastante para tanto' (AgRg no REsp n. 1.433.071/AM, Sexta Turma, Rel. Min. Maria Thereza de Assis Moura, *DJe* de 6/5/2015)" (AgRg no HC 686.470/AC, 5.ª T., rel. Jesuíno Rissato, 08.03.2022, v.u.).
- "1. Não há ilegalidade na aplicação da pena-base próxima ao máximo legal quando justificada na natureza e na quantidade de droga apreendida – ¼ de tonelada de *crack*" (AgRg no HC 711.893/SP, 5.ª T., rel. Ribeiro Dantas, 15.02.2022, v.u.).

10.3 Limite máximo de cumprimento da pena privativa de liberdade e inadequação do sistema penal para lidar com a delinquência perigosa

O Código Penal estabelece, como limite máximo para o cumprimento das penas no Brasil, o patamar de 40 anos (art. 75). Por outro lado, afora a mera agravante da reincidência, não há uma política criminal voltada à punição dos delinquentes habituais, profissionais ou mesmo – e simplesmente – perigosos.[18]

Há sistemas normativos alienígenas ainda adotando o sistema do duplo binário, ou seja, aplica-se à delinquência habitual, profissional ou por tendência medida de segurança, além da pena, até que possa ser certificada, devidamente, a cessação da periculosidade[19] – como na Itália e na Alemanha – sem contar que há prisão perpétua. Na França, conforme o tipo de crime, especialmente os mais graves, como certas formas de homicídio, denominadas assassinatos, a pena imposta é a reclusão perpétua (os particularmente brutais não podem receber qualquer benefício de redução). Nos

---

18. Denominados de *criminosos por tendência* pelo Código Penal italiano.
19. *Periculosidade* é o estado de quem apresenta maior probabilidade de cometer crimes futuros, podendo ser detectado pela psicologia criminal moderna (cf. Rodríguez e Gómez-Jarabo, *Psicología forense...,* p. 138 et seq.).

Estados Unidos, aplica-se a pena de morte ou a prisão perpétua à criminalidade brutalizada e ao delinquente habitual. Igualmente se dá no Chile, sendo que Inglaterra e Argentina, embora não prevejam pena de morte, permitem a aplicação da prisão perpétua.

Em Portugal, criou-se a pena relativamente indeterminada, que, embora não seja o padrão ideal, segundo pareceu ao legislador, é mais adequada do que o duplo binário.[20] Neste caso, convém mencionar o relatório da Proposta de Lei 221/I, acerca da pena relativamente indeterminada: "Problema dos mais importantes no domínio da moderna política criminal, verdadeira pedra de toque da eficácia dos sistemas punitivos é, sem dúvida, o que diz respeito aos chamados delinquentes perigosos. Sabe-se que foi sobretudo por obra da escola positiva que, a partir dos finais do século passado, se reconheceu que um direito criminal construído essencialmente sobre o fato era insuficiente para lutar contra a criminalidade. O aumento progressivo desta e, especialmente, da reincidência mostrava o insucesso da chamada escola clássica, tornando claro que a especial perigosidade de certos delinquentes imputáveis não poderia ser prevenida por uma punição que limitasse a medida da reação criminal pela culpa essencialmente referida ao fato ilícito cometido. Daí que, perante a ineficácia do sistema tradicional, os próprios representantes da escola clássica se vissem obrigados a transigir, por razões de ordem prática, com a ideia de novas formas de reação criminal, diretamente referidas à personalidade do delinquente. (...) A solução proposta decorre naturalmente da afirmação de duas ideias fundamentais. Por um lado, a de que a perigosidade criminal de certos delinquentes não pode ser realmente prevenida nos quadros da prisão normal, pelo que haverá que prever formas de internamento mais dilatado onde a ideia de segurança logre uma efetiva expressão. Por outro, a de que à tarefa de readaptação social desses delinquentes – com que o Projeto abertamente se quis comprometer – não pode marcar-se antecipadamente um prazo certo de reabilitação, em face dos tipos de criminalidade ou de gravidade das formas de vida a que a perigosidade nesses casos se refere. Daí o propor-se uma pena relativamente indeterminada, devendo o tribunal limitar-se na sentença condenatória a fixar o mínimo e o máximo de duração e devolvendo-se para a fase de execução a determinação do *quantum* exato de privação da liberdade que o delinquente deverá cumprir. O projeto vai assim ao encontro das mais recentes exigências da psicologia e da ciência penitenciária, ao evitar a aplicação ao mesmo delinquente, e pelo mesmo fato, de uma pena e de uma medida de segurança".[21]

Na verdade, segundo cremos, é preciso debater a existência inegável da criminalidade brutalizada, profissional, organizada e insistente, tomando medidas mais eficazes para o isolamento desses tipos de delinquentes.[22] Dois pontos nos parecem

---

20. Consultar o capítulo relativo à legislação comparada para maiores detalhes.

21. Apud GONÇALVES, *Código Penal português anotado e comentado*, p. 282-283.

22. Quanto aos reincidentes, dizem NEWTON FERNANDES e VALTER FERNANDES que neles habita "uma força compulsiva, um potencial explosivo, endógeno, liberado por um processo verdadeiramente mórbido. Eles são dotados de um poder irreversível de praticar o mal. Neles não existe qualquer traço de simpatia humana, não existe qualquer noção de dever para com a comunidade. O regramento social nada lhes diz. Eles são uns desenganados

cruciais no sistema penal brasileiro: o primeiro é sempre a tendência à padronização, vale dizer, conforme a época, no momento de elaboração da lei penal, vence uma corrente rígida, fundada na denominada *tolerância zero* ou no movimento da lei e da ordem, permitindo a edição de leis inadequadas à realidade. A Lei dos Crimes Hediondos, por exemplo, impôs aumentos excessivos à pena mínima de vários delitos, a ponto de igualar – o que não se vê acontecer em outros sistemas penais – a pena do estupro (possuidor de várias formas de realização) ao homicídio simples, cada qual com seis anos. A pena-padrão, o regime-padrão, enfim, a automatização dos julgamentos e o cerceamento da atividade individualizadora do juiz, em qualquer fase do processo – conhecimento ou execução – é um desserviço à esfera do Direito Penal, que deve primar pela individualização, até pelo fato de ser um princípio constitucional. Por outro lado, há períodos em que a liberalização se torna exagerada, editando-se normas como a Lei 9.714/1998, permitindo a aplicação de penas excessivamente brandas,[23] praticamente despenalizadoras, a crimes graves, cuja pena pode atingir quatro anos de reclusão, para delitos dolosos, gerando desconfiança e descrédito da sociedade na capacidade do Estado de combater, com eficiência, a criminalidade crescente. Acrescente-se a todo esse quadro desalentador o fato de existir, no Brasil, como já exposto, a política da pena mínima, mais uma padronização, nesse caso de responsabilidade do Poder Judiciário.

Enfim, não se poderia buscar o equilíbrio? Não seria o mais adequado encontrar o meio-termo para toda a miscelânea de leis penais editadas a todo tempo sem qualquer sistematização coerente? O criminoso eventual ou autor de delitos de escassa gravidade certamente pode ser beneficiado tanto com penas alternativas como com inúmeros institutos durante a execução de eventual pena privativa de liberdade. O cárcere não lhe será útil, nem tampouco valiosa será a sua detenção para a sociedade, a não ser se pensássemos ser a pena unicamente instrumento de vingança social, o que efetivamente não deve ser a meta a alcançar. Sob outro prisma, é inviável a mantença de um mesmo padrão para o criminoso por tendência, habitual ou profissional, que cometa fatos graves, brutais e chegue a exterminar várias pessoas. Ele merece um tratamento mais rigoroso, uma correta individualização da pena.

---

afetivos, aferrados a um passado indigno e sem pretensões salutares em seu horizonte futuro. São marginais destituídos de consciência, que vivem e gravitam em torno de abjeções e maldades, delinquindo mais por instinto do que por cálculo. São criminosos por tendência. Forjados no vício, no crime e no cometimento do mal, nenhum impulso pode movê-los em direção ao bem. São portadores de manifesta periculosidade social e seus desvios, ou condutopatias, já foram sobejamente pesquisados e atestados pelos criminologistas" (*Criminologia integrada*, p. 345-346).

23. Exemplo disso seria a aplicação da pena de um ano de reclusão e multa a um estelionatário, substituindo-a por um salário mínimo de prestação pecuniária. Lembre-se que esta modalidade de pena alternativa representa uma antecipação de indenização civil, quando destinada à vítima (art. 45, § 1.º, CP). Logo, praticamente inexiste sanção penal, mas somente a reparação do dano – situação que seria viável de todo modo, nos termos do art. 63 do CPP.

O sistema penal precisa ser duro com quem demonstra total desapego aos valores humanos fundamentais, atacando e ferindo desmedidamente bens jurídicos protegidos e dos mais relevantes, como a vida. Não se pode contentar em admitir um limite de 40 anos, acarretando, ao ser atingido, a singela libertação do condenado. Este, por sua vez, pode possuir penas elevadíssimas, superiores a 100 anos. Se é verdade que a Constituição veda a prisão de caráter perpétuo, caber-lhe-ia, então, a aplicação de medida de segurança, por exemplo, para acompanhar o seu efetivo progresso e, inexistente este, mantê-lo em regime de isolamento. No mínimo, dever-se-ia adotar, ao atingir o sentenciado penas superiores a 40 anos, a liberdade condicional, mas nunca a definitiva extinção da punibilidade. Assim, colocado e testado em liberdade, uma vez que se comprove o fracasso, tornaria ao cárcere para, talvez, no futuro, obter nova oportunidade.

Afirma PAULO JOSÉ DA COSTA JÚNIOR: "o criminoso perigoso e reincidente, todavia, o delinquente frio, indiferente e moralmente analgésico, pelo perigo social que representa deverá permanecer segregado em prisões seguras, onde a rendição se faça praticamente impossível".[24]

Busca-se, com isso, evitar a contaminação da parcela menor da criminalidade, cujas chances de ressocialização são reais. Se crimes brutais fossem combatidos à altura, não se teria provavelmente editado a Lei dos Crimes Hediondos. Poderia inexistir a indevida padronização de penas. Se os magistrados fugirem da pena mínima, pode não haver novos recrudescimentos dos montantes em abstrato fixados para a pena, igualando o inigualável em matéria de gravidade.

Do exposto, parece-nos ser o limite de 40 anos – também uma padronização – inadequado, mormente se desprovido de um acompanhamento especial aos delinquentes perigosos, como havia à época do duplo binário. Subtraído este, viu-se o Estado sem instrumentos para conter, no isolamento, pessoas inaptas ao convívio social.

Abstraindo as soluções adotadas em outros países, como a pena de morte ou a prisão perpétua, resta-nos encontrar soluções intermediárias, antes que, novamente, o legislador caminhe para leis penais mais rigorosas, destinadas a todos os tipos de delinquente ou a uma grande parcela deles.

Há, certamente, posições em sentido contrário. JOSÉ ANTONIO PAGANELLA BOSCHI, comentando o limite temporal de 30 anos [hoje, 40] para o cumprimento de pena privativa de liberdade, previsto no art. 75 do Código Penal, admitindo que a jurisprudência considera o prazo apenas para fim de cumprimento, mas não para o cálculo dos benefícios, incidentes sobre o total da pena, apregoa que "razões de humanidade justificam e determinam, a nosso sentir, uma revisão desse posicionamento jurisprudencial", pois essa postura estaria comprometendo a proibição constitucional de penas perpétuas.[25] CHOCLÁN MONTALVO, por sua vez, sugere que sempre deve haver a perspectiva de reintegrar o condenado à sociedade, motivo pelo qual o limite

---

24. Prefácio da obra de RICARDO DIP e VOLNEY CORRÊA LEITE DE MORAES JÚNIOR, *Crime e castigo*, p. XIX.

25. *Das penas e seus critérios de aplicação*, p. 152-153.

232 | INDIVIDUALIZAÇÃO DA PENA – Nucci

para o cumprimento das penas deve existir, coibindo-se a pena de prisão perpétua, na essência, inconstitucional.[26]

Essa visão, embora de louvável credibilidade na recuperação geral de todo e qualquer condenado, não nos parece viável. Cuida-se de um risco assumido pelo legislador, embora, com o advento da Lei 13.964/2019, tenha ficado mais rigorosa a liberação de quem é condenado a penas elevadas, pois o teto aumentou para 40 anos.

10.4 Penas alternativas e multa: prós e contras

Atualmente, prevê-se a possibilidade de aplicação de penas alternativas, entendidas estas como as restritivas de direitos que substituem as penas privativas de liberdade, para montantes não superiores a quatro anos, não se cuidando de crime com violência ou grave ameaça contra a pessoa, evitando-se, como regra, o reincidente em crime doloso, bem como quando as condições subjetivas de análise judicial (culpabilidade, antecedentes, conduta social, personalidade do condenado, motivos e circunstâncias do crime) forem favoráveis.

Na Espanha, lembra García Arán, "o legislador de 1995 entendeu que nas penas superiores a dois anos de privação de liberdade (três para os toxicômanos), não se pode renunciar ao maior efeito intimidatório da prisão, de modo que tal quantidade de pena constitui um limite preventivo geral irrenunciável. Por outro lado, abaixo desses dois anos de prisão, permite-se renunciar à prevenção geral e à retribuição, deixando predominar a prevenção especial: evita-se o cárcere que resultaria proporcional ao fato (segundo o próprio CP), elegendo uma pena distinta menos dessocializadora e mais adequada às características pessoais do autor, o que tende, em maior medida, a evitar a comissão de futuros delitos".[27]

A legislação brasileira precisa encontrar o equilíbrio entre as penas privativas de liberdade e as restritivas de direito, de forma a criar penas alternativas que realmente tenham eficácia e sejam aplicadas na prática, pois a maior parte não tem qualquer eficiência. Assim ocorrendo, o cenário da substituição punitiva continuará frágil, na medida em que as penas privativas de liberdade possuem regimes deficientes, bem como as alternativas não são realmente aplicáveis[28] – exceto a prestação de serviços à comunidade.

José Antonio Paganella Boschi, referindo-se à Lei 9.714/1998, que aumentou consideravelmente o campo de incidência das penas alternativas, manifesta-se nos seguintes termos: "o que fez o Governo foi, simplesmente, abrir novas vagas nas penitenciárias, a custo zero e aliviar-se temporariamente dos urgentes investimentos

---

26. *Individualización judicial de la pena – Función de la culpabilidad y la prevención en la determinación de la sanción penal*, p. 151.

27. *Fundamentos y aplicación de penas y medidas de seguridad*, p. 42-43, traduzi.

28. Afora a prestação de serviços à comunidade, as demais são precárias, bastando citar o exemplo da limitação de fim de semana, a ser cumprida em Casa do Albergado, aos sábados e domingos. A Casa do Albergado é uma ficção na imensa maioria das cidades, de modo que aplicar essa pena alternativa é sinônimo de impunidade.

financeiros reclamados para essa área".[29] E acrescenta que a edição da mencionada lei, "desacompanhada de investimentos e de providências concretas com a organização de serviços de fiscalização e acompanhamento na execução, contribuirá, a nosso ver, para realimentar com graves consequências, o descrédito do povo na eficiência da sua Justiça".[30] O mesmo autor sustenta ser inadmissível a supressão pura e simples da pena privativa de liberdade ou sua total substituição por penas alternativas, "seja porque alguns fatos são extremamente graves, lesivos e impactantes, do ponto de vista do bem juridicamente protegido, seja porque muitos de seus autores, condenados, relatam longas histórias de crimes, que os incompatibilizam com as penas alternativas, direcionadas a autores de crimes de baixa gravidade e de mínima repercussão na comunidade, geralmente criminosos primários ou ocasionais".[31]

A aplicação ilimitada, sem checar as consequências negativas que penas alternativas inoperantes e inúteis podem trazer, gera o indesejável sentimento de impunidade. A partir daí, uma das possibilidades concretas é o fomento da criminalidade, uma vez que parcela da sociedade pode encontrar, na prática da infração penal, maiores vantagens do que o fiel cumprimento da lei.

Embora cuidando da pena privativa de liberdade, não é demais invocar a lição de Ana Messuti, no tocante ao fator *impunidade*: "se o delito ficar impune, poderia inferir-se que outro delito similar restaria também impune. A prisão não somente exclui como retribuição ante determinado delito, senão que intenta persuadir com o exemplo de que ante um delito similar se procederá da mesma maneira (...) A pena, estabelecida pela comunidade e por ela aplicada, expressa e transmite uma mensagem da comunidade à comunidade".[32]

Antes de se criar penas alternativas novas, que mais consequências negativas à eficiência do Direito Penal podem trazer, seria ideal que se pudesse providenciar a adoção de qualquer pena alternativa inédita de forma *experimental*. Narram Shecaira e Corrêa Junior que a Dinamarca e a Noruega adotaram inicialmente a prestação de serviços à comunidade em regime experimental. A Dinamarca cultivou essa modalidade de pena por uns dois anos antes de ser estendida a todo o país. Deu-se o mesmo na Noruega.[33]

Das penas restritivas de direitos previstas no Código Penal (art. 43) a única efetivamente produtora de bons frutos, especialmente quando goza de real aplicação e conta com a devida fiscalização, é a prestação de serviços à comunidade. Cuida-se de pena ética, incentivadora da reeducação, evitando a desmoralização do condenado, pois este se torna útil à sociedade, contornando-se o estigma do encarceramento. Deve ser cultivada e desenvolvida, mas, segundo pensamos, somente para crimes não violentos contra a pessoa. Estes devem continuar contando com a suspensão

---

29. *Das penas e seus critérios de aplicação*, p. 61.
30. Op. cit., p. 147.
31. Op. cit., p. 161.
32. *El tiempo como pena*, p. 47-48.
33. *Teoria da pena*, p. 174.

condicional da pena, quando a pena não ultrapassar dois anos, para evitar a aplicação efetiva da pena privativa de liberdade.

A limitação de fim de semana, em face da completa ausência de Casa do Albergado em várias Comarcas, apenas produziu fracassos. A ela, dois fins: a) extinção; b) efetiva aplicação *somente* se forem criadas e mantidas pelo Estado as Casas do Albergado pelo Poder Executivo, a fim de, inclusive, poder abrigar os sentenciados em regime aberto, que hoje desfrutam do conforto de suas próprias residências (prisão albergue domiciliar).

A interdição temporária de direitos, em muitos outros ordenamentos jurídicos, não passa de pena acessória, muitas vezes obrigatória, acompanhando a pena privativa de liberdade. Não vemos sentido em privar, como medida reeducativa e ressocializadora, alguém de seu trabalho *lícito*. O que o Estado se propõe a dar em seu lugar? Irá sustentá-lo durante o período de cumprimento da pena? Se algum profissional ou ocupante de cargo ou ofício público andou muito mal no desempenho de sua função o mais indicado a fazer é proibi-lo, definitivamente, de continuar a atividade, aliás, como já se pode fazer no tocante a cargos, ofícios e mandatos eletivos em certos casos (art. 92, I, CP), como efeito da condenação. No mais, se o erro durante o exercício profissional ou funcional ocorreu, embora sem gravidade exagerada, melhor seria a aplicação de uma pena alternativa de obrigação de frequência a curso de reciclagem – somente para argumentar, pois essa modalidade de pena alternativa não existe – do que simplesmente proibir-lhe o trabalho honesto.

Há que se questionar, inclusive, a sua constitucionalidade, afinal, a aplicação dessa forma de interdição temporária de direitos ofende a proporcionalidade. Criminosos levados ao cárcere não são proibidos de exercer suas profissões, exceto enquanto permanecerem em regime fechado. Entretanto, para sentenciados a penas alternativas, consideradas mais brandas, impõe-se a vedação de exercer a profissão, atividade ou ofício, o que pode resultar em pena cruel e definitiva. O profissional liberal, se a cumprir rigorosamente, está fadado a perder toda sua clientela e não mais conseguir recuperar-se, após o término da sanção penal.

Ofende-se a proporcionalidade diretamente, além de se lesar a humanidade, indiretamente. Se o erro do profissional foi muito grave, a ponto de evidenciar o seu despreparo para a atividade laboral, cabe ao seu órgão de classe cassar seu registro, em definitivo. Porém, se ele poderá exercer a profissão, não cabe ao Estado proibi-lo de trabalhar licitamente, a pretexto de promover a sua *ressocialização*. Ninguém pode ser reeducado *sem trabalhar honestamente*. A pena de interdição temporária de direitos não se encontra em sintonia com os preceitos básicos do Estado Democrático de Direito.

A suspensão do direito de dirigir está, atualmente, regulada pelo Código de Trânsito Brasileiro, não mais se aplicando o disposto no art. 47, III, do Código Penal.

A pena de proibição de frequentar lugares, mera condição do período de prova do *sursis* ou do livramento condicional, aliás, como se dá em ordenamentos jurídicos estrangeiros igualmente, jamais poderia ter sido elevada à categoria de pena autônoma. Primeiramente, sabe-se que jamais funcionou com eficácia como condição dos benefícios mencionados, por completa inépcia do Estado para fiscalizar. Não dispõe o Brasil, na prática, do agente de fiscalização, como há em outros países, para casos de *sursis*, *probation* ou livramento condicional. Em segundo lugar, a pena é muito branda para substituir um montante elevado, que pode chegar a ponto de atingir quatro anos de reclusão.

Associe-se a isso a criação da medida cautelar de *proibição de frequentar determinados lugares*, trazida pela Lei 12.403/2011, vale dizer, *durante* a investigação ou processo, o réu não pode comparecer a certos locais. Entretanto, como pena definitiva chega a ferir a proporcionalidade, por ser extremamente branda, além de ineficaz.

A Lei 12.550/2011 criou o delito de *fraude em certames de interesse público* (art. 311-A, CP). A mesma lei inseriu outra pena de interdição de direitos inútil, consistente em "proibição de inscrever-se em concurso, avaliação ou exame públicos" (art. 47, V, CP). Buscou-se destinar essa novel pena alternativa ao delito de fraude em certames, o que não tem sentido. Quem frauda concurso, habitualmente, tirando vantagem disso, *não costuma prestar concurso*. Logo, a pena restritiva de direitos não tem objetivo proveitoso. Por outro prisma, quem presta concurso, aproveitando-se de fraude, sendo condenado como incurso no art. 311-A do Código Penal, dificilmente terá como alcançar um cargo público. Portanto, a pena restritiva de direitos também não tem sentido.

A prestação pecuniária, conforme já abordado em item anterior, não encontrou nem mesmo seu rumo, pois ora se destina à vítima determinada quantia, ora a entidade beneficente, podendo, ainda, como prevê o art. 45, § 2.º, do Código Penal, tornar-se prestação de outra natureza. Qual prestação? Quando se estipula? Como se obtém a concordância do beneficiário? Nada disso esclareceu a lei que a instituiu, tornando-se, pois, de aplicação limitada e até mesmo medida nitidamente despenalizadora, conforme a situação. Exemplificando: se o juiz condenar o furtador a pagar à vítima a quantia de 10 salários mínimos, exatamente o valor do prejuízo causado pelo agente do crime, qual teria sido a pena efetiva? Nenhuma, pois a obrigação de reparar o dano já nasce automaticamente da sentença (art. 91, I, CP), razão pela qual a sentença criminal estaria apenas antecipando indenização civil a ser conseguida, de todo modo, na esfera própria. Aliás, acrescente-se que, em virtude do advento da Lei 11.719/2008, permite-se a fixação da indenização civil, devida por conta do delito cometido, diretamente na sentença penal condenatória (art. 387, IV, CPP). Dessa maneira, a prestação pecuniária não deveria servir para esse fim, afinal, nem mesmo para antecipar a reparação do dano ao ofendido ela presta na atualidade.

A perda de bens e valores, segundo cremos, é medida positiva, desde que aplicada a criminosos detentores de condições econômicas suficientes para suportá-la. Há, de fato, uma tendência geral mundial em punir o delinquente com penas pecuniárias, pois ele sofre diante da perda do patrimônio lícito, amealhado com seu sacrifício e fruto do seu trabalho. Naturalmente, não se está pensando na perda de bens e valores que sejam produto ou proveito do delito, pois estes serão automaticamente confiscados pelo Estado (art. 91, II, CP). Importa retirar do condenado aquilo que conseguiu poupar licitamente.

Quanto à pena de multa, a versão anterior do art. 51 do Código Penal trazia uma redação indicativa de que a pena pecuniária seria uma dívida ativa da Fazenda Pública, a ser executada nos termos da dívida ativa estatal. Em razão disso, o STJ fixou entendimento de que a multa seria cobrada em Vara Cível. A reforma da Lei 13.964/2019 mudou a redação do art. 51 para os seguintes termos: "transitada em julgado a sentença condenatória, a multa será executada perante o *juiz da execução penal* e será considerada dívida de valor, aplicáveis as normas relativas à dívida ativa da Fazenda Pública, inclusive no que concerne às causas interruptivas e suspensivas da prescrição" (grifamos).

Buscando evitar a prisão em face do não pagamento da multa, inseriu-se que a pena pecuniária seria dívida de valor (uma dívida civil). No entanto, a sua natureza jurídica jamais perderia o caráter penal. Atualmente, renovando a redação legal, voltou-se, com clareza, à competência da Vara de Execução Penal para cobrar a multa.

A propósito, antes mesmo da alteração imposta pela Lei 13.964/2019, julgando a ADI 3.150-DF (Plenário, 13.12.2018, m.v.), o STF arrematou a questão, afirmando, categoricamente, a natureza jurídica da multa como sanção penal. Sobre o veredicto: a) do voto do Ministro Luís Roberto Barroso: "A referida modificação legislativa *não retirou da multa o seu caráter de pena,* de sanção criminal. O *objetivo da alteração legal foi simplesmente evitar a conversão da multa em detenção,* em observância à proporcionalidade da resposta penal, e para 'facilitar a cobrança da multa criminal, afastando obstáculos que, presentemente, têm conduzido à prescrição essa modalidade de sanção' (Exposição de Motivos n.º 288, de 12 de julho de 1995, do Ministro da Justiça). Em rigor, *a alteração legislativa nem sequer poderia cogitar de retirar da sanção pecuniária o seu caráter de resposta penal,* uma vez que o art. 5.º, XLVI, da Constituição, ao cuidar da individualização da pena, faz menção expressa à multa, ao lado da privação da liberdade e de outras modalidades de sanção penal. Coerentemente, o art. 32 do Código Penal, ao contemplar as espécies de pena, listou expressamente a multa (art. 32, III). (...) Como tenho sustentado em diversas manifestações, o sistema punitivo no Brasil encontra-se desarrumado. E cabe ao Supremo Tribunal Federal, nos limites de sua competência, contribuir para sua rearrumação. Nas circunstâncias brasileiras, o direito penal deve ser moderado, mas sério. Moderado significa evitar a expansão desmedida do seu alcance, seja pelo excesso de tipificações, seja pela exacerbação desproporcional de penas. Sério significa que sua aplicação deve ser efetiva, de modo a desempenhar o papel dissuasório da criminalidade, que é da sua essência. Em matéria de criminalidade econômica, *a pena de multa há de desempenhar papel proeminente. Mais até do que a pena de prisão* – que, nas condições atuais, é relativamente breve e não é capaz de promover a ressocialização –, cabe à multa o *papel retributivo e preventivo* geral da pena, desestimulando, no próprio infrator ou em infratores potenciais, a conduta estigmatizada pela legislação penal. Por essa razão, sustentei no julgamento da Ação Penal 470, que a multa deveria ser fixada com seriedade, em parâmetros razoáveis, e que seu pagamento fosse efetivamente exigido" (grifamos); b) do voto do Ministro Edson Fachin: "Quanto à concepção de cumprimento de pena, traçados esses nortes de que a pena de multa mantém seu caráter de sanção criminal ainda quando encaminhada para a cobrança na esfera da execução fiscal, *tenho que a pena somente pode ser considerada cumprida devidamente quando atingida a totalidade da pena fixada no decreto condenatório. Ou seja, apenas ocorre o cumprimento integral da pena estabelecida quando cumprida não só a pena privativa de liberdade, como também a pena de multa.* (...) Com a devida vênia dos que argumentam em sentido contrário, entendo que a nova redação do art. 51 do CP *não retirou o caráter de sanção criminal da pena de multa;* e nem o poderia fazer, tendo em vista expressa previsão constitucional. Consoante art. 5.º, XLVI, *c,* da

Constituição Federal, 'XLVI – a lei regulará a individualização da pena e adotará, entre outras, as seguintes: (...) c) multa;'. Em outras palavras, o constituinte bem definiu que a *multa oriunda de sentença penal condenatória é pena* e, portanto, *sequer poder-se-ia cogitar que o legislador ordinário transmudasse a natureza da referida sanção por meio de alteração legislativa infraconstitucional*. Destarte, em que pese a modificação realizada no art. 51 do CP em 1996, entendo que a pena de multa permanece com a sua natureza de sanção criminal intacta *para todos os efeitos penais relacionados à execução da pena*. A meu ver, o que ocorreu foi que, a partir de 1996, a alteração legislativa refletiu na forma da cobrança da pena de multa, sem que isso signifique retirar-lhe o caráter penal" (grifamos); c) do voto do Ministro Alexandre de Moraes: "Desde logo, observo que a pena de multa, aplicada em decorrência da prática de um crime, *não deve ser retirada do regime jurídico do Direito Penal, sob pena de violação a diversos preceitos constitucionais*. Ao definir as espécies de reprimendas aplicáveis na esfera criminal, o art. 5.º, XLVI, 'c', da Constituição da República prevê, entre outras, a pena de 'multa'. (...) Daí por que são aplicáveis, para as multas criminais, entre outras garantias, a intransmissibilidade aos sucessores do incriminado (art. 5.º, XLV, da CF), a preservação do princípio do Juiz Natural (art. 5.º, XXXVII, CF), a subserviência ao princípio da estrita legalidade (art. 5.º, XXXIX, CF) e a irretroatividade da lei penal maléfica (art. 5.º, XL, da CF). (...) Nessa perspectiva, *descabe entender* que o art. 51 do Código Penal, na redação dada pela Lei n. 9.268/1996, *teria atribuído caráter extrapenal à pena de multa, sob pena de vício de inconstitucionalidade*. Considerando que deve prevalecer a interpretação que prestigie a constitucionalidade da norma, entendo que o dispositivo legal em apreço não afastou o cariz penal da multa. Ao ficar estabelecido que a multa será considerada 'dívida de valor', não cabe entender que se fez da multa uma sanção extrapenal, devendo-se, ao contrário, empreender uma exegese em sentido diverso" (grifamos); d) do voto da Ministra Rosa Weber: "Entendo que o art. 5.º, XLVI, da Constituição Federal, ao consagrar a pena de multa, *não autoriza*, em hipótese alguma, que *o legislador infraconstitucional altere a natureza jurídica respectiva*. Trata-se de uma pena com natureza penal, com caráter penal" (grifamos); e) do voto do Ministro Luiz Fux: "E mais adiante, também tratando desse mesmo tema, nós temos que a pena de multa, ainda que convertida em pena pecuniária, *tanto mantém a sua natureza originária que impede a progressão do regime* como se estabeleceu na EP 12, agravo regimental de relatoria do Ministro Roberto Barroso, julgado pelo Pleno, em 2015, que: 'O inadimplemento deliberado da pena de multa cumulativamente aplicada ao sentenciado impede a progressão no regime prisional.' *Claro que a pena de multa é uma pena penal*, ainda que conversível em valor. Por fim, *se nós alterássemos a natureza jurídica dessa pena de multa*, transformando-a em dívida de valor e passível de execução fiscal, com todos os consectários de uma execução por quantia certa contra devedor solvente, chegaríamos à conclusão de que essa dívida poderia ser eventualmente cobrada do espólio do condenado, e aí *violaríamos, mais uma vez, a Constituição,* na parte em que ela afirma que a pena não poderá passar da pessoa do infrator da lei penal" (grifamos); f) do voto da Ministra Cármen Lúcia: "*Quanto à natureza jurídica da multa, ressalto sua natureza penal*. Quanto à competência e à legitimação para a cobrança dessa multa, anoto terem dificuldades os juízes primeiro pelo acúmulo de execuções fiscais e também porque não têm o aparato suficiente para, no processamento, dar cobro a sua tarefa de processo penal, tendo de se dedicar a algo fora de sua específica competência. Os princípios e as regras constitucionais que fundamentam o processo penal conduzem-se no sentido de, *mantida a natureza da multa e independente da referência a dívida de valor,* reconhecer-se a legitimidade da atuação do Ministério Público, possibilitando-se a cobrança segundo o rito de execução fiscal" (grifamos); g) do voto do Ministro Ricardo Lewandowski: "Mas eu entendo que, quando a Lei 9.268/96 alterou o art. 51 do Código Penal e assentou que a multa será considerada dívida de valor, ela *não alterou, nem poderia, por tratar-se de uma lei ordinária, o caráter ou a natureza criminal da multa.* Como bem lembrou o Ministro Luiz Fux, *o caráter criminal da multa está assentado em sede constitucional,* mais precisamente no art. 5.º, XLVI. Então, não poderia uma lei infraconstitucional, pelo simples fato de considerar a multa uma dívida de valor, transformar a sua natureza em natureza civil ou, quiçá, até administrativa" (grifamos). Esta decisão do Supremo Tribunal Federal consolida o entendimento que temos defendido desde a alteração legislativa ao mencionado art. 51 pela Lei 9.268/1996.

Assim sendo, hoje a multa deve ser executada na Vara de Execução Penal, tendo o Ministério Público no polo ativo.

10.5 Individualização da medida de segurança e juízo de periculosidade

A medida de segurança é uma espécie de sanção penal, de caráter preventivo e curativo, voltada ao autor de fato havido como infração penal, quando considerado inimputável ou semi-imputável, evidenciando periculosidade, para que receba tratamento adequado.

O Estado reage diferentemente ao fato criminoso, adotado o sistema dualista, ora aplicando pena, quando se tratar de autor imputável, ora fixando medida de segurança, cuidando-se de inimputável – ou, em algumas situações particulares, semi-imputável.[34]

Embora o objetivo deste trabalho não seja a individualização da medida de segurança, não se pode deixar de abordar o tema, em face de sua particular importância, porquanto, em determinados casos, confundem-se as sanções penais, podendo o magistrado aplicar pena e, depois, sendo necessário, promover a sua conversão em medida de segurança, como ocorre com a semi-imputabilidade (art. 26, parágrafo único, c. c. art. 98, CP). Além disso, é possível a conversão da pena em medida de segurança, durante o seu cumprimento, caso o condenado seja acometido de doença mental de prolongada duração (art. 183, LEP).

---

34. Esclarece CHOCLÁN MONTALVO que "os conceitos de culpabilidade e periculosidade se convertem, desta maneira, nos conceitos fundamentais do sistema dualista de reação estatal frente ao delito. A pena e a medida expressam a diferente legitimação que se atribui ao Direito Penal e que está presente na distinção entre teorias absolutas e relativas da pena: a *justiça* e a *utilidade* se complementam para permitir uma intervenção adequada – e completa – do Estado mediante o instrumento punitivo" (*Individualización judicial de la pena – Función de la culpabilidad y la prevención en la determinación de la sanción penal*, p. 28).

Por outro lado, é preciso distinguir a utilização da culpabilidade, como fundamento e limite de aplicação da pena, da periculosidade, como critério fundamentador e balizador da medida de segurança. Enquanto o primeiro diz respeito ao juízo de censura, que merece o imputável, com condições de distinguir entre o lícito e o ilícito, podendo determinar-se de acordo com esse entendimento, embora opte pela trajetória do ilícito, cabendo-lhe, então, a sanção-pena, o segundo, referente ao sujeito que, em virtude de doença mental ou desenvolvimento mental incompleto ou retardado, não tem condições de entender o caráter ilícito do que pratica, ou, ainda que possua, não consegue determinar-se de acordo com esse entendimento, merece tratamento adequado, conforme o grau de periculosidade apresentado.

Distinguimos pelo menos duas situações: a) o juiz aplica a medida de segurança diretamente na sentença absolutória imprópria, quando constata, durante a instrução ser inimputável o autor do fato criminoso; b) o juiz aplica a medida de segurança por conversão da pena, quando o agente adoece durante a execução, ou quando, sendo semi-imputável, embora tenha recebido pena, seja mais adequado ao seu caso o tratamento curativo. Na segunda hipótese, façamos uma subdivisão: b1) quando o magistrado converte a pena em medida de segurança durante a execução; b2) quando a aplicação da medida de segurança decorre da conversão da pena aplicada ao semi--imputável diretamente na decisão condenatória.

Assim, na última situação aventada, a conversão assemelha-se à fixação da medida de segurança aplicável ao inimputável, o que será tratado a seguir. No outro caso, havendo a conversão durante o cumprimento da pena, é preciso considerar dever a medida de segurança obedecer ao tempo de pena anteriormente aplicado, não podendo durar indefinidamente, como sói ocorrer com essa espécie de sanção penal. Isto porque, à época do cometimento do fato delituoso, ocasião propícia para a análise da culpabilidade, considerou-se o réu imputável, logo, culpável, passível do juízo de censura, merecendo por isso uma pena determinada. Se, eventualmente, adoeceu durante a execução, merece ser tratado em hospital de custódia e tratamento exatamente pelo tempo restante da pena aplicada. Aliás, se houver recuperação antes do término desta última, cremos deva o magistrado da execução reconverter a medida de segurança em pena, o que é expressamente previsto em legislação alienígena.[35]

Nas outras situações, quando o agente é inimputável à época do fato – ou semi--imputável –, merecedor de medida de segurança, porque não é possível realizar o juízo de reprovação social, mas, em seu lugar, instala-se o juízo de periculosidade, a medida de segurança, embora possua, segundo a lei, um prazo mínimo – variável de um a três anos (art. 97, § 1.º, CP) –, que pode, inclusive ser abreviado (art. 176, LEP), passa a ter prazo indeterminado de duração.

Certamente, há quem sustente deva a medida de segurança possuir, nos moldes da pena, um limite certo para o seu cumprimento, mas com isso não concordamos, pois, assim fazendo, estar-se-ia rompendo com o sistema dualista, voltando-se ao monismo, inexistindo diferença entre pena (culpabilidade como limite) e medida de segurança (periculosidade como limite). Se o agente é doente mental, assim deve ser

---

35. Consultar o capítulo destinado à análise da legislação comparada.

considerado até que melhore e possa retornar ao convívio social, não se podendo estabelecer um teto para sua recuperação, situação independente de fatores objetivos, mas, fundamentalmente, de avaliação médica, vez que autêntica questão de saúde. Houvesse um prazo-limite fixo, ultrapassado este, não podendo ser colocado em liberdade, o caso passaria à apreciação do juízo cível, possivelmente com a sua interdição.[36] Mas, nessa ótica, adverte MONTALVO que "remeter à jurisdição civil e ao Direito civil a aplicação de medidas não punitivas quando o sujeito tenha cometido uma infração *penal*, ainda que se constitua falta, e o prognóstico de conduta futura revele a possibilidade de cometer infrações *penais*, representa uma perturbação do sistema não justificada desde os postulados do Estado de Direito, nem do Estado entendido como Estado Social, pois o princípio da intervenção mínima não significa que a ordem punitiva não deva interferir aonde se encontra justificada sua intervenção e neste caso, está bem entendido que a medida de internação que previne a ordem civil com fins terapêuticos não esteja necessariamente ligada à periculosidade criminal do sujeito e muito menos à prévia comissão de um fato punível".[37]

Se o agente recebe pena, convertida posteriormente em medida de segurança, finda aquela, nesse caso sim, passa a ser um problema da esfera cível. Entretanto, quando o agente comete um fato criminoso, recebendo diretamente do juiz, na esfera penal, a medida de segurança, somente será liberado quando estiver curado.

Tornando à questão do prazo mínimo – variável de um a três anos – a eleição do seu montante pelo magistrado deve obedecer, exclusivamente, o juízo de periculosidade, mas não de reprovação social, porquanto não pode o agente ser considerado criminoso, mas simples autor de fato considerado como infração penal.

Entendendo-se *periculosidade* como o "estado subjetivo, mais ou menos duradouro, de antissociabilidade", conforme ensina HUNGRIA,[38] resultante de enfermidade mental ou desenvolvimento mental incompleto ou retardado, deve o juiz, apoiado no laudo pericial, visto ser o critério biopsicológico o adequado para apurar a imputabilidade penal, optar pelo mínimo a ser aplicado ao agente. É natural que fatos considerados menos graves, cometidos por pessoas cuja avaliação médica é de insanidade controlável, merecem a medida de segurança de prazo mínimo de um ano, enquanto para as situações mais graves – fato e doença – aplica-se o termo máximo. Esse mínimo está ligado ao período necessário para haver algum tipo de progresso no sentido da cura do paciente, motivo pelo qual o juiz sustenta-se, em grande parte das vezes, na avaliação do perito.

Note-se constituir a pena, fruto do juízo de culpabilidade, o resultado de uma diagnose, pois se relaciona a fato certo, enquanto a medida de segurança, fruto

---

36. Apesar disso, optou o Superior Tribunal de Justiça pela corrente que limita o tempo da medida de segurança, editando a seguinte Súmula: "527. O tempo de duração da medida de segurança não deve ultrapassar o limite máximo da pena abstratamente cominada ao delito praticado". Lamentamos a mescla entre pena e medida de segurança, pois, na prática, quando a pessoa internada atingir o referido limite, haverá de continuar, em muitos casos, segregada, por apresentar-se perigosa, mas pelas mãos de um juízo cível. Transfere-se o problema para outra órbita, quando, em verdade, deveria continuar na esfera penal, onde teve início.

37. Op. cit., p. 37.

38. *Comentários ao Código Penal*, v. III, p. 10.

CAP. 10 · PARÂMETROS DA INDIVIDUALIZAÇÃO DA PENA | 241

da periculosidade, relaciona-se a fato provável, incerto, futuro, constituindo uma prognose,[39] buscando o juiz avaliar o grau de probabilidade de haver reincidência.[40]

Não somos partidários do estabelecimento de medidas de segurança fundadas na espécie de pena privativa de liberdade prevista, em abstrato, para o crime, isto é, tratando-se de reclusão, deve o magistrado aplicar a medida de internação; caso se cuide de detenção, a medida poderá ser o tratamento ambulatorial (art. 97, *caput*, CP). O ideal seria a eleição da medida de segurança conforme o caso concreto e o necessário tratamento a ser dispensado ao agente.

10.6 Fundamentação da individualização da pena na sentença

O art. 93, IX, da Constituição Federal estipula, nitidamente, que "todos os julgamentos dos órgãos do Poder Judiciário serão públicos, e *fundamentadas todas as decisões, sob pena de nulidade...*" (grifamos), obrigando o magistrado a, especialmente ao sentenciar, expor com clareza seus motivos, não somente para condenar ou absolver, mas, quando optar pela condenação, as razões que o levaram a eleger a pena aplicada. Valendo-se do critério trifásico já comentado em item anterior, deve enumerar, ponto por ponto, o processo utilizado para formar seu convencimento em torno da pena merecida pelo acusado.

Há posição, que foi predominante na jurisprudência, de estar o juiz dispensado de fundamentar a pena, quando imposta no grau mínimo, o mesmo ocorrendo com relação ao regime, quando aplicado o mais brando possível, previsto em lei. Argumenta-se que, se a pena foi estabelecida no patamar mínimo, significa, implicitamente, serem todos os requisitos (circunstâncias judiciais e legais) favoráveis ao acusado.[41]

Permitimo-nos assumir posição contrária, como já deixamos claro em tópico anterior. O réu, em tese, pode não ser prejudicado por tal postura, mas o sistema de individualização da pena, constitucionalmente idealizado, sem dúvida, cai por terra. Se ao magistrado cabe justificar a eleição feita do *quantum* da pena-base, bem como as razões existentes para aplicar ou afastar agravantes e atenuantes, causas de aumento ou diminuição, não vemos sentido em incentivar devam as sentenças padecer de falhas

---

39. Aliás, tratando da prognose, no contexto da medida de segurança, explica MONTALVO que há a *prognose intuitiva*, a *clínica* e a *estatística*: a primeira funda-se na experiência profissional, na práxis do Direito penal, na intuição do juiz; a segunda é a levada a efeito pelo psiquiatra ou psicólogo (embora insuficiente, pois somente pode levar em conta a personalidade em si mesma, sem poder atender aos influxos provenientes de seu ulterior retorna social); a terceira é fator orientador para a prognose individual, embora de grande utilidade para evoluções globais (Op. cit., p. 39-40).

40. HUNGRIA, *Comentários ao Código Penal*, v. I, t. II, p. 483.

41. Esclarece, no entanto, com razão, ANTONIO SCARANCE FERNANDES que "a doutrina não aceita a motivação implícita" (*Processo penal constitucional*, p. 122). E, de fato, fundamentação implícita não deixa de ser, para os fins constitucionais apregoados, motivação carente e frágil. Ainda que, em alguns casos excepcionais, se possa utilizá-la, no tocante à individualização da pena, em verdade, fere-se concomitantemente dois princípios-garantia do contexto penal: a necessidade de não padronizar a pena e a obrigatoriedade de motivar o livre convencimento judicial.

patentes de fundamentação. Não pode o órgão acusatório levantar em seu recurso os seus melhores argumentos se não sabe, precisamente, quais elementos levaram o julgador a aplicar a pena no mínimo legal, em especial quando essa escolha está equivocada, bastando confrontar com as provas dos autos.

Por outro lado, havendo coautoria ou participação, novamente o prejuízo torna-se evidente. Se o magistrado optar pela padronização da pena no mínimo legal, sem fundamentar devidamente a sua escolha, os corréus merecedores efetivamente da pena fixada no mínimo terminam sendo, de maneira indireta, equiparados àqueles que necessitam receber penas mais elevadas, *na medida da sua culpabilidade*, como preceitua o art. 29 do Código Penal.

A individualização *fundamentada* da pena é dever do juiz, seja para fixá-la no mínimo, seja para estabelecê-la em patamares superiores à base e até para dar uma satisfação legítima à sociedade, demonstrando que soube *dar a cada um o que é seu*, princípio basilar de justiça, não equiparando os desiguais.

Por isso, caso a pena seja estabelecida no patamar mínimo, sem a devida fundamentação, deve o órgão acusatório recorrer, pugnando pela sua nulidade, por infringência a preceito constitucional, fundado na obrigatoriedade de motivação. Assim também se pronuncia NÉLSON FERRAZ, aduzindo que "mesmo quando a pena-base é fixada no mínimo legal, poderá ser decretada a nulidade da sentença por falta de fundamentação das circunstâncias judiciais".[42]

Não deixando de reconhecer a inidoneidade desse procedimento, ANTONIO MAGALHÃES GOMES FILHO deixa clara a sua posição sustentando a "necessidade de se justificar igualmente a aplicação da pena no mínimo, pois a acusação também tem o direito de conhecer as razões pelas quais a sanção não foi exasperada, inclusive para poder eventualmente impugnar a sentença nesse ponto. Assim, ainda que a defesa não seja prejudicada, é inegável o prejuízo para a acusação. Ademais, essa linha de entendimento acaba por favorecer uma certa inércia dos juízes em relação ao dever de fundamentar esse ponto importante da decisão, preferindo-se, em geral, a imposição da pena menor, nem sempre mais adequada aos propósitos consagrados pelo legislador".[43]

Merece registro a lição de GERMANO MARQUES DA SILVA, esclarecendo que "a fundamentação da medida concreta da pena aplicada, para além de ser imposta expressamente por lei, é uma exigência da própria função jurisdicional, o que a legitima e distingue do poder arbitrário. O ato judicial da aplicação da pena contém um componente individual de difícil fiscalização, sobretudo na mensuração da culpabilidade, mas também na conjugação dos fins que a pena deve realizar. É para obviar ao possível *arbitrium judicis* que as legislações modernas exigem a fundamentação da decisão, possibilitando a sua sindicabilidade externa e obrigando à racionalização das operações de determinação da pena concreta. Não basta, pois, enumerar os critérios legais, é necessário indicar os motivos da opção por este ou aquele fator determinante da quantidade da pena, justificando ainda as razões de ter chegado àquele resultado".[44]

---

42. *Dosimetria da pena*, p. 323.

43. *A motivação das decisões penais*, p. 217.

44. *Direito penal português – Parte geral*, III, p. 121-122.

As partes têm o direito indeclinável de conhecer os motivos, as razões e os fundamentos sobre os quais o juiz construiu a medida da pena, pois, se assim não fosse, haveria o puro arbítrio abusivo do Estado, incompatível com a transparência desejada na atuação de qualquer Poder da República. A fundamentação da sentença deve voltar-se tanto à parte referente à culpa do réu, sustentando, pois, a condenação, quanto ao tópico relativo à fixação da pena. No direito brasileiro, há exceção quanto à fundamentação da condenação no Tribunal do Júri, pois os jurados votam sem justificar o seu veredicto, embora o magistrado presidente da sessão jamais possa deixar de motivar a aplicação da pena. Logo, inexiste exceção nesse campo.

Outro fator a considerar é a fundamentação pormenorizada e calcada em fatos e provas existentes nos autos. Não se pode considerar motivada a decisão judicial limitada a discorrer sobre os elementos constantes no art. 59, por exemplo, mencionando que, levando em conta os antecedentes, a conduta social, a personalidade do réu, os motivos do crime, as circunstâncias e as consequências do crime, bem como o comportamento da vítima, fixa a pena em determinado montante. A mera e singela menção ao texto legal é um arremedo de motivação e, consequentemente, causa de nulidade absoluta da sentença.

O julgador deve sempre atrelar sua fundamentação aos fatos, indicando, nos autos, onde se encontra a prova deles, justamente para haver a fiscalização das partes e por qualquer pessoa do povo, pois o processo é de acesso público.

Outra postura do julgador equivale a desconsiderar a sua missão constitucional de individualizar a pena dentro dos parâmetros de publicidade e exigência de motivação igualmente constitucionais, portanto transparentes.

▶ Utilização de mesma fundamentação do corréu: possibilidade

Superior Tribunal de Justiça

- "Não há que se falar em violação ao princípio da individualização da pena quando o magistrado se socorre da argumentação utilizada para avaliar negativamente as circunstâncias e consequências do crime em relação a um dos réus para elevar a reprimenda básica dos demais, pois trata-se de fundamentação comum a todos os agentes que praticaram o mesmo fato criminoso, baseada em dados concretos, objetivos, que circundaram o fato delituoso." (HC 150.541/SP, 5.ª T., j. 08.05.2012, v.u., rel. Jorge Mussi).

▶ Ausência de coerência entre fundamentação e dispositivo

Supremo Tribunal Federal

- "A fixação da pena de 30 (trinta) anos de reclusão sem a demonstração de coerência lógico-jurídica entre a fundamentação e o dispositivo da sentença viola os princípios constitucionais da exigência de fundamentação das decisões judiciais e da individualização da pena, insculpidos nos arts. 93, IX, e 5.º, XLVI, da Constituição Federal." (HC 111.735/MG, 1.ª T., 11.12.2012, m.v., rel. Luiz Fux).

10.7 *Habeas corpus* e dosimetria da pena

O momento processual adequado para a fixação da pena é a prolação da sentença condenatória, quando o julgador tem a oportunidade de avaliar toda a prova constante dos autos, mensurando-a, conforme seu livre convencimento. Por certo, deve fundamentar as razões utilizadas para chegar ao veredicto no tocante ao *quantum* da pena.

Assim sendo, se as partes não estiverem satisfeitas com a decisão, cabe apelação. Por meio desse recurso, devolve-se ao tribunal o amplo conhecimento da causa, em particular o cenário da fixação da pena. Há o oferecimento de razões, contrarrazões, parecer do Ministério Público, além de se submeter à relatoria e à revisão.

Não se deve, pois, avaliar a correção ou incorreção da aplicação da pena por meio do *habeas corpus*, que é ação constitucional, voltada a sanar abusos ligados ao direito de ir e vir, basicamente.

Pode-se sustentar que o *habeas corpus* ganhou amplitude, comportando outras discussões, além da mera referência à privação da liberdade, embora ligadas ao constrangimento ilegal. Ainda assim, o debate envolvendo a individualização da pena é significativamente mais vasto, abrangendo ampla análise da prova colhida, o que não se faz na via estreita da ação constitucional. Neste caso, não há contrarrazões, nem tampouco revisão por parte do desembargador ou ministro, de forma a demonstrar a concisão do mecanismo escolhido.

Excepcionalmente, em situações teratológicas, pode-se corrigir uma decisão condenatória pela via do *habeas corpus*, normalmente, com o objetivo de anulá-la, para o fim de outra ser proferida.

Em suma, a exceção não pode tornar-se regra.

▶ **Inviabilidade de discussão da individualização da pena por meio de *habeas corpus***

Supremo Tribunal Federal

- "Pretensão à redução da pena-base, à aplicação de maior diminuição decorrente da confissão espontânea e à redução da pena pecuniária. Dosimetria. O reexame da dosimetria implicaria a análise de prova, o que é vedado na via processual eleita. Precedentes. Ordem denegada. 1. O *habeas corpus* não é a via adequada para a análise de pedido de mitigação da pena quando sua fixação tiver apoio nas circunstâncias do caso concreto. 2. A dosimetria levada a efeito nas instâncias ordinárias não apenas atendeu aos requisitos legais, como também respeitou o princípio da individualização da pena. 3. *Habeas corpus* denegado" (HC 195.086, 1.ª T., rel. Dias Toffoli, 03.05.2021, v.u.).

Superior Tribunal de Justiça

- "Exceto nos casos de flagrante ilegalidade ou de abuso de poder, é vedado, em *habeas corpus*, o amplo reexame das circunstâncias judiciais consideradas para a individualização da pena, por demandar a análise de matéria fático-probatória. Precedentes" (HC 186.718/RJ, 6.ª T., 20.08.2013, v.u., rel. Sebastião Reis Júnior).
- "Carece de objeto o habeas corpus que alega ofensa ao princípio constitucional da individualização da pena, quando a reprimenda é aplicada no mínimo legal,

CAP. 10 • PARÂMETROS DA INDIVIDUALIZAÇÃO DA PENA | **245**

sendo concedida a suspensão condicional do processo, nada existindo que possa ser alterado na sentença condenatória ou no acórdão que a manteve, como na espécie" (HC 78.243/RO, 5.ª T., j. 17.09.2009, v.u., rel. Laurita Vaz).

10.8 Revisão criminal e dosimetria da pena

A revisão criminal é ação constitucional de impugnação, cuja finalidade é rescindir uma decisão, com trânsito em julgado, desde que se constate alguma espécie de erro judiciário.

Conforme os requisitos expostos no art. 621 do Código de Processo Penal, basicamente, podem ocorrer, no cenário da individualização da pena, duas hipóteses: a) quando a sentença condenatória for contrária ao texto expresso da lei penal ou à evidência dos autos (inciso I); b) quando, após a sentença, se descobrirem provas (...) de circunstância que determine ou autorize diminuição especial da pena (inciso III).

O julgador pode equivocar-se ao aplicar a pena, infringindo texto expresso de lei ou mesmo contrariando evidência dos autos. Do mesmo modo, podem surgir provas da presença de certa circunstância que permita a modificação da pena.

Tendo havido o trânsito em julgado, cuida-se de matéria afeita à revisão criminal.

O importante é não focar a revisão criminal como *segunda apelação*, visando tornar a discutir a pena, porque a parte ainda está inconformada com a sanção aplicada.

Não cabe, também, revisão criminal, quando se considera a pena estabelecida diversa da orientação adotada por determinada Câmara ou Turma. A interpretação dos vários requisitos do art. 59 do CP e dos demais fatores de fixação da pena não é questionável por meio de revisão criminal. Esta se destina a erros judiciários.

▶ **Restrição do uso de revisão criminal para individualização da pena**

Superior Tribunal de Justiça

• "2. Sobre a dosimetria da reprimenda, a revisão criminal tem cabimento restrito, apenas admitida quando, após a sentença, forem descobertas novas provas que demonstrem eventual equívoco do juízo sentenciante, ou na ocorrência de flagrante ilegalidade. Destarte, a revisão não pode ser utilizada como se apelação (ou recurso especial) fosse, para rediscutir, minuciosamente e à luz dos mesmos elementos probatórios, as circunstâncias que já foram valoradas no processo originário" (AgRg no REsp 1.977.909/SP, 5.ª T., rel. Ribeiro Dantas, 15.03.2022, v.u.).

▶ **Uso excepcional da revisão criminal**

Superior Tribunal de Justiça

• "1. A presente revisão criminal tem como fundamento o art. 621, I, do CPP. A decisão agravada está pautada no argumento de que, tomadas as conclusões do julgado com base em jurisprudência consolidada nesta Corte, não prospera a pretensão de se revisar o julgado com fundamento no art. 621, inciso I, do Código de Processo Penal, porque não se tem contrariedade ao texto legal ou à evidência dos autos. 2. 'Não se verifica afronta ao texto expresso da lei, tampouco há falar em contrariedade à evidência dos autos no julgado atacado, que enfrentou de maneira devidamente fundamentada e amparado na jurisprudência desta Corte (...)' (AgRg na RvCr 4.394/PE, Rel. Ministra Maria Thereza de Assis Moura, Terceira Seção, *DJe* 14/8/2018). 3. 'Embora seja possível rever a dosimetria da pena em revisão criminal, a utilização do pleito revisional é prática excepcional, somente justificada quando houver contrariedade ao texto expresso da lei ou à evidência dos autos' (AgRg no AREsp n. 734.052/MS, Quinta Turma, Rel. Min. Reynaldo Soares da Fonseca, *DJe* de 16/12/2015), o que não ocorreu na hipótese" (AgRg na RvCr 5.654/DF, 3.ª Seção, rel. Joel Ilan Paciornik, 13.10.2021, v.u.).

10.9 Individualização executória da pena

O princípio constitucional da individualização da pena, como já mencionado no Capítulo 2, desdobra-se em três etapas: individualização legislativa, individualização judiciária e individualização executória.

A individualização executória é fundamental para o contexto da pena, pois a sua concretização, na sentença condenatória, é somente o primeiro passo para o réu. O cumprimento, desdobrado em inúmeros fatores de progresso e regresso, jamais deve ser padronizado; ao contrário, espera-se a mais adequada *individualização* possível.

A pena estabelecida, com trânsito em julgado, não é um título definitivo. Sujeita--se ao comportamento do sentenciado ao longo de seu desenvolvimento. Ingressando no sistema carcerário, submete-se o condenado ao exame de classificação, primeiro estágio para definir onde e como deverá cumprir sua pena. Após, constituindo o trabalho como obrigação, desenvolvendo-o, conforme suas aptidões, terá direito à remição (três dias trabalhados são compensados por um dia de pena). Com isso, sua pena diminui e ele poderá atingir, mais rapidamente, a liberdade.

Caso inicie o cumprimento em regime fechado, após o cumprimento do percentual estabelecido pelo art. 112 da Lei de Execução Penal, possuindo merecimento (bom comportamento e aptidão para seguir a regime mais brando), pode pleitear a passagem ao semiaberto. Conseguindo, deve ultrapassar, outra vez, o período fixado em lei para solicitar a sua transferência ao regime aberto. Neste, encontrar-se-á em liberdade, sob a condição de repousar em local determinado e passar os fins de semana recolhido.

Além disso, pode requerer a concessão do livramento condicional (1/3 de cumprimento de pena, para primários; metade, para reincidentes). Enquanto isso, a cada ano, havendo o decreto de indulto, o preso acaba conseguindo o perdão parcial de sua pena (ou o total, conforme o caso).

Todos esses benefícios constituem a individualização executória da pena, que depende do comportamento individual de cada sentenciado. Merecendo, progride; desmerecendo, permanece em regime mais severo.

10.9.1 Conceito e natureza jurídica da execução penal[45]

Trata-se da fase processual em que o Estado faz valer a pretensão executória da pena, tornando efetiva a punição do agente e buscando a concretude das finalidades

---

45. Desenvolvemos essa temática em nosso *Curso de execução penal*.

da sanção penal. Não há necessidade de nova citação, tendo em vista que o condenado já tem ciência da ação penal contra ele ajuizada, bem como foi intimado da sentença condenatória, quando pôde exercer o seu direito ao duplo grau de jurisdição. Além disso, a pretensão punitiva do Estado é cogente e indisponível. Quanto à execução da pena de multa, deve-se promover a citação do sentenciado, pois ela passa a ser cobrada *como se fosse* dívida ativa da Fazenda Pública, mas no juízo das execuções penais.

Com o trânsito em julgado da decisão, a sentença torna-se título executivo judicial, passando-se do processo de conhecimento ao processo de execução. Embora seja este um processo especial, com particularidades que um típico processo executório não possui (ex.: tem o seu início determinado de ofício pelo juiz, na maior parte dos casos) é a fase do processo penal em que o Estado faz valer a sua pretensão punitiva, desdobrada em pretensão executória.

Cuida-se da atividade jurisdicional, voltada a tornar efetiva a pretensão punitiva do Estado, em associação à atividade administrativa, fornecedora dos meios materiais para tanto. Nessa ótica, está a posição de Ada Pellegrini Grinover, para quem "a execução penal é atividade complexa, que se desenvolve, entrosadamente, nos planos jurisdicional e administrativo. Nem se desconhece que dessa atividade participam dois Poderes estatais: o Judiciário e o Executivo, por intermédio, respectivamente, dos órgãos jurisdicionais e dos estabelecimentos penais".[46] Destacando a inviabilidade de se cogitar o processo de execução penal distante da atuação do Poder Judiciário, está, também, a lição de Sidnei Agostinho Beneti.[47] Afirmando que a natureza jurídica é essencialmente jurisdicional está a posição de Renato Marcão.[48]

O ponto de encontro entre as atividades judicial e administrativa ocorre porque o Judiciário é o órgão encarregado de proferir os comandos pertinentes à execução da pena, embora o efetivo cumprimento se dê em estabelecimentos administrados pelo Executivo e sob sua responsabilidade. É certo que o juiz é o corregedor do presídio, mas a sua atividade fiscalizatória não supre o aspecto de autonomia administrativa plena de que gozam os estabelecimentos penais no Estado, bem como os hospitais de custódia e tratamento. Por outro lado, é impossível dissociar-se o Direito de Execução Penal do Direito Penal e do Processo Penal, pois o primeiro regula vários institutos de individualização da pena, úteis e utilizados pela execução penal, enquanto o segundo estabelece os princípios e formas fundamentais de se regular o procedimento da execução, impondo garantias processuais penais típicas, como o contraditório, a ampla defesa, o duplo grau de jurisdição, entre outros.

Cabe frisar competir à União, privativamente, legislar em matéria de direito penal e de processo penal (art. 22, I, Constituição Federal). Vários preceitos da Lei de Execução Penal ligam-se diretamente a direito penal e a processo penal, motivo pelo qual devem ser criados ou modificados pelo Poder Legislativo federal.

Sob outro aspecto, o legislador-constituinte, em vez de utilizar o já conhecido *direito de execução penal* (a lei é de 1984 e a CF é de 1988), preferiu valer-se de termo

---

46. Natureza jurídica da execução penal, p. 7.

47. *Execução penal*, p. 6-7.

48. *Curso de execução penal*, p. 33.

248 | INDIVIDUALIZAÇÃO DA PENA – Nucci

extraído de legislação estrangeira, referindo-se a *direito penitenciário*, o que somente acarretou interpretações díspares acerca do seu real significado e conteúdo. Para esse ramo do direito, autorizou a União a legislar concorrentemente com os Estados e o Distrito Federal (art. 24, I, Constituição Federal). Portanto, a matéria pertinente à legislação concorrente seria a residual, excluídos os temas vinculados a direito penal e a processo penal, restando as normas de organização e funcionamento de estabelecimentos prisionais, criação e administração de órgãos auxiliares da execução penal, normas de assistência ao preso e ao egresso, enfim, todos os assuntos relativos ao bom andamento da execução penal no que concerne aos estabelecimentos ligados aos regimes fechado, semiaberto e aberto, além de outros temas correlatos.

10.9.2 Progressão de regime

O sistema de cumprimento da pena é baseado na sua individualização executória, devendo ser apurado o critério objetivo do tempo no regime anterior, associado ao merecimento do sentenciado, verificado pelo seu bom comportamento carcerário e, conforme o caso, para autores de crimes violentos contra a pessoa, também se determina a realização do exame criminológico.

10.9.2.1 Critérios objetivos

Estabelece o art. 112 da LEP, com a redação dada pela Lei 13.964/2019, que: "a pena privativa de liberdade será executada em forma progressiva com a transferência para regime menos rigoroso, a ser determinada pelo juiz, quando o preso tiver cumprido ao menos: I – 16% (dezesseis por cento) da pena, se o apenado for primário e o crime tiver sido cometido sem violência à pessoa ou grave ameaça; II – 20% (vinte por cento) da pena, se o apenado for reincidente em crime cometido sem violência à pessoa ou grave ameaça; III – 25% (vinte e cinco por cento) da pena, se o apenado for primário e o crime tiver sido cometido com violência à pessoa ou grave ameaça; IV – 30% (trinta por cento) da pena, se o apenado for reincidente em crime cometido com violência à pessoa ou grave ameaça; V – 40% (quarenta por cento) da pena, se o apenado for condenado pela prática de crime hediondo ou equiparado, se for primário; VI – 50% (cinquenta por cento) da pena, se o apenado for: a) condenado pela prática de crime hediondo ou equiparado, com resultado morte, se for primário, vedado o livramento condicional; b) condenado por exercer o comando, individual ou coletivo, de organização criminosa estruturada para a prática de crime hediondo ou equiparado; ou c) condenado pela prática do crime de constituição de milícia privada; VII – 60% (sessenta por cento) da pena, se o apenado for reincidente na prática de crime hediondo ou equiparado; VIII – 70% (setenta por cento) da pena, se o apenado for reincidente em crime hediondo ou equiparado com resultado morte, vedado o livramento condicional". Apesar da opção pela fórmula calcada no percentual, não se trata de um panorama muito diferente das anteriores frações: 16% equivalem a 1/6; 20% a 1/5; 25% a 1/4; 30% a 3/10; 40% a 2/5; 50% a 1/2; 60% a 3/5; 70% a 7/10. Note-se nas pontas o equilíbrio do novo sistema: pode progredir do fechado ao semiaberto e deste ao aberto, com 16% da pena cumprida, o condenado primário, que tiver cometido crime sem violência ou grave ameaça à pessoa. Do outro lado, deverá cumprir 70% da pena – vedado o livramento condicional para o reincidente em crime hediondo ou equiparado com resultado morte (latrocida reincidente em latrocínio, por exemplo).

De forma muito mais detalhada, o legislador implantou um sistema coerente de individualização executória da pena, que, em nosso entendimento, está correto. O único problema é o descaso do Poder Executivo com o sistema carcerário. Se já se encontra o fechado com superlotação; o semiaberto, sem trabalho ou estudo; o aberto cumprido em domicílio, torna-se essencial investir nos regimes para adaptá-los ao estabelecido nessa Lei de Execução Penal em vários artigos.

No contexto da progressão nos casos de condenados por crimes hediondos, quando reincidentes, após a edição da Lei 13.964/2019, foram criadas várias faixas para a progressão, no art. 112 da Lei de Execução Penal, gerando dúvida no seguinte cenário: a) utiliza-se o percentual de 40% da pena, se o apenado for condenado pelo cometimento de delito hediondo ou equiparado, sendo primário; b) usa-se o percentual de 60% da pena, caso o sentenciado seja reincidente na prática de crime hediondo ou equiparado; c) vale-se do percentual de 50% da pena, se o apenado for condenado pelo cometimento de crime hediondo ou equiparado, com resultado morte, se primário; d) utiliza-se o percentual de 70% da pena, caso haja condenação de reincidente em crime hediondo ou equiparado, com resultado morte. Comparando-se as hipóteses das alíneas *a* e *b*, emerge o seguinte conflito aparente de normas: quem é reincidente não específico (comete um crime hediondo e depois um crime comum ou o contrário) deve progredir ao atingir 40% ou 60%? Afinal, na referência feita aos 60%, menciona-se ser o sentenciado reincidente na prática de crime hediondo ou equiparado, vale dizer, estaria apontando uma reincidência específica. Pode dar-se o mesmo conflito no cenário das alíneas *c* e *d*, pois a faixa dos 50% indica primariedade, enquanto a faixa dos 70% aponta para reincidência em crime hediondo ou equiparado.

Decidindo casos concretos, no Tribunal de Justiça de São Paulo, chegamos a proferir o seguinte voto, que nos parece o mais indicado caminho, diante da interpretação teleológica: "visando a esclarecer tal situação, deve-se observar que, para o resgate das parcelas mais benéficas (25% e 40%), o legislador estipulou, expressamente, o preenchimento de duplo requisito, exigindo que os sentenciados, além de serem autores de crimes violentos ou hediondos, também sejam primários, assim vedando sua aplicação aos reincidentes que, de acordo com o art. 63 do Código Penal, são assim reconhecidos quando o agente comete novo crime, depois de transitar em julgado a sentença que, no País ou no estrangeiro, o tenha condenado por crime anterior. Portanto, de acordo com os incisos III e V, somente os sentenciados primários, frise-se, desprovidos de condenação anterior não atingida pelo período depurador de 5 anos, estarão guarnecidos pelos percentuais de 25% e 40%, respectivamente exigidos para práticas violentas e hediondas. Por outro lado, quando não preenchidos os requisitos cumulativamente previstos, por exclusão, devem os condenados se sujeitar ao cumprimento das maiores parcelas (30% e 60%), estipuladas pelos incisos IV e VII, as quais abarcam os reincidentes de qualquer tipo, sejam específicos ou não."

De forma análoga, já vínhamos sustentando semelhante raciocínio, no tocante à fração exigida para a concessão de livramento condicional, aos sentenciados primários que ostentem maus antecedentes, *in verbis*: "não se encaixando no primeiro dispositivo, que, expressamente, exige os bons antecedentes, somente lhe resta o segundo. Assim, o primário com maus antecedentes deve cumprir metade da pena para pleitear o livramento condicional. É a posição que adotamos, pois o art. 83, I, exige 'duplo requisito' e é expresso acerca da impossibilidade de concessão de livramento com 1/3 da pena a quem possua maus antecedentes".

▶ **No entanto, o STF e o STJ firmaram posição em favor do acusado, indicando o percentual de 40%.**

Supremo Tribunal Federal

- "1. A mera leitura dos dispositivos legais (art. 112 e incisos, LEP) atinentes à progressão de regime permite constatar a existência de verdadeiro vácuo normativo. Referida legislação não disciplinou, de forma expressa, a circunstância para progressão do condenado por crime hediondo ou equiparado reincidente em crime comum. 2. Os signos linguísticos constantes do texto legal impõem ao juiz, no exercício da hermenêutica jurídica, limites claros e inequívocos. É imprescindível que a interpretação conferida ao diploma legislativo guarde relação de conexidade com o significado das palavras insertas no dispositivo objeto de aplicação, de modo a que se mantenha, o quadrante interpretativo, dentro da moldura do texto. 3. Não há alternativa: reincidente na prática de crime hediondo ou equiparado significa que o requisito objetivo para progressão de regime de 60% (sessenta porcento), previsto no art. 112, VII, da LEP, somente incide para o apenado a cumprir pena pela prática de crime hediondo ou equiparado reincidente em delito qualificado pela nota da hediondez ou com equiparação. Portanto, o crime anterior também deve ser crime hediondo ou equiparado. 4. Evidente que o art. 112, V, da Lei de Execução Penal, num primeiro momento, incidiria somente ao condenado primário. No entanto, presente lacuna normativa e observados os princípios regentes do direito penal em sentido lato, há uma única opção legítima ao intérprete: aplicar a norma que beneficia o condenado pela prática crime hediondo ou equiparado reincidente em crime comum, no caso, o art. 112, V, da Lei de Execução Penal, na redação dada pela Lei 13.964/2019 (Pacote Anticrime). Precedente. 5. Agravo regimental conhecido e não provido" (RHC 198.156 AgR, 1.ª T., rel. Rosa Weber, 21.06.2021, por maioria).

Superior Tribunal de Justiça

- "1. A Lei n. 13.964/2019, intitulada Pacote Anticrime, promoveu profundas alterações no marco normativo referente aos lapsos exigidos para o alcance da progressão a regime menos gravoso, tendo sido expressamente revogadas as disposições do art. 2.º, § 2.º, da Lei n. 8.072/1990 e estabelecidos patamares calcados não apenas na natureza do delito, mas também no caráter da reincidência, seja ela genérica ou específica. 2. Evidenciada a ausência de previsão dos parâmetros relativos aos apenados condenados por crime hediondo ou equiparado, mas reincidentes genéricos, impõe-se ao Juízo da execução penal a integração da norma sob análise, de modo que, dado o óbice à analogia *in malam partem*, é imperiosa a aplicação aos reincidentes genéricos dos lapsos de progressão referentes aos sentenciados primários. 3. Ainda que provavelmente não tenha sido essa a intenção do legislador, é irrefutável que, *de lege lata*, a incidência retroativa do art. 112, V, da LEP, quanto à hipótese da lacuna legal relativa aos apenados condenados por crime hediondo ou equiparado e reincidentes genéricos, instituiu conjuntura mais favorável que o anterior lapso de 3/5, a permitir, então, a retroatividade da lei penal mais benigna. 4. Dadas as ponderações acima, a hipótese em análise trata da incidência de lei penal mais benéfica ao apenado, condenado por tráfico de drogas, porém reincidente genérico, de forma que é mister o reconhecimento de sua retroatividade, dado que o percentual por ela estabelecido – qual seja, de cumprimento de 40% das reprimendas impostas – é inferior à fração de 3/5, anteriormente exigida para a progressão de condenados por crimes hediondos, fossem reincidentes genéricos ou específicos. 5. Recurso especial representativo da controvérsia não provido, assentando-se a seguinte tese: É reconhecida a retroatividade do patamar estabelecido no art. 112, V, da LEP, àqueles apenados que, embora tenham cometido crime hediondo ou equiparado sem resultado morte, não sejam reincidentes em delito de natureza semelhante" (REsp 1.918.338/MT, 3.ª Seção, rel. Rogerio Schietti Cruz, 26.05.2021, v.u.).

A partir disso, ressalvando a nossa posição pessoal, passamos a adotar a posição dos tribunais superiores para evitar que o condenado seja obrigado a atingir o STJ ou o STF para auferir o benefício de progredir ao atingir os 40%. Segundo cremos, embora não seja a ideal posição, trata-se da mais favorável ao acusado e, adotando--a, evita-se que ele seja obrigado a recorrer ao STJ, lembrando-se que muitos não conseguem esse acesso, pois nem mesmo possuem uma defesa constituída.

10.9.2.2   Critérios subjetivos e outras regras

Exige o § 1.º do art. 112 a comprovação da boa conduta carcerária, confirmada pelo diretor do estabelecimento penitenciário onde se encontra o sentenciado. A decisão concessiva da progressão de regime (e, por óbvio, também a que nega) deve ser sempre motivada – como todas as decisões do Poder Judiciário, nos termos do art. 93, IX, da CF – ouvindo-se, previamente, o Ministério Público e o defensor. É o disposto no § 2.º do referido art. 112, além de se apontar o mesmo procedimento para a concessão de livramento condicional (este, no entanto, possui mais regras específicas), indulto e comutação de penas (a comutação é um indulto parcial).

A reforma não alterou os §§ 3.º e 4.º, que foram introduzidos pela Lei 13.769/2018. *In verbis:* "§ 3.º No caso de mulher gestante ou que for mãe ou responsável por crianças ou pessoas com deficiência, os requisitos para progressão de regime são, cumulativamente: I – não ter cometido crime com violência ou grave ameaça a pessoa; II – não ter cometido o crime contra seu filho ou dependente; III – ter cumprido ao menos 1/8 (um oitavo) da pena no regime anterior; IV – ser primária e ter bom comportamento carcerário, comprovado pelo diretor do estabelecimento; V – não ter integrado organização criminosa. § 4.º O cometimento de novo crime doloso ou falta grave implicará a revogação do benefício previsto no § 3.º deste artigo".

Criou-se o § 5.º apenas para incluir na lei – tornando o seu cumprimento obri-gatório – a jurisprudência dominante no STF e no STJ: "não se considera hediondo ou equiparado, para os fins deste artigo, o crime tráfico de drogas previstos no § 4.º do art. 33 da Lei 11.343, de 23 de agosto de 2006". É a hipótese do tráfico com causa de

252 | INDIVIDUALIZAÇÃO DA PENA – Nucci

diminuição da pena de 1/6 a 2/3, tratando-se de réu primário, de bons antecedentes, que não se dedique às atividades criminosas nem tome parte de organização criminosa.

Lastreado, ainda, em jurisprudência majoritária dos Tribunais Superiores, o § 6.º dispõe que "o cometimento de falta grave durante a execução da pena privativa de liberdade interrompe o prazo para a obtenção da progressão no regime de cumprimento da pena, caso em que o reinício da contagem do requisito objetivo terá como base a pena remanescente". Quem cumpre pena de 9 anos, iniciando pelo regime fechado, em decorrência da prática de um roubo, sendo reincidente, pode pedir a progressão ao atingir 3 anos de pena cumprida. No entanto, depois de 2 anos, comete falta grave. Restam 7 anos. Reinicia-se a contagem dos 30%, baseado na pena restante de 7 anos para requerer passagem ao semiaberto.

A Lei 10.792/2003 trouxe, à época da sua edição, alterações substanciais à redação do art. 112 da Lei de Execução Penal. Buscou-se, lamentavelmente, diminuir a esfera de atuação da Comissão Técnica de Classificação no cenário da progressão de regime. Antes da referida Lei 10.792/2003, essa Comissão, composta pelo diretor do presídio, por, pelo menos, dois chefes de serviço, um psiquiatra, um psicólogo e um assistente social (art. 7.º, LEP), obrigatoriamente, participava do processo de individualização da execução, opinando nos pedidos de progressão do regime fechado para o semiaberto e deste para o aberto. Cabia a ela, inclusive, propor as progressões e regressões de regime, bem como as conversões. Destarte, dispunha o art. 112, parágrafo único (hoje substituído pelos §§ 1.º e 2.º), cuidando da progressão de regime: "A decisão será motivada e precedida de parecer da Comissão Técnica de Classificação e do exame criminológico, quando necessário".

A atual redação estipula que a decisão de progressão será motivada, precedida de manifestação do Ministério Público e da defesa (§ 1.º), com igual procedimento para a concessão de livramento condicional, indulto e comutação de penas (§ 2.º).

O art. 6.º da Lei de Execução Penal, com novo texto, indica que a referida Comissão Técnica de Classificação deve elaborar o programa individualizador da pena privativa de liberdade adequada ao condenado ou preso provisório, não mais mencionando que deverá propor a progressão ou regressão. Aliás, a redação atual do art. 112, *caput*, passa a prever que a transferência, em forma progressiva, para regime menos rigoroso (fechado para o semiaberto e deste para o aberto) será fixada pelo juiz, quando o preso atingir determinado período da sua pena no regime anterior e tiver *bom comportamento carcerário*, comprovado pelo diretor do estabelecimento, *respeitadas as normas que vedam a progressão*. Esta parte final foi uma cautela do legislador, mantida pela Lei 13.964/2019, para evitar qualquer interpretação tendente a acreditar que foi revogada a norma da Lei dos Crimes Hediondos, que impedia a progressão, afinal, poder-se-ia falar em novel lei penal benéfica, passível de afastar a aplicação de anterior disposição prejudicial ao condenado (essa questão, em face da decisão do STF, no HC 82.959-SP, autorizando a progressão de regime para todos os delitos, inclusive hediondos e equiparados, entretanto, perdeu relevo). Além disso, a edição da Lei 11.464/2007, conferindo nova redação ao art. 2.º, § 1.º, da Lei 8.072/1990, passou a exigir somente que o regime imposto aos sentenciados por tais delitos seja *inicialmente* fechado. Autorizada está a progressão, portanto.

Argumentou-se que o parecer da Comissão Técnica de Classificação era um obstáculo burocrático, pois demorado e nem sempre com parecer bem-feito, à progressão de regimes dos sentenciados. Em verdade, o que estava por trás disso era a intenção dos Governos Estaduais de não mais ter que investir em número de funcionários para compor as diversas Comissões que seriam necessárias para um volume imenso de presos.

Observe-se que o art. 8.º da Lei de Execução Penal não foi alterado e preceitua que "o condenado ao cumprimento de pena privativa de liberdade, em regime fechado, será submetido a exame criminológico para a obtenção dos elementos necessários a uma adequada classificação e com vistas à *individualização da execução*" (grifo nosso). Ora, ainda que se diga que esse exame será realizado no início do cumprimento da pena, destina-se ele a garantir a correta *individualização executória* da pena, não se podendo concluir que esta foi e está sendo satisfatória, mormente considerando-se que diretores de presídio não possuem, necessariamente, conhecimento técnico especializado para a visualização criminológica do condenado, se não for elaborado outro parecer da Comissão Técnica de Classificação, para fornecer um padrão de confronto ao juiz.

Essa Comissão não voltou a atuar para a progressão de regimes, mas a jurisprudência tornou-se dominante, inclusive no STF e no STJ, no sentido de que, em casos específicos, pelo menos, quando existir violência ou grave ameaça no crime cometido, o juiz da execução pode determinar a realização do exame criminológico, como um fator a mais para autorizar ou não a progressão.

Sustentando, igualmente, a necessidade de se manter a realização do exame criminológico para a progressão de regime, por atender ao princípio constitucional da individualização da pena, afirmam CLÁUDIO TH. LEOTTA DE ARAÚJO e MARCO ANTÔNIO DE MENEZES que, "por uma questão de justiça, respeito à Democracia e com vistas à recuperação do sentenciado, a execução da pena deve ser individualizada e a Constituição brasileira, conquanto tenha sido promulgada depois da lei supracitada, cobra essa individualização, mercê de seu art. 5.º, inciso XLVI. Ou seja, o legislador sabia, tinha consciência de que, para criminosos diferentes, execuções de penas também diferentes, e o elemento orientador dessa individualização é o exame criminológico, já que não se dispõe de outro meio. Além disso, como dito acima, o exame é a forma pela qual o magistrado tem como fundamentar sua decisão acerca da antecipação da liberdade do sentenciado e progressão regimental, antes de cumprida a pena na íntegra. (...) Quanto à alegação de que o exame é mal elaborado, tenha-se em mente dois fatos: primeiro, de que há um outro exame, também previsto na legislação, mas que não é feito, o exame de personalidade, o qual deveria ser aplicado quando da entrada do sentenciado no sistema prisional e serviria de esteio ao exame criminológico (...) Mais uma vez impotente para realizar reformas profundas, que demandam vontade política, dinheiro e tempo, o Estado lança mão de paliativos simplistas".[49]

No mesmo sentido, "em razão dessa interpretação pobre e literal da nova redação dada ao art. 112 da LEP, poderíamos concluir que, além do tempo mínimo de

---

49. *Em defesa do exame criminológico*, p. 3.

cumprimento da pena, bastaria tão somente a juntada de atestado de boa conduta carcerária para o apenado obter o benefício almejado. Porém, é evidente que, em boa parte dos casos, a mera análise do comportamento carcerário do preso não é suficiente para a verdadeira individualização da pena durante o processo de execução. Assim sendo, entendemos que, mesmo sob a égide da Lei 10.792/2003, o juiz da execução, em busca da verdade real e em virtude de seu livre convencimento motivado, pode afastar o teor do atestado de boa conduta carcerária e analisar os conteúdos do parecer da CTC e do laudo de exame criminológico para fundamentar o indeferimento da progressão de regime ou do livramento condicional".[50]

O espírito da lei penal está imantado nas palavras de SÉRGIO MARCOS DE MORAES PITOMBO, que não deixa de ressaltar, sempre que possível, ser a individualização da pena, inclusive na fase executória, um princípio constitucional: "O mérito apura-se, em resumo, mediante: *a)* parecer da Comissão Técnica de Classificação; *b)* exame criminológico; *c)* comprovação de comportamento satisfatório, ou não, do condenado, no andar da execução; *d)* bom, ou não, desempenho no trabalho, que lhe foi atribuído; *e)* verificação de condições pessoais, compatíveis ou não com o novo regime: semiaberto ou aberto".[51]

É o teor da Súmula Vinculante 26 do STF: "Para efeito de progressão de regime no cumprimento de pena por crime hediondo, ou equiparado, o juízo da execução observará a inconstitucionalidade do art. 2.º da Lei n. 8.072, de 25 de julho de 1990, sem prejuízo de avaliar se o condenado preenche, ou não, os requisitos objetivos e subjetivos do benefício, *podendo determinar, para tal fim, de modo fundamentado, a realização de exame criminológico*" (grifamos). E da Súmula 439 do STJ: "Admite-se o *exame criminológico pelas peculiaridades do caso*, desde que em decisão motivada" (grifamos).

A avaliação do mérito do sentenciado, quando efetivada por meio do exame criminológico,[52] é um subsídio a mais para o juiz, mas não o vincula, até porque a verificação de periculosidade não se trata de uma ciência exata. Havendo outros elementos, nos autos da execução, que forneçam ao magistrado um perfil do condenado, o exame, mesmo negativo, pode ser afastado. Ademais, é relevante fazer o referido exame somente em condenações por crimes violentos contra a pessoa.

Quanto à pena extensa, gravidade do crime e transferência a regime menos severo, verifica-se a possibilidade de progressão, desde que o condenado preencha os requisitos legais. O fato de o sentenciado apresentar pena longa não pode ser empecilho para a sua progressão, pois é um elemento não previsto em lei (ex.: condenado a 60 anos de reclusão, inserido no regime fechado, após o tempo previsto em Lei (incisos

---

50. ISOLDI FILHO, *Exame criminológico, parecer da CTC e a nova Lei 10.792/2003*, p. 3.

51. MORAES PITOMBO, *Conceito de mérito, no andamento dos regimes prisionais*, p. 153.

52. O exame criminológico deveria ser efetivado por um psiquiatra forense, pois avalia o grau de periculosidade do condenado, especialmente o autor de delito violento. No entanto, por carência de médicos, o poder público tem encaminhado parecer da Comissão Técnica de Classificação (sem o psiquiatra em muitos casos) e, por vezes, somente exames psicológicos ou pareceres de assistentes sociais.

I a VIII do art. 112), pode, em tese, seguir para o regime semiaberto). Além disso, não se pode, igualmente, vedar a progressão sob o argumento de que o delito praticado foi grave. Para a punição dessa gravidade já se aplicou a pena; a partir do início do cumprimento, deve-se zerar o passado e avaliar o sentenciado onde se encontre (regime fechado, semiaberto ou aberto).

Se o condenado cometer falta grave, por exemplo, empreender fuga, durante o período em que se analisa seu pedido de progressão, torna-se prejudicado o pleito, nem mesmo merecendo avaliação de mérito. Além disso, para efeito de progressão, deve começar a computar o período objetivo novamente. Consequências: a) não poderá receber o benefício da progressão, por ausência de merecimento; b) começará a contar novo período a partir da data em que cometeu a falta; c) lembrar que esse novo período incide sobre o remanescente da pena, e não sobre o total.

A existência, por si só, de um inquérito policial em trâmite, para apurar eventual crime cometido pelo condenado, antes do início da execução, não pode servir de obstáculo à concessão de progressão de regime ou outro benefício qualquer, desde que ele tenha preenchido o lapso temporal e os demais requisitos do merecimento (laudos favoráveis). Em primeiro lugar, porque um inquérito em trâmite é uma mera suspeita, não podendo ser acolhido para impedir benefícios de execução penal. Em segundo lugar, não há previsão legal para esse obstáculo à progressão, a menos que o delito tenha sido cometido *durante* a execução da pena.

Havendo o concurso de delito hediondo e crime comum, podem ser realizados cálculos separados para envolver exigências distintas, conforme seja o crime hediondo ou comum. Deve-se atender às duas necessidades, quanto ao hediondo, que se cumpre em primeiro lugar e, também, quanto ao comum. Atingido o prazo do hediondo, deve--se imediatamente começar a computar o prazo do comum. Tal cálculo em separado possui respaldo jurisprudencial.

10.9.2.3 Progressão por saltos e falta de vagas

Deve-se observar, rigorosamente, o disposto no Código Penal e na Lei de Execução Penal para promover a execução da pena, sem a criação de subterfúgios contornando a finalidade da lei, que é a da reintegração gradativa do condenado, especialmente daquele que se encontra em regime fechado, à sociedade. Assim, é incabível, como regra, a execução da pena "por saltos", ou seja, a passagem do regime fechado para o aberto diretamente, sem o necessário estágio no regime intermediário (semiaberto). Contudo, é preciso considerar que, por vezes, deferindo o juiz a progressão do sentenciado do regime fechado ao regime semiaberto, não havendo vaga neste último, tem-se permitido que se aguarde a referida vaga no regime aberto.

Ora, hão de se computar os casos em que a vaga não surge a tempo e o condenado cumpre outro período suficiente para novamente progredir; assim, deve passar do fechado ao aberto, sem retorno ao semiaberto. Ilustrando: o sentenciado tem uma pena de seis anos, iniciada no regime fechado; após um ano (um sexto, por exemplo), obtém do juiz o direito de progredir ao semiaberto; entretanto, inexiste vaga; determina-se que aguarde no regime aberto, em que permanece por mais de ano (cumpre, novamente, mais de um sexto, por exemplo, do remanescente da sua pena), já tendo direito de pleitear, oficialmente, o regime aberto. Não haveria sentido

256 | INDIVIDUALIZAÇÃO DA PENA – Nucci

algum em retornar ao semiaberto – mesmo que surja vaga – quando atingiu mais de um terço do cumprimento da pena, podendo situar-se em definitivo no regime aberto. Sem dúvida, houve progressão *por salto*, mas por culpa exclusiva do Estado, que não lhe arranjou vaga no semiaberto.

A falta de vagas no regime semiaberto levou o STF a editar a Súmula Vinculante 56: "A falta de estabelecimento penal adequado não autoriza a manutenção do condenado em regime prisional mais gravoso, devendo-se observar, nessa hipótese, os parâmetros fixados no RE 641.320/RS".

Denomina-se *reformatio in pejus* a reforma de decisão anterior, normalmente realizada por tribunal superior, em recurso exclusivo da defesa. Essa situação é vedada em processo penal e, consequentemente, na execução penal. Não pode o condenado apresentar recurso contra determinada decisão que o prejudicou e o tribunal, ao conhecer do referido recurso, dar-lhe provimento para *piorar* ainda mais sua situação. Se a medida fosse admissível, ofenderia o princípio constitucional da ampla defesa, pois não teria o menor sentido assegurar ao acusado a possibilidade do duplo grau de jurisdição, caso, na prática, enfrentasse uma verdadeira *loteria*, vale dizer, o recurso tanto poderia ser provido para bem ou para mal.

Exemplo de que a execução da pena segue os mesmos parâmetros constitucionais que o processo de conhecimento é a previsão feita no § 1.º do art. 112 da Lei de Execução Penal, ou seja, todas as decisões do Judiciário devem ser motivadas (art. 93, IX, CF) e não se prescinde do contraditório e da ampla defesa (art. 5.º, LV, CF), ouvindo-se, *antes*, o Ministério Público e a defesa técnica.

10.9.2.4 Procedimento para o livramento condicional, indulto e comutação de penas

Não basta atingir o requisito temporal de cumprimento de pena, necessitando-se a avaliação do merecimento. Esta se dá tanto pelo atestado de boa conduta carcerária como, também, se necessário à formação do convencimento do magistrado, pelo exame criminológico. Privilegia-se, desse modo, o princípio constitucional da individualização executória da pena. Por outro lado, cuidando-se o indulto e a comutação de autênticas formas de clemência estatal, concedida pelo Poder Executivo, há de se levar em consideração o disposto no Decreto concessivo desses benefícios. Respeitado o princípio da legalidade, somente o que ali constar pode ser exigido para o deferimento do indulto ou da comutação. Se não se demandar a análise do merecimento no decreto de indulto total ou comutação, é incabível que o juiz assim exija.

10.9.2.5 Aspectos peculiares do regime aberto

O art. 113 da LEP prevê que "o ingresso do condenado em regime aberto supõe a aceitação de seu programa e das condições impostas pelo juiz". Preceitua o art. 36 do Código Penal que o regime aberto "baseia-se na autodisciplina e senso de responsabilidade do preso do condenado". Por tal razão, é preciso que ele se submeta às condições impostas pelo magistrado de espontânea vontade.

No art. 114, estabelece-se: "somente poderá ingressar no regime aberto o condenado que: I – estiver trabalhando ou comprovar a possibilidade de fazê-lo imediatamente; II – apresentar, pelos seus antecedentes ou pelo resultado dos exames a que

CAP. 10 • PARÂMETROS DA INDIVIDUALIZAÇÃO DA PENA | **257**

foi submetido, fundados indícios de que irá ajustar-se, com autodisciplina e senso de responsabilidade, ao novo regime. Parágrafo único. Poderão ser dispensadas do trabalho as pessoas referidas no art. 117 desta Lei".

Quanto aos requisitos básicos de ingresso no regime aberto, deve o albergado trabalhar, demonstrando ao juiz da execução penal já exercer alguma atividade (pode estar solto e ingressar no regime aberto) ou comprovar a viabilidade de fazê-lo (ainda que desempregado, tem empenho em recolocar-se). O requisito da potencialidade para o trabalho deve ser analisado com cautela, pois o mercado de trabalho é variável, conforme as condições econômicas do País.

Observe-se, na sequência, a insistência do legislador com a individualização executória da pena, o que é correto, ao mencionar que, em face de seus antecedentes ou conforme o resultado dos exames a que se submeteu (perante a Comissão Técnica de Classificação, se advém do regime semiaberto), deverá ajustar-se às regras liberais do novo regime.

Os condenados que estiverem nas condições do art. 117 da LEP não precisam trabalhar, embora possam fazê-lo. Trata-se de uma faculdade, conforme cada caso concreto. Uma pessoa idosa pode estar em perfeita forma e em gozo de saúde ideal, logo, pode desempenhar alguma atividade laborativa. Por outro lado, a pessoa gravemente enferma dificilmente conseguirá desenvolver qualquer tarefa.

Conforme prevê o art. 115, "o juiz poderá estabelecer condições especiais para a concessão de regime aberto, sem prejuízo das seguintes condições gerais e obrigatórias: I – permanecer no local que for designado, durante o repouso e nos dias de folga; II – sair para o trabalho e retornar, nos horários fixados; III – não se ausentar da cidade onde reside, sem autorização judicial; IV – comparecer a juízo, para informar e justificar as suas atividades, quando for determinado".

Quanto às condições do regime aberto, além de condições específicas, conforme as necessidades de individualização executória da pena de cada condenado, o magistrado deve estabelecer as previstas nos incisos do art. 115 ao albergado. São as seguintes: a) permanecer na Casa do Albergado quando não estiver trabalhando (durante o repouso e nos dias de folga); b) respeitar os horários estabelecidos pelo juiz para sair e voltar à Casa do Albergado (dependerá do tipo de trabalho que conseguiu); c) não sair da cidade onde se situa a Casa do Albergado, sem prévia autorização do juiz da execução penal; d) comparecer a juízo sempre que for chamado a informar o que vem fazendo e justificar suas atividades.

As condições legalmente inexistentes são vedadas, como regra, em homenagem ao princípio da legalidade. Entretanto, se o magistrado encontrar alguma hipótese, cuja dimensão da condição imposta, além das previstas expressamente no art. 155 desta Lei, comportar adequação, pode implementar. Ex.: acompanhar um curso esclarecedor dos males das drogas (caso sua condenação tenha algum aspecto nesse campo) ou dos prejuízos do uso do álcool para quem vai dirigir veículo (também se o crime disser respeito a esse cenário). É totalmente inviável inserir como condição qualquer sanção, que tenha outra roupagem, como as penas restritivas de direitos. Seria um indesejável *bis in idem*.

É perfeitamente viável que as condições do regime aberto possam ser alteradas para se adaptar ao cenário atual de vida do condenado. Imagine-se que ele passe de um trabalho diurno para uma atividade laborativa noturna. Nesse caso, haverá o magistrado de adaptar seus horários de saída e chegada à Casa do Albergado, para que possa cumprir satisfatoriamente as regras fixadas. Outro exemplo: se arrumar um emprego de vendedor, que exija constantes viagens para outras cidades. Necessitará de uma autorização duradoura do juiz para deixar a cidade onde se situa a Casa do Albergado, informando quando e onde poderá ser encontrado. Há, pois, maleabilidade na execução da pena, o que se conforma ao espírito da individualização.

Preceitua o art. 117 da LEP que "somente se admitirá o recolhimento do beneficiário de regime aberto em residência particular quando se tratar de: I – condenado maior de 70 anos; II – condenado acometido de doença grave; III – condenada com filho menor ou deficiente físico ou mental; IV – condenada gestante".

A conhecida P.A.D. (prisão-albergue domiciliar) foi hipótese idealizada para presos inseridos no regime aberto em condições pessoais particularizadas. Seria muito mais complicado e, por vezes, inútil aos propósitos ressocializadores da pena manter na Casa do Albergado as pessoas descritas nos incisos do art. 117 desta Lei. Os condenados maiores de 70 anos são idosos e podem padecer de dificuldades naturais físicas ou mentais. Os sentenciados enfermos merecem cuidados permanentes. A condenada, com filho menor ou deficiente físico ou mental, deve destinar grande parte do seu tempo a seu descendente, não podendo se instalar, com a família, na Casa do Albergado.

Por derradeiro, a condenada gestante, conforme o caso, pode estar prestes a dar à luz, o que justifica maior observação e cautela. Em suma, todos são condenados com particularidades específicas, de menor periculosidade à sociedade, motivo pelo qual podem ser inseridos em prisão domiciliar. O que, na prática, houve, lamentavelmente, em decorrência do descaso do Poder Executivo de vários Estados brasileiros, foi a proliferação dessa modalidade de prisão a todos os sentenciados em regime aberto, por total ausência de Casas do Albergado. Cuida-se de nítida forma de impunidade, até pelo fato de não haver fiscalização para atestar o cumprimento das condições fixadas pelo juiz, já que estão recolhidos, em tese, em suas próprias casas, cada qual situada em lugar diverso da cidade.

O regime semiaberto e o albergue domiciliar são incompatíveis. O local adequado para o cumprimento do semiaberto é a colônia penal agrícola ou industrial, em que deve haver, preferencialmente, trabalho interno. Excepcionalmente, autoriza-se o condenado a sair para atividades educacionais ou laborativas. No entanto, temos conhecimento da precariedade de vários estabelecimentos destinados ao semiaberto, motivando os juízes a permitir a saída para o trabalho ou estudo. O semiaberto torna-se, praticamente, uma *casa do albergado*, onde o sentenciado repousa à noite. No entanto, transformar o regime semiaberto em albergue domiciliar, que, segundo o disposto pelo art. 117 desta Lei, constitui uma exceção até mesmo para o aberto, é inaceitável.

10.9.3 Regressão de regime

Dispõe o art. 118 que "a execução da pena privativa de liberdade ficará sujeita à forma regressiva, com a transferência para qualquer dos regimes mais rigorosos, quando o condenado: I – praticar fato definido como crime doloso ou falta grave; II – sofrer condenação, por crime anterior, cuja pena, somada ao restante da pena

CAP. 10 · PARÂMETROS DA INDIVIDUALIZAÇÃO DA PENA | **259**

em execução, torne incabível o regime (art. 111). § 1.º O condenado será transferido do regime aberto se, além das hipóteses referidas nos incisos anteriores, frustrar os fins da execução ou não pagar, podendo, a multa cumulativamente imposta. § 2.º Nas hipóteses do inciso I e do parágrafo anterior, deverá ser ouvido, previamente, o condenado".

A execução da pena é flexível e respeita a individualidade de cada condenado. Havendo merecimento, a tendência é a finalização da pena no regime mais brando, que é o aberto. Se faltas forem cometidas, demonstrando a inadaptação do condenado ao regime no qual está inserido, poderá haver a regressão. Não existe a obrigatoriedade de retornar ao regime anterior, vale dizer, se estava no aberto, deve seguir ao semiaberto. Eventualmente, conforme preceitua o art. 118, *caput*, pode ser o condenado transferido para *qualquer dos regimes mais rigorosos*, sendo viável o salto do aberto para o fechado. Depende, pois, do caso concreto.

A prática de fato definido como crime doloso ou falta grave consta do art. 50 da LEP. Por outro lado, cometer um fato (note-se que se fala em *fato*, e não em *crime*, de modo que não há necessidade de aguardar o trânsito em julgado de eventual sentença condenatória) definido em lei como crime doloso (despreza-se o delito culposo para tal finalidade), conforme a gravidade concreta auferida pelo juiz, pode levar o condenado do aberto ao semiaberto ou deste para o fechado, bem como do aberto diretamente para o fechado. Exemplo: estando no aberto, comete uma extorsão mediante sequestro, pela qual é preso em flagrante. Ora, cabe regressão ao regime fechado, em razão da gravidade do fato praticado.

Quanto à suspensão cautelar, há possibilidade. Dependendo do caso concreto, pode o juiz da execução penal suspender cautelarmente o regime mais benéfico (aberto ou semiaberto), inserindo o condenado em regime fechado. Afinal, conforme o crime, em tese, cometido, podendo, inclusive, haver prisão em flagrante, a gravidade da situação impõe medida urgente, de modo a evitar qualquer frustração no cumprimento da pena. Ilustrando, se o sentenciado, em regime aberto, comete um roubo e é preso em flagrante, não pode permanecer no referido regime aberto. De imediato, *suspende-se* o regime, inserindo-o no fechado, para depois ouvi-lo e decidir, em definitivo, qual será o cabível.

O advento de nova condenação pode evidenciar que o montante delas torna o regime incompatível com o preceituado em lei; precisa o juiz adaptá-lo à nova realidade, podendo implicar regressão.

A frustração dos fins da execução e o não pagamento da multa são fatores importantes. O objetivo principal da execução é a reeducação do preso, com vistas à sua ressocialização. Portanto, atitudes hostis a tal propósito comprometem o escopo da execução penal, autorizando a transferência do condenado do regime aberto a outro, mais severo. Em especial, para isso, verifica-se o descumprimento das condições impostas pelo juiz (art. 115, LEP). Outro ponto é o não pagamento da multa *cumulativamente* imposta.

Em nosso entendimento, o fato de ter a multa sido transformada em dívida de valor (art. 51, CP), não implicando mais prisão, por conversão dos dias-multa em dias de prisão, caso deixe de ser paga, não afeta o previsto neste artigo. Estamos situados em outro cenário: o da autodisciplina e do senso de responsabilidade do condenado (art. 36, CP). Ora, se está trabalhando, ganha o suficiente, por que não pagaria a multa que lhe foi imposta? Por que haveria de deixar o Estado gastar tempo e dinheiro para executar a pena pecuniária? Não se trata, naturalmente, de atitude responsável. Por isso, pensamos que o albergado deve pagar, podendo, a multa imposta cumulativamente à sua pena privativa de liberdade. Não o fazendo, é motivo para regressão.

Por esse prisma, o STF deliberou que o não pagamento da pena de multa, de modo intencional, podendo fazê-lo, constitui impedimento à progressão de regime prisional. Ora, o mesmo argumento pode ser adotado para autorizar a regressão de regime. Entre os fatores relevantes utilizados aponta-se que o enfoque principal da progressão é o merecimento do sentenciado e que os requisitos para apurá-lo *não se esgotam na previsão feita pelo art. 112 da Lei de Execução Penal. Confira-se:* "11. Nada obstante essa regra geral, a jurisprudência desta Corte tem demonstrado que a análise dos requisitos necessários para a progressão de regime não se restringe ao referido art. 112 da LEP, tendo em vista que elementos outros podem, e devem, ser considerados pelo julgador na delicada tarefa de individualização da resposta punitiva do Estado, especialmente na fase executória. Afinal, tal como previsto na Exposição de Motivos à Lei de Execução Penal, '*a progressão deve ser uma conquista do condenado pelo seu mérito*', '*compreendido esse vocábulo como aptidão, capacidade e merecimento, demonstrados no curso da execução*'. 12. Nessa linha, recordo, por exemplo, a recente decisão adotada por este Plenário no julgamento de agravo regimental na Execução Penal n.º 22, de que sou relator. Oportunidade em que esta Corte declarou a constitucionalidade do art. 33, § 4.º, do Código Penal, no ponto em que impõe ao apenado a reparação do dano causado à Administração Pública como condição para a progressão no regime prisional. Essa condição não figura nos requisitos do art. 112 da LEP. 13. Um outro exemplo está na possibilidade de o Juízo da Execução Penal determinar a realização do exame criminológico para avaliar o preenchimento, pelo sentenciado, do requisito subjetivo indispensável à progressão no regime prisional. Embora o exame criminológico tenha deixado de ser obrigatório, com a edição da Lei n.º 10.792/2003, que alterou o art. 112 da LEP, este Tribunal tem permitido '*a sua utilização para a formação do convencimento do magistrado sobre o direito de promoção para regime mais brando*' (RHC 116.033, Rel. Min. Ricardo Lewandowski). Essa orientação, consolidada na Corte, deu origem à Súmula Vinculante 26, assim redigida: (...) 14. A análise desses julgados demonstra que o julgador, atento às finalidades da pena e de modo fundamentado, está autorizado a lançar mão de requisitos outros, não necessariamente enunciados no art. 112 da LEP, mas extraídos do ordenamento jurídico, para avaliar a possibilidade de progressão no regime prisional, tendo como objetivo, sobretudo, o exame do merecimento do sentenciado. (...) 16. Todavia, especialmente em matéria de crimes contra a Administração Pública – como também nos crimes de colarinho-branco em geral –, a parte verdadeiramente severa da pena, a ser executada com rigor, há de ser a de natureza pecuniária. Esta, sim, tem o poder de funcionar como real fator de prevenção, capaz de inibir a prática de crimes que envolvam apropriação de recursos públicos. A decisão que se tomar aqui solucionará não apenas o caso presente, mas servirá de sinalização para todo o país acerca da severidade com que devem ser tratados os crimes contra o erário. 17. Nessas condições, não é possível a progressão de regime sem o pagamento da multa fixada na condenação. Assinale-se que o condenado tem o dever jurídico – e não a faculdade – de pagar integralmente o valor da multa. Pensar de modo diferente seria o mesmo que ignorar modalidade autônoma de resposta penal expressamente concebida pela Constituição, nos termos do art. 5.º, inciso XLVI, alínea 'c'. De modo que essa espécie de sanção penal exige cumprimento espontâneo por parte do apenado, independentemente da instauração de execução judicial. É o que também decorre do art. 50 do Código Penal, ao estabelecer que '*a multa deve ser paga dentro de 10 (dez) dias depois de transitada em julgado a sentença*'. 18. Com efeito, o não recolhimento da multa por condenado que tenha condições econômicas de pagá-la, sem sacrifício dos recursos indispensáveis ao sustento próprio e de sua família, constitui deliberado descumprimento de decisão judicial e deve impedir a progressão de regime. Além disso, admitir-se o não pagamento da multa configuraria tratamento privilegiado em relação ao sentenciado que espontaneamente paga a sanção pecuniária. 19. Não bastasse essa incongruência lógica, note-se, também, que a passagem para o regime aberto exige do sentenciado '*autodisciplina e senso de responsabilidade*' (art. 114, II, da LEP), o que pressupõe o cumprimento das decisões judiciais que se lhe aplicam. Tal interpretação é reforçada pelo que dispõe o art. 36, § 2º, do Código Penal e o art. 118, § 1º, da Lei de Execução Penal, que estabelecem a regressão de regime para o condenado que '*não pagar, podendo, a multa cumulativamente imposta*'. De modo que o deliberado inadimplemento da pena de multa sequer poderia ser comparável à vedada prisão por dívida, nos moldes do art. 5.º, LXVII, da CF/88, configurando apenas óbice à progressão no regime prisional". Ressalvando a situação de impossibilidade efetiva de pagar a multa, aduz o relator: "21. A absoluta incapacidade econômica do apenado, portanto, deve ser devidamente demonstrada nos autos, inclusive porque o acórdão exequendo fixou o quantum da sanção pecuniária especialmente em função da situação econômica do réu (CP, art. 60), como deve ser. De modo que a relativização dessa resposta penal depende de prova robusta por parte do sentenciado" (Ag. reg. na progressão de regime na execução penal 16-DF, Plenário, rel. Roberto Barroso, j. 15.04.2015, m.v.).

Quando praticar fato definido como crime doloso ou quando deixar de cumprir as condições impostas pelo juiz, bem como não pagar a multa, antes de haver a regressão, o condenado precisa ser ouvido *pelo magistrado*. Cremos que o exercício da ampla defesa é fundamental, tanto da autodefesa quanto da defesa técnica. Pode ele apresentar justificativa razoável para o evento e, se o fizer, o juiz pode mantê-lo no regime aberto, embora advertido a não repetir o equívoco. Não se ouve o condenado no caso do inciso II do art. 118, tendo em vista que se trata de situação objetiva e incontornável.

Disciplina o art. 119 que "a legislação local poderá estabelecer normas complementares para o cumprimento da pena privativa de liberdade em regime aberto (art. 36, § 1.º, do Código Penal)".

A legislação estadual pode criar mais regras para aprimorar o cumprimento da pena em regime aberto, tais como criar e dar o contorno a cursos e outras atividades para preencher o tempo do albergado nas horas vagas, por exemplo, durante os finais de semana. Infelizmente, se nem mesmo a Casa do Albergado existe em muitas Comarcas, nada ocorrerá em complementação a isso.

10.10 A busca da pena justa

Não é o tema deste trabalho debater qual seria a melhor atuação do Direito Penal no cenário dos conflitos sociais, vale dizer, se o caminho deveria ser o da *tolerância zero*, criminalizando a maior parte das lesões a bens jurídicos protegidos, ou se a meta deveria ser a do abolicionismo, em linha diametralmente oposta, deixando-o fora da conflituosidade existente na sociedade moderna, ou, ainda, mantendo-o em posição de mínima intervenção. Sentimo-nos, no entanto, levados a finalizar o trabalho manifestando o nosso pensamento nesse campo.

O Direito Penal, para ser considerado efetivamente a *ultima ratio* (última opção), instrumento derradeiro da força estatal de contenção e composição dos mais sérios conflitos existentes, precisa abster-se de posturas radicais. De nada adianta a criminalização exagerada, tornando delito toda e qualquer lesão a bem jurídico protegido, uma vez que seria invadir em demasia a vida privada do indivíduo, promovendo o inadequado gigantismo punitivo do Estado, incompatível com a proteção aos direitos e garantias individuais prometidas pelo texto constitucional. Ser humano sem vida privada, sem intimidade assegurada, enfim, sem liberdade mínima para agir, pensar e inclusive errar, é pessoa infeliz e tolhida na sua natural maneira de existir.

O abolicionismo, por outro lado, é utopia válida somente para estudos acadêmicos, que possam evidenciar as mazelas do direito de punir do Estado, necessário, mas dolorido, apontando falhas e cobrando mudanças, embora jamais possa ser, nos dias de hoje, o horizonte a ser perseguido. A pena é parte inerente do sistema punitivo. Nesse contexto, indispensável é – e longe de deixar de ser – a pena privativa de liberdade. Aliás, é a forma mais humanizada de sanção, pois garantiu – e ainda pode garantir – a abolição da pena de morte, de castigos cruéis e corporais e outros tantos atos de barbárie que simplesmente equiparavam o Estado ao delinquente no passado.

Pensamos dever ser buscado e atingido o equilíbrio, algo nem um pouco quimérico. Advogamos o expurgo do Direito Penal de inúmeras figuras típicas incriminadoras, não somente fora do atual contexto histórico (como a prática de ato obsceno – art. 233, CP, na órbita dos crimes), como também invasoras do direito à intimidade e à liberdade (como a casa de prostituição – art. 229, CP), sem mencionar as inúmeras contravenções penais totalmente esquecidas pelo Estado-polícia, nem mesmo interessado em investigá-las e apresentá-las aos outros órgãos estatais encarregados da aplicação da sanção penal (como, ilustrando, a perturbação do sossego).

Diminuir o número de tipos penais incriminadores é o ideal para manter o Direito Penal centrado nas infrações penais mais relevantes, garantindo-lhe eficiência e, mais que tudo, credibilidade.

Por outro lado, defendemos – e muito do que aqui estamos expondo já consta de outras obras de nossa autoria –, um direito igualitário, mantendo a razoável atuação do Estado, que reprime como devem fazer os pais, com justiça e equilíbrio, sem distinguir entre os irmãos. Não há nada mais vexatório do que os genitores punirem o filho mais velho com maior rigor do que o fazem com relação ao mais novo, quando ambos estiverem em absoluta igualdade de condições e tiverem atuado exatamente do mesmo modo; nada soa mais injusto ao que foi punido, nem mais estranho ao que deixou de sê-lo. Por isso, manter as bases sólidas de um direito igualitário a todos os brasileiros parece-nos ser a proposta adequada – desde a eleição do foro, sem qualquer privilégio, passando pela abolição da prisão especial, que distingue pessoas por seu grau cultural e não pela periculosidade apresentada, esta sim relevante – até alcançar a brandura da pena alternativa para quem cometa o primeiro delito, o primeiro erro, a falha leve, própria de todos nós, seres humanos. O cárcere não é para o infrator de primeira mão, nem tampouco para o de ínfima periculosidade.

Todavia, as penas alternativas não perdem o seu caráter de sanção penal, razão pela qual não podem ser objeto de ficções e criticadas aplicações. Extirpemos aquelas que são arremedos de penas, para manter, cultivar e incentivar o culto às que são efetivas, éticas, funcionais, socialmente assimiladas e, para dizer o óbvio, justas.

Promovida a reforma penal descriminalizadora das figuras inúteis à intervenção do Direito Penal, eleitas as penas alternativas e todos os substitutivos necessários para evitar o encarceramento dos delinquentes não perigosos, primários, sem antecedentes, voltemos os olhos à criminalidade violenta e às indispensáveis penas privativas de liberdade.

Manter o equilíbrio das relações sociais não é, certamente, tarefa do Direito Penal, pois demanda uma política eficaz de distribuição de riqueza e diminuição da enorme distância econômico-social existente entre os brasileiros. Exige, ainda, uma política social decente, privilegiando a classe menos favorecida, mas sem o estrangulamento daqueles que produzem riqueza, enfim, buscando a adequação entre a atuação estatal e a liberdade de todos para trabalhar e construir uma sociedade mais justa.

Ao Direito Penal reserva-se a missão, difícil por certo, de intervir quando não há uma alternativa, sob pena de se promover maiores dissabores, incentivando vinditas pessoais, tornando impossível conviver em sociedade, pois, a qualquer instante, perde-se a vida, o patrimônio, a integridade física e outros tantos e caros bens. Ao fazê-lo, espera-se do Estado atuação eficiente, rígida para quem merecer e branda para quem fizer jus.

Portanto, havendo necessidade da pena para delitos em geral e sendo indispensável a aplicação das privativas de liberdade, à falta de opção melhor e mais humanizada, cabe ao Legislativo elaborar leis com critério e justiça, ponderando os princípios da proporcionalidade e da individualização da pena, pois ficou perdido na história o tempo da pena única e concretizada unicamente pelo legislador, distante da materialização dos fatos.

Surge, pois, a necessidade de se individualizar com responsabilidade a pena, visando a dar credibilidade ao sistema penal, proporcionando sanção na justa medida da culpabilidade, desigualando os desiguais e cumprindo direito e garantia humana fundamental.

A pena deve ser aplicada segundo seus fundamentos, que, em nosso entender, formam-se a partir de uma visão multifacetada. Não cremos que se possa, nem se deva, afastar os vários critérios norteadores da pena, dentre os quais o fator de retribuição e a meta da prevenção. MERCEDES GARCÍA ARAN, ressaltando consagrar a Constituição da Espanha ser a finalidade da pena a reeducação e a reinserção social do condenado (art. 25.2), portanto, acolhendo a prevenção especial positiva, que nos parece deva ser considerada uma função, não deixa de ressaltar não ser esse o único elemento a fundamentar a pena, valendo destacar seus aspectos de prevenção geral e de retribuição igualmente. Aliás, este último aspecto é o que fornece o conteúdo *garantidor* através do princípio da proporcionalidade. Não significa, no seu entender, com o que concordamos, considerar como retributiva a finalidade da pena, nem se extrair a compensação do crime praticado pela pena aplicada, mas, sim, que a proporcionalidade fornece o necessário limite para a intervenção penal. Logo, não é um objetivo a perseguir, mas um importante alicerce a considerar.[53]

Vamos, no entanto, um pouco além disso, como argumentamos anteriormente no corpo deste trabalho, pois a retribuição está no inconsciente coletivo, faz com que a sociedade sinta ter o Estado o controle das graves situações de conflito, mormente as causadas pelos crimes, aquietando os ânimos e conferindo paz e equilíbrio nas relações, impedindo a vingança privada.

Sérgio Salomão Shecaira e Alceu Corrêa Junior resumem os postulados e tendências do Direito Penal contemporâneo nos seguintes termos: "a) descriminalização, que é a renúncia formal de considerar uma conduta como criminosa; b) despenalização, que é o ato de retirar ou suavizar a pena de um delito sem descriminalizá-lo; c) intervenção mínima, que postula a redução ao mínimo da solução punitiva dos conflitos sociais; d) *probation*, em que se reconhece a culpabilidade, porém não se aplica a pena; e) pena privativa de liberdade como *ultima ratio* em face da impossibilidade de não aplicá-la em casos de criminalidade grave".[54]

Podemos admitir todos esses postulados, como já expusemos, sem que se caminhe para o exagero. A despenalização, por exemplo, não pode conduzir o Direito Penal ao descrédito, como promover a aplicação de sanções autônomas inócuas (*v. g.*, proibição de frequentar determinados lugares) ou o abrandamento das penas de delitos graves (*v. g.*, interdição de direitos para autores de roubo). A aplicação de pena privativa de liberdade como *ultima ratio*, sem dúvida, é a melhor proposta, embora jamais se deva olvidar que pena, sem a correta individualização, constitui ofensa a princípio constitucional e uma injusta padronização da sanção penal.

Apresentamos a síntese do que defendemos em dois enfoques: primeiramente, não se deve mais perpetuar a política da pena mínima, pois ofensiva ao princípio constitucional da individualização da pena, buscando-se a efetividade da concretização da punição conforme o merecimento de cada réu, levadas em consideração todas as circunstâncias envolventes do delito e de seu autor; em segundo lugar, não há sentido em não se aplicar a contento o critério trifásico, estipulado em lei, devendo o magistrado valer-se de todos os elementos fornecidos pelo Código Penal para, fundamentadamente, concretizar a sanção penal em patamares justos.

A maioria absoluta dos membros da sociedade não comete crimes porque acredita nos valores positivos, retratados pelo direito por intermédio das normas postas.[55] Muito embora possamos concordar com a visão de que o "Juiz pode valorar quando uma pena é todavia adequada à gravidade da culpabilidade, sem que este limite

---

53. *Fundamentos y aplicación de penas y medidas de seguridad en el Código Penal de 1995*, p. 32-33.

54. *Teoria da pena*, p. 158. Acrescente-se: "O direito penal deve conseguir a tutela da paz social obtendo o respeito à lei e aos direitos dos demais, mas sem prejudicar a dignidade, o livre desenvolvimento da personalidade ou a igualdade e restringindo ao mínimo a liberdade" (cf. García Arán, op. cit., p. 36).

55. Cf. Anabela Miranda Rodrigues, *A determinação da medida da pena privativa de liberdade*, p. 383.

máximo da magnitude penal venha determinado pelo máximo de pena legalmente imposta em cada preceito da Parte Especial, pois tal entendimento representa mutilar a mais importante função limitadora do princípio de culpabilidade, pois a máxima culpabilidade pelo *fato* cometido – não contemplado o fato com caráter genérico – nem sempre coincidirá com a máxima legal",[56] também devemos ressaltar que a fixação automática e infundada da pena no mínimo legal provoca o mesmo efeito deslegitimador da culpabilidade como critério de eleição da concreta sanção penal.

Crimes, mormente os graves, têm o condão de desagregar e inquietar a sociedade, pois geram má impressão, desconfiança em relação ao corpo de leis e sua capacidade de assegurar o controle social, perda de investimentos pela ansiedade gerada, temor de haver desrespeito generalizado das normas, descrédito das autoridades encarregadas da segurança pública, enfim, exigem o combate efetivo por parte do Estado. Se a existência do delito é inevitável, dizendo-se o mesmo da necessidade de punição, é preciso buscar o devido ajuste entre o desassossego gerado pela infração penal e a aplicação da pena pelo juiz.[57]

MIGUEL REALE, sobre a fatalidade de ocorrência de crimes, expõe ser "inegável que a melhoria nas condições de vida pode causar certa redução na criminalidade, mas nunca até o ponto de fazer desaparecer os que delinquem por natureza ou por almejarem o enriquecimento fácil e imediato, sem os sacrifícios próprios do trabalho. Posta a questão nesses termos, é simplesmente ridícula a proclamação de certos governadores de que os recursos públicos só secundariamente devem ser destinados à construção ou modernização dos presídios, bem como à formação de organismos policiais aptos a fazer face à delinquência que a todos apavora. É na mesma linha de falso moralismo populista que se situa a resistência que vem sendo imposta, não por poucos juristas e políticos, à revisão do Código Penal, a fim de serem previstas penas mais rigorosas para determinados crimes. Declara-se que a finalidade primordial de Estado deve ser o emprego de medidas adequadas à reeducação dos delinquentes para que possam quanto antes ser restituídos à comunidade, deixando de vegetar à custa do Erário nas cadeias, onde se aperfeiçoam ainda mais na senda do crime. Alega-se, outrossim, que o aumento das sanções penais viria a tornar ainda mais grave a situação da população carcerária, deixando o sistema penitenciário de atender aos mais rudimentares objetivos da política criminal, com total desprezo do ser humano como tal, reduzido a simples instrumento de segregação corpórea, como se o delito

---

56. CHOCLÁN MONTALVO, *Individualización judicial de la pena – Función de la culpabilidad y la prevención en la determinación de la sanción penal*, p. 87, traduzi.

57. FOUCAULT explica que "se deixarmos de lado o dano propriamente material – que embora irreparável como num assassinato é de pouca extensão na escala de uma sociedade inteira – o prejuízo que um crime traz ao corpo social é a desordem que introduz nele: o escândalo que suscita, o exemplo que dá, a incitação a recomeçar se não é punido, a possibilidade de generalização que traz consigo. Para ser útil, o castigo deve ter como objetivo as consequências do crime, entendidas como a série de desordens que este é capaz de abrir (...). Punir será então uma arte dos efeitos; mais que opor a enormidade da pena à enormidade da falta, é preciso ajustar uma à outra as duas séries que seguem o crime: seus próprios efeitos e os da pena" (*Vigiar e punir*, p. 78).

importasse na perda do valor ético da personalidade. A bem ver, porém, o que se pretende não é o aumento indiscriminado das penas de prisão, mas das que assim o exigem, podendo ocorrer tanto a sua redução como a sua substituição por outros processos coercitivos mais adequados, já objeto da nova Parte Geral do Código Penal".[58]

A pena justa pode ser atingida, dentro das limitações do juiz e dos critérios legislativos. Melhor buscar incessantemente o equilíbrio entre o mínimo e o máximo do que se contentar com a *pena-padrão*, ofensiva ao princípio constitucional da individualização da pena. Não podemos, pois, concordar com a afirmação de ANA MESSUTI de que "a geometria não pode adaptar-se à ação humana, precisamente porque esta se manifesta em combinações obscuras e infinitas. Nada mais oposto ao rigor geométrico do que a atividade humana. Daí a permanente insatisfação que desperta a medição das penas. Parece que se busca a exatidão justamente onde é impossível encontrá-la. Todos os cálculos são feitos, mas logo se obtém um resultado absurdo. A proporção ideal não se encontra nunca".[59]

Ao contrário, esclarece ANABELA MIRANDA RODRIGUES que "não se visa, com isto, encontrar a 'fórmula mágica' que permita determinar a pena objetivamente 'certa' para cada caso concreto ou dar vida a um modelo de medida da pena verificável em termos rigorosamente matemáticos. A presença de uma componente irracional em todo o processo de determinação da medida concreta da pena – mas, muito especialmente, quando se trate de traduzir critérios de determinação numa certa quantidade de pena – é, aliás, reconhecida pela própria doutrina jurídico penal".[60] Aliás, a própria autora, em crítica à individualização da pena praticada no Brasil, diz que "nem a doutrina nem a jurisprudência brasileiras parecem ter, até o momento, dedicado suficiente atenção às relações entre as diversas finalidades da pena no momento de determinação da pena tal como elas vêm enunciadas pelo legislador. (...) A reforma de 1984 criou, portanto, as premissas para a realização da ideia de 'discricionariedade vinculada', mas o caminho nesta direção não pode ainda considerar-se percorrido".[61]

Atingir patamares superiores ao mínimo legal, previsto no tipo penal incriminador, não somente é possível como, sem dúvida, desejável. Não se concebe a ideia generalizada de que ao homicídio simples, por exemplo, não se pode dar uma pena de 12 anos, pois equivaleria ao mínimo previsto para o qualificado. Ora, qual o sentido de uma pena abstrata fixada entre 6 e 20 anos de reclusão se não está o magistrado autorizado a atingir patamares próximos ao padrão do qualificado? O que impede um homicida de receber 12 anos de reclusão, porque suas condições pessoais (art. 59, CP) recomendam, embora não haja nenhuma qualificadora? Por outro lado, será que a pena do homicídio simples estaria elevada demais, ao atingir os mencionados 12 anos, ou a do homicídio qualificado generalizou-se, indevidamente, no mínimo legal, não atingindo patamares mais justos, em face de determinados criminosos, ultrapassando, se for o caso os 20 anos (máximo da figura simples)? São indagações

---

58. Apud DIP e MORAES JÚNIOR, *Crime e castigo*, p. 95-96.

59. *El tiempo como pena*, p. 50.

60. *A determinação da medida da pena privativa de liberdade*, p. 48.

61. Idem, p. 71, nota 59.

não possuidoras, certamente, de uma resposta única, mas merecedoras de considerações relacionadas à incorreta individualização da pena produzida em muitos casos.

Ademais, é oportuno lembrar o seguinte: a existência de uma única qualificadora, que não deixa de ser uma circunstância do crime, pode permitir a elevação da pena de 6 anos para 12; logo, se o magistrado considerar ter o autor de um homicídio simples péssimos antecedentes e, igualmente, negativa conduta social pode aplicar pena superior ao mínimo, a ponto, conforme o caso, de atingir o montante de 12 anos. Matar por motivo fútil, por si só, já provoca a aplicação da pena no patamar mínimo de 12 anos. Matar alguém, sem tal qualificadora, já tendo passado criminoso com inúmeras condenações definitivas, sem gerar reincidência, pode levar a pena aos mesmos 12 anos. Não fosse assim e inexistiria razão para margens tão largas fixadas em lei para esse delito. Mais adequado seria, então, reduzir a pena abstrata do homicídio simples para uma faixa, *v. g.*, de 6 a 11 anos – uma vez que, atingindo 12, teria ocorrido um "equívoco", pois o delito não é qualificado.

O critério será sempre impreciso e eivado de subjetivismo do julgador, razão pela qual se exige a indispensável justificação e fundamentação.

Eliminar o crime é impossível, razão pela qual devem ser aplicadas penas eficientes para garantir a credibilidade do ordenamento jurídico-penal, de modo a manter o cometimento de infrações penais dentro do limite do tolerável.[62]

Por outro lado, um sistema democrático de aplicação da pena depende igualmente da legitimidade do Estado Democrático de Direito, que não pode perder a credibilidade e precisa manter-se como o padrão de equilíbrio entre o certo e o errado, entre o cumprimento da lei e o crime, enfim, quanto mais confiança a sociedade depositar nos instrumentos de controle penal do Estado, melhor será para garantir a possibilidade de aplicação de penas mais brandas. Do contrário, outra alternativa não restará, nos períodos de crise, senão a via do recrudescimento, como lembra PAOLO PRODI: "penso poder-se afirmar que as garantias e a moderação das penas se alargaram, na medida em que o Estado e depois o Estado-Nação se consolida no monopólio da força e na sua capacidade administrativa, de modo a tornar mais possível dosar a repressão com a prevenção e a disciplina: nos períodos de crise aguda não resta, coerentemente, senão a guilhotina ou o recurso ao sistema concentracionário, como a própria história da Revolução Francesa demonstrou abundantemente".[63]

---

62. Cf. ARAGÃO: "Que não se creia, porém, que o crime possa ser eliminado de um modo absoluto do seio das sociedades humanas. Fora utopia pensá-lo. Como o fenômeno da morte, que sempre existirá, não obstante os progressos crescentes da higiene e da terapêutica, assim também o fenômeno da criminalidade não desaparecerá jamais completamente: a racional sistematização de todas as medidas preventivas tendentes a combatê-lo, poderá reduzi-lo ao mínimo da sua produção; mas o delito surgirá sempre, ainda que isoladamente como casos esporádicos. Por isso, ao lado da prevenção social dos delitos a sociedade exercitará sempre a sua função repressiva, qualquer que seja o grau da sua civilização e a eficácia dos meios empregados para impedir a delinquência" (*As três escolas penais: Clássica, Antropológica e Crítica (estudo comparativo)*, p. 344).

63. *Uma história da justiça*, p. 433.

Por isso, a correta individualização da pena, firmando a autoridade do Estado, permitindo à sociedade aquiescer e aplaudir o monopólio da força na aplicação das punições penais, serve para impedir a tomada de medidas drásticas, que possam beirar ou atingir a indevida padronização de pena.

Parece-nos mais coerente, no processo de individualização da pena, que, a despeito de serem as balizas mínima e máxima fornecidas pelo legislador, conforme a gravidade do delito, levando-se em conta o princípio da proporcionalidade, tivesse o juiz ampla liberdade de fixação da pena-base, valendo-se de todas as circunstâncias possíveis para agravar ou minorar a punição, em um só contexto. Assim, poderia ser desnecessária a previsão de um sistema trifásico ou bifásico, bastando considerar em uma só fase, desde que fundamentada de modo minucioso, todas as circunstâncias possíveis.[64]

Desse modo, a Parte Geral traria as agravantes e atenuantes recomendadas pelo legislador, enquanto a Parte Especial, voltando-se para cada tipo de delito, acrescentaria outras específicas para determinados crimes. Todas, entretanto, poderiam ser levadas em consideração pelo magistrado na aplicação da pena em uma única fase. Se esse fosse o sistema adotado, certamente maior responsabilidade caberia ao juiz e não poderia ele contentar-se com a padronização da pena no mínimo legal. Note-se que, a despeito de se exigir um sistema com três fases para a eleição da pena justa, atualmente, ela ainda não se desprendeu do piso.

Entretanto, não há dúvida de que, sem tradição para a individualização efetiva da pena, o sistema trifásico termina sendo o mais útil, pois ordena mais adequadamente o pensamento do magistrado, proporcionando às partes o conhecimento fiel do caminho percorrido para a eleição da pena concreta.

Lembra-nos CARNELUTTI que o problema da fixação da pena não requer somente boas leis ou complexas regras, mas, acima de tudo, supõe um bom juiz, um bom Ministério Público e um defensor. Não se trata, pois, de um *problema de leis*, mas um *problema de homens e de coisas*. O ideal seria, em lugar de complicar cada vez mais a lei, simplificá-la, fazendo-a conter somente diretrizes fundamentais e buscando selecionar cada vez mais os homens que deverão operá-la.[65] A Corte Constitucional na Itália já proclamou constituir a individualização da pena natural consequência dos princípios da igualdade, da responsabilidade pessoal e da finalidade reeducativa da pena.[66]

Em suma, a busca da pena justa é missão constitucional do juiz, dela não se podendo afastar sob qualquer pretexto, evitando os males da pena-padrão, seja ela fixada no mínimo, seja no máximo. A pena mínima é reservada ao delinquente que nada apresenta de negativo dentre os inúmeros elementos fornecidos pelo Código

---

64. Cf. DAVID TEIXEIRA DE AZEVEDO: "o desacerto dogmático do processo trifásico ou bifásico na fixação da pena está em não discernir, na operação, os elementos ligados ao bem jurídico da culpa do agente, aqueles próprios do tipo de ilícito daqueloutros particulares da culpabilidade" (*Dosimetria da pena: causas de aumento e diminuição*, p. 143).

65. *El problema de la pena*, p. 78.

66. Cf. FIANDACA e MUSCO, *Diritto penale – Parte generale*, p. 728.

CAP. 10 • PARÂMETROS DA INDIVIDUALIZAÇÃO DA PENA | **269**

Penal para a valoração do fato e das condições pessoais do agente. A pena máxima é atribuída ao condenado com elevado grau de culpabilidade, extraído este dos dados constantes do processo, baseado nos elementos estabelecidos em lei, bem como para os autores de fatos de particular gravidade. A pena estabelecida nos variados termos médios deve ser destinada aos autores de infração penal, com alguns pontos positivos e outros negativos. A pena justa pode nunca ser atingida em termos reais, embora deva ser buscada incessantemente pelo Poder Judiciário em termos ideais.

10.11 Conclusão sintética articulada

1. O crime, como fenômeno social, não desaparecerá jamais, visto ser consequência peculiar do ser humano, imperfeito que é, por não seguir as regras impostas pelo Estado. É indispensável, pois, a existência do Direito Penal, como fator de estabilização do conflito de interesses entre sociedade e infrator, valendo-se da pena para atingir essa meta.

2. A diminuição da criminalidade, assegurando-se níveis suportáveis pela comunidade, não se concentra nas normas penais, de modo que recrudescer penas ou torná-las brandas demais são medidas inadequadas para lidar com o problema. O Direito Penal não pode ser utilizado como *solução* para a elevação do número de delitos perpetrados, uma vez que esta situação pode ser fruto da desigualdade social, geradora de miséria, com a consequente falta de requisitos mínimos de sobrevivência digna, situação insuportável para alguns, que podem optar pela senda criminosa. O equilíbrio econômico-social de qualquer sociedade tende a provocar, naturalmente, redução da criminalidade, sem extirpá-la por completo. Como alerta VON HIRSCH a política criminal do Estado não é um bom instrumento para o combate à criminalidade, nem tampouco para promover reformas sociais. Se buscamos uma sociedade mais justa, devemos desenvolver programas sociais, pagando por eles. Tais fatores podem ajudar a diminuir a criminalidade. Assim, a punição de condenados não é remédio aos males sociais, nem tampouco pode ser abandonada caso estes se resolvam. O delito se dará em qualquer contexto.[67]

3. Pobreza e desigualdade social não são fatores de geração do crime, por si sós, embora possam contribuir para isso. Outros elementos são fontes da criminalidade, como ocorre com o cultivo de valores puramente materialistas, distanciados da ética e da moral, uma das explicações para os delitos de classes economicamente privilegiadas, conhecidos como *crimes do colarinho branco.*

4. A pena deve existir, fundamentada na retribuição e na prevenção, elementos coexistentes sem qualquer antinomia, influenciando o processo de individualização da pena, desde a fase legislativa, passando pela judiciária até atingir a executória. Nas duas primeiras, há que se considerar ambos os fatores; na terceira, apenas a prevenção.

5. Retribuição não significa vingança do Estado ou da vítima, mas o reequilíbrio de forças, afetadas pela prática do crime, valendo-se o Direito Penal da pena *justa* para demonstrar sua atuação e força para regular os mais sérios conflitos estabeleci-

---

67. *Censurar y castigar*, p. 152.

270 | INDIVIDUALIZAÇÃO DA PENA – Nucci

dos em sociedade. A retribuição é uma função da pena, proporcionando um alerta formal acerca do que não deve ser praticado. O monopólio da punição, invocado pelo Estado, precisa ser legitimado pela pena retributiva, calcada na culpabilidade pelo fato, proporcional, pois, ao mal causado pelo delito, conferindo credibilidade na atuação dos órgãos estatais encarregados da segurança pública, fator impeditivo da vingança privada.

6. A prevenção divide-se em uma função ressocializadora, proporcionando ao condenado condições de alterar os seus valores, adotando comportamentos diversos dos que o levaram ao cometimento da infração penal. No mais, há outras finalidades preventivas: fornecer à sociedade a visão de que o direito penal está atuante, proporcionar um ângulo intimidador, em face da aplicação da pena a quem delinquir e, finalmente, quando necessário, segregar os criminosos mais perigosos.

7. Individualização da pena, além de preceito constitucional, significa a concretização da *justiça* ao se atribuir a cada um o que é seu, a cada um o que efetivamente merece, valendo-se, pois, da culpabilidade do fato e da culpabilidade do autor, quando esta se esgota igualmente no fato. A primeira auxilia na formação dos tipos penais, especificamente do preceito sancionador (limites mínimo e máximo da pena), bem como oferece ao magistrado dados concretos da gravidade do que foi praticado, para a eleição da pena concreta. A segunda serve ao juiz, pois a vida pregressa, a personalidade, a motivação e outros dados próprios de cada réu, devem ser considerados igualmente na fixação da pena justa.

8. Inexiste óbice legal à imposição da pena máxima, se necessário e presentes os requisitos, bem como não há fundamento constante em lei para a aplicação continuada e padronizada da pena mínima.

9. A pena privativa de liberdade é a única medida plausível para a justa sanção a ser aplicada aos delitos considerados mais graves, em especial os que envolvem ofensa dolosa à vida e à integridade física da pessoa humana, não podendo ser considerada *falida* se outra solução inexiste, no momento, para a sua substituição. Destaque-se, ainda, um ponto fundamental: poucos são os países que conseguem aplicá-la em condições humanitárias mínimas. No Brasil, sabidamente, jamais foi efetivada como determina a lei, logo, incabível dar vulto à sua eventual ineficiência para a ressocialização de condenados, pois não testada nos moldes ideais.

10. As penas alternativas à prisão e a pena pecuniária, todas voltadas a evitar o encarceramento de autores de infrações penais menos relevantes, conforme a pena aplicada, devem ser eficientes e adequadamente aplicadas. Necessitam representar, de algum modo, aflição, jamais impunidade. Assim não sendo, o risco de descrédito no Direito Penal aumenta consideravelmente, levando o legislador (ou o juiz) a acreditar ser a solução a eliminação desses benefícios, com o consequente aumento das penas privativas de liberdade, situação indesejável e inútil.

11. Fundamentar a pena é preceito constitucional e não pode, jamais, ser olvidado pelo magistrado, nem tampouco pelo tribunal. Individualização sem fundamentação é procedimento aleatório, fruto da boa ou má sorte, o que é inadmissível para o Estado Democrático de Direito. Sentença sem a devida e minuciosa fundamentação acerca da aplicação da pena, seja em patamar mínimo ou acima deste, gera nulidade absoluta, por ferir norma constitucional (art. 93, IX, CF).

11

A INDIVIDUALIZAÇÃO DA PENA NA AÇÃO PENAL 470 (MENSALÃO) E A POSIÇÃO DO SUPREMO TRIBUNAL FEDERAL[1]

11.1 Aspectos gerais da dosimetria da pena

Dosar a pena é um processo complexo e discricionário, juridicamente vinculado, de concretização da pena, conforme os requisitos estabelecidos em lei, buscando-se suficiência para a retribuição do crime perpetrado e para a prevenção de novas infrações penais.

Sua complexidade advém dos variados estágios pelos quais deve necessariamente passar o julgador, muitos dos quais com várias fases. A discricionariedade faz parte da livre escolha do magistrado por um critério valorativo para cada elemento, positivo ou negativo, referente ao fato e ao seu autor, podendo atingir montantes mais elevados ou mais baixos, dentro da faixa abstrata prevista em lei. O fator *discricionário* é limitado pela motivação, conforme os moldes legais. Noutros termos, o julgador pode escolher entre seis e vinte anos de reclusão, como pena-base, para um homicídio simples, mas deve fundamentar a sua eleição, lastreando-se nos oito elementos existentes no art. 59 do Código Penal.

Nas palavras do Ministro Celso de Mello: "na realidade, a concretização da sanção penal, pelo Estado-Juiz, impõe que este, *sempre*, respeite o itinerário lógico-racional, necessariamente fundado em base empírica idônea, indicado pelos arts. 59 e 68 do Código Penal, sob pena de o magistrado – que não observar os parâmetros estipulados em tais preceitos legais – incidir em comportamento manifestamente ar-

---

1. Este capítulo foi extraído do artigo de minha autoria: "O princípio constitucional da individualização da pena e sua aplicação concreta pelo STF no caso *Mensalão*", publicado na *Revista dos Tribunais*, volume 933, julho de 2013.

bitrário e, por se colocar à margem da lei, apresentar-se totalmente desautorizado pelo modelo jurídico que rege, em nosso sistema de direito positivo, a aplicação legítima da resposta penal do Estado" (p. 58.664,[2] grifo no original).

Relembrando, há três estágios para a dosimetria da pena. O primeiro diz respeito ao estabelecimento do montante (*quantum*) da pena, extraído da faixa abstrata indicada no preceito secundário do tipo penal incriminador (ex.: reclusão, de seis a vinte anos = nove anos e seis meses). O segundo concerne à escolha do regime cabível (fechado, semiaberto ou aberto). O terceiro diz respeito à aplicação de benefícios penais, quando viáveis, tais como a substituição da pena privativa de liberdade por restritiva de direitos ou a concessão da suspensão condicional da pena.

O primeiro estágio é o mais importante e divide-se em três fases: a) fixação da pena-base, com fundamento nos elementos do art. 59 do Código Penal (circunstâncias judiciais); b) aplicação das agravantes e atenuantes (causas legais, previstas na Parte Geral do Código Penal, válidas a todos os crimes); c) imposição das causas de aumento e diminuição da pena (causas legais, vinculadas ao tipo penal, que determinam elevações ou abrandamentos por cotas).

Debate-se, em doutrina, qual seria o mais adequado sistema para o estabelecimento da pena-base (primeira escolha concreta da sanção penal entre o mínimo e o máximo abstratamente previstos em lei). A redação original do Código Penal de 1940, na Parte Geral, não apontava um único critério, de modo que as opiniões variavam entre um sistema monofásico, bifásico ou trifásico. A reforma da Parte Geral, instituída pela Lei 7.209/1984, instituiu o sistema trifásico, como se pode observar, com clareza, no art. 68 do Código Penal.

A opção legislativa pelo método trifásico, defendido por Nelson Hungria, não significa ter sido fruto do consenso, pois ainda há quem sustente o critério bifásico, mais abertamente defendido por Roberto Lyra, bem como os que apoiam o sistema monofásico.

O cerne da discussão concentra-se no critério apropriado para ponderar todas as circunstâncias do crime, permitindo ao juiz estabelecer a pena concreta e justa. Partindo-se do sistema monofásico, de uma só vez, o julgador levaria em conta todas as circunstâncias judiciais do art. 59, as agravantes e atenuantes e as causas de aumento e diminuição, extraindo a sanção concreta. Sua vantagem seria a menor chance de se incidir da dupla apenação pelo mesmo fato (*bis in idem*), pois o magistrado teria, a seu dispor, num só contexto, todas as circunstâncias do delito. A desvantagem seria a falta de clareza, às partes, de como se formou o raciocínio do julgador no tocante à valoração de tantas circunstâncias, quando misturadas num só cenário. O critério bifásico sugere a mensuração das circunstâncias judiciais (art. 59, CP) juntamente com as agravantes e atenuantes (arts. 61 a 66, CP) para, depois, noutra fase, lançar as causas de aumento e diminuição. A vantagem desse método seria permitir ao juiz que compensasse circunstâncias judiciais com circunstâncias legais, evitando-se o indevido *bis in idem*, que pode ocorrer até mesmo por acidente. A desvantagem,

---

2. Todas as páginas citadas neste capítulo constam dos autos do processo da Ação Penal 470, denominada *Mensalão*, que tramitou no STF.

CAP. 11 • A INDIVIDUALIZAÇÃO DA PENA NA AÇÃO PENAL 470 (MENSALÃO) | **273**

mais uma vez, é a menor transparência para o raciocínio judicial na ponderação das circunstâncias do crime, pois, quanto mais houver mistura de elementos, menos detalhamento existirá para a consideração de cada uma *de per si*. Finalmente, o critério trifásico permite a clareza de cada uma das fases, como nítida vantagem, mas pode gerar a dupla apenação pelo mesmo fato, caso o julgador se perca em considerações, sem a cautela de isolar os elementos já ponderados e os que ainda existem a valorar.

Enfim, um sistema perfeito certamente inexiste, embora o atual, previsto no art. 68 do Código Penal, seja o mais apurado para a individualização da pena. Quanto mais detalhado o processo, menos arbitrário será; quanto mais explicações fornecer o juiz, mais equilibrada será a escolha da sanção penal.

Nas palavras do Ministro Ricardo Lewandowski: "a dosimetria, a meu ver, é tão importante quanto a decisão de mérito" (p. 58.751).

11.2 Fixação da pena em colegiado

A individualização judiciária da pena se faz, como regra, em juízo singular de primeiro grau, representando a atividade intelectual de um só julgador. Mais simples, sem dúvida, em matéria de construção do raciocínio para valorar cada um dos vários elementos concernentes aos três estágios e várias fases da dosimetria.

Entretanto, a ação penal originária dos tribunais, vinculada aos foros por prerrogativa de função, lança ao colegiado, conduzido pelo relator, o *complexo* processo de aplicação da pena, como atividade primária – e não em grau recursal.

Nas palavras do Ministro Marco Aurélio (Acórdão da AP 470, p. 57.873): "a dissidência é própria aos colegiados; que o Colegiado é, acima de tudo, um somatório de forças distintas; que, nele, os integrantes se completam mutuamente. Vou repetir o que afirmei em assentada anterior: se pudesse dar peso a dois pronunciamentos, daria o maior ao formalizado por maioria de votos, porque estaria a revelar a certeza de que entendimentos diversos foram colocados, debatidos e decididos".

O processo é conduzido pelo relator sorteado, a quem cabe instruir o feito, seja pessoalmente ou por delegação a outros magistrados. Ao final, elabora o seu voto, que guarda similitude à sentença condenatória elaborada por juiz monocrático.

A sessão do colegiado será a consagração do processo de individualização judiciária da pena. Exposto o voto do relator, apreciando-se as considerações do revisor, os demais magistrados fornecem seus votos, fomentando o debate e autorizando, inclusive, a alteração de posições no exato instante da discussão.

Anote-se a manifestação do Ministro Dias Toffoli durante a votação: "é por isso que a individualização da pena – a Constituição deixa claro – se faz diante das circunstâncias concretas. A valoração, cada qual dos juízes faz a sua. Usei um critério que penso que é razoável. Eu fixo a minha dosimetria e, dependendo de qual das dosimetrias ela mais se aproxime, acompanho o Relator ou o Revisor. Neste caso, acompanho o Revisor. Há casos em que acompanho o Relator. E, assim, vou proferir o meu voto. Neste caso, como resultado prático, eu acompanho a dosimetria do Revisor, que está mais próxima da minha" (p. 58.691).

Na sequência, o voto da Ministra Cármen Lúcia: "Senhor Presidente, eu também, tal como agora acaba de afirmar o Ministro Toffoli – acho que todos nós já afirmamos –, fiz a verificação do que se tem, e vou pedir vênia ao Ministro-Relator para acompanhar o Revisor, uma vez que o exame feito e a conclusão a que cheguei, numa aproximação a que eu me submeto, por decisão que houve desse Plenário, de que, para se chegar à finalização desse julgamento, cada um de nós votaria com aquele de quem mais se aproximasse na sua conclusão. Neste caso, peço vênia ao Relator para acompanhar o Revisor, e, portanto, aceitar a fixação em dois anos e oito meses, embora alguns anos diferente do que tinha chegado" (p. 58.693).

Tecer a dosimetria da pena em órgão colegiado é um processo duplamente complexo e trabalhoso. Aquilata-se o raciocínio individual de cada Ministro ou Desembargador para, após, uni-los, em sequência lógica, numa só decisão, considerando-se a maioria.

Não bastasse, é preciso enfocar os diversos estágios e fases pelas quais passa a dosimetria, exigindo inúmeros debates do colegiado em relação a cada uma dessas fases e estágios. Além disso, numa única fase, há diversas circunstâncias, podendo, igualmente, gerar discussão e votação o acolhimento ou rejeição de um determinado ponto de vista concernente a um singelo elemento. Ilustrando, somente para deliberar se a conduta social do réu é positiva ou negativa – um dos fatores para a fixação da pena-base, constante do art. 59 do CP – pode-se demandar debate e votação de toda a Corte.

Anote-se o dizer do Ministro Dias Toffoli: "a questão, para mim, é bastante objetiva: eu trago a minha dosimetria. Eu não sou Relator, eu não sou Revisor. Depois, eu verifico se ela se aproxima mais da do Relator ou da do Revisor e, na conclusão, eu adoto a pena final de um ou de outro" (p. 58.716).

Sob outro aspecto, a polêmica doutrinária e jurisprudencial campeadora em diversos pontos da individualização judiciária da pena constitui igual fator de geração de debate e estabelecimento de posições, por vezes inéditas de determinado tribunal.

O julgamento do caso conhecido como *Mensalão* exigiu do Supremo Tribunal Federal vários meses de deliberação em plenário, não somente para a fundamentação da decisão condenatória, mas sobretudo para a aplicação da pena.

Representou um marco inigualável na história do Direito Penal brasileiro, mormente no que concerne à dosimetria da pena, trazendo à tona questões intrincadas e polêmicas desse processo, com conclusões práticas para o caso em apreciação. É o que se pretende evidenciar no presente estudo.

11.3 Fixação do *quantum* da pena no caso *Mensalão*: enfoques teóricos e práticos

11.3.1 As circunstâncias judiciais formadoras da pena-base

Convém relembrar o que já foi exposto em capítulos anteriores para a mais adequada compreensão da aplicação da pena do julgamento do *Mensalão*.

No primeiro estágio, a dosimetria da pena exige o estabelecimento do montante da pena, elegendo o órgão julgador o *quantum* concreto entre o mínimo e o máximo previstos em abstrato pelo tipo penal incriminador.

Devem ser vencidas três fases para se atingir a justa medida para a sanção penal, ponderando-se as circunstâncias judiciais para a fixação da pena-base (art. 59, CP);

CAP. 11 • A INDIVIDUALIZAÇÃO DA PENA NA AÇÃO PENAL 470 (MENSALÃO) | **275**

depois, valoram-se as agravantes e atenuantes, quando presentes (arts. 61 a 66, CP); finalmente, ingressam as causas de aumento e diminuição da pena, conforme previsão específica de cada delito.

No julgamento do caso *Mensalão*, no tocante aos réus condenados, o STF avaliou todas as fases com precisão, estabelecendo parâmetros positivos e recomendáveis em matéria de individualização da pena.

Para a eleição da pena-base, que representa a primeira escolha do julgador, concretizando o *quantum* inicial da pena, tem-se por base os elementos previstos no art. 59 do Código Penal. São as *circunstâncias judiciais*, que brotam da mente do julgador, conforme as provas colhidas nos autos e de acordo com os preceitos gerais lançados no referido artigo.

Existem oito fatores a considerar para a concretude da pena-base. O primeiro deles – culpabilidade – é o principal, simbolizando o elemento congregante para a avaliação dos demais. Considera-se a *culpabilidade* como o juízo de censura sobre o fato e seu autor, lastreado nos seus antecedentes, na sua conduta social, na sua personalidade, nos motivos do crime, nas circunstâncias e consequências do delito e no comportamento da vítima.

A *culpabilidade* é o fundamento e o limite para a pena. Em primeiro plano, na análise do crime, funciona como o terceiro elemento para que se possa considerar praticada a infração penal, implicando condenação. Portanto, após constatar a existência de um fato típico e antijurídico, o magistrado precisa finalizar sua busca pela formação da culpabilidade, entendida como o juízo de reprovação social incidente sobre o fato e seu autor, desde que este seja considerado imputável (maior de 18 anos e mentalmente são), tenha agido com consciência potencial de ilicitude, bem como dentro da esperada exigibilidade de um comportamento conforme o Direito. Ultrapassada a fase de avaliação do crime, a culpabilidade – liame entre *crime* e *pena* – passa a atuar no processo de fixação da sanção penal. Despe-se, então, dos elementos já avaliados – imputabilidade, consciência da ilicitude e exigibilidade de comportamento jurídico positivo – para adotar outros parâmetros, agora indicados pelo art. 59 do Código Penal.

O juízo de censura se forma, para a aplicação da pena, em torno de sete elementos: antecedentes, conduta social, personalidade, motivos, circunstâncias, consequências do crime e comportamento da vítima.

Em avaliação formulada pelo relator, Ministro Joaquim Barbosa, no julgamento de um dos corréus, "a culpabilidade, entendida como o grau de reprovabilidade da conduta, é extremamente elevada, uma vez que J. D., para a consecução dos seus objetivos ilícitos, valeu-se das suas posições de mando e proeminência, tanto no Partido dos Trabalhadores, quanto no Governo Federal, no qual ocupava o estratégico cargo de ministro-chefe da Casa Civil da Presidência da República. Essa posição de força no plano partidário, político e administrativo foi fundamental para a outorga de 'cobertura' política aos integrantes da quadrilha. Dela são expressões mais eloquentes os telefonemas que lhe eram dirigidos no curso das reuniões com os dirigentes de outros partidos, na busca do seu 'de acordo' para as decisões mais importantes concernentes ao apoio político no Congresso, ou ainda a expressão 'bater o martelo', que R. J. utilizou-se, referindo a J. D., como signo de 'palavra final.'" (AP 470, p. 57.904).

Observa-se o intento do julgador para formar o juízo de censura adequado à mensuração da pena-base, sintetizando, num só cenário, várias circunstâncias do crime de quadrilha ou bando, tais como "posição de mando", "proeminência no Partido e no Governo Federal"; "uso de cargo estratégico", fatores desencadeadores da "cobertura política aos integrantes da quadrilha". Sua conduta era de final decisão, pois lhe cabia "bater o martelo". Diante da análise circunstancial de elementos colhidos da prova, tachou de "extremamente elevada" a culpabilidade (juízo de censura).

Quanto às demais circunstâncias judiciais, consideram-se *antecedentes* somente as condenações, com trânsito em julgado, anteriores à prática delituosa em julgamento (Súmula 444, STJ).

É importante considerar que a condenação, sem o trânsito em julgado, existente antes da prática criminosa não serve para compor o quadro de antecedentes. Nesse ponto, o relator: "apesar de o acusado ter sido condenado recentemente, pela prática do crime de falsidade ideológica, considero que a existência de apenas uma condenação, sem trânsito em julgado, não é suficiente para consubstanciar a existência de maus antecedentes" (p. 57.914).

A *conduta social* simboliza o papel do réu em sociedade, retratando-o no trabalho, na família, na comunidade etc., avaliando-se sua vida pretérita ao crime. Não mais se confundem os antecedentes e a conduta social, pois esta foi retirada daquele contexto (antecedentes) na Reforma Penal de 1984. Diante disso, os antecedentes devem ser comprovados por documentos (certidões extraídas dos processos em que houve condenação) e a conduta social, pelos demais meios lícitos em Direito admitidos, geralmente a prova testemunhal.

Por certo, é vedado ao julgador *presumir* qual seja a conduta social do acusado; nem tampouco lhe cabe considerar eventos constantes da folha de antecedentes do réu como elementos de conduta social negativa (ex.: processos em andamento, inquéritos arquivados, absolvições, extinções da punibilidade).

A *personalidade* é um dos principais fatores de individualização da pena, muitas vezes ignorado ou desprestigiado por julgadores. Constitui-se no particular modo de ser e agir do réu, espelhado pelo conjunto de seus caracteres individuais, parte herdada, parte adquirida.

Não há dois seres humanos, no mundo, com idêntica personalidade. Ao nascer, aflora o temperamento, calcado em elementos de ordem genética, auferidos dos pais biológicos. Este é inalterado durante toda a vida. Na sequência, conforme a criança se desenvolve física e intelectualmente, em convivência social, passa a espelhar o seu caráter, como forma comportamental de refletir suas reações diante de terceiros. Ao longo da adolescência, conforme o meio no qual está inserido, o indivíduo forma a sua personalidade, que jamais deixará de sofrer mudanças, positivas ou negativas. A finalização da fase adolescente, ingressando na vida adulta, consolida a personalidade, embora não feche a sua porta às constantes mutações. Ilustrando, quem passa longo período preso, em regime fechado, certamente, transformará a sua personalidade, mesmo estando em vida adulta.

O legislador insere o fator *personalidade* em diversos pontos da legislação penal, encontrando-se referências tanto no Código Penal quanto em legislação especial. Há insistência na consideração dessa circunstância para a fixação da pena e para a

CAP. 11 • A INDIVIDUALIZAÇÃO DA PENA NA AÇÃO PENAL 470 (MENSALÃO) | 277

individualização executória da pena. Não obstante, os detratores da personalidade como elemento fixador da pena argumentam que juízes não têm formação técnica suficiente para considerá-la. Não são psicólogos ou psiquiatras, de modo que fariam juízos singelos, desprovidos de utilidade. Em nosso entendimento, cuida-se de um desvio de foco. Magistrados não são – nem devem ser – psicólogos ou psiquiatras; aliás, se fossem, funcionariam como peritos e não poderiam exercer a jurisdição, pois estariam impedidos. Ademais, a avaliação da personalidade do réu não tem o objetivo de lhe impor um tratamento, mas somente de lhe aplicar a justa pena. Exige-se, então, o juízo leigo da personalidade, o que é fácil de ser realizado por qualquer pessoa, com um mínimo de inteligência, desde que se possuam elementos para tanto.

É estranha a crítica de alguns no tocante à análise da personalidade do agente por parte do juiz, desacreditando-o ou ridicularizando-o, quando o julgador faz muito mais que isso. Avalia o dolo e a culpa do autor da infração penal, distinguindo o dolo direto, o dolo eventual, a culpa consciente e a culpa inconsciente. Contra isso ninguém reclama. Ao menos, os mesmos críticos da análise da personalidade a tal ponto não se referem.

Há muitos outros fatores delicados de avaliação do modo de agir do ser humano, como as finalidades específicas do agente (elementos subjetivos do injusto), mais relevantes, por certo, que a singela constatação da personalidade de alguém.

Outro argumento contrário ao uso da personalidade como critério para o estabelecimento da pena-base diz respeito à acusação – infundada – de se estar adotando a *culpabilidade de autor*, vale dizer, o réu seria julgado pelo que é e não pelo que fez. Há falta de informação a respeito do que realmente significa o julgamento da personalidade, pois esta se baseia na *culpabilidade de fato*. Avalia-se o acusado pelo que ele *fez*, de acordo com o que *é*.

É fato incontexte que seres humanos são diferentes em seu modo de agir e pensar. Igualmente, cuida-se de direito individual fundamental a liberdade de pensamento e expressão. Ninguém deve ser mais gravemente apenado, por ter personalidade agressiva, ao praticar um crime de falsidade documental, pois inexiste qualquer relação entre o que o sujeito é e o que fez. Porém, se é agressivo, quando lesiona esposa e filhos, em contexto de violência doméstica, deve, sim, sofrer juízo negativo de personalidade, recebendo pena-base elevada.

A agressividade é fato negativo da personalidade humana, mas somente as pessoas que dela fazem uso para a prática do crime deverão ser avaliadas nesse contexto para fins de construção da pena. Cuida-se de uma *culpabilidade de autor indireta*. Mas isso não é vedado em lei, ao contrário, recomendado. Não fosse assim, todos os demais elementos do art. 59 também podem representar julgamentos descolados do fato criminoso, tais como conduta social, antecedentes etc.

Avesso à padronização da pena, o sistema constitucional indica o princípio da individualização e este somente se pode concretizar, com eficiência, levando-se em conta os elementos exclusivos da pessoa humana, dentre os quais emerge a personalidade.

A correta instrução do processo criminal demanda a colheita de provas não somente da imputação principal, mas de todas as circunstâncias do crime, o que abrange pontos ligados à conduta social e à personalidade do agente. Muitas vezes, o desprezo das partes na coleta de tais provas conduz à carência de elementos suficientes para avaliar – positiva ou negativamente – a conduta social do agente na ocasião da sentença condenatória.

Segundo nos parece, caberia ao órgão acusatório apresentar, no seu rol de testemunhas, pessoas que pudessem demonstrar ao juiz a conduta social e a personalidade do réu, mormente quando negativas, aptas a justificar o aumento da pena.

Nesse contexto, a ação penal 470 (Mensalão) deixou a desejar, obrigando o relator – e os demais Ministros – a considerar ausentes as provas a justificar qualquer avaliação sobre a conduta social do agente ou sua personalidade.

Nas palavras do relator: "não há registros de maus antecedentes contra J. D. nem dados concretos acerca da sua conduta social e personalidade" (p. 57.905).

O mesmo ocorreu na visão do revisor, em relação ao corréu M. V.: "por outro lado, inexistem elementos nos autos que permitam avaliar adequadamente a conduta social e a personalidade do acusado" (p. 58.178).

Os motivos do crime representam as razões e os objetivos do agente, que os impulsiona à atividade criminosa. Focalizam-se as razões, quando situações ocorrem levando o agente ao delito; enfocam-se os objetivos, quando eventos futuros se concretizarão em virtude da prática do crime.

É preciso ter cautela, ao se tratar da motivação do delito, pois alguns motivos já estão expressamente considerados como causas legais de aumento ou diminuição da pena, razão pela qual não devem ser levados em consideração como circunstâncias judiciais.

Nesse aspecto, tome-se como ilustração o voto do relator, referente ao corréu J. D.: "o motivo do crime, em última análise, foi o objetivo de viabilizar o esquema criminoso de desvio de recursos públicos, bem como de compra de apoio político, pagamento de dívidas eleitorais passadas e financiamento de futuras campanhas daqueles que integravam o esquema" (p. 57.905). Nota-se a preocupação em valorar a motivação do delito de formação de quadrilha, por um dos corréus, como circunstância judicial, pois inexiste previsão expressa dessas razões e objetivos como circunstância legal (agravante, causa de aumento ou qualificadora). Desse modo, andou bem o julgador ao extrair da prova o que lhe competia, aplicando, com pertinência, no cenário da pena-base.

No âmbito do crime de corrupção ativa, outra análise foi feita pelo relator, para o mesmo réu, o que se afigura correto, pois a individualização da pena se dá para cada infração penal. Somente após, quando o caso, somam-se as penas.

E a motivação para um delito pode ser mais grave que para outro, mesmo quando cometidos pelo mesmo réu, em concurso. *In verbis* o relator: "os motivos que conduziram à prática dos crimes de corrupção ativa são extremamente graves. Os fatos e provas extraídos dos autos revelam que o crime foi praticado porque o Governo Federal não tinha maioria na Câmara dos Deputados. Diante dessa dificuldade, o réu J. D. precisava construir uma base de sustentação no Parlamento, porém o fez por meio da compra dos votos de Presidentes e líderes de legendas de porte médio, em favor dos projetos do interesse do Governo. São motivos que violam abertamente os mais caros e importantes princípios sobre os quais se apoia o edifício republicano Nacional, minam as próprias bases da sociedade livre, plúrima e democrática, o que todos nós, brasileiros, desejamos construir" (p. 57.907).

CAP. 11 • A INDIVIDUALIZAÇÃO DA PENA NA AÇÃO PENAL 470 (MENSALÃO) | **279**

A cada corréu, mesmo em crimes similares, como a corrupção ativa neste caso, devem ser formulados os devidos argumentos, como no caso de J. G.: "os motivos dos crimes de corrupção ativa são extremamente graves. Os fatos e provas revelam que o crime foi praticado porque o Governo controlado pelo partido presidido por J. G. não tinha maioria na Câmara dos Deputados e, diante disso, o réu aderiu à empreitada criminosa planejada e controlada pelo acusado J. D. para dominar o poder político, comprando os votos de legendas em favor dos projetos de interesse de seu partido. São motivos que violam abertamente os mais caros e importantes princípios sobre os quais se apoia o edifício republicano Nacional, que minam as próprias bases da sociedade livre, plúrima e democrática, o que todos nós, brasileiros, desejamos construir" (p. 57.915).

Avaliando a motivação do corréu M. V., o relator deixou claro – e corretamente – não se poder incluir o objetivo do agente para a prática do delito com qualquer elementar exigida pelo tipo penal, sob pena de dupla apenação pelo mesmo fato. *In verbis*: "o motivo do crime de corrupção ativa também é reprovável, pois, em última análise, o ato de ofício cuja prática era almejada também consubstanciava crime, ou seja, a contratação ilícita da empresa do acusado pela Câmara dos Deputados e o enriquecimento pessoal do acusado e de seus sócios. *Esta não é uma elementar do tipo penal de corrupção ativa, que pode ocorrer para a prática de ato lícito* (vários são os exemplos de ações judiciais em que a corrupção almeja, por exemplo, a prática mais célere de um ato que já seria praticado pelo funcionário público), o que permitiria maior aproximação da conduta ora analisada ao mínimo legal, mas esta não é a hipótese dos autos" (p. 57.930, grifamos).

Ainda no cenário da corrupção ativa, tratando-se da condenação de Roberto Jefferson, diz o relator: "os motivos que conduziram à prática dos crimes de corrupção passiva são extremamente graves, como demonstrado ao longo deste voto, pois o acusado tinha por objetivo 'capitalizar' o partido por ele presidido, 'alugando' sua legenda para se beneficiar, de modo permanente, de vantagens financeiras. Com isso, o móvel do réu R. J. foi não apenas o recebimento de vantagem indevida para a prática de ato de ofício, mas também uma verdadeira apropriação e mercantilização de seu mandato, de modo permanente, mediante práticas antirrepublicanas, tendentes a eliminar outros partidos que não aderissem ao esquema criminoso, violando abertamente os mais caros e importantes princípios sobre os quais se apoia o edifício republicano nacional. Assim, os motivos do delito pelo qual o ex-Presidente e líder do PTB foi condenado são extremamente graves, pois eles minam as próprias bases da sociedade livre, plúrima e democrática, o que todos nós, brasileiros, desejamos construir" (p. 58.146).

A circunstância judicial denominada *circunstância* do crime é residual, pois todas as demais também são circunstâncias. Logo, nesse ponto, cabe ao julgador inserir todas as considerações específicas, encontradas nas provas produzidas, que não possam ser incluídas noutros fatores.

Eis a palavra do relator, avaliando o delito de formação de quadrilha: "as circunstâncias do crime também são desfavoráveis ao réu. Com efeito, enquanto os crimes eram perpetrados por meio da ação visível, sobretudo, dos réus D. S. e M. V., J. D. permanecia à sombra dos acontecimentos, tentando, assim, esconder a sua intensa participação nos delitos. Não obstante ter atuado preponderantemente nos bastidores da quadrilha, J. D., para assegurar o sucesso do plano criminoso, foi quem negociou, junto aos principais dirigentes do banco Rural, a simulação de empréstimos bancários que se somaram às quantias desviadas dos cofres públicos, dando-se, assim, uma aparência de licitude ao dinheiro que era distribuído aos parlamentares federais. Também relevante é o fato de a quadrilha ter permanecido ativa por mais de dois anos" (p. 57.905).

Outra análise foi realizada quando o crime é diverso (corrupção ativa), evitando-se qualquer forma de padronização de fundamentos para a fixação da pena: "no caso, o réu deveria ter executado, de modo republicano e democrático, a coordenação política do Governo no Congresso. Porém, usou indevidamente o cargo para subjugar, por meio de vantagens pecuniárias, um dos Poderes da República. Conspurcou certos símbolos do poder político, ao utilizar o gabinete da Casa Civil da Presidência da República, no Palácio do Planalto, para manter reuniões com os operadores do esquema criminoso e também com outros corréus, valendo-se, assim, da segurança de conversas reservadas e clandestinas que só vieram a público em razão das declarações do corréu R. J., que deu notícia da existência de mais de uma dezena de visitas de M. V. à Casa Civil no período dos fatos. Além disso, J. D. também se utilizou da estrutura empresarial oferecida pelos réus M. V., C. P., R. H. e R. T., de modo profissional, reiterado, rotineiro, duradouro, para que os pagamentos a parlamentares pudessem ser realizados de maneira camuflada e com extrema eficiência, especialmente às vésperas de importantes votações, como as reformas Tributária, Previdenciária e outros projetos citados ao longo deste voto. Vê-se, assim, que J. D. ocupou-se intensamente da prática criminosa. As circunstâncias de sua conduta e o próprio método de execução do delito escolhido pelo acusado foram, portanto, extremamente reprováveis, o que justifica a elevação da pena" (p. 57.908).

As consequências do crime constituem os resultados danosos, que vão além da previsão típica incriminadora. São eventos anormais, que caracterizam o delito de forma peculiar. Exemplificando, no crime de homicídio, por certo, a perda da vida da vítima é o resultado típico; porém, se o autor mata o ofendido na frente de seu filho em tenra idade, termina por gerar uma consequência anormal, consistente no trauma permanente para a criança.

Observa-se ter o relator tratado, com particular relevo, tal circunstância judicial no julgamento: "as consequências do delito mostram-se igualmente desfavoráveis, uma vez que – como a quadrilha alcançou um dos seus objetivos, que era a compra de apoio político de parlamentares federais – J. D. colocou em risco o próprio regime democrático, a independência dos Poderes e o sistema republicano, em flagrante contrariedade à Constituição Federal. Restaram diminuídos e enxovalhados pilares importantíssimos da nossa institucionalidade" (p. 57.905).

Quando da análise do crime de corrupção ativa, vislumbra-se outro cenário no tocante às consequências do crime: "as consequências dos crimes igualmente se mostram extremamente desfavoráveis, uma vez que o pagamento e promessa de pagamento de milhões de reais a um Deputado Federal que exerça a Presidência ou liderança de Partido Político com assento na Câmara dos Deputados, de modo a comprar seu apoio e de seus correligionários, configura não simplesmente um crime de corrupção

CAP. 11 • A INDIVIDUALIZAÇÃO DA PENA NA AÇÃO PENAL 470 (MENSALÃO) | **281**

ativa comum, ou de consequências mínimas, mas sim um delito de consequências muito mais gravosas do que as naturais do tipo penal, pois dele decorrem lesões que atingem bens jurídicos outros que não apenas a administração pública, mas igualmente o regime democrático, o pluripartidarismo, a separação e independência entre os poderes, todos inseridos na esfera de previsibilidade do acusado. Com efeito, o crime de corrupção ativa, tal como praticado, tem por consequência uma lesão gravíssima à democracia, que se caracteriza precisamente pelo diálogo entre opiniões e visões distintas das dos representantes eleitos pelo povo. Foi esse diálogo e essa diversidade de opiniões que o réu quis suprimir, por meio de pagamentos de vultosas quantias em espécie a líderes e presidentes de diversas agremiações partidárias. Não se deve esquecer que o acusado J. D. era detentor, senão do mais antigo, de uma das mais relevantes funções da estrutura governamental brasileira. Em poucas palavras, dele era a incumbência de dar impulso às relações harmônicas entre os poderes do Estado. Porém, conspurcando sua relevante função, o acusado utilizou-se de seu gabinete oficial na Casa Civil da Presidência da República como um dos locais onde ocorreu a prática delitiva, ali tomando decisões-chave para o sucesso do empreendimento criminoso e, concomitantemente, servindo-se do aparelho público para ocultar a prática dos delitos, o que, por si só, torna as condutas ainda mais lesivas ao bem jurídico protegido, que é a Administração Pública" (p. 57.909).

Na análise do corréu J. G.: "as consequências dos crimes igualmente se mostram extremamente desfavoráveis, uma vez que o pagamento e promessa de pagamento de milhões de reais a um mandatário político, em troca de sua permanente adesão ao projeto de poder do partido presidido pelo acusado, não configura simplesmente um crime de corrupção ativa comum ou de consequências mínimas, voltada à prática de atos de ofício de interesse apenas da Administração Pública, mas sim um delito de consequências muito mais gravosas do que as naturais do tipo penal, pois dele decorrem lesões que atingem bens jurídicos outros, como o regime democrático, o pluripartidarismo, a separação e independência entre os poderes, a representatividade da opinião política, todos inseridos na esfera de previsibilidade do acusado" (p. 57.916).

Nota-se a cautela do relator em individualizar a pena detalhadamente, demonstrando o que difere a consequência do crime de corrupção ativa, nos casos em geral, do julgamento do *Mensalão*, particularmente no tocante a um líder de partido político: "com efeito, a corrupção de um líder de bancada ou Presidente de Partido, para garantir seu voto e o de seus correligionários, em abono aos interesses buscados pelo acusado, tem por consequência gravíssima a lesão à democracia, que é caracterizada exatamente pelo diálogo entre opiniões e visões distintas das dos representantes eleitos pelo povo" (p. 57.916).

Em outra perspectiva, o relator expôs como nefasta consequência do crime de corrupção ativa o *aluguel de partido político*, quando cuidou da aplicação da pena do corréu D. S.: "as consequências dos crimes igualmente se mostram extremamente desfavoráveis, uma vez que o pagamento e promessa de pagamento de milhões de reais tendo por fim o 'aluguel' de um partido político, seu apoio permanente aos projetos do interesse dos organizadores do delito, não configura simplesmente um crime de corrupção ativa comum ou de consequências mínimas, mas sim um delito de consequências muito mais gravosas do que as naturais do tipo penal, pois dele decorrem lesões que atingem bens jurídicos outros que não apenas a administração pública, mas

282 | INDIVIDUALIZAÇÃO DA PENA – Nucci

igualmente o regime democrático, o pluripartidarismo, a separação e independência entre os poderes, todos inseridos na esfera de previsibilidade do acusado" (p. 57.923).

Interessante enfoque apresentado no julgamento do caso *Mensalão*, em matéria de consequência do crime, diz respeito ao montante do prejuízo. Em crimes patrimoniais ou com fundo patrimonial, pode ser um dos fatores a serem considerados. Do voto do relator: "as consequências dos crimes também se mostram desfavoráveis, tendo em vista o montante do prejuízo causado. O contrato firmado com a agência do acusado conduziu a dispêndios milionários e à apropriação criminosa de mais de R$ 1.077.000,00. Embora o crime de peculato sempre envolva prejuízo ao erário, o montante empregado na prática ilícita pode ser considerado para fins de elevar a pena-base, eis que é variável em cada caso concreto. Daí porque considero que, quanto mais alto o desvio, mais reprovável é a conduta e mais graves suas consequências para o bem jurídico protegido, de modo que findam por ser atingidos também outros bens jurídicos" (p. 57.969).

A ótica do revisor não é diferente, para elevar a pena-base, levando em consideração a motivação e as consequências da infração penal, referente ao crime de corrupção passiva: "os motivos e as consequências dos delitos, bem como a culpabilidade do réu, no entanto, autorizam a fixação da pena-base acima do mínimo legal, considerando que V. C. N. era, e ainda é, detentor de mandato parlamentar, em quem os eleitores depositaram incondicional confiança para que ele representasse condignamente os seus interesses, mas que agiu exatamente de modo contrário aos anseios da coletividade ao associar-se aos donos de empresa utilizada para a lavagem de capitais, com vistas ao recebimento de vantagens financeiras indevidas" (p. 58.248).

A derradeira circunstância judicial é o comportamento da vítima. Estudos científicos acerca do comportamento humano demonstram a maior ou menor influência da vítima no cometimento do crime. Não se deve estereotipar a vítima como a parte inocente e pura, enquanto o réu, como algoz e sujo. São falsas impressões provocadas pela adjetivação do sujeito passivo e do sujeito ativo do delito. Não são raras as vezes em que a vítima é o autêntico algoz, causadora e provocadora mor do delito. Somente o caso concreto pode ditar a real atuação da pessoa ofendida e do agente agressor.

Os comportamentos instigadores ou indutores do crime, por parte da vítima, constituem pontos positivos ao réu; por outro lado, vítimas totalmente inculpáveis, quando agredidas, produzem pontos negativos ao acusado.

No caso *Mensalão*, figura como sujeito passivo o Estado, na maioria dos delitos, motivo pelo qual não se há de falar em comportamento da vítima, o que ficou claro no voto do relator (p. 57.905).

11.3.2 Agravantes e atenuantes na formação do quantum da pena

Revisando, as agravantes e atenuantes são causas legais, desvinculadas do tipo penal, constantes da Parte Geral do Código Penal, recomendando a elevação ou o abrandamento da pena, dentro dos limites abstratos estabelecidos pelo preceito sancionador.

As agravantes não têm o condão de romper o teto previsto em abstrato para o crime, nem tampouco as atenuantes podem quebrar o piso. São meras circunstâncias legais, sem qualquer vínculo com o tipo penal, de modo que devem situar-se na faixa

CAP. 11 • A INDIVIDUALIZAÇÃO DA PENA NA AÇÃO PENAL 470 (MENSALÃO) | **283**

existente. Ademais, elas não possuem um valor estabelecido em lei, como ocorre com as causas de aumento e diminuição, inexistindo, então, um comando legislativo para empreender elevações ou abrandamentos específicos.

Essas causas legais funcionam como instrumentos norteadores do grau mínimo ou máximo da pena-base, tal como servem as circunstâncias judiciais na primeira fase. Tanto assim que nem mesmo constam da denúncia ou queixa as agravantes, sendo desnecessário expressa defesa do acusado contra qualquer delas. Diga-se o mesmo das atenuantes, que não ingressam em peças de defesa prévia ou preliminar.

Se inexistir justa causa para a mantença da imputação principal ou de quali-ficadoras ou causas de aumento a ela ligadas, pode-se impetrar *habeas corpus* para corrigir o erro, alegando constrangimento ilegal contra o réu. Não há possibilidade jurídica de se ingressar com *habeas corpus* para trancar ou corrigir ação penal, por conta de qualquer eventual equívoco relacionado a agravantes. Isto se corrige por meio de apelação, quando já decidido o mérito da causa.

Outro relevante aspecto das agravantes e atenuantes é o seu peso para a fixação da pena, na segunda fase. Quanto vale uma agravante/atenuante? A lei silencia. Sabe--se que, inexistindo pena em horas, a menor pena possível é de um dia, razão pela qual seria esse o aumento ou a diminuição mínima possível. E qual seria a máxima? Os parâmetros seriam ainda mais vagos.

Diante disso, sempre nos pareceu correta a opção por um montante proporcio-nal à pena-base, que pudesse sempre ser justo ao valor total da pena. Ilustrando: se a agravante valesse *um mês*, quando se tratar de pena-base de dois meses, estar-se-ia aplicando, na prática, um aumento de metade, o que nos parece excessivo; se a agra-vante valesse *um mês*, cuidando-se de uma pena-base de quinze anos, o acréscimo de somente um mês é pífio.

Surgem, então, as mais adequadas orientações, buscando fixar cotas proporcio-nais: um sexto, um terço, um oitavo, metade, dois terços. Vale ressaltar que a menor causa de aumento existente possui o montante de um sexto; por isso, optamos pelo valor de um sexto para cada agravante/atenuante. Considerando-se o montante da pena-base, a elevação ou diminuição será proporcional.

Era a posição majoritária adotada pela jurisprudência brasileira, agora conso-lidada pelo julgamento do *Mensalão*. Na ótica do relator, abraçada pela maioria do colegiado: "aplica-se a agravante do art. 62, I, do CP, por ter o acusado promovido e organizado os crimes de corrupção ativa, a elevar a pena-base na fração de *um sexto (1/6)*, para o total de 4 anos e 9 meses, com mais 157 dias-multa" (p. 57.910, grifamos).

Em posição diversa, embora minoritária no STF, o voto do revisor: "na ausência de atenuantes, mas presente a agravante do art. 62, I, do Código Penal, exaspero a pena em *seis meses*, estabelecendo-a em 3 (três) anos e 6 (seis) meses de reclusão, mais 17 (dezessete) dias-multa" (p. 58.184, grifamos).

11.3.3 Causas de aumento e diminuição da pena

Relembrando, são causas legais, expressamente previstas, vinculadas à tipicidade, que provocam aumentos ou diminuições obrigatórias da pena, em cotas determinadas em lei, fixas (um terço) ou variáveis (de um a dois terços).

Quando constituírem parte integrante do tipo penal incriminador, representando aumento de pena, devem constar da denúncia ou queixa e contra elas pode o réu apresentar defesa. Representando comandos legislativos para aumentar ou diminuir a pena, deve o julgador obedecer, ainda que já esteja situado no máximo ou no mínimo, conforme a hipótese, previsto no preceito sancionador. Por isso, causas de aumento podem romper o teto suportado no tipo penal; causas de diminuição podem decrescer a pena aquém do mínimo.

Por vezes, há causas de aumento ou diminuição da pena situadas na Parte Geral do Código Penal, valendo, então, para vários delitos da Parte Especial. Algumas dessas normas simbolizam partes integrantes da tipicidade incriminadora – denominadas tipos por extensão ou por assimilação –, como ocorre com a tentativa (art. 14, II, CP), razão pela qual devem constar da peça acusatória e contra elas se manifesta o réu.

Algumas causas de aumento ou diminuição não constituem tipicidade por extensão, sendo desnecessário incluí-las na inicial, tal como acontece com o cenário do concurso de crimes (concurso material, concurso formal e crime continuado). No caso da diminuição, como o arrependimento posterior (art. 16, CP), visto não fazer parte da descrição da imputação – contra a qual se defende o acusado – também pode ficar fora da peça acusatória.

Cuidando-se do crime continuado, um dos polêmicos aspectos para o seu reconhecimento é a adoção da teoria objetiva pura ou da objetivo-subjetiva. A primeira foi adotada pelo Código Penal, no art. 71, exigindo somente elementos objetivos para a caracterização do delito continuado (crimes da mesma espécie, condições de tempo e lugar similares, meio de execução semelhante). A segunda conta com grande parte da doutrina, demandando, além dos requisitos objetivos, o aspecto subjetivo, consistente na *unidade de desígnio*. A jurisprudência divide-se no apoio a ambas as teses.

No julgamento do caso *Mensalão*, expôs o relator a opção pela teoria objetivo--subjetiva: "ocorre que, nas turmas deste Tribunal, temos assentado entendimento de que, para aplicar a regra do crime continuado (art. 71 do CP), no lugar do concurso material de crimes (art. 69 do CP), não basta que haja similitude de condições de tempo, lugar, espécie de crime. É preciso que os crimes subsequentes sejam considerados mera continuação do primeiro crime, como impõe o art. 71, de modo que haja, também, unidade subjetiva entre as condutas" (p. 57.953).

Outra questão, que emergiu no julgamento da ação penal 470, foi a consagração do entendimento de que as condições de tempo, para o reconhecimento do crime continuado, devem centrar-se no prazo máximo de 30 dias entre um delito e outro. Nesses termos, o voto do relator, cuidando da pena de M. V.: "aliás, se fôssemos levar à risca a jurisprudência deste Tribunal, muitos dos crimes que consideramos em continuidade delitiva teriam de ser considerados em concurso material, tal como pleiteou o Ministério Público Federal tanto na denúncia como nas alegações finais. É que as duas Turmas têm assentado entendimento de que o intervalo de mais de 30 dias entre as práticas delitivas interrompe o nexo de continuidade, independentemente de estarem presentes os elementos do art. 71 do Código Penal. Assim, por exemplo, o réu V. C. N. recebeu recursos a partir de fevereiro de 2003, enquanto o réu B. R. recebeu somente em dezembro de 2003" (p. 57.956).

CAP. 11 • A INDIVIDUALIZAÇÃO DA PENA NA AÇÃO PENAL 470 (MENSALÃO) | **285**

Há, ainda, o ponto relativo à inaplicabilidade do crime continuado, quando se detecta a prática habitual ou reiterada de delitos por parte do agente, evidenciando que ele não merece o benefício. Trata-se de jurisprudência tranquila, agora confirmada pelo julgamento em questão. No voto do relator: "isso porque, na jurisprudência pacífica desta Corte, temos entendido que a reiteração criminosa e a prática profissional de delitos não podem ser invocadas para aplicar o benefício da continuidade delitiva aos réus que praticam múltiplos crimes, como é o caso de vários dos condenados, em especial do núcleo publicitário. Nesse sentido, cito, por exemplo, o julgamento do HC 109971, de relatoria do eminente Ministro Revisor, Ricardo Lewandowski, julgado à unanimidade pela 2.ª Turma, de cuja ementa constou o seguinte: '*O acórdão ora atacado está em perfeita consonância com o entendimento firmado pelas duas Turmas desta Suprema Corte, no sentido de que 'não basta que haja similitude entre as condições objetivas (tempo, lugar, modo de execução e outras similares). É necessário que entre essas condições haja uma ligação, um liame, de tal modo a evidenciar-se, de plano, terem sido os crimes subsequentes continuação do primeiro', sendo certo, ainda, que 'o entendimento desta Corte é no sentido de que a reiteração criminosa indicadora de delinquência habitual ou profissional é suficiente para descaracterizar o crime continuado*' (RHC 93.144/SP, Rel. Min. Menezes Direito)' (HC 109.971/RS, Rel. Min. Ricardo Lewandowski, unânime, j. 18.10.2011)" (p. 57.954).

Quando reconhecida a continuidade delitiva, sempre se debateu qual seria o mais adequado critério para determinar o aumento da pena, considerando a variável de um a dois terços (art. 71, CP). Prevalecia, na doutrina e na jurisprudência, o fator vinculado ao número de crimes cometidos até que se unificasse em um só delito continuado. Portanto, dois crimes em continuidade delitiva acarretariam a elevação de um sexto; dez delitos, dois terços. Foi o critério utilizado pelo STF na escolha do *quantum* de aumento no crime continuado. Do voto do relator: "por ter a conduta do réu J. D. se dirigido a nove parlamentares, líderes e Presidentes de vários partidos políticos, aumento a pena de 2/3 (dois terços), tal como ficou definido por este plenário. Assim, a pena pela prática dos nove crimes de corrupção ativa, mediante vários pagamentos realizados ao longo de dois anos, alcança 7 anos e 11 meses de reclusão, e multa, no total de 260 dias-multa, cada um no valor de 10 vezes o salário mínimo vigente na época do fato..." (p. 57.910).

11.4 Fixação da pena de multa

A pena de multa varia de um mínimo de 10 ao máximo de 360 dias-multa; cada dia-multa deve ser calculado entre 1/30 do salário mínimo até cinco vezes esse valor (art. 49, CP).

A escolha do montante de dias-multa obedece ao critério da culpabilidade – grau de censura da conduta e seu autor. Por isso, muitas vezes acompanha o mesmo *quantum* de elevação experimentado pela pena privativa de liberdade, quando ambas são aplicadas cumulativamente.

Quanto ao valor do dia-multa, leva-se em consideração apenas a condição econômica do réu: quanto mais abonado, maior será o valor do dia-multa; quanto menos afortunado, menor será o mesmo valor.

286 | INDIVIDUALIZAÇÃO DA PENA – Nucci

Note-se, no julgamento do caso *Mensalão*, o enfoque da questão, quando da condenação do empresário M. V., nos termos do voto do relator: "o valor do dia-multa será de dez salários mínimos vigentes ao tempo do fato (CP, arts. 49, § 1.º, e 60, *caput* e § 1.º), considerando a situação econômica do réu, que, como visto, administrava sociedades que movimentavam quantias milionárias, além de ter patrimônio declarado à Receita Federal superior a R$ 8.000.000,00 (CD juntado às fls. 43.663)" (p. 57.951). E também, cuidando da corré K. R.: "o valor do dia-multa será de quinze salários mínimos vigentes ao tempo do fato (CP, arts. 49, § 1.º, e 60, *caput* e § 1.º), tendo em vista a situação econômica da ré, que, como visto, era administradora do Banco Rural S/A à época, além de ter patrimônio declarado à Receita Federal superior a R$ 35.000.000,00 (CD juntado às fls. 43.663)" (p. 58.045).

No mesmo sentido, o voto do revisor, quanto ao corréu H. P.: "atento às condições econômicas do réu que exsurgem dos autos, e considerando o que dispõe o art. 49, combinado com o art. 60, § 1.º, do Código Penal, fixo o dia-multa em 15 (quinze) salários mínimos vigentes à época dos fatos, corrigidos na forma da lei" (p. 58.185).

O valor máximo de cada dia-multa é de cinco salários mínimos, mas há viabilidade de se multiplicar o valor por até três vezes. Optou-se, nos casos suprarreferidos, por dobrar e triplicar o valor máximo.

O disposto pelo art. 60, § 1.º, do Código Penal pode ser interpretado de duas maneiras: a) aplica-se o aumento de até o triplo da pena de multa no tocante ao total, vale dizer, atinge-se o montante de 360 dias-multa, calculado cada dia em cinco salários; b) aplica-se o aumento de até o triplo apenas no tocante ao valor do dia-multa, incidindo sobre o montante de cinco salários mínimos.

Em nosso entendimento, para que a pena de multa possa ser realmente eficiente, embora aplicada no máximo, cuidando-se de réus muito ricos, parece-nos que se deve considerar as duas faixas igualmente: número de dias-multa e valores do dia-multa.

O STF, porém, adotou a posição de somente elevar a pena – em até o triplo – no contexto do valor do dia-multa.

11.5 Escolha do regime de cumprimento da pena no caso *Mensalão*

Há três regimes, como se sabe, para o início do cumprimento da pena privativa de liberdade: fechado (estabelecimento de segurança máxima, onde prevalece o recolhimento em cela durante a noite e o trabalho fiscalizado durante o dia); semiaberto (colônia penal agrícola ou industrial, onde já existem alojamentos coletivos e a possibilidade de trabalhar ou estudar fora, bem como sair temporariamente); aberto (Casa do Albergado, que constitui estabelecimento sem segurança, mas somente fiscalização, onde o sentenciado se recolhe sempre que não estiver trabalhando).

O art. 33, § 2.º, do Código Penal estabeleceu alguns parâmetros para a indicação do regime: a) penas superiores a oito anos devem ser cumpridas, inicialmente, no regime fechado; b) penas superiores a quatro, que não ultrapassem oito anos, podem ser cumpridas no fechado ou semiaberto; c) penas de até quatro anos suportam o fechado, semiaberto ou aberto. Para réus reincidentes, qualquer que fosse o montante, o regime seria o fechado. No mais, quando houvesse opção, o julgador deveria utilizar os critérios do art. 59 do Código Penal.

CAP. 11 • A INDIVIDUALIZAÇÃO DA PENA NA AÇÃO PENAL 470 (MENSALÃO) | **287**

Não mais se pode registrar estrito apego à letra da lei. Em primeiro lugar, editou-se a Súmula 269 do Superior Tribunal de Justiça, mencionando que, ao reincidente, se condenado a pena não superior a quatro anos, quando favoráveis as circunstâncias do art. 59 do CP, pode-se impor o regime inicial semiaberto. Em segundo, no julgamento do HC 111.840/ES, rel. Dias Toffoli, Plenário, 27.06.2012, m. v., considerou-se inconstitucional o disposto pelo art. 2.º, § 1.º, da Lei dos Crimes Hediondos, que fixava o regime fechado inicial para todas as condenações por delitos hediondos e equiparados. Prestigiou-se o princípio da individualização da pena, afirmando que não poderia a lei engessar o magistrado, obrigando-o a optar pelo fechado. Ora, assim sendo, penas superiores a oito anos podem, também, em tese, ser cumpridas inicialmente no regime semiaberto ou aberto. Tudo depende da fundamentação do juiz e das circunstâncias do caso concreto.

De todo modo, por ora, no julgamento da ação penal 470, seguiu-se fielmente o preceituado pelo art. 33, § 2.º, *in verbis*: "o regime inicial de cumprimento da pena privativa de liberdade será o FECHADO, como decorre de lei (art. 33, *caput*, § 2.º, *a*, e § 3.º, c/c o art. 59, *caput* e inciso III, do Código Penal)" (p. 57.911).

Por outro lado, quando há mais de um regime inicial aplicável, como já mencionado, torna-se imperiosa a fundamentação para a escolha de qualquer deles. Há quem sustente que, optando pelo mais favorável, não seria necessário motivar; com isso não concordamos, pois o processo de dosimetria da pena, inclusive eleição do regime, é vinculado aos seus fundamentos. Nada pode ser presumido. Nesse contexto, houve falha no julgamento da ação penal 470, quando se apontou determinado regime sem *nenhuma* motivação. Do voto do relator: "o regime inicial de cumprimento da pena privativa de liberdade será o SEMIABERTO, como decorre de lei (art. 33, *caput*, § 2.º, *b*, e § 3.º, c/c o art. 59, *caput* e inciso III, do Código Penal)" (p. 57.918).

11.6 Opção por benefícios cabíveis

O terceiro estágio da aplicação da pena constitui-se da verificação dos benefícios aplicáveis ao condenado, dependendo do *quantum* fixado e dos requisitos legais.

O julgador deve sempre manifestar-se, pelo *sim* ou pelo *não*, em relação aos possíveis benefícios, como a substituição da pena privativa de liberdade pela restritiva de direitos ou a concessão da suspensão condicional da pena.

Na hipótese das penas restritivas de direitos, cujo rol é previsto no art. 43 do Código Penal, pode-se aplicar a substituição da pena privativa de liberdade desde que a pena não ultrapasse o montante de quatro anos, o crime não seja cometido com violência ou grave ameaça, o réu não seja reincidente e as condições pessoais sejam favoráveis (art. 44, CP).

Assim agiu o STF, quando viável, optando pelas que lhe pareceram mais eficientes ao caso concreto. Nos termos do voto do relator, quando do julgamento do corréu J. B.: "por não haver qualquer razão que impeça a imposição de pena alternativa ao réu J. B., considero caber a substituição da pena privativa de liberdade por duas penas restritivas de direitos (art. 44, § 2.º), além da multa anteriormente aplicada. O art. 43 do Código Penal prevê as seguintes penas 'alternativas' ou 'restritivas de direitos', que podem substituir a pena de prisão: Prestação pecuniária; Perda de bens e valores; Prestação de serviço à comunidade ou a entidades públicas; Interdição temporária de direitos; Limitação de fim

288 | INDIVIDUALIZAÇÃO DA PENA – Nucci

de semana. No caso em julgamento, considerando a efetividade dessas penas alternativas; a fiscalização de seu cumprimento; as vantagens para a comunidade advindas de cada uma dessas penas alternativas previstas no Código Penal, julgo possível, com base no art. 44, incisos I a III e § 2.º, c/c o art. 59, *caput* e inciso IV, ambos do Código Penal, a substituição da pena privativa de liberdade imposta ao réu J. B. por duas restritivas de direito, quais sejam: · prestação pecuniária de trezentos salários mínimos (CP, art. 45, § 1.º), em favor de entidade pública ou privada com destinação social, sem fins lucrativos, a ser definida pelo juízo responsável pela execução, para fins de reparação do dano resultante do crime; · interdição temporária de direitos (art. 43, V, do Código Penal), consistente na '*proibição do exercício de cargo, função ou atividade pública, bem como de mandato eletivo*' (art. 47, I, do Código Penal), pela '*mesma duração da pena privativa de liberdade substituída*' (art. 55 do Código Penal)" (p. 58.171-72).

11.7 Estabelecimento de indenização civil pelo dano causado pelo crime

A prática do delito constitui ato ilícito sujeito à indenização civil para a vítima. Transitando em julgado a sentença condenatória, vale, automaticamente, como título executivo judicial (art. 91, I, CP). Nesse caso, deve o ofendido ajuizar demanda executória na esfera civil apenas para discutir o *quantum* devido, mas não mais a culpa do réu.

A reforma processual penal, introduzida pela Lei 11.719/2008, alterando a redação do art. 387, IV, do CPP, passou a permitir que a vítima, na demanda criminal, consiga a indenização civil na mesma decisão condenatória que aplica pena ao réu. Entretanto, é preciso que haja o pedido expresso, durante o processo criminal, para que o acusado possa se defender e apresentar suas razões no tocante ao *quantum* indenizatório.

Não admitimos a fixação de indenização civil na sentença condenatória, caso inexista pedido da parte; a atuação de ofício, por parte do juiz, desrespeitaria a ampla defesa e o contraditório.

Do voto do relator: "deixo de fixar 'valor mínimo para reparação dos danos causados pela infração' (CPP, art. 387, IV, na redação dada pela Lei 11.719/2008, c/c o art. 63, parágrafo único), tendo em vista a inexistência de pedido formal nesse sentido, seja pelas pessoas que suportaram o prejuízo, seja pelo Ministério Público Federal (que somente apresentou tal pleito nas alegações finais), o que impossibilitou o exercício do contraditório e da ampla defesa especificamente sobre a fixação desse montante mínimo indenizatório. Nesse sentido, cito, apenas para ilustrar, Guilherme de Souza Nucci: *admitindo-se que o magistrado possa fixar o valor mínimo para a reparação dos danos causados pela infração penal, é fundamental haver, durante a instrução criminal, um pedido formal para que se apure o montante civilmente devido. Esse pedido deve partir do ofendido, por seu advogado (assistente de acusação), ou Ministério Público. A parte que o fizer precisa indicar valores e provas suficientes a sustentá-los. A partir daí, deve-se proporcionar ao réu a possibilidade de se defender e produzir contraprova, de modo a indicar valor diverso ou mesmo a apontar que inexistiu prejuízo material ou moral a ser reparado. Se não houver formal pedido e instrução específica para apurar o valor mínimo para o dano, é defeso ao julgador optar por qualquer cifra, pois seria nítida infringência ao princípio da ampla defesa*' (*Código de processo penal comentado*, 11. ed., São Paulo: Revista dos Tribunais, 2012, p. 742)" (p. 58.073-74).

11.8 Política da pena mínima

Há muitos anos temos estudado e constatado o fenômeno generalizado no Judiciário brasileiro no tocante à denominada *política da pena mínima*. Não há cabimento para se manter a pena dos réus, em geral, no mínimo legal, quando se deve seguir, fielmente, o princípio constitucional da individualização da pena (art. 5.º, XLVI, CF).

A pena padronizada é avessa à Constituição Federal, devendo ser evitada e combatida. Não se quer, com isso, defender equívoco inverso, consistente numa *política da pena máxima*.

Pretende-se sustentar a *política da pena justa*, perfeitamente ajustada ao mandamento constitucional da individualização da pena. Para tanto, todos os elementos constantes do Código Penal, para firmar a pena concreta, necessitam ser utilizados pelo julgador. Desde a detalhada avaliação das circunstâncias judiciais, previstas no art. 59, passando por todas as agravantes e atenuantes (arts. 61 a 66), até chegar às causas de aumento e diminuição da pena, todas as etapas merecem acurada análise no momento da condenação.

Sem dúvida, aplausos merecem os magistrados que deixaram o comodismo da *pena mínima*, cuja fundamentação era igualmente esquecida, passando a adotar o raciocínio lógico para fixar a pena concreta, na exata medida do merecimento de cada réu.

Nesse sentido, lapidar decisão foi proferida pelo relator do caso *Mensalão*, ao abrir um espaço no seu voto, a fim de justificar a opção pela pena justa, estabelecida acima do mínimo legal.

Eis o tópico:

"BREVES CONSIDERAÇÕES SOBRE A DOSIMETRIA DAS PENAS E A ANÁLISE INDIVIDUALIZADA DAS CIRCUNSTÂNCIAS JUDICIAIS DE CADA CRIME

Senhores Ministros, tendo em vista a necessidade de tornar o mais transparente possível meu entendimento e as razões que me conduziram, em muitos casos, à fixação da pena-base em patamar superior ao mínimo previsto para os crimes que foram julgados por esta Corte, procedo a um brevíssimo esclarecimento. Como se sabe, as penas são estabelecidas pelo legislador a partir de uma análise abstrata sobre a gravidade da conduta criminalizada. Tanto a pena mínima como a pena máxima, que podem ser estipuladas já na primeira etapa da dosimetria, devem ser reservadas para as situações extremas. Entre esses limites, há uma infinita possibilidade de prática delituosa, que o legislador não prevê, casuisticamente, no momento da elaboração da lei penal. O penalista Guilherme de Souza Nucci, por exemplo, analisa, com bastante propriedade, o equívoco que conduz à imposição da pena-base no mínimo legal, tipo de decisão que, por não demandar qualquer cuidado na fundamentação, acaba se tornando useira e conduzindo à impunidade. Eis o que afirma NUCCI: '*Política da pena mínima: tem sido hábito de vários juízes brasileiros, de qualquer grau de jurisdição, optar, quase sempre, pela aplicação da pena mínima aos acusados em julgamento. Desprezam-se, em verdade, os riquíssimos elementos e critérios dados pela lei penal para escolher, dentre o mínimo e o máximo cominados para cada infração penal, a pena ideal e concreta para* *cada réu. **Não se compreende o que leva o Judiciário, majoritariamente, a eleger a pena mínima como base para a aplicação das demais circunstâncias legais**. Afinal, o art. 59, mencionando oito elementos diversos, almeja a aplicação* ad pena *em parâmetros diferenciados para os réus submetidos a julgamento. A **padronização da pena** é contrária à individualização, de modo que é preciso alterar essa conduta ainda predominante. (...) Justifica-se, portanto, o aumento da pena-base, em atenção à culpabilidade do acusado e às circunstâncias em que delinquiu, quando menos para não assimilar hipóteses distintas a situações rotineiras, como se não apresentassem uma gravidade específica, peculiar e inconfundível, com **modestas vulnerações à ordem pública**. A lei procura, claramente, separar o joio do trigo, recomendando o aumento da pena de modo **proporcional aos efeitos da conduta**, tanto mais quando **sempre manda ter em conta, na primeira fase do cálculo, as 'consequências do crime'** (CP, art. 59). Logicamente, **a maior extensão dos danos deve repercutir na dimensão das penas, forçando a elevação do castigo**. A despeito disso, há anos generalizou-se, no foro, o hábito de impor os castigos nos limites mínimos, com abstração das circunstâncias peculiares a cada delito. Entretanto, **pena-base não é sinônimo de pena mínima**. (...) Com a indiscriminada imposição das penas mínimas, vêm-se tratando de modo igual situações completamente distintas (...). **Fixação acima do mínimo legal**: (...) **é defeso ao magistrado deixar de levar em consideração as oito circunstâncias judiciais** existentes no art. 59, caput, para a fixação da pena-base. **Apenas se todas forem favoráveis, tem cabimento a aplicação da pena no mínimo**. Não sendo, deve ela situar-se acima da previsão mínima feita pelo legislador. Nesse sentido, confiram-se **decisões do STF**: (...) 'No caso, o magistrado, ao fixar a pena-base do paciente, observou, fundamentadamente, todas as circunstâncias judiciais constantes do art. 59 do Código Penal, o que justifica o* quantum *acima do mínimo legal' (HC 95.738-MS, 1.ª T., rel. Ricardo Lewandowski, 03.03.2009, v.u.); 'O Juiz tem poder discricionário para fixar a pena-base dentro dos limites legais, mas este poder não é arbitrário, porque o* caput *do art. 59 do Código Penal estabelece um rol de oito circunstâncias judiciais que devem orientar a individualização da pena-base, de sorte que, quando todos os critérios são favoráveis ao réu, a pena deve ser aplicada no mínimo cominado; entretanto, **basta que um deles não seja favorável para que a pena não mais possa ficar no patamar mínimo**' (HC 76.196-GO, 2.ª T., rel. Maurício Correa, 29.09.1998); (...)."* Com efeito, a primeira fase da dosimetria permite a fixação da pena em qualquer patamar entre o mínimo e o máximo legalmente cominados para a prática do delito. Teoricamente, o legislador autoriza a punição do crime dentro desses limites, quando ausentes causas de diminuição ou de aumento. Entendo que, tal como a pena máxima só deve ser fixada, nessa primeira fase da dosimetria, nos casos de maior lesividade que se possa conceber com a prática criminosa em julgamento, a aplicação da pena no mínimo legal também deve ser reservada para aqueles casos em que esteja caracterizada uma conduta minimamente suficiente para consumar o tipo penal, em que todas as circunstâncias judiciais sejam favoráveis, em situação que afaste a aplicação do princípio da insignificância mas também impeça punição mais severa do que a mínima prevista em abstrato. Noutras palavras: são os casos limítrofes da prática criminosa, quando o agente adentra a seara penal em conduta de reprovabilidade tal que configure, sem maior intensidade, os elementos da tipicidade, da antijuridicidade e da culpabilidade. Vejamos, por exemplo, o caso da corrupção ativa, que é um dos crimes de que estamos tratando na presente Ação Penal, e que foi praticado, por exemplo, pelos réus M. V., J. D., D. S., e outros. Considerado o tipo penal abstrato da corrupção, a aplicação da pena mínima só estaria autorizada se o crime concretamente praticado tivesse produzido uma lesão mínima ao ordenamento jurídico, suficiente, apenas, para ultrapassar o limiar do direito penal. Poderíamos pensar, como exemplo, no motorista que, estando com a habilitação vencida, paga mil reais ao guarda para ele não apreender sua carteira ou não lançar a multa. Pense--se, ainda, na situação de um advogado que pague a um funcionário de uma vara judicial, para que dê preferência à tramitação do seu processo. Em tais casos, o crime de corrupção ativa está materializado e será punido. Note-se, porém, que esses dois exemplos de casos concretos com que o Judiciário se defronta são evidentemente distintos da conduta de que agora se trata, na qual a lesão ao ordenamento jurídico foi, em suas circunstâncias judiciais objetivas (consequências, circunstâncias) e subjetivas (culpabilidade, motivos), muito mais profunda e tende a sufocar a própria Democracia. Daí a necessidade de se dosar a pena-base corretamente, de modo ajustado à conduta delituosa concreta que se julga. Não se podem tratar igualmente situações desiguais. Como existem várias formas de se praticar um mesmo crime, e por não ser possível ao legislador prever todas essas diferentes modalidades pelas quais a prática criminosa será concretizada, as circunstâncias judiciais são, exatamente, os dados do caso concreto e da conduta julgada que permitem o ajustamento da pena, respeitado o máximo legal estabelecido, que não pode ser ultrapassado nem com circunstâncias judiciais (art. 59 do CP), nem com circunstâncias agravantes (arts. 61-64 do CP). Assim, nos crimes de corrupção de que agora se cuida, essas duas primeiras fases da dosimetria necessariamente devem ficar aquém da pena máxima – no caso, 12 anos de reclusão. Já na terceira e última fase, que engloba as causas de aumento, aí sim pode haver elevação da pena a patamar superior ao máximo legal previsto ou, quando há causa de diminuição ('tentativa', por exemplo), pode ser reduzida a patamar inferior ao mínimo legal do tipo penal de que se trata" (p. 58.174-77, grifos no original).

11.9 Conclusão

O processo de aplicação da pena, em consonância com o princípio constitucional da individualização da pena, previsto no art. 5.º, XLVI, da Constituição Federal, é complexo e demanda fundamentação detalhada por parte do julgador.

A análise do mais relevante caso até hoje julgado pelo Supremo Tribunal Federal, em ação penal originária, levando-se em conta o número de crimes cometidos, bem como o número de réus, fornece um amplo espectro da dosimetria da pena, construída passo a passo pelo colegiado, servindo de baliza para os demais tribunais brasileiros.

Buscamos evidenciar os tópicos mais importantes da fixação da pena pelo Plenário do STF em confronto com as bases doutrinárias para esse contexto, apontando, inclusive, a solução adotada pelo Pretório Excelso em muitas situações controversas na temática da dosimetria.

O julgamento do caso denominado *Mensalão* produziu um acórdão com 8.405 páginas, muitas das quais cuidaram, especificamente, da individualização da pena. Constitui um marco histórico para o Direito Penal brasileiro.

BIBLIOGRAFIA

AGUIAR JÚNIOR, Ruy Rosado de. Aplicação da pena. *Revista Brasileira de Ciências Criminais*, v. 32. São Paulo: Ed. RT, 2000.

ALMEIDA, Carlota Pizarro de. D'ALMEIDA, Luís Duarte. PATRÍCIO, Rui. VILALONGA, José Manuel. *Código Penal anotado*. Coimbra: Almedina, 2003.

ALMEIDA JÚNIOR, A.; COSTA JÚNIOR, J. B. de O. e. *Lições de medicina legal*. 9. ed. São Paulo: Companhia Editora Nacional, 1971.

ALONSO FERNÁNDEZ, José Antonio. *Las atenuantes de confesión de al infracción y reparación o disminución del daño*. Barcelona: Bosch, 1999.

ALTAVILLA, Enrico. *Psicologia judiciária*. 3. ed. Trad. Fernando de Miranda. Coimbra: Armênio Amado Editor, 1981.

ÁLVAREZ GARCÍA, Francisco Javier. *Consideraciones sobre los fines de la pena en el ordenamiento constitucional español*. Granada: Comares, 2001.

AMERICANO, Odin. Da culpabilidade normativa. *Estudos de direito e processo penal em homenagem a Nélson Hungria*. Rio de Janeiro-São Paulo: Forense, 1962.

ANCEL, Marc. A nova defesa social: um movimento de política criminal humanista. Trad. Osvaldo Melo. Rio de Janeiro: Forense, 1979.

ANDREUCCI, Ricardo Antunes; DOTTI, René Ariel; REALE JÚNIOR, Miguel; PITOMBO, Sérgio M. de Moraes. *Penas e medidas de segurança no novo Código*. 2. ed. Rio de Janeiro: Forense, 1987.

ANTOLISEI, Francesco. *Manuale di diritto penale. Parte generale*. Atual. Luigi Conti. 14. ed. Milano: Giuffrè, 1997.

ARAGÃO, Antonio Moniz Sodré de. *As três escolas penais*. Rio de Janeiro: Freitas Bastos, 1977.

ARAÚJO, Cláudio Th. Leotta de; MENEZES, Marco Antônio de. Em defesa do exame criminológico. *Boletim do IBCCRIM*, ano 11, n. 129, ago. 2003.

ARAUJO, Luiz Alberto David; NUNES JÚNIOR, Vidal Serrano. *Curso de direito constitucional*. 3. ed. São Paulo: Saraiva, 1999.

ARBENZ, Guilherme Oswaldo. *Compêndio de medicina legal*. Rio-São Paulo: Livraria Atheneu, 1983.

ARROYO DE LAS HERAS, Alfonso. *Manual de derecho penal – El delito*. Pamplona: Editorial Aranzadi, 1985.

ASHTON, John. WILSON, David. *What everyone in Britain should know about crime & punishment*, 2. ed. Oxford: Oxford University Press, 2001.

AZEVEDO, David Teixeira de. *Atualidades no direito e processo penal*. São Paulo: Método, 2001.

AZEVEDO, David Teixeira de. *Dosimetria da pena – causas de aumento e diminuição*. 1. ed., 2. tiragem. São Paulo: Malheiros, 2002.

AZEVEDO, David Teixeira de. O "réu sem rosto". *Boletim do Instituto Manoel Pedro Pimentel*, n. 22, jun.-ago. 2003.

BACIGALUPO, Enrique. *Principios de derecho penal – parte general*. 5. ed. Madrid: Akal, 1998.

BARJA DE QUIROGA, Jacobo López. *Teoría de la pena*. Madrid: Akal, 1991.

BARRETO, Tobias. *Menores e loucos em direito criminal*. Campinas: Romana, 2003.

BARROS, Carmen Silvia de Moraes. *A individualização da pena na execução penal*. São Paulo: Ed. RT, 2001.

BASTOS, Celso Ribeiro. *Curso de direito constitucional*. 18. ed. São Paulo: Saraiva, 1997.

BASTOS, Celso Ribeiro; MARTINS, Ives Gandra da Silva. *Comentários à Constituição do Brasil*, v. 1. São Paulo: Saraiva, 1988.

BATISTA, Nilo. Alternativas à prisão no Brasil. *Revista da Escola do Serviço Penitenciário*, n. 4, jul.-set. 1990.

BATTAGLINI, Giulio. *Direito penal – Parte geral*. Trad. Paulo José da Costa Júnior e Ada Pellegrini Grinover. São Paulo: Saraiva, 1964.

BAUMANN, Jürgen. *Derecho penal – Conceptos fundamentales y sistema (introducción a la sistemática sobre la base de casos)*. Trad. Conrado A. Finzi. 4. ed. Buenos Aires: Depalma, 1981.

BAZÁN LAZCANO, Marcelo. Consideraciones sobre la pena de muerte y el principio "nullum crimen sine lege" en la filosofía jurídica y en la Constitución Nacional. In: CARNELUTTI, Francesco. *El problema de la pena*. Buenos Aires: Rodamillans, 1999.

BECEIRO CANEIRO, Margarita. Las dimensiones de la violencia: hacía uma tipología de la conducta antisocial. In: CLEMENTE, Miguel; ESPINOSA, Pablo (coord). *La mente criminal*. Madrid: Dykinson, 2001.

BELOFF, Mary; MAGARIÑOS, Mario; ZIFFER, Patricia S.; BERTONI Eduardo Andrés; Ríos, Ramón Teodoro; ROXIN, Claus. *Determinación judicial de la pena*. Buenos Aires: Editores del Puerto, 1993.

BENETI, Sidnei Agostinho. *Execução penal*. São Paulo: Saraiva, 1996.

BENTHAM, Jeremy; MILLER, Jacques-Alain; PERROT, Michelle; WERRET, Simon. *O panóptico*. Trad. Guacira Lopes Louro; M. D. Magno; Tomaz Tadeu da Silva. Belo Horizonte: Autêntica, 2000.

BERISTAIN, Antonio. *Victimología – nueve palabras clave*. Valencia: Tirant Lo Blanch, 2000.

BERTONI Eduardo Andrés; ZIFFER, Patricia S.; MAGARIÑOS, Mario; BELOFF, Mary; Ríos, Ramón Teodoro; ROXIN, Claus. *Determinación judicial de la pena*. Buenos Aires: Editores del Puerto, 1993.

BETTIOL, Giuseppe. *Diritto penale – Parte generale*. 4. ed. Palermo: G. Priulla, 1958.

BETTIOL, Giuseppe. Os princípios fundamentais do direito penal vigente. *Revista do Instituto de Pesquisas e Estudos Jurídico-Econômico-Sociais*, n. 4, Instituição Toledo de Ensino, abr.--jun. 1967.

BETTIOL, Giuseppe; BETTIOL, Rodolfo. *Istituzioni di diritto e procedura penale*. 5. ed. Padova: Cedam, 1993.

BETTIOL, Rodolfo; BETTIOL, Giuseppe. *Istituzioni di diritto e procedura penale.* 5. ed. Padova: Cedam, 1993.

BITENCOURT, Cezar Roberto. Alguns aspectos da culpabilidade na atualidade. *RT* 756/425, out. 1998.

BITENCOURT, Cezar Roberto. *Teoria geral do delito.* São Paulo: Ed. RT, 1997.

BITENCOURT, Cezar Roberto; PRADO, Luiz Regis. *Código Penal anotado e legislação complementar.* 2. ed. São Paulo: Ed. RT, 1999.

BITENCOURT, Cezar Roberto; PRADO, Luiz Regis. *Falência da pena de prisão – causas e alternativas.* 2. ed. São Paulo: Saraiva, 2001.

BLANCO LOZANO, Carlos. *Derecho penal – parte general.* Madrid: La Ley, 2003.

BLEGER, José. *Psicologia da conduta.* 2. ed. Trad. Emilia de Oliveira Diehl. Porto Alegre: Artes Médicas, 1989.

BONESANA, Cesare (Beccaria). *Dos delitos e das penas.* Trad. Juan Antonio de las Casas. Madrid: Alianza Editorial, 2002.

BOSCARELLI, Marco. *Compendio di diritto penale – Parte generale.* Milano: Giuffrè, 1968.

BOSCHI, José Antonio Paganella; SILVA, Odir Odilon Pinto da. *Comentários à Lei de Execução Penal.* Rio de Janeiro: Aide, 1987.

BOSCHI, José Antonio Paganella; SILVA, Odir Odilon Pinto da. *Das penas e seus critérios de aplicação.* 2. ed. Porto Alegre: Livraria do Advogado, 2002.

BRUNO, Aníbal. *Das penas.* Rio de Janeiro: Editora Rio, 1976.

BRUNO, Aníbal. *Direito penal – Parte geral.* Rio de Janeiro: Forense, 1978. t. I e II.

BRUNO, Aníbal. Sobre o tipo no direito penal. *Estudos de direito e processo penal em homenagem a Nélson Hungria.* Rio de Janeiro-São Paulo: Forense, 1962.

BURILLO ALBACETE, Fernando J. *El nacimiento de la pena privativa de libertad.* Madrid: Edersa, 1999.

BUSTOS RAMÍREZ, Juan; VALENZUELA BEJAS, Manuel (org.). *Derecho penal latinoamericano comparado. Parte general.* Buenos Aires: Depalma, 1981.

BUSTOS RAMÍREZ, Juan; VALENZUELA BEJAS, Manuel (org.). *Prevención y teoría de la pena.* Santiago: Editorial Jurídica ConoSur, 1995.

CADOPPI, Alberto. VENEZIANI, Paolo. *Elementi di diritto penale – Parte generale.* Padova: CEDAM, 2002.

CAMARGO, Antonio Luis Chaves. *Culpabilidade e reprovação penal.* Tese para concurso de professor titular da cadeira de Direito Penal da USP, 1993.

CANOTILHO, José Joaquim Gomes. *Direito constitucional.* 6. ed. Coimbra: Almedina, 1995.

CANT, Paul de. O trabalho em benefício da comunidade: uma pena em substituição? *Prestação de serviços à comunidade*, publicação da Ajuris – Associação dos Juízes do Rio Grande do Sul, Porto Alegre, 1985.

CARNELUTTI, Francesco. *El problema de la pena.* Trad. Santiago Sentís Melendo. Buenos Aires: Rodamillans, 1999.

CARRARA, Francesco. *Derecho penal.* México: Editorial Pedagógica Iberoamericana, 1995.

CARRARA, Francesco. *Programa do curso de direito criminal – Parte geral.* Trad. José Luiz V. de A. Franceschini e J. R. Prestes Barra. São Paulo: Saraiva, 1956. v. I.

CARRARA, Francesco. *Programa do curso de direito criminal – Parte geral.* Trad. José Luiz V. de A. Franceschini e J. R. Prestes Barra. São Paulo: Saraiva, 1957. v. II.

CARVALHO FILHO, Aloysio. *Comentários ao Código Penal.* 4. ed. Rio de Janeiro: Forense, 1958. v. 4.

CARVALHO FILHO, Luís Francisco. *A prisão.* São Paulo: Publifolha, 2002.

CENEVIVA, Walter. A hediondez dos crimes e suas penas. *Folha de S. Paulo*, C2, 10 de maio de 2003.

CEREZO MIR, José. *Curso de derecho español. Parte general.* 5. ed. Madrid: Tecnos, 1998. v. 1.

CEREZO MIR, José. *Curso de derecho penal español.* 6. ed. Madrid: Tecnos, 1999. v. 2.

CERNICCHIARO, Luiz Vicente; COSTA JÚNIOR, Paulo José. *Direito penal na Constituição.* 3. ed. São Paulo: Ed. RT, 1995.

CHOCLÁN MONTALVO, José Antonio. *Individualización judicial de la pena. Función de la culpabilidad y la prevención en la determinación de la sanción penal.* Madrid: Colex, 1997.

CLEMENTE, Miguel; ESPINOSA, Pablo. *La mente criminal. Teorías explicativas del delito desde la psicología jurídica.* Madrid: Dykinson, 2001.

CLONINGER, Susan C. *Teorias da personalidade.* São Paulo: Martins Fontes, 1999.

CORRÊA JUNIOR, Alceu; SHECAIRA, Sérgio Salomão. *Teoria da pena.* São Paulo: Ed. RT, 2002.

CORREIA, Eduardo. *Direito criminal.* Coimbra: Almedina, 1997. v. 1.

COSTA, Carlos Adalmyr Condeixa da. *Dolo no tipo – Teoria da ação finalista no direito penal.* Rio de Janeiro: Liber Juris, 1989.

COSTA, Tailson Pires. *Penas alternativas – Reeducação adequada ou estímulo à impunidade?* São Paulo: Max Limonad, 1999.

COSTA E SILVA, A. J. da. *Código Penal (Decreto-lei 2.848, de 7 de dezembro de 1940).* São Paulo: Companhia Editora Nacional, 1943. v. 1.

COSTA E SILVA, A. J. da. *Comentários ao Código Penal Brasileiro.* 2. ed. atual. Luiz Fernando da Costa e Silva. São Paulo: Contasa, 1967. v. I.

COSTA JÚNIOR, J. B. de O.; ALMEIDA JÚNIOR, A. *Lições de medicina legal.* 9. ed. São Paulo: Companhia Editora Nacional, 1971.

COSTA JÚNIOR, Paulo José da. *Comentários ao Código Penal.* 4. ed. São Paulo: Saraiva, 1996; 7. ed. São Paulo: Saraiva, 2002.

COSTA JÚNIOR, Paulo José da. *Direito penal – Curso completo.* São Paulo: Saraiva, 1999.

COSTA JÚNIOR, Paulo José da; CERNICCHIARO, Luiz Vicente. *Direito penal na Constituição.* 3. ed. São Paulo: Ed. RT, 1995.

CREUS, Carlos. *Introducción a la nueva doctrina penal.* Santa Fe: Rubinzal-Culzoni, 1992.

CROALL, Hazel; DAVIES, Malcolm; TYRER, Jane. *Criminal justice – an introduction to the criminal justice system in England and Wales.* 2. ed. Essex: Longman, 1998.

CRUZ, José Raimundo Gomes da. Individualização da pena e garantias do acusado. *RT* 671, set. 1991.

D'ALMEIDA, Luís Duarte; ALMEIDA, Carlota Pizarro de; PATRÍCIO, Rui; VILALONGA, José Manuel. *Código Penal anotado.* Coimbra: Almedina, 2003.

D'ANDREA, Flavio Fortes. *Desenvolvimento da personalidade.* 15. ed. Rio de Janeiro: Bertrand Brasil, 2001.

DAVIES, Malcolm; TYRER, Jane; CROALL, Hazel. *Criminal justice – an introduction to the criminal justice system in England and Wales.* 2. ed. Essex: Longman, 1998.

DÁVILA, Roberto Reynoso. *Teoría general del delito.* 2. ed. México: Porrúa, 1995.

DEL RIO, J. Raimundo. *Derecho penal – Parte general.* Santiago: Editorial Nascimento, 1935. t. II.

DELITALA, Giacomo. *Scritti di diritto penale.* Milano: Giuffrè, 1976. v. 1.

DEMETRIO CRESPO, Eduardo. *Prevención general e individualización judicial de la pena.* Salamanca: Ediciones Universidad de Salamanca, 1999.

DIAS, Jorge de Figueiredo. *Liberdade, culpa, direito penal.* 3. ed. Coimbra: Coimbra Editora, 1995.

DIAS, Jorge de Figueiredo. *Questões fundamentais do direito penal revisitadas.* São Paulo: Ed. RT, 1999.

DIAS, Jorge de Figueiredo. *Temas básicos da doutrina penal – Sobre os fundamentos da doutrina penal, sobre a doutrina geral do crime.* Coimbra: Coimbra Editora, 2001.

BIBLIOGRAFIA | **297**

DIP, Ricardo; MORAES JÚNIOR, Volney Corrêa Leite de. *Crime e castigo. Reflexões politicamente incorretas*. 2. ed. Campinas: Millenium, 2002.

DOLCINI, Emilio; MARINUCCI, Giorgio. *Corso di diritto penale*. 2. ed. Milano: Giuffrè, 1999. v. 1.

DOTTI, René Ariel. *Bases e alternativas para o sistema de penas*. 2. ed. São Paulo: Ed. RT, 1998.

DOTTI, René Ariel. *Curso de direito penal – parte geral*. Rio de Janeiro: Forense, 2002.

DOTTI, René Ariel. Processo penal executório. *RT* 576/309, out. 1993.

DOTTI, René Ariel. Visão geral da medida de segurança. In: SHECAIRA, Sérgio Salomão (org.). *Estudos criminais em homenagem a Evandro Lins e Silva (criminalista do século)*. São Paulo: Método, 2001.

DOTTI, René Ariel.; REALE JÚNIOR, Miguel; ANDREUCCI, Ricardo Antunes; PITOMBO, Sérgio M. de Moraes. *Penas e medidas de segurança no novo Código*. 2. ed. Rio de Janeiro: Forense, 1987.

DOUGLAS, John; OLSHAKER, Mark. *Mentes criminosas & crimes assustadores*. Rio de Janeiro-São Paulo: 2002.

EDWARDS, Carlos Enrique. *Garantías constitucionales en materia penal*. Buenos Aires: Astrea, 1996.

ESBEC RODRÍGUEZ, Enrique; GÓMEZ-JARABO, Gregorio. *Psicología forense y tratamiento jurídico--legal de la discapacidad*. Madrid: Edisofer, 2000.

ESPINOSA, Pablo; CLEMENTE, Miguel. *La mente criminal. Teorías explicativas del delito desde la psicología jurídica*. Madrid: Dykinson, 2001.

ESPINOSA CEBALLOS, Elena B. Marín de. *La reincidencia: tratamiento dogmático y alternativas político criminales*. Granada: Comares, 1999.

FEDELI, Mario. *Temperamento. Caráter. Personalidade. Ponto de vista médico e psicológico*. Trad. José Maria de Almeida. São Paulo: Paulus, 1997.

FERNANDES, Antonio Scarance. *Processo penal constitucional*. São Paulo: Ed. RT, 1999.

FERNANDES, Newton. FERNANDES, Valter. *Criminologia integrada*. 2. ed. São Paulo: Ed. RT, 2002.

FERRAJOLI, Luigi. *Direito e razão. Teoria do garantismo penal*. Trad. Ana Paula Zomer, Fausi Hassan Choukr, Juarez Tavares e Luiz Flávio Gomes. São Paulo: Ed. RT, 2002.

FERRAZ, Esther de Figueiredo. *A codelinquência no direito penal brasileiro*. São Paulo: José Bushatsky, 1976.

FERRAZ, Nélson. Dosimetria da pena. *RT* 680/318, jun. 1992.

FERREIRA, Manuel Cavaleiro de. *Direito penal português – parte geral*. 2. ed. Lisboa: Editorial Verbo, 1982. v. 1.

FERREIRA, Pinto. *Princípios gerais do direito constitucional moderno*. 6. ed. amp. atual. São Paulo: Saraiva, 1983. v. 1 e 2.

FERREIRA, Pinto. *Comentários à Constituição brasileira*. São Paulo: Saraiva, 1990. v. 2.

FERREIRA FILHO, Manoel Gonçalves. *Comentários à Constituição brasileira de 1988*. 2. ed. São Paulo: Saraiva, 1997. v. 1.

FIANDACA, Giovanni; MUSCO, Enzo. *Diritto penale – parte generale*. 4. ed. Bologna: Zanichelli, 2001.

FIGUEROA NAVARRO, Maria Carmen. *Los orígenes del penitenciarismo español*. Madrid: Edisofer, 2000.

FIORE, C. *Diritto penale – parte generale*. Torino: Utet, 1999. v. 1.

FONTÁN BALESTRA, Carlos. *Tratado de derecho penal*. 2. ed. Buenos Aires: Abeledo-Perrot, 1992. t. III.

FOUCAULT, Michel. *Vigiar e punir. Nascimento da prisão*. 25. ed. Trad. Raquel Ramalhete. Petrópolis: Vozes, 2002.

FRADIMAN, James e FRAGER Robert. *Teorias da personalidade*. São Paulo: Harbra, 2002.

FRAGOSO, Heleno Cláudio. Alternativas da pena privativa da liberdade. *Revista de Direito Penal*, n. 29, Rio de Janeiro, Forense, jan.-jul. 1980.

FRAGOSO, Heleno Cláudio. *Lições de direito penal – Parte geral*. 15. ed. Rio de Janeiro: Forense, 1994.

FRANCO, Alberto Silva. *Crimes hediondos*. 3. ed. São Paulo: Ed. RT, 1994.

FRANCO, Alberto Silva et al. *Código Penal e sua interpretação jurisprudencial*. 5. ed. São Paulo: Ed. RT, 1995.

FRANCO, Alberto Silva. *Leis penais especiais e sua interpretação jurisprudencial*. 7. ed. São Paulo: Ed. RT, 2001.

FREUD, Sigmund. *Introducción al psicoanálisis*. Trad. Luis López Ballesteros y de Torres. Madrid: Alianza Editorial, 2002.

FREUD, Sigmund. *Totem e tabu*. Trad. Órizon Carneiro Muniz. Rio: Imago, 1999.

FROMM, Erich. *Anatomia da destrutividade humana*. 2. ed. Trad. Marco Aurélio de Moura Matos. Rio: Guanabara, 1987.

GARCIA, Basileu. *Instituições de direito penal*. 5. ed. São Paulo: Max Limonad, 1980. v. 1, t. I, e 2.

GARCÍA ARÁN, Mercedes. *Fundamentos y aplicación de penas y medidas de seguridad en el Código Penal de 1995*. Pamplona: Aranzadi, 1997.

GARCÍA ARÁN, Mercedes; MUÑOZ CONDE, Francisco. *Derecho penal – Parte general*. 3. ed. Valencia: Tirant Lo Blanch, 1998.

GARCÍA-PABLOS DE MOLINA, Antonio. *Tratado de criminología*. 5. ed. Valencia: Tirant lo Blanch, 2014.

GATTAZ, Wagner F. Violência e doença mental: fato ou ficção? *Folha de S. Paulo*, 7 nov. 1999, 3.º Caderno, p. 2.

GELSTHORPE, Loraine. PADFIELD, Nicola. *Exercising discretion – decision-making in the criminal justice system and beyond*. Devon: Willan Publishing, 2003.

GIACOMOLLI, Nereu José. Função garantista do princípio da legalidade. *RT* 778/476.

GOMES FILHO, Antonio Magalhães. *A motivação das decisões penais*. São Paulo: Ed. RT, 2001.

GOMEZ, Eusebio. *Tratado de derecho penal*. Buenos Aires: Compañia Argentina de Editores, 1939. t. I.

GÓMEZ-JARABO, Gregorio; RODRÍGUEZ, Enrique Esbec. *Psicología forense y tratamiento jurídico--legal de la discapacidad*. Madrid: Edisofer, 2000.

GONÇALVES, M. Maia. *Código Penal português anotado e comentado e legislação complementar*. 11. ed. Coimbra: Almedina, 1997.

GRAMATICA, Filippo. *Principios de defensa social*. Imprenta: Madrid, Montecorvo, 1974.

GRECO, Rogério. *Curso de direito penal – parte geral*. Rio de Janeiro: Impetus, 2002.

GRECO FILHO, Vicente. *Tutela constitucional das liberdades*. São Paulo: Saraiva, 1989.

GRINOVER, Ada Pellegrini. Natureza jurídica da execução penal. *Execução penal*. Coords. Ada Pellegrini Grinover e Dante Busana. São Paulo: Max Limonad, 1987. GUADAGNO, Gennaro. *Manuale di diritto penale – Parte generale*. 2. ed. Roma: Casa Editrice Stamperia Nazionale, 1967.

HASSEMER, Winfried; MUÑOZ CONDE, Francisco. *Introducción a la criminología y al derecho penal*. Valencia: Tirant Lo Blanch, 1989.

HENDLER, Edmundo S. *Derecho penal y procesal penal de los Estados Unidos*. Buenos Aires: Ad--Hoc, 1996.

HORNSTEIN, Luis. *Introdução à psicanálise*. São Paulo: Escuta, 1989.

HUNGRIA, Nélson. *Comentários ao Código Penal*. Rio de Janeiro: Forense, 1958. v. 1, t. I e II, 2, 5, 6, 7.

HUNGRIA, Nélson. *Comentários ao Código Penal*. Rio de Janeiro: Forense, 1959. v. 3, 8, 9.

HUNGRIA, Nélson. *Comentários ao Código Penal*. 5. ed. Rio de Janeiro: Forense, 1979. v. 5.

HUNGRIA, Nélson. Concurso de infrações penais. *Revista Forense* 193/16, jan.-fev. 1961.

ISOLDI FILHO, Carlos Alberto da Silveira. Exame criminológico, parecer da CTC e a nova Lei 10.792/2003. Boletim do SINDI-MP, Belo Horizonte, p. 3-4, fev., 2004.

JAKOBS, Günther. *Fundamentos do direito penal*. Trad. André Luís Callegari. São Paulo: Ed. RT, 2002.

JAKOBS, Günther. *Derecho penal – parte general. Fundamentos y teoría de la imputación*, 2. ed. Madrid: Marcial Pons, 1997.

JAKOBS, Günther. *Sobre la teoría de la pena*. Trad. Manuel Cancio Meliá. Cuadernos de Conferencias y articulos n.16. Bogotá: Universidad Externado de Colombia, 2001.

JESCHECK, Hans-Heinrich; WEIGEND, Thomas. *Tratado de derecho penal – parte general*. Trad. Miguel Olmedo Cardenete. Granada: Comares, 2002.

JIMÉNEZ DE ASÚA, Luis. *Lecciones de derecho penal*. Mexico: Editorial Pedagógica Iberoamericana, 1995.

JIMÉNEZ DE ASÚA, Luis. *Principios de derecho penal – La ley y el delito*. Buenos Aires: Abeledo-Perrot, 1997.

JIMÉNEZ DE ASÚA, Luis. *Tratado de derecho penal*. 2. ed. Buenos Aires: Losada, 1950. t. II.

JUNG. C. G. *O desenvolvimento da personalidade*. 8. ed. Petrópolis: Vozes, 2002.

LAMO RUBIO. J. de. *Penas y medidas de seguridad en el Nuevo Código*. Barcelona: Bosch, 1997.

LESCH, Heiko H. *La función de la pena*. Madrid: Dykinson, 1999.

LOMBROSO, Cesare. *O homem delinquente*. Baseada na 2. edição francesa. Trad. Maristela Bleggi Tomasini e Oscar Antonio Corbo Garcia. Porto Alegre: Ricardo Lenz, 2001.

LONGFORD, Lord. *Punishment and the punished*. London: Chapmans, 1991.

LOPES, Jair Leonardo. *Curso de direito penal – Parte geral*. 2. ed. São Paulo: Ed. RT, 1996.

LUISI, Luiz. *Os princípios constitucionais penais*. Porto Alegre: Sérgio Antonio Fabris Editor, 1991.

LYRA, Roberto. *Comentários ao Código Penal*. 2. ed. Rio de Janeiro: Forense, 1955. v. 2.

LYRA, Roberto. *Criminologia*. Rio de Janeiro: Forense, 1964.

MAGARIÑOS, Mario; BELOFF, Mary; ZIFFER, Patricia S.; BERTONI Eduardo Andrés; RÍOS, Ramón Teodoro. ROXIN, Claus. *Determinacion judicial de la pena*. Buenos Aires: Editores del Puerto, 1993.

MAGGIORE, Giuseppe. *Derecho penal*. Bogotá: Temis, 1954. v. 1.

MANTOVANI, Fernando. *Diritto penale – Parte speciale*. Padova: Cedam, 1989.

MANZINI, Vincenzo. *Trattato di diritto penale italiano*. 5. ed. Atual. P. Nuvolone e G. D. Pisapia. Torino: Torinese, 1981.

MARCÃO, Renato Flávio. *Lei de execução penal anotada*. São Paulo: Saraiva, 2001.

MARCÃO, Renato Flávio. *Curso de execução penal*. 12. ed. São Paulo: Saraiva, 2014. MARINUCCI, Giorgio; DOLCINI, Emilio. *Corso di diritto penale*. 2. ed. Milano: Giuffrè, 1999. v. 1.

MARQUES, José Frederico. Os princípios constitucionais da justiça penal. *Revista Forense* 182/20, mar.-abr. 1959.

MARQUES, José Frederico. *Tratado de direito penal*. Atual. Antonio Cláudio Mariz de Oliveira, Guilherme de Souza Nucci e Sérgio Eduardo Mendonça Alvarenga. Campinas: Bookseller, 1997. v. 1 e 2.

MARQUES, José Frederico. *Tratado de direito penal*. Atual. Antonio Cláudio Mariz de Oliveira, Guilherme de Souza Nucci e Sérgio Eduardo Mendonça Alvarenga. Campinas: Millenium, 1999. v. 3 e 4.

MARQUES, Oswaldo Henrique Duek. *Fundamentos da pena*. São Paulo: Juarez de Oliveira, 2000.

MARQUES, Oswaldo Henrique Duek. *A pena capital e o direito à vida*. São Paulo: Juarez de Oliveira, 2000.

Marsico. Alfredo de. *Diritto penale – Parte generale*. Napoli: Jovene, 1937.

Martins, Ives Gandra da Silva; Bastos, Celso Ribeiro. *Comentários à Constituição do Brasil*, v. 1. São Paulo: Saraiva, 1988.

Martins, José Salgado. *Direito penal – Introdução e parte geral*. São Paulo: Saraiva, 1974.

Maruotti, Luigi; Santaniello, Giuseppe. *Manuale di diritto penale – Parte generale*. Milano: Giuffrè, 1990.

Massud, Leonardo. *Da pena e sua fixação. Finalidades, circunstâncias judiciais e apontamentos para o fim do mínimo legal*. São Paulo: DPJ Editora, 2009.

Maurach, Reinhart; Zipf, Heinz. *Derecho penal – Parte general*. Buenos Aires: Astrea, 1994. v. 1.

Mehmeri, Adilson. Noções básicas de direito penal – curso completo. São Paulo: Saraiva, 2000.

Melchionda, Alessandro. *Le circostanze del reato. Origine, sviluppo e prospettive di una controversa categoria penalistica*. Padova: CEDAM, 2000.

Messuti, Ana. *El tiempo como pena*. Buenos Aires: Campomanes, 2001.

Mezger, Edmundo. *Tratado de derecho penal*. Madrid: Revista de Derecho Privado, 1955. t. I.

Militello, Vincenzo. *Prevenzione generale e commisurazione della pena*. Milano: Giuffrè, 1982.

Mirabete, Julio Fabbrini. *Execução penal*. São Paulo: Atlas, 1996.

Mirabete, Julio Fabbrini. *Manual de direito penal – Parte geral,* 11. ed. São Paulo: Atlas, 1996. v. 1.

Molina Blázquez, Maria Concepción. *La aplicación de la pena*. 3. ed., Barcelona: Bosch, 2002.

Moraes, Alexandre de. *Direito constitucional*. 7. ed. São Paulo: Atlas, 2000.

Moraes Júnior, Volney Corrêa Leite de; DIP, Ricardo. *Crime e castigo. Reflexões politicamente incorretas*. 2. ed. Campinas: Millenium, 2002.

Moreira, Virginia; Sloan, Tod. *Personalidade, ideologia e psicopatologia crítica*. São Paulo: Escuta, 2002.

Munhoz Neto, Alcides. Causas de exclusão da culpabilidade. *Anais do Ciclo de Conferências sobre o Novo Código Penal*, publicação da Associação dos Advogados de São Paulo, 1972.

Muñoz Conde, Francisco; García Arán, Mercedes. *Derecho penal – Parte general*. 3. ed. Valencia: Tirant Lo Blanch, 1998.

Muñoz Conde, Francisco; Hassemer, Winfried. *Introducción a la criminología y al derecho penal*. Valencia: Tirant Lo Blanch, 1989.

Musco, Enzo; Fiandaca, Giovanni. *Diritto penale – parte generale*. 4. ed. Bologna: Zanichelli, 2001.

Nogueira, J. C. Ataliba. *Medidas de segurança*. São Paulo: Saraiva, 1937.

Noronha, E. Magalhães. *Direito penal*. 32. ed. Atual. Adalberto José Q. T. de Camargo Aranha. São Paulo: Saraiva, 1997. v. 1.

Novoa Monreal, Eduardo. *Causalismo y finalismo en derecho penal*. 2. ed. Bogotá: Temis, 1982.

Nucci, Guilherme de Souza. *Código de Processo Penal comentado*. 21. ed. Rio de Janeiro: Forense, 2022.

Nucci, Guilherme de Souza. *Código Penal comentado*. 22. ed. Rio de Janeiro: Forense, 2022.

Nucci, Guilherme de Souza. Curso de direito penal – parte geral. 6. ed. Rio de Janeiro: Forense, 2022, v. 1.

Nucci, Guilherme de Souza. Curso de direito processual penal. 19. ed. Rio de Janeiro: Forense, 2022.

Nucci, Guilherme de Souza. *Leis penais e processuais penais comentadas*. 14. ed. Rio de Janeiro: Forense, 2021. vol. 1 e 2.

Nucci, Guilherme de Souza. *Princípios constitucionais penais e processuais penais*. 4. ed. Rio de Janeiro: Forense, 2015.

Nucci, Guilherme de Souza. Provas em processo penal. 5. ed. Rio de Janeiro: Forense, 2022.

NUNES JÚNIOR, Vidal Serrano; ARAUJO, Luiz Alberto David. *Curso de direito constitucional*. 3. ed. São Paulo: Saraiva, 1999.

OLIVÉ, Juan Carlos Ferré; TORRE, Ignacio Berdugo Gómez de la; ZAPATERO, Luis Arroyo; RIVAS, Nicólas García; PIEDECASAS, José Ramón Serrano. *Lecciones de derecho penal – parte general*. 2. ed. Madrid: La Ley, 1999.

OLIVEIRA, Ana Sofia Schmidt de. *A vítima e o direito penal*. São Paulo: Ed. RT, 1999.

OLSHAKER, Mark. DOUGLAS, John. *Mentes criminosas & crimes assustadores*. Rio de Janeiro-São Paulo: 2002.

PADOVANI, Tullio. *Diritto penale,* 5. ed. Milano: Giuffrè, 1999.

PAGLIARO, Antonio. *Principi di diritto penale – parte generale*, 7. ed. Milano: Giuffrè, 2000.

PASSETI, Edson; SILVA, Roberto Baptista Dias da (org). *Conversações Abolicionistas – Uma crítica do sistema penal e da sociedade punitiva*. São Paulo: IBCCrim – PEPG Ciências Sociais PUC/SP, 1997.

PATRÍCIO, Rui; ALMEIDA, Carlota Pizarro de; D'ALMEIDA, Luís Duarte; VILALONGA, José Manuel. *Código Penal anotado*. Coimbra: Almedina, 2003.

PEDROSO, Fernando de Almeida. *Direito penal*. São Paulo: Leud, 1993.

PENNA, Antonio Gomes. *Introdução à motivação e emoção*. Rio de Janeiro: Imago, 2001.

PIEDECASAS, José Ramón Serrano; RIVAS, Nicólas García; OLIVÉ, Juan Carlos Ferré; TORRE, Ignacio Berdugo Gómez de la; ZAPATERO, Luis Arroyo. *Lecciones de derecho penal – parte general*, 2. ed. Madrid: La Ley, 1999.

PIERANGELI, José Henrique. *Códigos Penais do Brasil – Evolução histórica*. Bauru: Jalovi, 1980.

PIERANGELI, José Henrique. Desafios dogmáticos da culpabilidade. *RT* 761/445, mar. 1999.

PIERANGELI, José Henrique. *Escritos jurídico-penais,* 2. ed. São Paulo: Ed. RT, 1999.

PIERANGELI, José Henrique; ZAFFARONI, Eugenio Raúl. *Manual de direito penal brasileiro – Parte geral*. São Paulo: RT, 1997.

PIMENTEL, Manoel Pedro. A crise da administração da justiça criminal. *Justitia*, n. 78, 1972.

PIMENTEL, Manoel Pedro. A culpabilidade na dogmática penal moderna. *RJTJSP* 124/19.

PITOMBO, Sérgio Marcos de Moraes. Breves notas sobre a novíssima execução penal das penas e das medidas de segurança. *Reforma penal*. São Paulo: Saraiva, 1985.

PITOMBO, Sérgio Marcos de Moraes. Conceito de mérito, no andamento dos regimes prisionais. *Revista Brasileira de Ciências Criminais*, v. 7, n. 27, p. 149-158, jul./set. 1999.

PITOMBO, Sérgio Marcos de Moraes. Os regimes de cumprimento de pena e o exame criminológico. *RT* 583/312, mai. 1984.

PITOMBO, Sérgio Marcos de Moraes. Execução penal. *RT* 623/257, set. 1987.

PITOMBO, Sérgio Marcos de Moraes; ANDREUCCI, Ricardo Antunes; DOTTI, René Ariel; REALE JÚNIOR, Miguel. *Penas e medidas de segurança no novo Código*. 2. ed. Rio de Janeiro: Forense, 1987.

PORTO, Hermínio Alberto Marques. *Júri – procedimentos e aspectos do julgamento – questionários*. 10. ed. São Paulo: Saraiva, 2001.

PRODI, Paolo. *Uma história da justiça do pluralismo dos tribunais ao moderno dualismo entre a consciência e o direito*. Lisboa: Estampa, 2002.

PUENTE SEGURA, Leopoldo. *Circunstancias eximentes, atenuantes y agravantes de la responsabilidad criminal*. Madrid: Colex, 1997.

QUEIROZ, Paulo de Souza. *Do caráter subsidiário do direito penal*. Belo Horizonte: Del Rey, 1998.

RANIERI, Silvio. *Manuale di diritto penale*. *Parte generale*. Padova: Cedam, 1952. v. 1.

RAPPAPORT, Clara Regina (coord.). *Temas básicos e psicologia*, v. 7. São Paulo: EPU, 2001.

REALE JÚNIOR, Miguel. *Parte geral do Código Penal – Nova interpretação*. São Paulo: Ed. RT, 1988.

REALE JÚNIOR, Miguel; DOTTI, René Ariel; ANDREUCCI, Ricardo Antunes; PITOMBO, Sérgio M. de Moraes. *Instituições de direito penal – parte geral*. Rio de Janeiro: Forense, 2002, v. I.

REALE JÚNIOR, Miguel; DOTTI, René Ariel; ANDREUCCI, Ricardo Antunes; PITOMBO, Sérgio M. de Moraes. *Instituições de direito penal – parte geral*. Rio de Janeiro: Forense, 2003, v. II.

REALE JÚNIOR, Miguel; DOTTI, René Ariel; ANDREUCCI, Ricardo Antunes; PITOMBO, Sérgio M. de Moraes. *Penas e medidas de segurança no novo Código*. 2. ed. Rio de Janeiro: Forense, 1987.

Ríos, Ramón Teodoro; BERTONI Eduardo Andrés; ZIFFER, Patricia S.; MAGARIÑOS, Mario; BELOFF, Mary; ROXIN, Claus. *Determinación judicial de la pena*. Buenos Aires: Editores del Puerto, 1993.

RIVAS, Nicólas García; OLIVÉ, Juan Carlos Ferré; TORRE, Ignacio Berdugo Gómez de la; ZAPATERO, Luis Arroyo; PIEDECASAS, José Ramón Serrano. *Lecciones de derecho penal – parte general*. 2. ed. Madrid: La Ley, 1999.

RODRIGUES, Anabela Miranda. *A determinação da medida da pena privativa de liberdade*. Coimbra: Coimbra Editora, 1995.

RODRIGUES, Anabela Miranda. *Novo olhar sobre a questão penitenciária. Estatuto jurídico do recluso e socialização, jurisdicionalização, consensualismo e prisão. Projecto de proposta de lei de execução das penas e medidas privativas de liberdade*. 2. ed. Coimbra: Coimbra Editora, 2002.

ROMERA GARCÍA, Esther. *Teorías del aprendizaje social*. In: CLEMENTE, Miguel; ESPINOSA, Pablo (coords.). *La mente criminal*. Madrid: Dykinson, 2001.

ROSA, Antonio José Miguel Feu. *Direito penal – Parte geral*. 1. ed., 2. tir. São Paulo: RT, 1995.

ROSA, Fábio Bittencourt da. A pena e sua aplicação. *RT* 671/245, set. 1991.

ROXIN, Claus. A culpabilidade como critério limitativo da pena. *Revista de Direito Penal*, n. 11-12, jul.-dez. 1973.

ROXIN, Claus; BELOFF, Mary; MAGARIÑOS, Mario; ZIFFER, Patricia S.; BERTONI, Eduardo Andrés; Ríos, Ramón Teodoro. *Determinación judicial de la pena*. Buenos Aires: Editores del Puerto, 1993.

ROXIN, Claus; BELOFF, Mary; MAGARIÑOS, Mario; ZIFFER, Patricia S.; BERTONI, Eduardo Andrés; Ríos, Ramón Teodoro. *Derecho penal – Parte general (Fundamentos. La estructura de la teoria del delito)*. Trad. Diego-Manuel Luzón Peña, Miguel Díaz y García Conlledo, Javier de Vicente Remesal. Madrid: Civitas, 1999. t. I.

ROXIN, Claus; BELOFF, Mary; MAGARIÑOS, Mario; ZIFFER, Patricia S.; BERTONI, Eduardo Andrés; Ríos, Ramón Teodoro. *La evolución de la política criminal, el derecho penal y el proceso penal*. Valencia: Tirant lo Blanch, 2000.

ROXIN, Claus; BELOFF, Mary; MAGARIÑOS, Mario; ZIFFER, Patricia S.; BERTONI, Eduardo Andrés; Ríos, Ramón Teodoro. *Problemas fundamentais de direito penal*. 3. ed. Trad. Ana Paula dos Santos Luís Natscheradetz. Lisboa: Vega, 1998.

RUDÁ, Antonio Sólon. Breve história do direito penal e da criminologia. Lisboa: IJASR, 2018.

SÁ, Alvino Augusto de. *Reincidência criminal sob o enfoque da psicologia clínica preventiva*. São Paulo: E. P. U, 1987.

SABINO JÚNIOR, Vicente. *Direito penal – Parte geral*. São Paulo: Sugestões Literárias, 1967. v. 1 e 2.

SALINERO ALONSO, Carmen. *Teoría general de las circunstancias modificativas de la responsabilidad criminal y artículo 66 del Código Penal*. Granada: Comares, 2000.

SANTANIELLO, Giuseppe; MARUOTTI, Luigi. *Manuale di diritto penale – Parte generale*. Milano: Giuffrè, 1990.

BIBLIOGRAFIA | **303**

SANTORO, Arturo. *Manuale di diritto penale*. Torino: Torinese, 1958.

SCHULTZ, Duane P.; SCHULTZ, Sydney Ellen. *Teorias da personalidade*. São Paulo: Thomson, 2002.

SHECAIRA, Sérgio Salomão. *Prestação de serviços à comunidade*. São Paulo: Saraiva, 1993.

SHECAIRA, Sérgio Salomão. CORRÊA JUNIOR, Alceu. *Teoria da pena – finalidades, direito positivo, jurisprudência e outros estudos de ciência criminal*. São Paulo: Ed. RT, 2002.

SILVA, Germano Marques da. *Direito penal português – parte geral – teorias das penas e das medidas de segurança*. Lisboa: Editorial Verbo, 1999.

SILVA, Odir Odilon Pinto da. BOSCHI, José Antonio Paganella. *Comentários à Lei de Execução Penal*. Rio de Janeiro: Aide, 1987.

SILVA, Roberto Baptista Dias da; PASSETI, Edson (org). *Conversações Abolicionistas – Uma crítica do sistema penal e da sociedade punitiva*. São Paulo: IBCCrim – PEPG Ciências Sociais PUC/SP, 1997.

SILVA SÁNCHEZ, Jesús Maria. *Aproximación al derecho penal contemporáneo*. Barcelona: Bosch, 1992.

SILVA SÁNCHEZ, Jesús Maria. *Política criminal y nuevo derecho penal – Libro homenaje a Claus Roxin*. Barcelona: Bosch, 1997.

SILVEIRA, Alípio. A sentença indeterminada nos Estados Unidos. *Estudos de direito e processo penal em homenagem a Nélson Hungria*. Rio de Janeiro-São Paulo: Forense, 1962.

SLOAN, Tod; MOREIRA, Virginia. *Personalidade, ideologia e psicopatologia crítica*. São Paulo: Escuta, 2002.

SMITH, John. *Criminal law*. 10. ed. London: Butterworths, 2002.

SOLER, Sebastián. *Derecho penal argentino*, t. I, Buenos Aires: El Ateneo, 1940.

SOUZA, Percival de. *A prisão – histórias dos homens que vivem no maior presídio do mundo*. 2. ed. São Paulo: Editora Alfa-Omega, 1976.

SWENSSON, Walter. A competência do juízo da execução. In DIP. Ricardo Henry Marques; LAGRASTA NETO, Caetano; NALINI, José Renato (coords.). *Execução penal – Visão do TACRIM-SP*. São Paulo: Oliveira Mendes, 1998.

TAVARES, Juarez. *Teorias do delito – Variações e tendências*. São Paulo: Ed. RT, 1980.

TAVARES, Juarez. *Teoria do injusto penal*. Belo Horizonte: Del Rey, 2000.

TELLES JÚNIOR, Goffredo. Preleção sobre o justo. *Justitia*, v. 50.

TOLEDO, Francisco de Assis. *Princípios básicos de direito penal*. 5. ed. São Paulo: Saraiva, 1994.

TOLEDO, Francisco de Assis. Teorias do dolo e teorias da culpabilidade. *RT* 566/271, dez. 1992.

TOLEDO, Francisco de Assis. et al. *Reforma penal*. São Paulo: Saraiva, 1985, dez. 1992.

TORRE, Ignacio Berdugo Gómez de la; ZAPATERO, Luis Arroyo; RIVAS, Nicólas García; OLIVÉ, Juan Carlos Ferré; PIEDECASAS, José Ramón Serrano. *Lecciones de derecho penal – parte general*. 2. ed. Madrid: La Ley, 1999.

TYRER, Jane; CROALL, Hazel; DAVIES, Malcolm. *Criminal justice – an introduction to the criminal justice system in England and Wales*. 2. ed. Essex: Longman, 1998.

UGLOW, Steve. *Criminal justice*. 2. ed. London: Sweet & Maxwell, 2002.

VALENZUELA BEJAS, Manuel; BUSTOS RAMÍREZ, Juan (org.). *Derecho penal latinoamericano comparado. Parte generale*. Buenos Aires: Depalma, 1981.

VENEZIANI, Paolo; CADOPPI, Alberto. *Elementi di diritto penale – parte generale*. Padova: CEDAM, 2002.

VENEZIANI, Paolo; CADOPPI, Alberto. *Motivi e colpevolezza*. Torino: G. Giappichelli, 2000.

VILALONGA, José Manuel; ALMEIDA, Carlota Pizarro de; D'ALMEIDA, Luís Duarte; PATRÍCIO, Rui. *Código Penal anotado*. Coimbra: Almedina, 2003.

VON HIRSCH, Andrew Von. *Censurar y castigar*. Trad. Elena Larrauri. Madrid: Trotta, 1998.

VON LISTZ, Franz. *Tratado de derecho penal*. 18. ed. t. I a III. Trad. Luis Jimenez de Asua, 4. ed. Madrid: Editorial Reus, 1999.

WEIGEND, Thomas; JESCHECK, Hans-Heinrich. *Tratado de derecho penal – parte general*. Trad. Miguel Olmedo Cardenete. Granada: Comares, 2002.

WELZEL, Hans. *Derecho penal alemán*. Santiago: Editorial Juridica de Chile, 1997.

WELZEL, Hans. *El nuevo sistema del derecho penal – Una introducción a la doctrina de la acción finalista*. Barcelona: Ariel, 1964.

WESSELS, Johannes. *Direito penal – Parte geral – Aspectos fundamentais*. Trad. Juarez Tavares. Porto Alegre: Fabris, 1976.

WILSON, David; ASHTON, John. *What everyone in Britain should know about crime & punishment*. 2. ed. Oxford: Oxford University Press, 2001.

ZAFFARONI, Eugenio Raul. *Tratado de derecho penal – Parte general*. Buenos Aires: Ediar, 1988.

ZAFFARONI, Eugenio Raul; PIERANGELI, José Henrique. *Manual de direito penal brasileiro – Parte geral*. São Paulo: Ed. RT, 1997.

ZAPATERO, Luis Arroyo; TORRE, Ignacio Berdugo Gómez de la; RIVAS, Nicólas García; OLIVÉ, Juan Carlos Ferré; PIEDECASAS, José Ramón Serrano. *Lecciones de derecho penal – parte general*. 2. ed. Madrid: La Ley, 1999.

ZAZA, Carlo. *Le circostanze del reato*, v. I, *Elementi generali e circostanze comuni*. Padova: CEDAM, 2002.

ZIFFER, Patricia S.; MAGARIÑOS, Mario; BELOFF, Mary; BERTONI, Eduardo Andrés; RÍOS, Ramón Teodoro; ROXIN, Claus. *Determinación judicial de la pena*. Buenos Aires: Editores del Puerto, 1993.

ZIPF, Heinz; MAURACH, Reinhart. *Derecho penal – Parte general*. Buenos Aires: Astrea, 1994. v. 1.

Códigos Penais

Alabama Criminal Code annotated. Virginia: The Michie Company, 1993.

Code Pénal. Paris: Prat, 1999.

Codigo Penal – Republica de Chile. 15. ed. Santiago: Editorial Juridica de Chile, 1998.

Codice Penale e leggi complementari. 9. ed. (Giustino Gatti, Raffaele Marino e Rossana Petrucci). Napoli: Esselibri-Simone, 1994.

Codigo Penal de la Nación Argentina. 31. ed. (Mario I. Chichizola, org.). Buenos Aires: Abeledo--Perrot, 1998.

Codigo Penal de Venezuela. Caracas: Eduven, 1964.

Código Penal alemán (Emilio Eiranova Encinas, org.). Madrid-Barcelona: Marcial Pons, 2000.

Código Penal (Angel Calderon Cerezo, org.). Barcelona: Gaceta Fiscal, 1996.

Código Penal português. 11. ed. (Maia Gonçalves). Coimbra: Almedina, 1997.

Codigo penal del Paraguay. Assunción: Bibliográfica Jurídica Paraguay.

APÊNDICE
PESQUISA REALIZADA NA VARA DAS EXECUÇÕES CRIMINAIS DE SÃO PAULO

1. COMINAÇÃO DA PENA

1.1 *Quantum* da cominação da pena

Máximo	0	0,0%
Acima do Mínimo	251	35,3%
Mínimo	461	64,7%
Total	712	**100%**

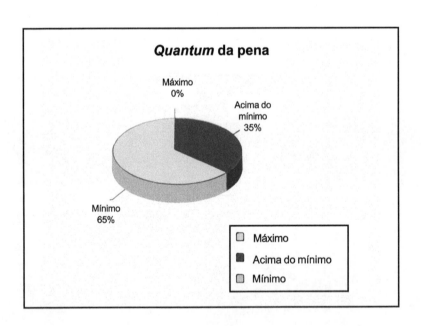

2. FUNDAMENTAÇÃO DA APLICAÇÃO DA PENA

2.1 Fundamentação geral

Bem fundamentada	61	8,6%
Fundamentação regular	239	33,6%
Sem fundamentação	368	51,7%
Não informado	44	6,2%
Total	712	**100%**

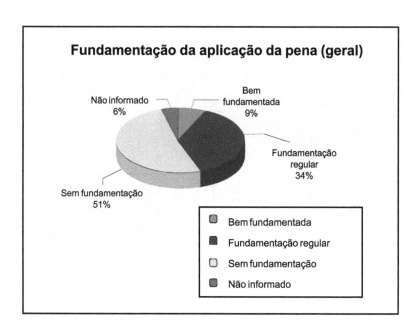

2.2 Fundamentação das penas aplicadas no mínimo legal

Bem fundamentada	21	4,56%
Fundamentação regular	108	23,43%
Sem fundamentação	313	67,90%
Não informado	19	4,12%
Total	461	**100%**

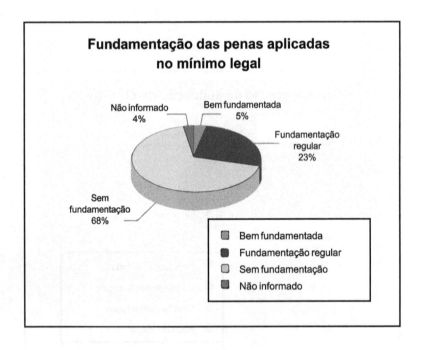

2.3 Fundamentação das penas aplicadas acima do mínimo legal

Bem fundamentada	40	15,9%
Fundamentação regular	131	52,2%
Sem fundamentação	55	21,9%
Não informado	25	10,0%
Total	251	**100%**

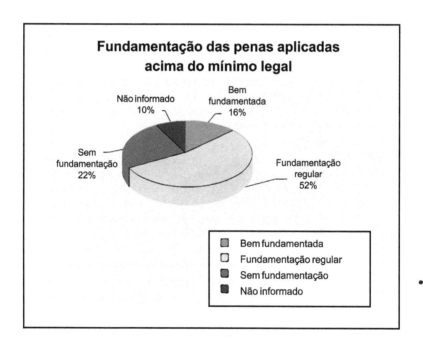

3. FORMA DE CUMPRIMENTO DA PENA

3.1 Distribuição das sanções

Concessão de *sursis*	57	8,0%
Substituição por pena alternativa	200	28,1%
Multa (como pena autônoma)	0	0,0%
Pena privativa de liberdade	455	63,9%
Total	712	**100%**

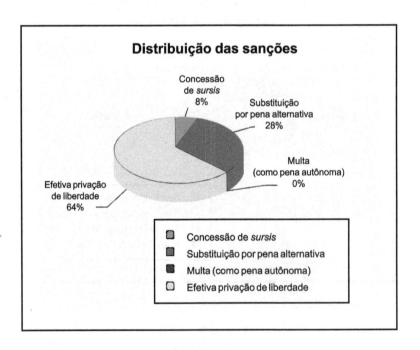

4. SURSIS

4.1 Condição imposta

Especial	32	56,1%
Limitação de fim de semana	5	8,8%
Prestação de serviço	11	19,3%
Não informado	9	15,8%
Total	57	**100%**

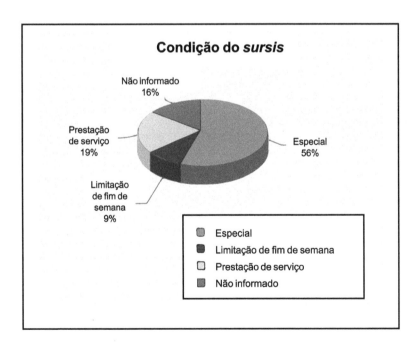

5. PENA ALTERNATIVA

5.1 Penas alternativas simples e cumuladas

Unitária	175	87,5%
Dúplice	25	12,5%
Total	200	**100%**

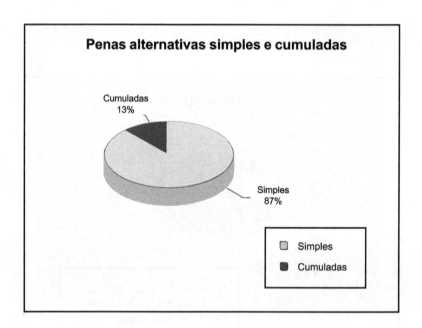

5.2 Pena alternativa aplicada

Interdição temporária de direitos	10	4,4%
Limitação de fim de semana	12	5,3%
Perda de bens e valores	1	0,4%
Prestação pecuniária	17	7,6%
Prestação de serviços à comunidade	185	82,2%
Total	225	**100%**

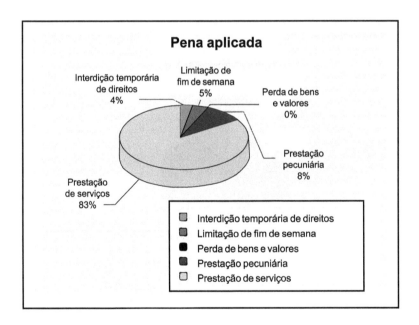

6. PENAS PRIVATIVAS DE LIBERDADE

6.1 Forma de regime

Aberto	47	10,3%
Fechado	358	78,7%
Semiaberto	47	10,3%
Não informado	3	0,7%
Total	455	**100%**

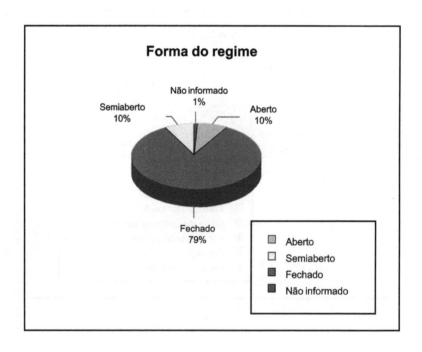

6.2 Fundamentação das penas aplicadas em regime aberto

Bem fundamentada	3	6,4%
Fundamentação regular	11	23,4%
Sem fundamentação	25	53,2%
Não informado	8	17,0%
Total	47	**100%**

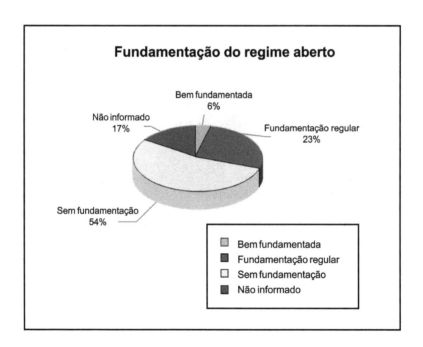

6.3 Fundamentação das penas aplicadas em regime fechado

Bem fundamentada	26	7,3%
Fundamentação regular	153	42,7%
Sem fundamentação	116	32,4%
Não informado	63	17,6%
Total	358	**100%**

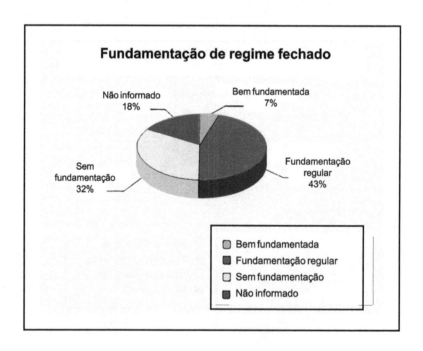

6.4 Fundamentação das penas aplicadas em regime semiaberto

Bem fundamentada	3	6,4%
Fundamentação regular	21	44,7%
Sem fundamentação	14	29,8%
Não informado	9	19,1%
Total	47	**100%**

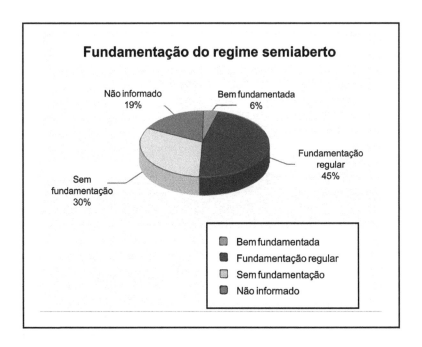

7. MULTAS

7.1 Adoção da multa

De forma autônoma	0	0,0%
De forma conjunta	583	81,9%
Não aplicada multa	129	18,1%
Total	712	**100%**

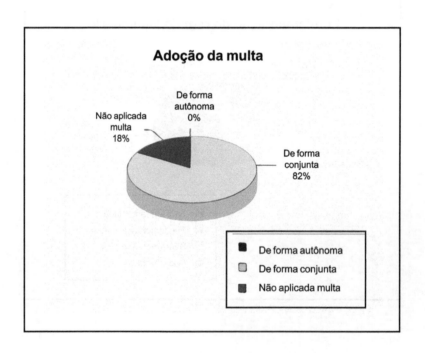

7.2 *Quantum* da multa aplicada

Mínimo legal	348	59,69%
Acima do mínimo	235	40,31%
Máximo	0	0,00%
Total	583	**100%**

7.3 Fundamentação da pena de multa

Bem fundamentada	6	1,03%
Fundamentação regular	74	12,69%
Sem fundamentação	251	43,05%
Não informado	252	43,22%
Total	583	**100%**

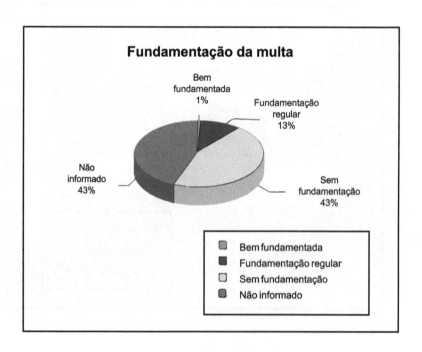

8. RESTRIÇÃO DA LIBERDADE

8.1 Efetiva restrição da liberdade

Regime fechado/semiaberto	405	56,88%
Sursis/pena alternativa/regime aberto	304	42,70%
Não informado	3	0,42%
Total	712	**100%**

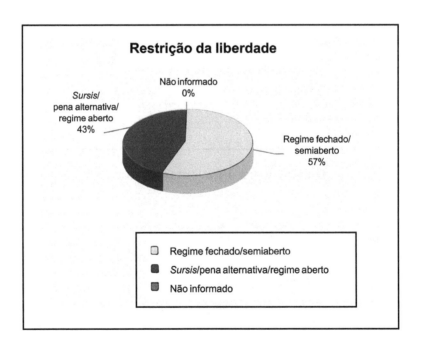

9. AGRAVANTES/ATENUANTES

9.1 *Quantum* estipulado

1/2	7	4,1%
1/3	32	18,6%
2/3	5	2,9%
1/4	3	1,7%
1/5	2	1,2%
2/5	2	1,2%
3/5	3	1,7%
1/6	35	20,3%
1/8	32	18,6%
Valor determinado	13	7,6%
Não informado	38	22,1%
Total	172	**100%**

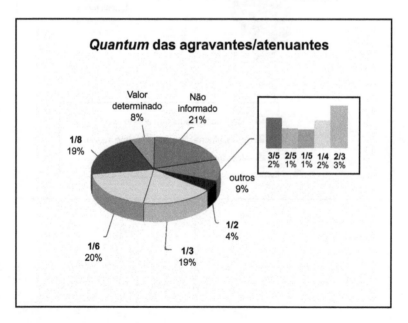

DADOS TÉCNICOS

Execuções Coletadas: 712
Técnica utilizada: amostragem
Data da coleta: 1.º de agosto de 2002 a 30 de outubro de 2002
Local da coleta: Vara das Execuções Criminais de São Paulo

PESQUISA

Coordenação:

Guilherme de Souza Nucci

Tabulação e elaboração gráfica:

Alessandro Maciel Lopes

Digitação:

Alessandro Maciel Lopes
Ana Cláudia T. Nunes
Fernanda Gonçalves Dos Santos
Ibrahim Fleury de Camargo Madeira Filho
Liliana H. Simioni
Luiz Otavio Pilon de Mello Mattos
Marina Ribeiro Fleury
Patrícia Peterson
Priscila Elchemer Santiago
Rodrigo Longhi Dangui

Coleta:

Adriana Helena Amaral Coragem Abes
Alessandro Maciel Lopes
Ana Carolina Alexandrino Munhoz
Ana Carolina Izidório Dovies
Ana Claudia P. Egydio de Carvalho
Ana Eliza Alves
Ana Paula Lopes de Freitas
Anderson Barbosa da Silva
André Luís Carvalho
Anna Carolina Torres Aguilar Cortez

Artur Soares de Castro

Áurea N. da Rocha de Paula Santos

Christiano Gomes Lopes

Cristina Yuriko Hayashinchi

Daniela Formiga Sabino de Freitas

Danilo Araújo Chamadoira

Deise Etsuko Matsudo

Denis Ranieri

Deyvis de Oliveira Marques

Edson Pitarelli de Campos

Eduardo Garcia da S. Neto

Eduardo Haruo Mendes Yamaguchi

Eliana Cassales Tosi

Emanuela Lia Novaes

Érica de Oliveira Yokota

Fabiana Cristina de Abdala E. Faria

Fabiana Mamede Takaki

Fausi Rachid Netto

Fernanda Ghiuro Valentini

Fernanda Goloni Preto Rodrigues

Fernanda Gonçalves dos Santos

Fernanda Mendes Reis

Fernanda Paladino

Gustavo Henrique Bretas Marzagão

Gustavo Zamith de Souza

Ibrahim Fleury de C. Madeira Filho

Ivana Barba Pacheco

Jean Lemes de Aguiar Costa

Juliano Fernandes Escovia

Karina Murakami Souza

Keli Adriani Beloto

Kelly Delazeri Costantui

Ligia Toledo M. Ferreira Mauro

Lílian Cristina Marconi Rosa

Lissandra Frota de Andrade

Lúcia F. Katz

Luciano Plítor Soares B. da Silva

Luciano Ranzani Trogiani

Luis Francisco Segantin Júnior

Luis Rodolfo de Faria Figueiredo

Luiz Gustavo Barroni

Luiz Otavio Pilon de Mello Mattos

Lurdes Aparecida Selagi

Marcella M. O. Souza

Marcelo A. R. de Moraes

Márcio Silva Salgado

Marina Ribeiro Fleury

Maurício Cesar M. Garcia

Mirian Vargas Osuiaga

Mirna Cakazingari Silva

Narciso Carlos Saraiva Cesar

Patrícia Vital Arasanz

Rafael Marino Sykore

Rafael Nascimento Lucas de Lima

Rafaela Caldeira Gonçalves

Raquel Mendes de Sá

Regina Célia P. Egydio de Carvalho

Regina Ribeiro da Silva

Renata Xavier da Silva

Ricardo G. S. Prezia

Roberta Freitas Munhoz

Roberta Reda Fenga

Rodrigo Longhi Dangui

Rúbia Maria Reys de Carvalho

Ruth Helena Vieira Cerrela

Silvia Maria Karruz

Tatiane de Moraes Ruivo

Thais de Freitas Conde

Thaysa Mori Coelho Araújo

Toni Roberto Mendonça

Vanessa Auler Toscano

OBRAS DO AUTOR

Código de Processo Penal comentado. 21. ed. Rio de Janeiro: Forense, 2022.

Código Penal comentado. 22. ed. Rio de Janeiro: Forense, 2022.

Curso de Direito Penal. Parte geral. 6. ed. Rio de Janeiro: Forense, 2022. vol. 1.

Curso de Direito Penal. Parte especial. 6. ed. Rio de Janeiro: Forense, 2022. vol. 2.

Curso de Direito Penal. Parte especial. 6. ed. Rio de Janeiro: Forense, 2022. vol. 3.

Curso de Direito Processual Penal. 19. ed. Rio de Janeiro: Forense, 2022.

Curso de Execução Penal. 5. ed. Rio de Janeiro: Forense, 2022.

Direito Penal. Partes geral e especial. 8. ed. São Paulo: Método, 2022. Esquemas & Sistemas.

Habeas Corpus. 4. ed. Rio de Janeiro: Forense, 2022.

Individualização da pena. 8. ed. Rio de Janeiro: Forense, 2022.

Manual de Direito Penal. 18. ed. Rio de Janeiro: Forense, 2022.

Manual de Processo Penal. 3. ed. Rio de Janeiro: Forense, 2022.

Prática Forense Penal. 14. ed. Rio de Janeiro: Forense, 2022.

Processo Penal e Execução Penal. 7. ed. São Paulo: Método, 2022. Esquemas & Sistemas.

Provas no Processo Penal. 5. ed. Rio de Janeiro: Forense, 2022.

Prisão, medidas cautelares e liberdade. 7. ed. Rio de Janeiro: Forense, 2022.

Tratado de Crimes Sexuais. Rio de Janeiro: Forense, 2022.

Tribunal do Júri. 9. ed. Rio de Janeiro: Forense, 2022.

Código de Processo Penal Militar comentado. 4. ed. Rio de Janeiro: Forense, 2021.

Código Penal Militar Comentado. 4. ed. Rio de Janeiro: Forense, 2021.

Criminologia. Rio de Janeiro: Forense, 2021.

Estatuto da Criança e do Adolescente Comentado. 5. ed. Rio de Janeiro: Forense, 2021.

Organização Criminosa. 5. ed. Rio de Janeiro: Forense, 2021.

Leis Penais e Processuais Penais Comentadas. 14. ed. Rio de Janeiro: Forense, 2021. vol. 1 e 2.

Pacote Anticrime Comentado. 2. ed. Rio de Janeiro: Forense, 2021.

Execução Penal no Brasil – Estudos e Reflexões. Rio de Janeiro: Forense, 2019 (coordenação e autoria).

Instituições de Direito Público e Privado. Rio de Janeiro: Forense, 2019.

Manual de Processo Penal e Execução Penal. 14. ed. Rio de Janeiro: Forense, 2017.

Direitos Humanos versus *Segurança Pública.* Rio de Janeiro: Forense, 2016.

Corrupção e Anticorrupção. Rio de Janeiro: Forense, 2015.

Prostituição, Lenocínio e Tráfico de Pessoas. 2. ed. Rio de Janeiro: Forense, 2015.

Princípios Constitucionais Penais e Processuais Penais. 4. ed. Rio de Janeiro: Forense, 2015.

Crimes contra a Dignidade Sexual. 5. ed. Rio de Janeiro: Forense, 2015.

Dicionário Jurídico. São Paulo: Ed. RT, 2013.

Código Penal Comentado – versão compacta. 2. ed. São Paulo: Ed. RT, 2013.

Tratado Jurisprudencial e Doutrinário. Direito Penal. 2. ed. São Paulo: Ed. RT, 2012. vol. I e II.

Tratado Jurisprudencial e Doutrinário. Direito Processual Penal. São Paulo: Ed. RT, 2012. vol. I e II.

Doutrinas Essenciais. Direito Processual Penal. Organizador, em conjunto com Maria Thereza Rocha de Assis Moura. São Paulo: Ed. RT, 2012. vol. I a VI.

Doutrinas Essenciais. Direito Penal. Organizador, em conjunto com Alberto Silva Franco. São Paulo: Ed. RT, 2011. vol. I a IX.

Crimes de Trânsito. São Paulo: Juarez de Oliveira, 1999.

Júri – Princípios Constitucionais. São Paulo: Juarez de Oliveira, 1999.

O Valor da Confissão como Meio de Prova no Processo Penal. Com comentários à Lei da Tortura. 2. ed. São Paulo: Ed. RT, 1999.

Tratado de Direito Penal. Frederico Marques. Atualizador, em conjunto com outros autores. Campinas: Millenium, 1999. vol. 3.

Tratado de Direito Penal. Frederico Marques. Atualizador, em conjunto com outros autores. Campinas: Millenium, 1999. vol. 4.

Tratado de Direito Penal. Frederico Marques. Atualizador, em conjunto com outros autores. Campinas: Bookseller, 1997. vol. 1.

Tratado de Direito Penal. Frederico Marques. Atualizador, em conjunto com outros autores. Campinas: Bookseller, 1997. vol. 2.

Roteiro Prático do Júri. São Paulo: Oliveira Mendes e Del Rey, 1997.